诚信为本　操守为重
坚持准则　不做假账

——与学习会计的同学共勉

篆刻过眼录

不妨题粗 篆刻过眼本

紫云无重 篆印不妨

——良卫会印谱同志寄赠

- 财会类专业校企"双元"合作开发教学改革成果教材
- "财务数字化应用""业财一体信息化应用"1+X 证书制度书证融通教材

财务机器人应用与开发

主　编　李俊峰　王　琳
副主编　张　卉　李梦芸
　　　　张雪飞　高艳艳
主　审　赵丽生　程淮中

中国教育出版传媒集团
高等教育出版社·北京

内容提要

本书是"财务数字化应用""业财一体信息化应用"1+X证书制度书证融通教材，是财会类专业校企"双元"合作开发教学改革成果教材。

本书在对人工智能技术、RPA技术等相关知识体系进行阐述的基础上，采用案例教学法，以基于数字化背景下管理的企业集团为例，从费用、销售、采购三个环节，按照业务流程分析、方案设计、RPA财务机器人应用与开发的步骤，详细介绍了人工智能与财务的融合技术，帮助读者深度理解和快速掌握RPA技术在财务工作中的应用。内容全面，案例丰富，分析详略得当。

本书既适合高职和应用型本科院校财会类学生使用，也适合社会财务工作者、各级管理者学习拓展财务机器人开发与应用阅读。

与本书配套的教学PPT可登录高等教育出版社产品信息检索系统下载使用，其他资源可扫描书中二维码观看相关教学视频、拓展阅读、完成项目练习，更多资源服务方式见书后"郑重声明"页的资源服务提示。

图书在版编目（CIP）数据

财务机器人应用与开发 / 李俊峰，王琳主编. -- 北京：高等教育出版社，2021.8（2024.5重印）
ISBN 978-7-04-056353-5

Ⅰ.①财… Ⅱ.①李… ②王… Ⅲ.①财务管理-专用机器人-高等职业教育-教材 Ⅳ.①F275②TP242.3

中国版本图书馆CIP数据核字(2021)第129939号

财务机器人应用与开发
CAIWU JIQIREN YINGYONG YU KAIFA

策划编辑 张雅楠	责任编辑 张雅楠	封面设计 赵 阳	版式设计 马 云
插图绘制 邓 超	责任校对 刘娟娟	责任印制 赵义民	

出版发行	高等教育出版社	咨询电话	400-810-0598
社　　址	北京市西城区德外大街4号	网　　址	http://www.hep.edu.cn
邮政编码	100120		http://www.hep.com.cn
印　　刷	北京市白帆印务有限公司	网上订购	http://www.hepmall.com.cn
开　　本	787mm×1092mm 1/16		http://www.hepmall.com
印　　张	22.25		http://www.hepmall.cn
字　　数	470千字	版　　次	2021年8月第1版
插　　页	1	印　　次	2024年5月第6次印刷
购书热线	010-58581118	定　　价	49.80元

本书如有缺页、倒页、脱页等质量问题，请到所购图书销售部门联系调换
版权所有　侵权必究
物　料　号　56353-00

前言 Preface

伴随着"大智移云物区"——大数据、人工智能、移动互联网、云计算、物联网、区块链等技术的快速发展，企业财务管理处在了变革转型的关键时期。贯彻党的二十大精神，实施科教兴国战略，教育、科技、人才是全面建设社会主义现代化国家的基础性、战略性支撑。传统的注重核算的财务管理体系已不再能够满足企业管理的需要，财务部门迫切需要找准企业财务转型的切入点，积极尝试新兴技术，优化组织流程、提高财务运作效率、推动业财融合，更广泛、更智能地收集数据、加工数据和分析数据，实现财务数字化转型。

云财务时代，利用数字化平台和工具实现智能核算，是很多企业数字化转型的切入点。RPA财务机器人是数字化的支持性智能软件，是智能会计的典型应用，通过与核心ERP业务流程的紧密结合，在技术上满足客户更多的业务需求。RPA财务机器人通过对人类操作和判断的模拟，实现数据的收集和整理、验证和分析、记录和管理、计算和决策、沟通和报告等一系列功能。

在财务领域，机器人针对财务的业务内容和流程特点，以自动化替代手工操作，辅助财务人员完成大量单一、重复、烦琐的基础业务，从而优化财务流程，提高业务处理效率和质量，减少财务风险，使资源分配到更多的增值活动中，促进财务转型，显著提高了财务的精确度和事务处理效率。财务机器人的应用与开发，将成为云财务智能会计人才的必备能力。

本书采用项目教学法，共分六个项目。项目一"智能财务认知"主要介绍人工智能的概念及发展历程，智能技术与财务结合；项目二"RPA技术应用"主要介绍RPA应用概述和智多星RPA应用；项目三到项目五是本书的重点，分别介绍了RPA财务机器人在企业的费用报销业务、销售业务和采购业务中的应用原理及方法；项目六"更多财务机器人应用"介绍了智能技术在财务其他领域中的应用。

党的二十大报告指出，"开辟发展新领域新赛道，不断塑造发展新动能新优势。"本书在实训案例中融入了国内数字化企业广泛应用的各种先进平台，包括ERP平台、商旅平台、电商平台、网上交易结算平台等，真实呈现了企业数字化运营环境，引导读者思考在

I

各种业务场景中如何设计、开发、应用 RPA 财务机器人解决问题。本书介绍的不只是 RPA 工具的使用，更注重对于思路方法的讲解。本书中项目和任务的设置由浅入深，配套辅助大量数字化教学资源，读者可以扫描书中二维码观看相关教学视频、拓展阅读，完成项目练习。本书所依托的实践教学平台及课程，已经在中央财经大学、西安交通大学、四川大学锦江学院、浙江金融职业学院、江西财经职业学院等多所院校完成了教学工作，课程的成熟度较高。

本书通过知识目标、技能目标、素养目标三维学习目标的构建，将专业教育和思政教育结合起来。同时书中设有"革故鼎新"模块，把思政教育融入专业教材，促进学生综合素质的提高。

本书由江西财经职业学院李俊峰、新道科技股份有限公司王琳担任主编，江西财经职业学院张卉与李梦芸、新道科技股份有限公司张雪飞与高艳艳担任副主编，江西财经职业学院饶竹芸、曹计、易琴琴参与编写。具体编写分工为：李梦芸、王琳编写项目一，饶竹芸、高艳艳编写项目二和项目六，张卉、高艳艳编写项目三，易琴琴、张雪飞编写项目四，曹计、王琳编写项目五。李俊峰负责全书初稿的审核、修改并最终审核定稿。

由于编者的水平和时间有限，书中难免存在疏漏与不妥之处，敬请广大读者批评指正，以使本书日臻完善。

编者
2023.07

目录 Contents

案例企业背景 ——————————————————————————— 1

项目一　智能财务认知 ————————————————————— 13

　　模块一　人工智能技术概述　　// 14
　　模块二　智能技术与财务结合　　// 18

项目二　RPA 技术应用 ————————————————————— 31

　　模块一　RPA 应用概述　　// 32
　　模块二　智多星 RPA 应用　　// 37

项目三　费用报销业务处理的 RPA 机器人应用 ———————— 75

　　模块一　费用报销业务处理　　// 77
　　模块二　差旅费报销业务流程分析及设计　　// 102
　　模块三　差旅费报销 RPA 机器人开发与应用　　// 114

项目四　销售业务处理的 RPA 机器人应用 ——————— 141

模块一　销售业务处理　// 142
模块二　销售业务流程分析及设计　// 171
模块三　销售业务 RPA 机器人开发与应用　// 177

项目五　采购业务处理的 RPA 机器人应用 ——————— 245

模块一　采购业务处理　// 248
模块二　采购业务流程分析及设计　// 271
模块三　采购业务 RPA 机器人开发与应用　// 277

项目六　更多财务机器人应用 ——————————————— 309

模块一　VPA 机器人应用　// 310
模块二　税务机器人应用　// 317
模块三　财资机器人应用　// 321
模块四　报表机器人应用　// 324
模块五　其他机器人应用　// 325

附录　1+X 书证融通对照表 ——————————————— 335

参考文献 ——————————————————————————— 343

案例企业背景

思维导图

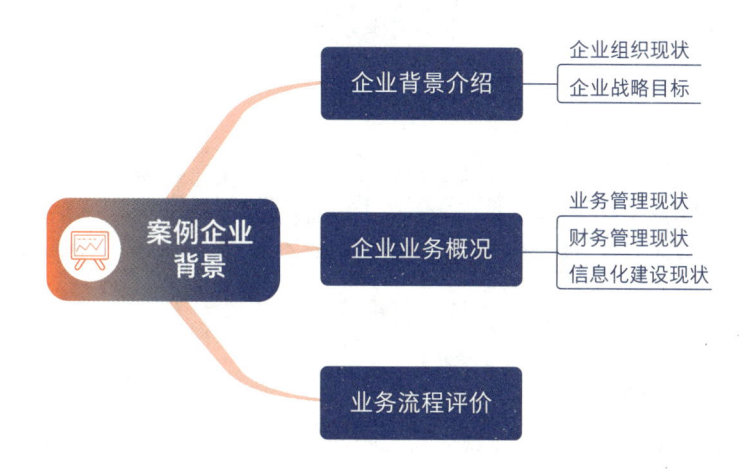

- 案例企业背景
  - 企业背景介绍
    - 企业组织现状
    - 企业战略目标
  - 企业业务概况
    - 业务管理现状
    - 财务管理现状
    - 信息化建设现状
  - 业务流程评价

一、企业背景介绍

本书将以一个新型数智化企业集团享跃体育集团有限公司（以下简称"享跃体育集团"）为例，介绍智能财务的应用场景。该集团是一个源于欧洲的时尚体育用品公司，其开创了把所有体育用品汇集在一个商场内的销售概念，致力于大众运动领域，是全球体育用品的设计者和品牌缔造者，同时也是体育用品的零售商。集团集体育用品研发、设计、品牌、生产、物流及全渠道零售于一体，目前在全球54个国家和地区拥有1 500多家商场，员工超过9万人。截至2019年年底，该集团在中国已经拥有294家商场实体店，遍布全国约112个城市，同时，于2009年起步的电子商务业务也已经覆盖超过400个城市。

享跃体育集团积极拥抱技术创新，推动业务数字化转型，应用智能技术，在不断提升运行效率、压缩运营成本的同时，持续改善用户的消费体验。该集团拥有强有力的研发和创新实力，集团控制了产业链的两端，把产品设计、原材料采购和商场运营抓在自己手里，中间的制造环节由原始设备制造商（Original Equipment Manufacturer，简称OEM厂商）完成。享跃体育集团采取全球采购的运营模式，其OEM厂商遍布全球21个国家及地区，包括亚洲、欧洲、美洲等，其中中国区域占据全球生产量的50.3%。本书对享跃体育集团的实际业务进行了教学简化设计,将其全球经营模式浓缩在中国,并进行了组织及业务的简化。

(一)企业组织现状

1. 法人概况

(1)法人组织结构。

简化后的享跃体育集团,由一家母公司及八家子公司构成,母公司对子公司的持股比例均为100%,其法人组织结构如图0-1所示。

图0-1 享跃体育集团法人组织结构

(2)法人组织基本信息。

享跃体育集团各法人组织基本信息如表0-1所示。

表0-1 享跃体育集团法人组织信息表

金额单位:万元

编码	公司名称	注册资本	统一社会信用代码	注册地址	经营范围
0101	享跃体育集团有限公司	500.00	91310100717864519F	上海市	与体育用品相关的批发、零售、物流等业务
0102	无锡享跃供应链管理有限公司	9 000.00	91360583666826837C	无锡市	体育用品的采购、批发等业务,体育用品及相关设备的仓储、配送、包装、寄送及相关配套业务(不含运输)
0103	上海享跃体育电商有限公司	800.00	913101155868484387	上海市	体育用品及相关设备的零售;售后服务及咨询服务
0104	上海花桥卖场有限公司	3 000.00	91310000580644699	上海市	体育用品及相关设备的零售;售后服务及咨询服务
0105	上海长宁路卖场有限公司	2 500.00	91310000580644 1037	上海市	体育用品及相关设备的零售;售后服务及咨询服务

续表

编码	公司名称	注册资本	统一社会信用代码	注册地址	经营范围
0106	南京中环卖场有限公司	2 800.00	91320000580628 7019	南京市	体育用品及相关设备的零售；售后服务及咨询服务
0107	南京世纪春天卖场有限公司	3 000.00	91320000580653 2690	南京市	体育用品及相关设备的零售；售后服务及咨询服务
0108	杭州亚新卖场有限公司	2 800.00	91330000580667 7112	杭州市	体育用品及相关设备的零售；售后服务及咨询服务
0109	上海享跃体育出口有限公司	500.00	91310113583883 174J	上海市	体育用品及相关设备的批发、零售；售后服务及咨询服务；商品进出口；佣金代理（拍卖除外）

2. 管理组织

（1）管理组织结构。

享跃体育集团管理组织结构如图 0-2 所示。

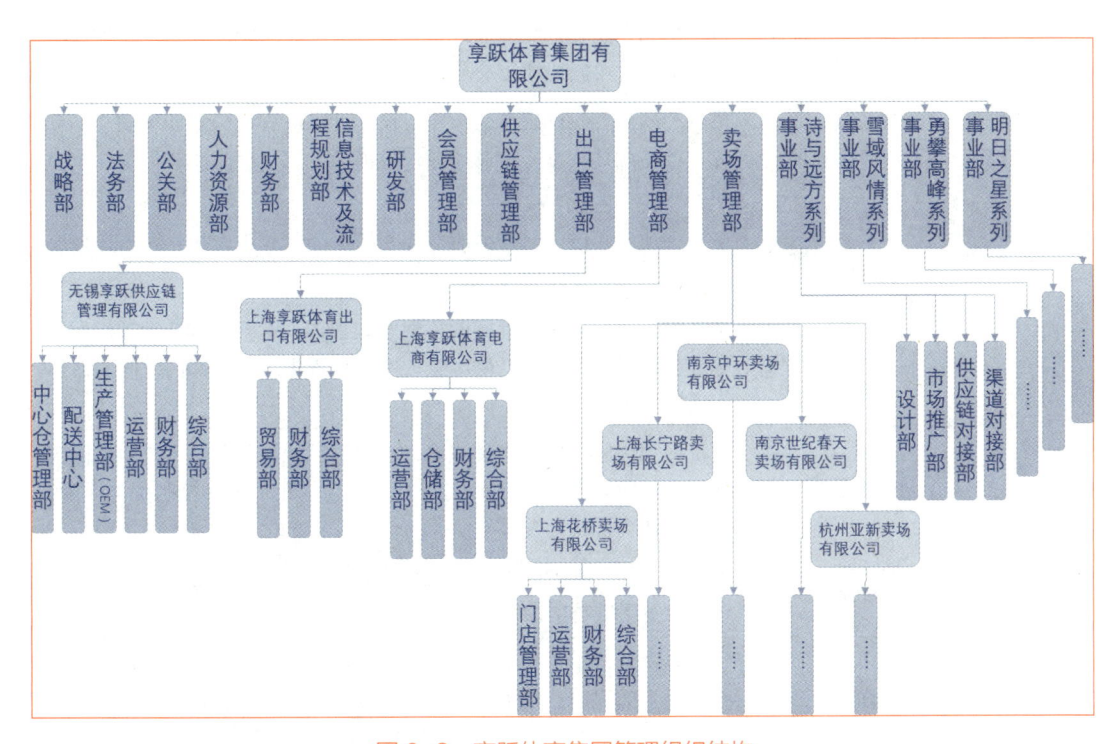

图 0-2　享跃体育集团管理组织结构

（2）组织职责。

享跃体育集团组织职责基本信息，如表 0-2 所示。

表 0-2 享跃体育集团管理组织职责表

所属法人组织	管理部门	组织职责
享跃体育集团有限公司	战略部	负责战略制定及战略分解；负责年度经营计划的制定；负责各项规章制度的审批与下发
	法务部	负责确保公司守法经营，依法维护公司合法权益；参与公司重大合同谈判，妥善管理合同文件；负责处理公司运营过程中发生的各种法律问题；开展法律知识培训，提高各部门员工法律意识；解答法律咨询，为相关部门日常工作提供法律建议
	公关部	负责本公司大型活动的公关接待；增加与其他企业之间的联系，为公司创建良好的发展机会；促进公司与外部文化、学术、理论、实践等方面的交流；密切联系相关协会、社团，借鉴并引入其成功的管理经验及优秀的活动，为其他各部门提供信息支持
	人力资源部	负责人力资源的开发及管理；负责员工的劳动关系、人事档案、奖惩、考勤等人事管理工作；负责公司薪酬、绩效考核及激励和福利制度的制定和完善等；负责集团行政管理工作
	财务部	负责财务核算、财务分析、会计监督；参与公司及事业部、子公司的计划预算工作；负责资金结算、费用控制等
	信息技术及流程规划部	负责公司信息化建设及管理；负责公司应用系统的运行、维护和管理；负责公司流程优化及系统落地
	研发部	负责产品研究，确定产品策略，树立产品品牌；拟定和编制产品规范、产品设计标准；控制产品设计品质，树立产品品牌形象；负责面料研发、生产工艺改进等
	会员管理部	负责公司客户服务，增值服务和会员卡项目管理工作；负责售后服务及维修服务管理工作
	供应链管理部	负责整个供应链高效运行的规划管理工作；完善供应链管理流程的标准化建设，不断降低供应链成本；负责供应链各部门之间的总体沟通协调工作
	出口管理部	负责按照集团供应链管理战略，将中国区域相关商品出售给他国关联公司；负责贸易政策研究与外贸流程优化；负责控制贸易风险，确保海外贸易顺利进行
	电商管理部	负责电子商务平台合作事项的总体沟通与洽谈；负责电子商务平台营销方案引进与渠道拓展；负责电商管理部各项规章、制度的制定
	卖场管理部	负责各卖场营销过程管理；负责各卖场营销活动管理；负责各卖场服务质量的提高；负责各卖场的运营成本降低、收入增加及目标利润完成；负责卖场管理部各项规章、制度的制定
	诗与远方系列事业部 设计部	负责产品线梳理、年度产品规划、区域产品规划；完成产品概念设计、方案设计

案例企业背景

续表

所属法人组织	管理部门		组织职责
享跃体育集团有限公司	诗与远方系列事业部	市场推广部	负责产品推广，深挖提升产品卖点；负责新产品发布、上市推广、产品宣介；负责市场推广促销，包括展会策划和推进，公关推广活动推进，促销活动策划及推广实施等；负责市场规划及公司国际展会的筹办、推广；负责客户推广，搭建事业部和客户沟通的桥梁，负责公司客户的接待及项目洽谈
		供应链对接部	负责外部供应商的考核与新增确认；负责与"生产管理部（OEM）"共同完成新OEM厂商的评估与引入
		渠道对接部	负责与电商管理部、卖场管理部、出口管理部进行需求对接，整理客户需求反馈给"设计部"；与"市场推广部"对接，拓展新渠道
	雪域风情系列事业部	设计部	同"诗与远方系列事业部－设计部"
		市场推广部	同"诗与远方系列事业部－市场推广部"
		供应链对接部	同"诗与远方系列事业部－供应链对接部"
		渠道对接部	同"诗与远方系列事业部－渠道对接部"
	勇攀高峰系列事业部	设计部	同"诗与远方系列事业部－设计部"
		市场推广部	同"诗与远方系列事业部－市场推广部"
		供应链对接部	同"诗与远方系列事业部－供应链对接部"
		渠道对接部	同"诗与远方系列事业部－渠道对接部"
	明日之星系列事业部	设计部	同"诗与远方系列事业部－设计部"
		市场推广部	同"诗与远方系列事业部－市场推广部"
		供应链对接部	同"诗与远方系列事业部－供应链对接部"
		渠道对接部	同"诗与远方系列事业部－渠道对接部"
无锡享跃供应链管理有限公司	中心仓管理部		负责中心仓商品的仓储保管及发运；负责合理规划仓储区域及具体货位，不断提高库容利用率；负责优化业务流程，确保商品出入库的准确性、及时性；负责制定仓库保管标准，有效降低商品损耗；配合运营部做好库存计划，不断提高库存周转率，降低仓储成本

续表

所属法人组织	管理部门	组织职责
无锡享跃供应链管理有限公司	配送中心	负责保持物流系统的高效运作，为公司提供优质的物流服务；完善物流流程的标准化建设，与其他部门紧密合作，不断降低商品损耗
	生产管理部	负责OEM厂商的审核及引入；负责OEM厂商的生产管理工作，包括生产计划的沟通协调及生产跟踪、发货物流跟踪等；负责协助OEM厂商建立产品品质管理体系，协调OEM厂商的品控人员严格按照产品质量标准对产品质量进行全面管控；负责OEM厂商与公司运营部及集团研发部、集团各事业部的对接及协调工作；负责OEM厂商的原料、辅料供应商的全球寻源与管控
	运营部	负责供应商档案管理及新增申请；负责与电商管理部、卖场管理部、出口管理部采购需求的对接；负责根据需求及库存制定商品采购计划并执行
	财务部	负责财务核算、财务分析、会计监督；参与公司的计划预算工作；负责资金结算、费用控制等
	综合部	负责执行落实集团行政、人事相关管理规定；负责公司人力资源管理工作；负责公司的行政管理工作
上海享跃体育出口有限公司	贸易部	负责接受海外订单及客户沟通；负责出口商品采购，合理选择供应商，并组织商品发运；负责报关、清关、跟踪订单并收款
	财务部	负责财务核算、财务分析、会计监督；参与公司的计划预算工作；负责资金结算、费用控制等
	综合部	负责执行落实集团行政、人事相关管理规定；负责公司人力资源管理工作；负责公司的行政管理工作
上海享跃体育电商有限公司	运营部	负责电子商务平台的维护，商品更新；负责电子商务平台的交易管理、售后管理、库存管理；负责电子商务平台具体营销策略制定及实施；负责库存需求平衡，制订采购计划并执行
	仓储部	负责按照订单完成商品发货；负责退货商品核验与后续处理；负责仓储现场库存管理
	财务部	同"无锡享跃供应链管理有限公司"财务部
	综合部	同"无锡享跃供应链管理有限公司"综合部
上海花桥卖场有限公司	门店管理部	负责营销现场管理；负责卖场商品布局、陈列优化；负责卖场商品及库存管理；负责卖场客户服务及现场售后管理
	运营部	负责落实执行营销活动；负责销售统计及业务报表管理；负责卖场销售预测及采购计划制定并执行；负责卖场销售业绩提升及培训管理

续表

所属法人组织	管理部门	组织职责
上海花桥卖场有限公司	财务部	同"无锡享跃供应链管理有限公司"财务部
	综合部	同"无锡享跃供应链管理有限公司"综合部
上海长宁路卖场有限公司	门店管理部	同"上海花桥卖场有限公司"门店管理部
	运营部	同"上海花桥卖场有限公司"运营部
	财务部	同"上海花桥卖场有限公司"财务部
	综合部	同"上海花桥卖场有限公司"综合部
南京中环卖场有限公司	门店管理部	同"上海花桥卖场有限公司"门店管理部
	运营部	同"上海花桥卖场有限公司"运营部
	财务部	同"上海花桥卖场有限公司"财务部
	综合部	同"上海花桥卖场有限公司"综合部
南京世纪春天卖场有限公司	门店管理部	同"上海花桥卖场有限公司"门店管理部
	运营部	同"上海花桥卖场有限公司"运营部
	财务部	同"上海花桥卖场有限公司"财务部
	综合部	同"上海花桥卖场有限公司"综合部
杭州亚新卖场有限公司	门店管理部	同"上海花桥卖场有限公司"门店管理部
	运营部	同"上海花桥卖场有限公司"运营部
	财务部	同"上海花桥卖场有限公司"财务部
	综合部	同"上海花桥卖场有限公司"综合部

（二）企业战略目标

享跃体育集团专注于体育用品领域，是中国最好的"全民运动"的响应者及实践人，拥有长期的持续拓展计划，预计未来在全国开设500家商场，入驻超过150个城市。同时，享跃体育集团是优秀的企业公民，努力为环境保护和可持续发展做出积极贡献，让最广泛的大众同享运动乐趣！

享跃体育集团希望通过在商场内提供质量优良且价格实惠的时尚体育用品，实现其宗旨：创造激情与渴望，并为最广泛的大众提供运动的快乐！

二、企业业务概况

（一）业务管理现状

享跃体育集团集运动用品研发、设计、品牌、生产、物流及销售于一体。享跃体育集团控制了产业链的两端，把产品设计和终端销售抓在自己手里，中间的制造环节由OEM厂商完成。

享跃体育集团的销售业务主要有两种模式，一种是线上销售，一种是线下销售。线上销售主要指在电商平台上进行商品销售，由电商管理部负责运营管理；线下销售主要指通过大卖场销售和出口销售，分别由卖场管理部和出口管理部负责运营管理。

享跃体育集团的采购业务主要有两种模式，一种是内部采购，另一种是外部采购。内部采购主要指电商管理部、卖场管理部、出口管理部所售商品均从集团内的供应链管理部采购；外部采购主要指供应链管理部从OEM厂商进行的商品采购及集团各部门对外的其他采购等。

享跃体育集团在集团范围内有一套统一的费用管理制度，集团公司及其下属各子公司均需遵照执行。

（二）财务管理现状

1. 财务组织现状

（1）财务组织结构。

享跃体育集团共有9家独立法人公司，每个法人公司均设有独立的财务部，负责本公司的会计核算及管理监督等财务工作。集团总部的财务部对各子公司的财务部实行垂直管理，即各子公司的财务部同时接受集团总部财务部及总部业务职能部门的双重领导，并向其进行双向汇报，如图0-3所示。

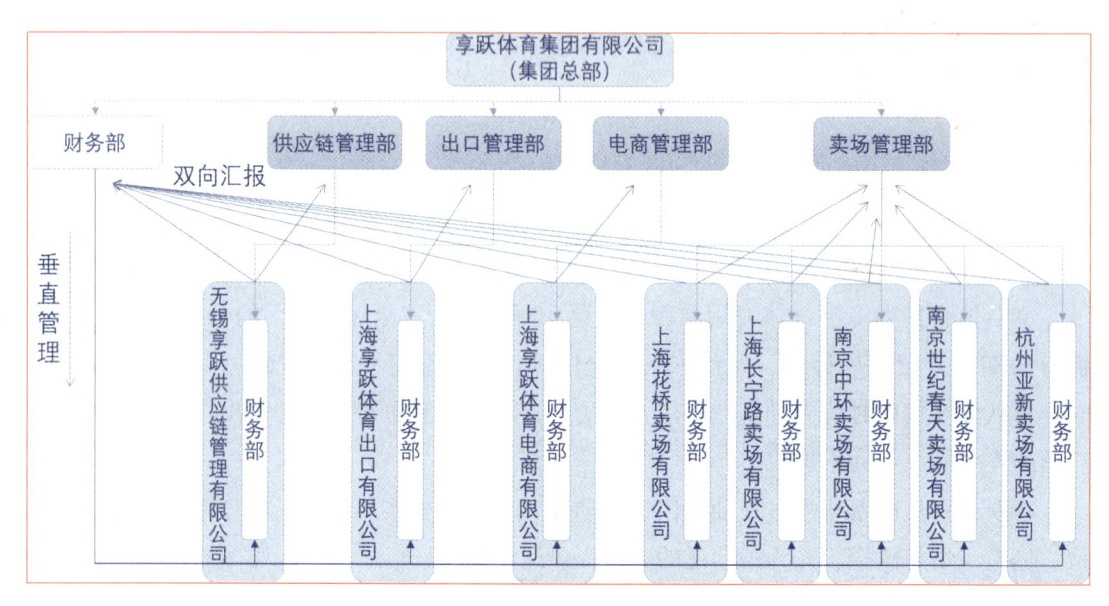

图0-3 享跃体育集团财务组织结构

（2）财务岗位职责。

享跃体育集团财务岗位职责基本信息，如表 0-3 所示。

表 0-3　享跃体育集团财务岗位职责表

组织	岗位	编制	主要职责
集团总部	财务经理	1	预算、管理报表、投融资等
	总账会计	1	税务、财务报表、账务复核、会计档案管理
	销售会计兼采购会计	1	除费用报销业务外各项业务管控及会计核算
	费用会计	1	费用业务管控及会计核算
	资金专员	1	资金收付
	基础档案管理专员	1	信息系统各项财务相关档案管理
各子公司	财务经理	1	预算、管理报表、融资等
	总账会计	1	税务、财务报表、账务复核、会计档案管理
	销售会计	1	销售业务管控及会计核算
	采购会计	1	采购业务管控及会计核算
	费用会计	1	费用业务管控及会计核算
	资金专员	1	资金收付

2. 财务管理现状

享跃体育集团财务部基于集团统一的企业资源计划（Enterprise Resource Planning，简称 ERP）系统，完成财务管控、财务核算及相关的分析工作，基本实现了业务财务一体化，但是由于各项业务有着不同的业务特性，且处于不同的发展阶段，各自都有独立的业务系统，在信息从这些业务系统传递到集团统一的 ERP 系统的过程中，存在着信息滞后的问题，并带来了繁重的工作量。可以说，享跃体育集团的财务管理系统距真正的业财融合、数据实时共享的智能财务平台还有一段距离。

享跃体育集团的财务管理工作主要集中在会计核算和管理监督，对业务数据的深度挖掘和价值创造还做地远远不够。更翔实的业务数据往往掌握在业务部门手中，造成财务管理比较被动，在集团决策中话语权较弱。

享跃体育集团的基础财务工作做得还是非常扎实的，主要表现如下：

（1）会计核算标准化，入账规则统一化，业务流程标准化；

（2）财务分析标准化，预算管理常态化；

（3）统一银行账户管理，资金统一调度；

（4）业务、财务分工与职责边界清楚，责权一致；

（5）重视人员培训，不断提升基层财务人员的能力和水平。

3. 财务战略目标

财务管理作为企业集团最重要的管理活动，是支撑企业战略实现的重要保障。在享跃体育集团长期持续拓展的战略规划下，财务部决定牵头在全集团范围内打造一套业财深度融合的智能化财务管理平台，最大限度地实现数据共享，实时掌控经营状况，回归交易管理为核心的企业运营本质，实现交易透明化、流程自动化、数据真实化。

享跃体育集团财务部决定按照"总体规划、分步实施、先易后难、持续改进"的原则，开展智能财务管理平台建设工作，具体规划如下：

（1）智能化技术引入阶段：通过单项智能技术的引进，优化业务流程，减少业务人员、财务人员简单重复的工作量，提升工作效率，降低财务管理成本。

（2）智能化技术提升阶段：通过多种智能技术的引进，综合运用，实现平台建设，再次优化业务流程，实现精细化管理，支持实时决策。

（3）数字化应用阶段：在不断优化业务流程，实现业财一体智能化后，通过数据仓库、大数据分析等应用，聚焦管理分析与风险监控，为管理者的决策提供智能化支撑。

（三）信息化建设现状

享跃体育集团非常重视信息化建设，先后投入使用了多个业务系统，包括门店零售系统、仓储管理系统、ERP系统等，并于2019年开通了银企直联服务。目前，享跃体育集团信息化建设面临的问题是专业业务系统与ERP系统未打通，需要人工完成信息传递。

1. 销售业务信息系统应用情况

享跃体育集团销售业务信息系统应用情况，如图0-4所示。

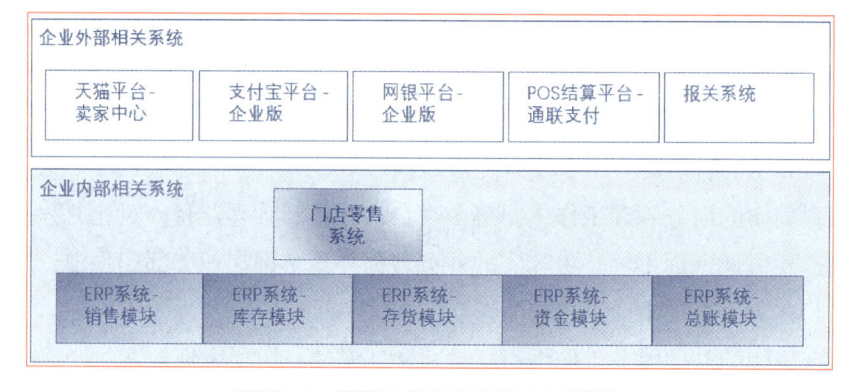

图0-4 销售业务信息系统应用情况

2. 采购业务信息系统应用情况

享跃体育集团采购业务信息系统应用情况，如图0-5所示。

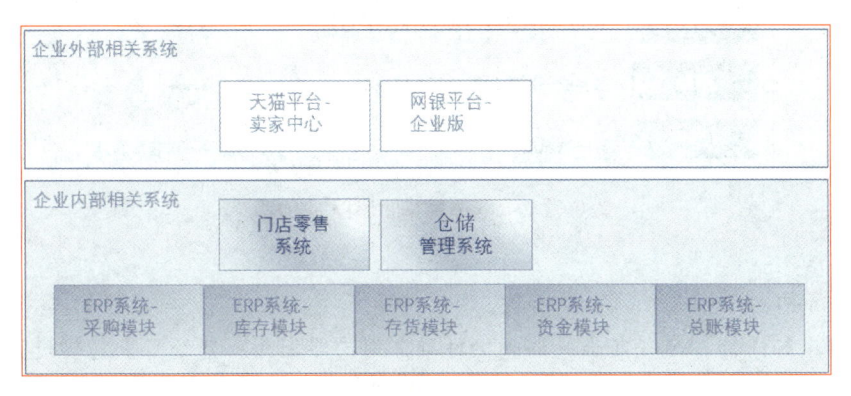

图0-5 采购业务信息系统应用情况

3. 费用业务信息系统应用情况

享跃体育集团费用业务信息系统应用情况，如图0-6所示。

图0-6 费用业务信息系统应用情况

三、业务流程评价

大数据、人工智能、移动互联网、云计算、物联网、区块链等智能技术的应用正快速改变着整个社会及商业环境，推动着商业模式的不断创新。在这样的时代大背景下，每个企业都需要不断审视自己的业务流程与财务流程，快速迭代，不断重塑，快速适应市场，不断增强自身经营的竞争力。享跃体育集团积极拥抱变化，持续优化业务流程，集团的"信息技术及流程规划部"在借鉴了外部咨询成果后，结合集团的实际情况，总结出享跃体育集团的流程评价标准，从周期时间、通过率、成本、服务效果四个方面来进行流程评价，如图0-7所示。

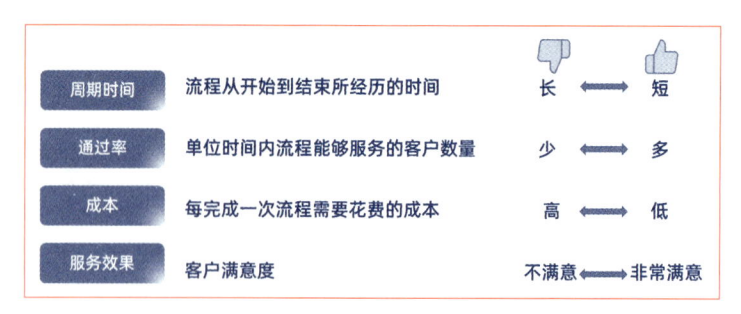

周期时间	流程从开始到结束所经历的时间	长 ⟷ 短
通过率	单位时间内流程能够服务的客户数量	少 ⟷ 多
成本	每完成一次流程需要花费的成本	高 ⟷ 低
服务效果	客户满意度	不满意 ⟷ 非常满意

图 0-7　享跃体育集团流程评价标准

【想一想】

本案例中的评价标准并非唯一的评价标准，请同学们想一想还可以怎样进行业务流程评价？

项目一　智能财务认知

学习目标

知识目标
- 了解人工智能的概念及发展历程
- 了解"大智移云物区"等新技术对财务的影响
- 了解智能财务技术及其应用
- 理解流程的概念及优化方法

技能目标
- 能够结合新技术的发展，描述企业简单的财务智能化流程
- 能够结合案例企业业务，理解并掌握财务流程的优化方法

素养目标
- 遵守诚实守信的工作原则
- 遵循团结友爱的团队合作意识
- 具备良好的专业素质和职业道德

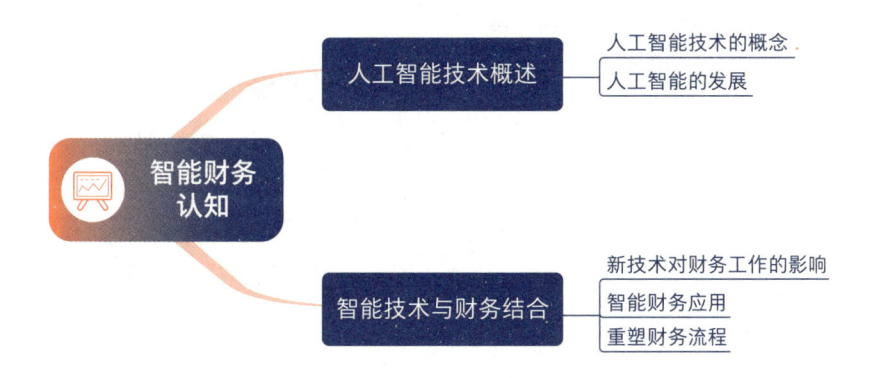

思维导图

```
                        ┌── 人工智能技术的概念
        人工智能技术概述 ─┤
                        └── 人工智能的发展
智能财务认知 ─┤
                            ┌── 新技术对财务工作的影响
        智能技术与财务结合 ─┤── 智能财务应用
                            └── 重塑财务流程
```

模块一　人工智能技术概述

一、人工智能技术的概念

21世纪以来，以人工智能（Artificial Intelligence，简称AI）为代表的"大智移云物区"等新技术发展突飞猛进，新的技术萌发了更多新的应用场景。国务院印发的《新一代人工智能发展规划》中明确指出，人工智能的迅速发展将深刻改变人类社会生活、改变世界。为抢抓人工智能发展的重大战略机遇，构筑我国人工智能发展的先发优势，加快建设创新型国家和世界科技强国，按照党中央、国务院部署要求，制定本规划。可以说，人工智能发展最快的领域和地区，将在未来竞争中占有优势。

人工智能是研究、开发用于模拟、延伸和扩展人的智能的理论、方法、技术及应用系统的一门新的技术科学。它企图了解智能的实质，并生产出一种新的能以与人类智能相似的方式做出反应的智能机器，该领域的研究包括机器人、语言识别、图像识别、自然语言处理和专家系统等。人工智能是对人的意识、思维的信息过程的模拟。人工智能不是人的智能，但能像人那样思考、也可能超过人的智能。

人工智能技术的发展推动了工业、农业、物流、零售、教育、金融等各个领域的产业变革，重构生产、分配、交换和消费等各环节形态。其中，以商业领域人工智能自动化技术的演进为例，在技术的演进过程中，不断推动着商业领域的发展进步，产生新的技术应用场景，如图1-1所示。

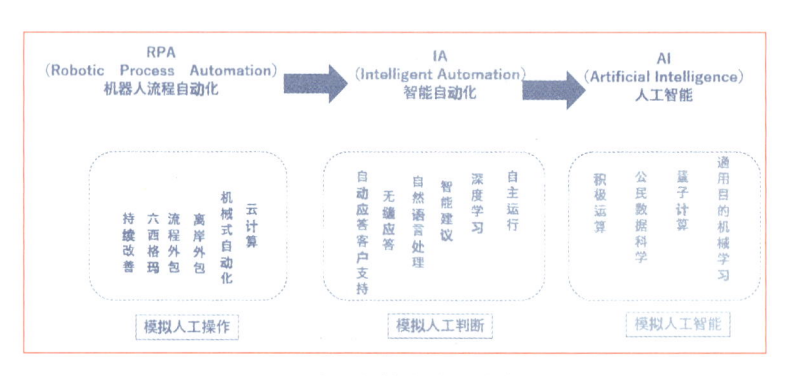

图1-1　商业领域自动化技术演进

机器人流程自动化（Robotic Process Automation，简称RPA）领域和AI领域，在两个领域中间有一个过渡演进领域是智能自动化（Intelligent Automation，简称IA）。RPA是模拟人工操作，IA是模拟人工判断，AI是模拟人工思考，这三个领域的智能化程度是

RPA<IA<AI。技术成熟度上目前是 RPA 相对成熟，在企业中应用也较广泛。企业业务中涉及 AI 领域的应用，往往先从能够模拟人工操作的 RPA 场景开始。

二、人工智能的发展

人工智能的发展经历了几个阶段的起伏。

（一）人工智能的黄金时代（1956—1974 年）

1956 年，在美国汉诺斯小镇的达特茅斯学院中，多名科学家聚在一起，以"用机器来模仿人类学习以及其他方面的智能"为主题展开讨论，被称为"达特茅斯会议"。此次会议虽然没有达成共识，但是却为会议讨论的内容起了一个名字：人工智能。因此，1956 年就成为了人工智能元年。

达特茅斯会议之后，人工智能研究发展进入了黄金时代。在这段长达十余年的时间里，计算机被广泛应用于数学和自然语言领域，用来解决代数、几何和英语等问题。AI 研究者们表达出相当乐观的情绪，认为具有完全智能的机器将在 20 年内出现。AI 研究也获得了大量的经费支持。

（二）人工智能的第一次寒冬（1974—1980 年）

20 世纪 70 年代，人工智能陷入了第一次寒冬。此前研究者们过于乐观的估计无法兑现以及公众舆论的误解压力，导致了 AI 研究资助的取消和缩减。当时，人工智能主要面临三方面的瓶颈：① 计算机性能不足；② 难以处理复杂问题；③ 数据量严重缺失。

很多理论上可以解决的问题，带来的是计算量以几何级数的增长，实际上根本无法解决。很多人工智能科学家开始发现，数学推理、代数几何这样的人类智能，计算机可以用很小的运算量轻松完成，而对于图像识别、声音识别和自由运动这样人类无须动脑，靠本能和直觉就能完成的事情，计算机却需要巨大的运算量才可能实现。

在当时不可能找到足够大的数据库来支撑程序进行深度学习的情况下，这很容易导致机器无法读取足够量的数据进行智能化。

（三）专家系统带来了 AI 新的春天（1980—1987 年）

20 世纪 70 年代之后，学术界逐渐接受了新的思路：人工智能不光要研究解法，还得引入知识。于是，专家系统诞生了，它利用数字化的知识去推理，模仿某一领域的专家去解决问题，"知识处理"随之成为了人工智能主流的研究重点。20 世纪 80 年代初，专家系统开始被全球越来越多的公司所采纳，人工智能研究迎来了新一轮高潮。

（四）人工智能的第二次低谷（1987—1993 年）

专家系统最初取得的成功是有限的，它无法自我学习并更新知识库和算法，维护起来越来越麻烦，成本越来越高，实用性仅仅局限于某些特定情景。人们对专家系统和人工智能的信任产生了危机。

20世纪80年代末到90年代初，个人计算机崛起后迅速占领了市场，台式机的性能也在不断提升，并超过了首先进入市场的人工智能机。人工智能的发展陷入第二次低谷。

（五）人工智能的复苏（1993—2010年）

经过近半个世纪的跌宕起伏，人工智能开始变得低调，人工智能更加注重实用性和功能性，开拓出一个新的人工智能的路径：一方面人工智能技术逐渐与计算机技术和软件技术深入融合，另一方面依赖于更强大、更快速的计算机硬件取得突破性的成果。

1996年，国际商业机器公司（International Business Machines Corporation，简称IBM）的名为"深蓝"的超级计算机与国际象棋世界冠军卡斯帕罗夫对战，但并没有取得胜利。于是IBM对"深蓝"进行了升级，它拥有480块专用的CPU，运算速度翻倍，每秒可以预测2亿次，可以预测更多的棋步和结果。1997年，IBM"深蓝"超级计算机再次对战卡斯帕罗夫，并取得了胜利。"深蓝"的这次胜利给了人工智能更多的信心，人工智能的发展逐渐复苏。

（六）人工智能的蓬勃发展（2010年以后）

2010年以后，大数据、云计算和算法的发展给人工智能带来新一轮的爆发。

1. 数据的急剧增长

互联网、社交媒体、移动设备和廉价的传感器，使这个世界产生的数据量成指数型增长，为各种统计模型和算法提供了大量原材料。

2. 计算能力的进步

云计算和大规模图形处理器（Graphics Processing Unit，简称GPU）并行计算的发展为深度学习的应用提供了计算基础。当人们把原本用于游戏中处理高质量画面的GPU拿来运行深度学习算法后，计算机可以几百倍地加快模型的训练速度。目前，阿尔法围棋（AlphaGo）的计算能力是IBM"深蓝"的近3万倍。

3. 算法的发展，特别是深度学习的应用

算法是解决一个设计程序或完成任务的路径方法。深度学习（Deep Learning，简称DL）是机器学习（Machine Learning，简称ML）领域的一个新的研究方向。与大部分传统算法相比，深度学习的效果随着数据量的增大有显著的提升，因而更大量的数据可以提高算法的表现。

【想一想】

"大智移云物区"即大数据、人工智能、移动互联网、云计算、物联网和区块链等技术的快速发展，将给财务带来什么样的影响？

项目一　智能财务认知

革故鼎新

我国人工智能发展的战略目标

2017年国务院发布的《新一代人工智能发展规划》中，指出了我国人工智能的发展战略目标，整体战略目标分为三步。

第一步，到2020年人工智能总体技术和应用与世界先进水平同步，人工智能产业成为新的重要经济增长点，人工智能技术应用成为改善民生的新途径，有力支撑进入创新型国家行列和实现全面建成小康社会的奋斗目标。

新一代人工智能理论和技术取得重要进展。大数据智能、跨媒体智能、群体智能、混合增强智能、自主智能系统等基础理论和核心技术实现重要进展，人工智能模型方法、核心器件、高端设备和基础软件等方面取得标志性成果。

人工智能产业竞争力进入国际第一方阵。初步建成人工智能技术标准、服务体系和产业生态链，培育若干全球领先的人工智能骨干企业，人工智能核心产业规模超过1 500亿元，带动相关产业规模超过1万亿元。

人工智能发展环境进一步优化，在重点领域全面展开创新应用，聚集起一批高水平的人才队伍和创新团队，部分领域的人工智能伦理规范和政策法规初步建立。

第二步，到2025年人工智能基础理论实现重大突破，部分技术与应用达到世界领先水平，人工智能成为带动我国产业升级和经济转型的主要动力，智能社会建设取得积极进展。

新一代人工智能理论与技术体系初步建立，具有自主学习能力的人工智能取得突破，在多领域取得引领性研究成果。

人工智能产业进入全球价值链高端。新一代人工智能在智能制造、智能医疗、智慧城市、智能农业、国防建设等领域得到广泛应用，人工智能核心产业规模超过4 000亿元，带动相关产业规模超过5万亿元。

初步建立人工智能法律法规、伦理规范和政策体系，形成人工智能安全评估和管控能力。

第三步，到2030年人工智能理论、技术与应用总体达到世界领先水平，成为世界主要人工智能创新中心，智能经济、智能社会取得明显成效，为跻身创新型国家前列和经济强国奠定重要基础。

形成较为成熟的新一代人工智能理论与技术体系。在类脑智能、自主智能、混合智能和群体智能等领域取得重大突破，在国际人工智能研究领域具有重要影响，占据人工智能科技制高点。

人工智能产业竞争力达到国际领先水平。人工智能在生产生活、社会治理、国防建设各方面应用的广度深度极大拓展，形成涵盖核心技术、关键系统、支撑平台和智能应用的完备产业链和高端产业群，人工智能核心产业规模超过1万亿元，带动相关产业规模超过10万亿元。

形成一批全球领先的人工智能科技创新和人才培养基地，建成更加完善的人工智能法律法规、伦理规范和政策体系。

（资料来源：中华人民共和国中央人民政府网）

思考：
依据我国人工智能发展的战略目标，如何培养一批人工智能高端人才？

启示：
依据我国人工智能发展的战略目标，我们需要把高端人才队伍建设作为人工智能发展的重中之重，坚持培养和引进相结合，完善人工智能教育体系，加强人才储备和梯队建设，特别是加快引进全球顶尖人才和青年人才，形成我国人工智能人才高地。

培育高水平人工智能创新人才和团队。支持和培养具有发展潜力的人工智能领军人才，加强人工智能基础研究、应用研究、运行维护等方面专业技术人才的培养。重视复合型人才培养，重点培养贯通人工智能理论、方法、技术、产品与应用等的纵向复合型人才，以及掌握"人工智能+"经济、社会、管理、标准、法律等的横向复合型人才。通过重大研发任务和基地平台建设，汇聚人工智能高端人才，在若干人工智能重点领域形成一批高水平创新团队。鼓励和引导国内创新人才和团队，加强与全球顶尖人工智能研究机构合作互动。

加大高端人工智能人才引进力度。开辟专门渠道，实行特殊政策，实现人工智能高端人才精准引进。重点引进神经认知、机器学习、自动驾驶、智能机器人等国际顶尖科学家和高水平创新团队。鼓励采取项目合作、技术咨询等方式柔性引进人工智能人才。统筹利用"千人计划"等现有人才计划，加强人工智能领域优秀人才特别是优秀青年人才引进工作。完善企业人力资本成本核算相关政策，激励企业、科研机构引进人工智能人才。

模块二　智能技术与财务结合

一、新技术对财务工作的影响

"大智移云物区"正在影响人们社会生产、生活中的各个领域。面对数字化发展的重大变革和必然趋势，传统的以核算为主的财务工作首当其冲地受到巨大冲击，传统的领域财务人员的知识储备已经不能适应新时代下财务的岗位需求，未来的财务工作正朝着智能化、自动化、共享化、数字化、可视化的模式转型和变革。

（一）大数据

麦肯锡全球研究所对大数据的定义是一种规模大到在获取、存储、管理、分析方面大大超出了传统数据库软件工具能力范围的数据集合。

大数据具有 4 "V" 特征，分别是：

1. 容量大（Volume）

容量大是指大数据巨大的数据量与数据完整性。大数据的出现，使得信号能够以最原始的状态保存下来，数据量的大小已不是最重要的，数据的完整性才是最重要的。

2. 多样性（Variety）

多样性是指要在海量、种类繁多的数据间发现其内在关联。在各种各样的数据中发现数据信息之间的相互关联，把看似无用的信息转变为有效的信息，从而做出正确的判断。

3. 速度快（Velocity）

速度快理解为更快地满足实时性需求。目前，对于数据智能化和实时性的要求越来越高，以近乎实时的方式呈献给用户。

4. 价值密度低（Value）

价值密度低是指大数据背后潜藏的价值巨大，但数据价值密度相对较低。利用云计算、智能化开源实现平台等技术，能够从海量数据中提取出有价值的信息，并将信息转化为知识，发现规律，最终用知识促成正确的决策和行动。

基于大数据技术的分析和应用，颠覆了传统的财务预算与财务分析思维模式，推动企业建立新型财务系统，即财务中台的出现。财务中台的应用，打通了企业各业务系统，逐步实现财务共享、人力共享、采购共享、销售共享等管理模式，实现企业运营管理过程中产生的各种数据、交易记录不断汇集，逐步构建成企业统一的共享数据中心。财务中台不仅能应对快速多变的前端业务，而且能通过沉淀核心业务能力及数据管理能力，稳定合规地保障后端管理。

（二）人工智能

在当前企业财务工作中，仍然存在许多简单、重复且烦琐的事务需要人工处理，这部分事务甚至占据了财务人员大部分工作时间以及精力。如何使财务人员从这些简单、重复、低价值的工作中解脱出来，是当下企业都在思考的问题。随着移动互联网、云计算、大数据以及人工智能等新技术的不断进步与发展，自动化与智能化逐步被运用到企业经营实践中，应用 RPA 以及 AI 提升企业财务效率已成为趋势。

在财务领域，RPA 可以用在特定业务流程、跨系统业务流程以及端到端流程，如采购发票三单匹配、发票查验、系统之间对账、出具报表等。基于云计算把人工智能、机器学习等新技术运用到财务业务场景中，通过自动对日常财务业务应用场景进行记录、分析、学习，最终形成智能化解决方案的应用程序。

人工智能在财务领域的应用，给企业带来的价值越来越多：将财务工作中简单、重复性的日常事务交给机器人处理，释放财务人力资源；促进财务流程简洁、标准和优化，提升财务数据输入及输出的质量；提升财务业务流程处理的效率与准确性；通过智能化控制配置提高业务合规性验证的效率。结合大数据应用，人工智能未来在财务领域还能进行智能分析、预测等更深入的应用。

（三）移动互联网

移动互联网是将移动通信和互联网二者结合起来，成为一体。用户使用手机、掌上电脑或其他无线终端设备，通过高速的网络，在移动状态下（如在地铁、户外等）访问互联网以获取信息，可使用办公、商务、金融、教育等各种网络服务。

移动互联网已逐渐渗透到社会生活的方方面面，微信、支付宝、移动购物等丰富多彩的小程序和应用迅猛发展。5G时代的到来，使得物联网的万物互联得以实现，将进一步拉动用户对互联网的依赖，同时因用户习惯的迁移，更多依赖于移动互联网的商业模式、服务模式、企业组织模式将得到长足发展，移动互联网全面渗透到各个行业。

移动互联网的广泛应用，使得财务数据的采集更便捷地前置到业务前端，可实现更多、更精确、更实时的数据采集。财务人员也基于更丰富的业务数据进行多口径的财务分析，可为经营决策提供更多有价值的参考数据。

（四）云计算

云计算又称网格计算，可以在很短的时间内完成对规模巨大的数据进行处理，提供强大的网络服务。云计算是一种按使用量付费的模式，这种模式提供可用的、便捷的、按需的网络访问，进入可配置的计算资源共享池（资源包括网络、服务器、存储、应用软件、服务）。大多数云服务提供商建立了具有一定标准的可靠性、可用性和安全性的云平台。相反，在传统的许多中小企业的IT基础设施中，由于资金、技术、专业计算机人才等资源的限制，很难满足企业智能化管理的需要。

云计算是互联网化的基础设施，是企业IT构架的基建，也是财务中台运行、大数据技术应用的基础保障。云计算提出的初衷，是让人们可以像使用水电一样便捷地使用云计算服务，极大地方便了企业获取计算服务资源，并大幅度提高计算资源的使用率，有效节约成本，使得资源在一定程度上属于"控制范畴"。

（五）物联网

1999年，在美国召开的移动计算和网络国际会议上正式提出了物联网概念，物联网是结合物品编码、射频识别（Radio Frequency Identification，简称RFID）和互联网等相关技术构造了一个实现全球物品信息实时共享的实物互联网（"internet of things"）。而在随后若干年的发展完善中，这个"things"的规模不断壮大。当下几乎所有物品、技术都能与计算机、互联网技术结合，按约定的协议，进行信息交换和通信，这些都纳入了物联网的范畴。

物联网的含义有两层意思：第一，物联网的核心和基础仍然是互联网，是在互联网基础上延伸和扩展的网络。第二，其用户端延伸和扩展到了任何物品与物品之间，进行信息交换和通信。

物联网致力于将企业的采购、生产、销售、库存和其他业务都整合到一个信息管理平台上，基于便捷的信息共享能力，使信息在企业各部门之间的传递更为紧密。不同于传统纸质会计资料或是传统财务软件基础资料的录入，物联网产业的发展使日常业务信息的产生在物联网中自动生成，使财务数据更加真实准确，同时得益于物联网强大的信息传递速度，财务工作中对信息的收集、处理和传递几乎同时就能完成，大大缩短了现代财务工作的时间。

（六）区块链

区块链可以理解为一个账本，通过点对点地记账、数据传输、认证和智能合约来达成信用共识，里面包括了过去所有的交易记录、历史数据和其他相关信息。

区块链本身具有分布式、去中介、去信任、不可篡改、可编程等特征。应用区块链技术，能提高企业运作效率、降低运营成本，防止信息篡改和伪造。区块链的特征使区块链在财务、金融、政务等领域有着非常广泛的应用。

区块链影响财务领域的应用场景包括使用区块链技术从根本上实现业财一体。通过使用区块链技术，在业务系统和财务系统底层构建一套分布式账簿，并由此取代现在的业财会计引擎的模式。从将业务数据自动记录传输至会计引擎转换为会计分录进行记账的模式，转变为业务和财务双方平行账簿记账的模式，业务和财务都同步保留业务账簿和财务账簿，从根本上实现业财一体。

二、智能财务应用

随着技术的发展，财务工作中很多场景可以实现智能化应用。现介绍几种典型技术在智能财务中的应用。

（一）基于OCR的智能财务应用

1. 技术概念

光学字符识别（Optical Character Recognition，简称OCR）是指通过扫描等光学输入方式将纸质文档（票据、报刊、书籍、文稿及其他印刷品）中的文字转化为图像信息，再利用文字识别技术将图像信息转化为可以使用的计算机输入的技术。

2. 基本原理

OCR主要通过版面分析、预处理、行列切割、字符识别、处理识别矫正几个步骤，实现图像信息转化的过程，如图1-2所示。

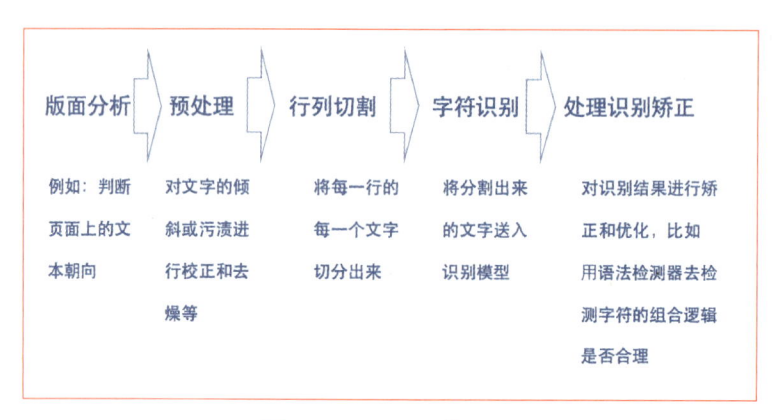

图1-2　OCR工作原理

3. 应用场景

OCR在日常生活中的典型应用场景是交通执法的车牌识别，摄像机拍摄车辆图像或视频序列，经过机器视觉、图像处理和模式识别等算法处理后自动读取车牌号码、车牌类型、车牌颜色等信息，如图1-3所示。

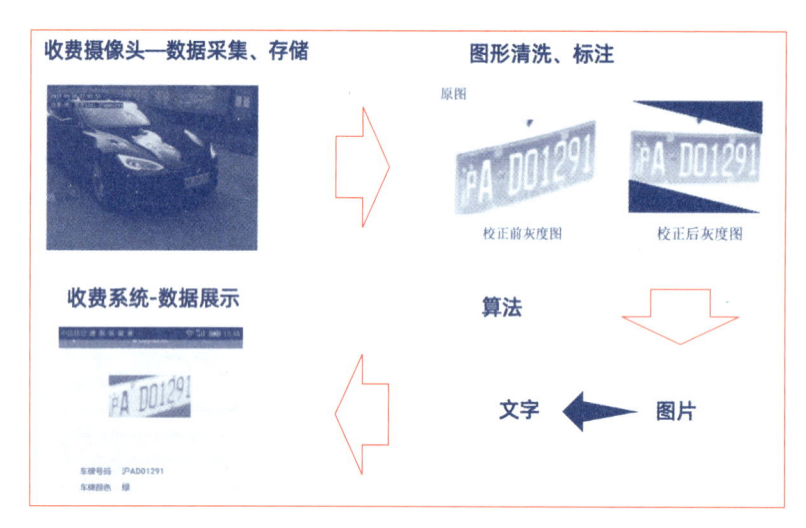

图1-3　OCR交通执法的车牌识别应用场景

4. 财务工作应用场景

财务工作中应用OCR技术实现报销一键式生成，通过智能报账系统的"拍一拍"功能，员工可将报销的原始凭证拍照上传。系统可通过OCR识别，将非结构化数据抓取为结构化数据，与税务系统直联，进行增值税专票的验伪验重，并自动生成报销数据，如图1-4所示。

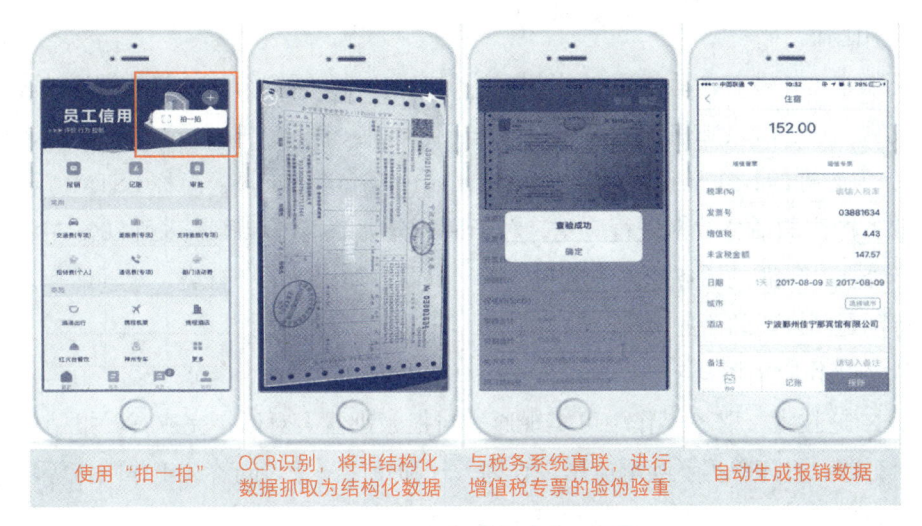

图1-4　OCR智能报账应用场景

（二）基于NLP的智能财务应用

1. 技术概念

自然语言处理（Natural Language Processing，简称NLP）是研究人与计算机交互语言问题的一门学科，是一门融语言学、计算机科学、数学于一体的学科。主要范畴涉及：自动分词、词性标注、句法分析、文本分类、信息抽取、知识图谱、问答系统和自动聊天机器人、机器翻译、自动摘要等。

自然语言处理被看作是智能时代下人机交互的重要方式。

2. 基本原理

NLP的基础技术主要包括词法分析、句法分析、语义分析、语用分析，NLP核心技术主要有机器翻译、提问和回答、信息搜索、信息提取、聊天和对话、知识工程、语言生成、推荐系统等。结合不同场景，NLP可用于搜索引擎、智能客服、商业智能、语音助手等，如图1-5所示。

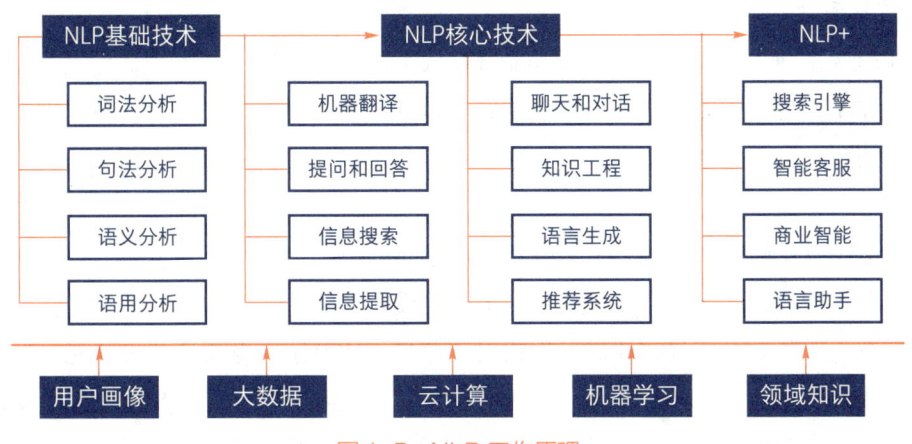

图1-5　NLP工作原理

3. 应用场景

NLP 的常见领域有自动分词、词性标注、句法分析、语义分析、机器翻译、客户机器人、中文输入法、垃圾邮件识别等。利用基于循环神经网络（Recurrent Neural Networks，简称 RNN）改进的长短期记忆网络（Long Short-Term Memory，简称 LSTM）算法，采用实际业务产生的话务数据进行应用，对于话务分类的整体准确率达到 80% 左右。目前该算法已经在某集团的话务系统中应用，用于机器自动识别话务分类，减轻话务人员的工作量，特别是刚入职的话务人员。

4. 财务工作应用场景

基于 NLP 技术，财务工作中可实现通过与报账机器人对话，完成查看报销标准、填写单据、记账、打印单据、唤醒应用、查询天气和新闻、智慧问答、工作陪伴等功能，如图 1-6 所示。

图 1-6 基于 NLP 的财务工作场景

（三）基于 RFID 的智能财务应用

1. 技术概念

无线射频识别（Radio Frequency Identification，简称 RFID）技术，又称电子标签，是一种通信技术，可通过无线电讯号识别特定目标并读写相关数据，而无须在识别系统与特定目标之间建立机械或光学接触。

2. 基本原理

阅读器用以发射无线电射频信号并接收由电子标签反射回的无线电射频信号，经处理后获取标签数据信息。阅读器可被设计为手持式或固定式。

标签进入磁场后，接收解读器发出的射频信号，凭借感应电流所获得的能量发送出存储在芯片中的产品信息（Passive Tag，无源标签或被动标签），或者由标签主动发送某一频率的信号（Active Tag，有源标签或主动标签），解读器读取信息并解码后，送至中央信息系统进行有关数据处理，如图 1-7 所示。

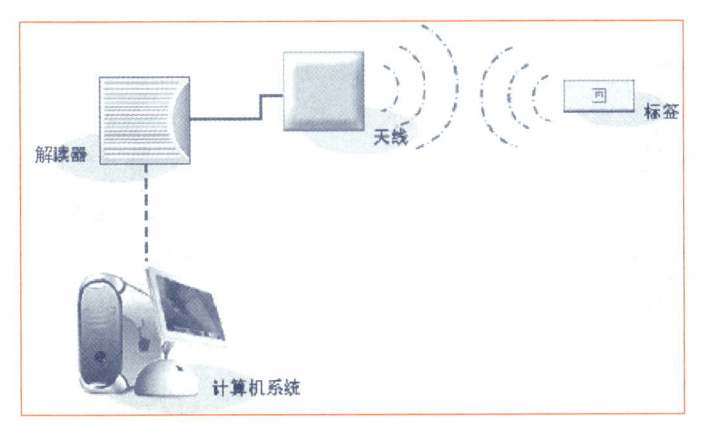

图 1-7　RFID 工作原理

3. 应用场景

RFID 技术具有快速扫描、穿透性、数据的记忆容量大、抗污染能力和耐久性、可以重复使用、体积小型化、形状多样化等特点，如图 1-8 所示。

01 快速扫描
RFID识读器可同时辨识读取多个RFID标签，相比之下，条形码需要逐个扫描。

02 穿透性
在被覆盖的情况下，RFID能够穿透纸张、木材和塑料等非金属或非透明的材质，并能够进行穿透性通信。

03 数据的记忆容量大
一维条形码的容量是30个字符左右，二维条形码最大的容量可储存2至3000字符，RFID最大的容量则有数兆字符，随着发展，数据容量也有不断扩大的趋势。

04 抗污染能力和耐久性
RFID电子标签对水、油和化学制品等物质具有很强抵抗性。

05 可以重复使用
RFID电子标签具有重复新增、修改、删除内部数据的功能，方便信息的替换和更新。

06 体积小型化、形状多样化
RFID在读取上并不受尺寸大小与形状限制，不需要为了读取精确度而配合纸张的固定尺寸和印刷品质，不像条形码容易产生形变和破损等问题而导致无法识别。

图 1-8　RFID 技术特点

基于这些特点，RFID 常应用在刷卡、考勤等场景应用中。使用 RFID 技术的公交卡，不用接触即可完成数据交换。员工考勤刷卡时，卡片放入钱包、卡套内也可以读取，如图 1-9 和图 1-10 所示。

图 1-9　RFID 公交卡应用场景 　　　　图 1-10　RFID 考勤应用场景

4. 财务工作应用场景

财务工作中应用 RFID 技术，可进行出入库管理及盘点，从而实现相关工作的自动化核算与智能化管理，如图 1-11 所示。

图 1-11　基于 RFID 的财务工作场景

（四）集成硬件的智能财务应用

在财务工作中，往往会将软硬件技术结合应用于更多智能化场景，如开票机器人、智能收单机器人。

1. 开票机器人

应用开票机器人可实现发票开具、打印、盖章、分联、回收，全流程自动化处理，如图 1-12 所示。

2. 智能收单机器人

应用智能收单机器人，可实现发票投拍、分拣、签收、单据初审、归档，收单自动化，由机器人代替人工，如图 1-13 所示。

项目一　智能财务认知

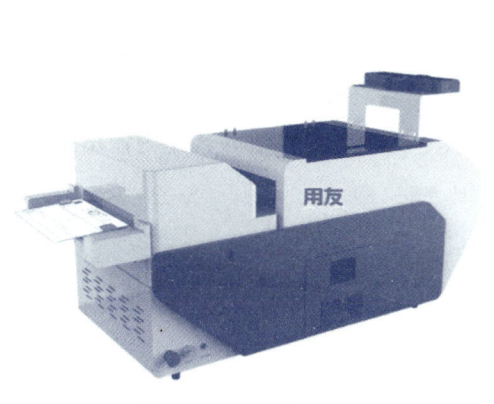

图 1-12　开票机器人　　　　　　图 1-13　智能收单机器人

智能收单机器人在财务共享服务中心可替代财务复核岗，大大提升效率，节约了企业的成本，如图 1-14 所示。

图 1-14　智能收单机器人收单界面

三、重塑财务流程

企业经营的每一笔交易和经济事项产生的数据，都是通过一系列业务流程及管理流程，最终汇集到财务进行记录和进一步处理分析。智能技术的发展与应用，使得业务与财务流程一体化、自动化、智能化得以实现，原有流程也随之调整，不断重塑，从而使自动化流程更智能、更符合工作需要，提升业财一体化的工作效率，为企业创造更多的价值。其中，财务流程对于财务智能化和企业数智化的实现，起着至关重要的作用。

（一）流程定义

管理大师迈克尔·哈默（Michael Hammer）指出流程就是一组能够为客户创造价值的相互关联的活动进程。在ISO9000质量管理体系对流程的定义中，流程就是一组将输入转化为输出的活动进程。综上所述，流程可以被定义为一组将输入转化为输出的活动进程，这个活动进程相互关联，能够为客户创造价值。

（二）流程构成要素

一个最小的流程单元构成要素包含供应商、输入、流程过程、流程执行者、输出、客户，如图1-15所示。

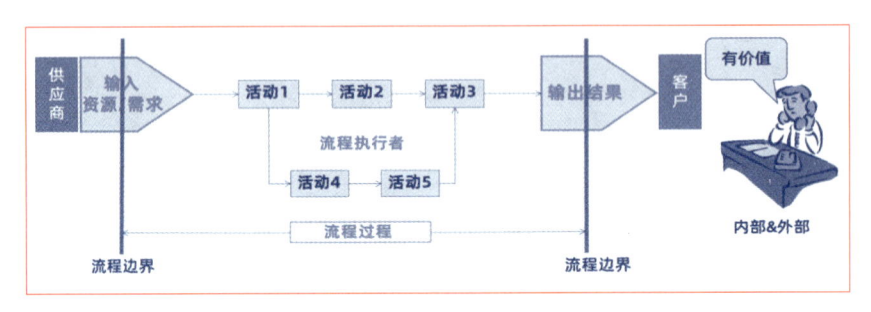

图1-15 流程构成要素

1. 供应商

供应商就是指为流程活动提供相关物料、信息或其他资源的个体或组织。在日常的流程运作中，供应商可以有一个，也可以有多个。在进行流程设计时，一般只需要列出关键供应商即可。供应商作为流程组成的基本要素之一，所提供的物料、信息或资源对流程会产生重要影响。

2. 输入

输入就是指流程运作初期所涉及的基本要素，这些要素是流程运作过程中不可或缺的组成部分。一般而言，在流程运作过程中，他们将被有效的消耗、利用、转化，并最终对流程产生影响。常见的流程输入有资料、物料、顾客需求、资源、设备、说明、标准、计划、信息、资金等。

3. 流程过程

流程过程就是为了满足客户需求所必须进行的相关作业活动的集合。这些活动对流程输出来讲是核心的、关键的、不可缺失的、有增值效果的。从流程优化的思路来讲，过程才能为组织创造价值。因此，必须尽量减少一切不必要的非增值环节，提高流程的质量和效率，使流程的路径最短，效率最高。

4. 流程执行者

流程执行者就是指具体流程过程活动的实施者，它既包括个体，也包括部门。在一个流程中，可能只有一个执行者，也可能包括多个执行者。流程执行者的识别，与各个部门在流程中所扮演的角色和流程本身的层级划分有着重要关系。

5. 输出

输出就是指流程的最终产出结果。它可分为硬件和软件两部分，硬件主要指生产制造过程中所生成的各种产品，软件就是相关信息或服务。流程的输出是否合格，最终需要由客户判断，看产出是否与客户需求吻合。

6. 客户

客户就是流程输出结果的最终消费者。对于企业流程来说，客户既可以是外部市场客户，也可以是内部组织客户。在设计相关流程时，必须首先明确流程的客户是谁，仔细把握客户的最终需求，这样设计出的流程才有意义。

（三）流程优化方法

了解流程是为了更好地梳理流程、优化流程，为流程的智能化实现提供路径。关于流程优化方法，相关的学术著作较多，现引入 ESIAB 模型，给学习者提供一些思路和方法，如表 1-1 所示。

表 1-1 ESIAB 模型

方式	具体内容
清除（Eliminate）	有必要取消的工作，自然不必再花时间研究如何改进。某个处理步骤、某道手续，首先要研究是否可以取消，这是改善工作程序、提高工作效率的最高原则
简化（Simplify）	对程序的改进，除去可清除之处，余下的还可以进行必要的简化，这种简化是对工作内容和处理环节本身的简化
整合（Integrate）	将做事情的人从不同的组织集中到一个组织中，或者将前后衔接密切的步骤交由一个岗位去处理等
自动化（Automate）	重复机械性作业、危险作业、枯燥作业可以利用自动化程序完成
调整（Balance）	流程活动由串行变为并行、改变流程活动顺序

流程优化的核心思想就是消除流程中的非增值活动，调整核心增值活动，最终确保为客户（内部和外部）增加价值。

【随堂练习 1-1】

请在教学实践平台上完成财务流程优化相关的客观题。

项目小结

"大智移云物区"等智能技术的应用正快速改变着整个社会及商业环境，推动着企业业务流程的重塑，物质世界和虚拟世界的融合越来越快。智能时代催生新的商业模式，商业模式的变化也推动技术的发展与智能技术的应用。

元数据与大数据的应用，正在改变经营分析的理念，颠覆传统的预算管理思维模式，使财务管理步入全维时代。电子发票、电子档案的应用，正在推动财务全面数字化。财务机器人的应用解决了自动化问题，发起了机器作业取代共享服务的攻势。区块链技术的应用助力企业内部风险管控，降低财务舞弊。统一会计核算引擎、财务中台等的出现，都在重塑业财融合模式。在这样的时代大背景下，每个企业都需要不断审视自己的业务流程与财务流程，快速迭代，不断重塑，快速适应市场，不断增强自身经营的竞争力。

项目二　RPA 技术应用

学习目标

知识目标
- 理解 RPA 技术的基本概念及功能特点
- 理解 RPA 技术的应用领域及应用场景
- 掌握智多星 RPA 的基本应用框架和主要功能

技能目标
- 能完成智多星 RPA 设计器的注册及安装
- 能在智多星 RPA 设计器中应用变量、列表、字典命令编写程序
- 能在智多星 RPA 设计器中应用常用工具命令编写程序
- 能在智多星 RPA 设计器中应用浏览器命令编写程序

素养目标
- 通过理解 RPA 技术的基本概念等内容,提升专业能力
- 通过在智多星 RPA 设计器中编写程序,提升系统思维逻辑能力

思维导图

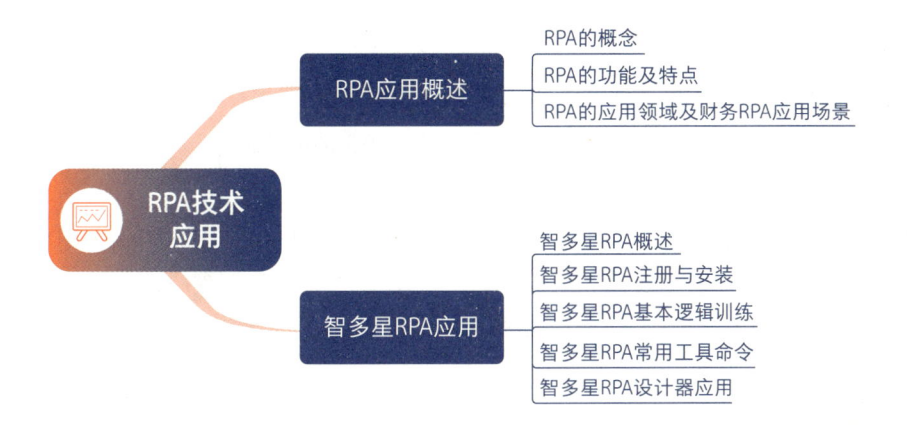

```
                            ┌─ RPA的概念
              RPA应用概述 ───┼─ RPA的功能及特点
              │             └─ RPA的应用领域及财务RPA应用场景
RPA技术应用 ──┤
              │              ┌─ 智多星RPA概述
              │              ├─ 智多星RPA注册与安装
              智多星RPA应用 ─┼─ 智多星RPA基本逻辑训练
                             ├─ 智多星RPA常用工具命令
                             └─ 智多星RPA设计器应用
```

模块一　RPA 应用概述

一、RPA 的概念

RPA 又称软件机器人、虚拟劳动者，是基于计算机程序以及业务规则，通过执行重复的、基于规则的任务，实现手工业务自动化的软件。

二、RPA 的功能及特点

（一）RPA 的功能

RPA 是一种处理重复性工作和模拟手工操作的程序，目前可以实现如下五大功能。

1. 数据检索与记录

RPA 可以跨系统进行数据检索、数据迁移以及数据输入。例如，RPA 可以通过多个财务系统和报告来收集数据，完成财务报告的基本数据整理工作；RPA 可以自动下载多个银行账户的银行对账单，并自动将银行对账单输入财务系统。

2. 图像识别与处理

RPA 可以基于 OCR 技术，扫描识别整个屏幕图像，获取所有的文字信息，然后在其中查询某个关键字，确定它的坐标位置后再做审查和分析文字等处理操作。

3. 平台上传与下载

RPA 按照预先设定的路径，上传和下载数据，完成数据流的自动接收与输出。

4. 数据加工与分析

数据加工与分析包括数据检查、数据筛选、数据计算、数据整理、数据校验。例如，自动下载企业详细的月度销售数据并基于规则计算提成佣金等。

5. 监控与产出

RPA 可以模拟人类判断，实现工作流分配、标准报告出具、基于明确规则决策、自动信息通知等功能。

（二）RPA 的特点

1. 机器处理

RPA 是一个软件机器人，可以像机器一样自动处理所有操作，根据提前编写好的脚本进行重复、机械式的运动，用自动化代替人工任务处理，不仅可以提高工作效率，同时可以避免人工操作可能出现的错误或纰漏。

2. 基于明确规则

RPA 主要代替人工进行重复机械式操作，适用的流程必须有明确的、可被数字化的触发指令和输入，RPA 不适用于创造性强、流程变化频繁的办公场景。

3. 以外挂形式部署

RPA 是在用户界面进行操作的，因此不会破坏原有的 IT 结构，不会改变已有的 IT 系统，是以外挂形式部署的。

4. 模拟用户操作与交互

RPA 能够模仿人们操作计算机的过程，利用模拟的鼠标和键盘操作来执行应用系统。RPA 主要模拟用户手工操作，如复制、粘贴、鼠标单击、键盘输入等，使用起来更简单、快捷、方便，这也是 RPA 被广泛使用的原因。

三、RPA 的应用领域及财务 RPA 应用场景

（一）RPA 应用领域

RPA 通过调用 Excel、PPT、Word、邮件、带有客户端的用户界面以及各类浏览器支持的 Web 界面，来实现模拟用户的操作行为，这些流程中的操作行为需要有明确的业务规则和行为逻辑，才能转换成可执行的软件程序，并且这些操作行为具有重复执行、工作量大的特点。

RPA 适用于多个职能领域，包括财务、采购、信息技术、税务、供应链、人力资源、客户服务等。目前，RPA 已广泛应用于多个领域，例如金融、保险、零售、汽车制造、旅游、电信以及医疗保健等。

（二）财务 RPA 应用场景

财务机器人是机器人流程自动化在财务领域的具体应用。财务机器人在 RPA 技术的基础上，针对财务的业务内容和流程特点，以自动化代替财务手工操作，辅助财务人员完成工作量大、重复性高、易于标准化的基础业务，从而优化财务流程，提高业务处理效率和质量，减少财务合规风险，使资源分配在更多的增值业务上，从而促进财务转型。

财务机器人在特定应用场景下的高效运行，是基于一定的业务特点才得以实现的。财务机器人适用的业务特点是支持其处理不同流程和任务的运行环境，这为财务机器人的应用提供了必要性和可行性。总体而言，财务机器人适用于模拟人类进行简单重复的操作，处理量大易错的业务，且以不间断的工作模式，在不改变原有信息系统架构的基础上实现异构系统的贯通。

下面介绍财务业务中 3 种典型的 RPA 机器人工作原理，以体现 RPA 技术如何提高财务工作的效率。

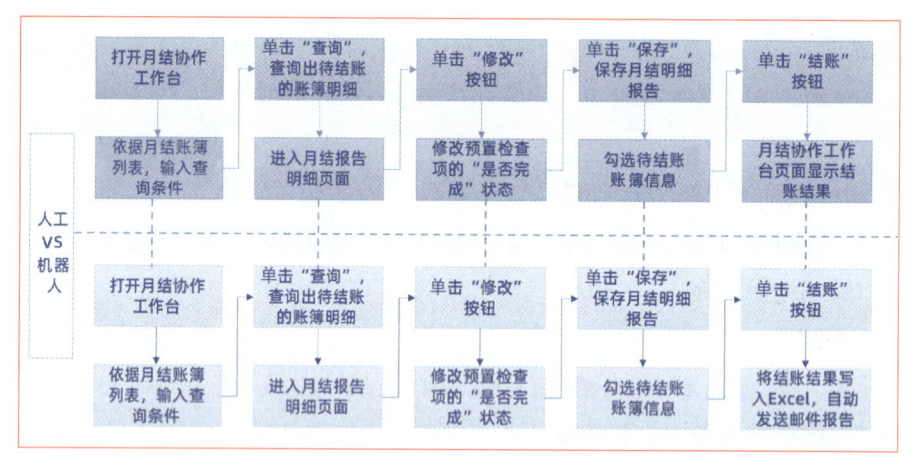

1. 总账月结检查机器人

总账月结检查机器人的操作流程与人工操作流程基本类似，但依据企业案例实践总结，人工需要 10 分钟完成总账月结检查操作，机器人只需要 1 分钟即可完成该操作，可见总账月结检查机器人大大地提高了工作效率。

总账月结检查机器人的工作原理如下：

（1）总账月结检查机器人自动打开 ERP 系统中的"月结协作工作台"；

（2）总账月结检查机器人依据月结账簿列表，在"月结协作工作台"中自动输入查询条件，单击"查询"按钮，查询出需要结账的账簿明细；

（3）总账月结检查机器人双击"账簿明细"，进入"月结报告明细页面"，在"月结报告明细页面"中单击"修改"按钮，依据"预置检查项"进行结账检查，检查完毕后修改预置检查项的"是否完成"状态，单击"保存"按钮，保存月结报告明细结果；

（4）总账月结检查机器人单击"结账"按钮，将结账结果自动写入 Excel 并自动向用户发送邮件报告。

总账月结检查机器人工作原理如图 2-1 所示。

图 2-1 总账月结检查机器人工作原理

2. 采购发票机器人

采购发票机器人是一个包含发票验伪机器人、发票认证机器人、三单匹配机器人等的机器人组。通过运行采购发票机器人，实现采购业务流程自动化。

采购发票机器人应用原理为：采购员收到纸质采购发票后，应用 OCR 技术识别发票信息，ERP 系统自动生成收票清单；发票验伪机器人自动进行发票验伪，发票认证机器人自动进行发票认证，三单匹配机器人自动进行发票匹配，发票匹配完成后，ERP 系统自动生成采购发票，采购发票自动进行结算，ERP 系统自动生成应付单。采购发票机器人工作原理如图 2-2 所示。

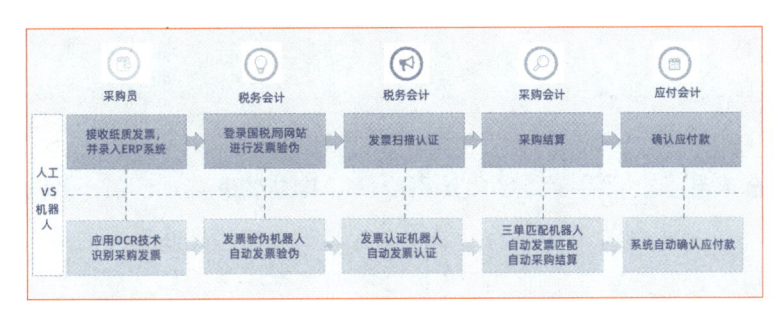

图 2-2　采购发票机器人工作原理

3. 财务共享服务中心机器人

财务共享服务中心机器人工作原理是：发起人填报单据，应用影像扫描系统将票据按影像识别扫描成对应格式文件，应用 OCR 技术识别文件中的关键字段信息，然后将文件上传至财务机器人平台，单据经过业务部门领导审批后，由财务部门进行初审和复审，出纳人员进行资金结算，单据存入会计档案中。业务单据、财务单据、财务凭证的数据汇集到报表中心中，用于报表分析。财务共享服务中心机器人应用场景如图 2-3 所示。

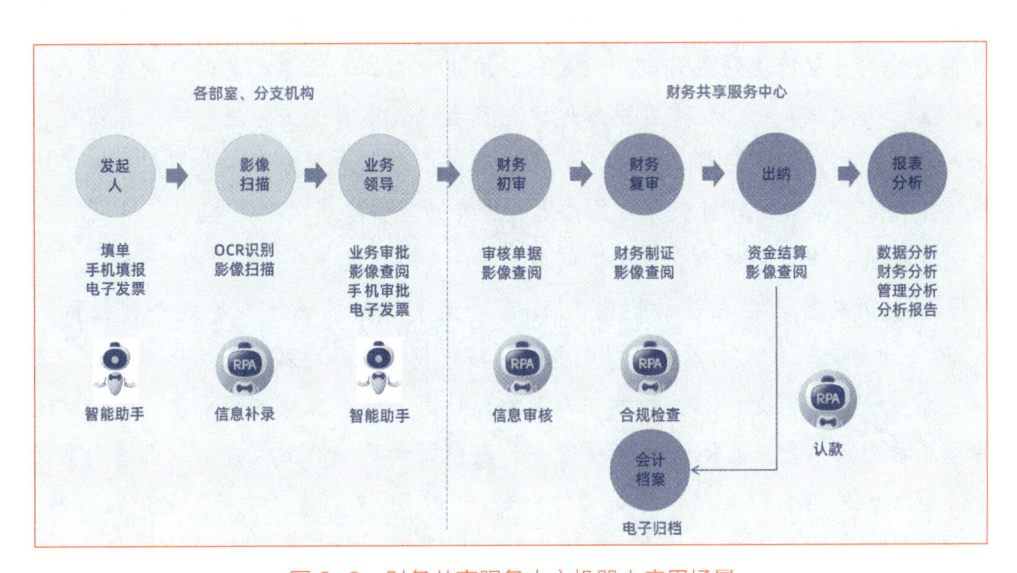

图 2-3　财务共享服务中心机器人应用场景

【随堂练习 2-1】

请在教学实践平台上完成 RPA 应用概述相关的客观题。

随堂练习 2-1

◢ 革故鼎新 ◣

RPA 对员工未来工作的改变

目前，全球很多企业处于数字化转型阶段，其中很多企业已经开始陆续接触并应用 RPA 技术来改变现有的工作方式。但是，实际应用中仍存在很多问题，例如，业务中大量的结构化数据交互与处理占据了员工绝大部分时间，员工需要手工处理各种文件并经常出现低级错误；在网络环境有限制的情况下，难以很好地实现与多个系统、应用之间的通信；很难及时地进行跨部门间的信息共享并保证数据的安全和隐私。这些问题是未来企业应用 RPA 会面临的难题。

为了解决上述难题，RPA 和领先 AI 技术相结合，相当于是在基于规则的自动化基础（RPA）之上增加基于深度学习和认知技术的推理、判断和决策能力，实现真正的智能流程自动化。在未来，RPA 将为员工的工作带来哪些变化呢？

（1）RPA 可以优化企业员工的工作流程，提高员工的工作效率。

随着 RPA 的不断普及，原本用于某些特定业务的集成服务系统可以融合成一个更加智能的系统。例如，在企业中，系统可以对外部数据和内部核心数据进行交互应用，从而优化他们的工作方式，使业务人员从简单、重复、单调的工作中释放出来，将时间和精力投入自身价值的提升中。RPA 的应用使人类的工作像之前的自动化浪潮一样发生巨变，自动化系统如何才能更好地优化甚至取代现有的工作流程和管理模式，是未来不断实践和探索的目标。业务人员可能需要在自身培训方面多做规划，真正达到人机协作的完美融合，解放业务人员，使之成为知识型的数字化员工。

（2）RPA 的发展能够为企业员工创造大量的潜在工作岗位。

社会上仍然普遍存在一种忧虑，"RPA 会抢走我们的工作，我们会被机器人取代"。随着近年来机器人在各项人机比赛中的耀眼表现，这种顾虑正在逐步放大。我们认为这点完全不用担心，RPA 的主旨是解放劳动力，让员工从单调重复、枯燥乏味的操作型工作中解放出来。RPA 未来反而会为我们增加更多的工作机会。机器人取代规则化、重复性的低价值劳动任务是大势所趋。RPA 不仅能够解决员工的时间和精力，使他们能够从事更高价值的工作，而且会创造大量诸如机器人管理、人机合作类岗位。

思考：
RPA 的存在是为了取代人的工作，还是改变人的工作？

启示：
RPA 能够执行简单的、重复的、基于规则的工作，RPA 使专业人员摆脱平凡的任务，转而专注于更复杂的任务。机器人并不具备人类所特有的某些能力，如创造力、解决问题的能力、情感认知能力、与其他人互动的能力。人类仍然是唯一能够管理并应用好机器人的关键角色，如果没有人的支持与干预，自动化技术就无法运行，也就无法实现更高层次的判断、思考和分析。综上所述，RPA 的存在并不是为了取代人的工作，而是为了改变人的工作。

模块二 智多星 RPA 应用

一、智多星 RPA 概述

智多星 RPA 是企业级流程自动化机器人管理平台。智多星 RPA 帮助企业将基于规则的常规操作自动化，借助智多星 RPA 丰富的自动化插件，可以实现对用友系列 ERP 产品（特别是 NC）、大部分 B/S 应用、企业报表等系统的流程自动化，旨在帮助客户有效地减少成本，增强效率，提升业绩。

（一）智多星 RPA 基本应用框架

智多星 RPA 采用三端架构设计，包括 RPA 设计器、RPA 控制台和 RPA 客户端。

智多星 RPA 设计器：主要面向 RPA 开发者，开发者通过使用设计器提供的命令或者自行扩展的命令编写业务机器人模板，并通过设计器进行本地机器人执行测试，测试通过后可通过设计器将机器人模板上传至智多星 RPA 控制台。

智多星 RPA 控制台：面向机器人管理人员与机器人使用者。用户通过智多星 RPA 控制台实现机器人模板管理、机器人管理、智多星 RPA 客户端管理、定时任务管理等。此外，管理员还可以通过智多星 RPA 控制台查看安全审计日志，为用户分配相应的功能权限等。

智多星 RPA 客户端：面向机器人使用者，是智多星 RPA 的执行引擎。

（二）智多星 RPA 的主要功能

智多星 RPA 能实现对各种应用的自动化。截至目前，智多星 RPA 可以实现对下列应用的自动化需求：

（1）支持 NC 系列产品。支持用友 ERP 输入、导入导出、表格等多种操作。

（2）支持 IE 内核、Chrome 内核等多种浏览器的操作。

（3）支持多类报表的导入。

（4）支持 Office 类操作。支持 Excel 单元格读写等操作，支持 Word 内容控件值读写等操作。

（5）支持 Windows 类部分操作。支持窗体、批处理、粘贴板等多种交互。

（6）支持图像识别类操作。支持国内电子发票识别等主流行业证件票据识别。

（7）支持程序类操作。支持条件、判断、字符操作、RestfulAPI 等多类编程交互接口。

智多星 RPA 融合了 9 大类插件，以支持多场景自动化应用开发，如图 2-4 所示。

图 2-4　智多星 RPA 融合应用开发插件

（三）智多星 RPA 应用价值

基于智多星 RPA 实践案例总结，智多星 RPA 应用价值包括但不限于以下四个方面：

1. 提高工作效率

企业借助 RPA 完成任务的速度可比通过人工方式快 5 倍。

2. 节省成本

企业高频重复性任务的成本可降低 50%～70%。

3. 提升准确率

RPA 消除了人工干预后，可实现 100% 的处理准确率。

4. 解放劳动力

企业 45% 的任务可实现自动化，摆脱重复劳动，从而使用户有精力去执行优先级更高的创新型任务。

【随堂练习 2-2】

请在教学实践平台上完成智多星 RPA 基本应用框架、主要功能与应用价值相关的客观题。

二、智多星 RPA 注册与安装

（一）智多星 RPA 设计器注册

在新道云平台"智多星 RPA 入门—智多星 RPA 基本功能与基本逻辑训练"中，打开"智多星 RPA 注册及安装"界面，点击"开始任务"，用户在智多星 RPA 注册界面输入手机号、密码，勾选"已经阅读并同意《用友云注册协议》及《用友云隐私权政策》"，单击"立即注册"，用户注册成功。用户注册界面如图 2-5 所示。

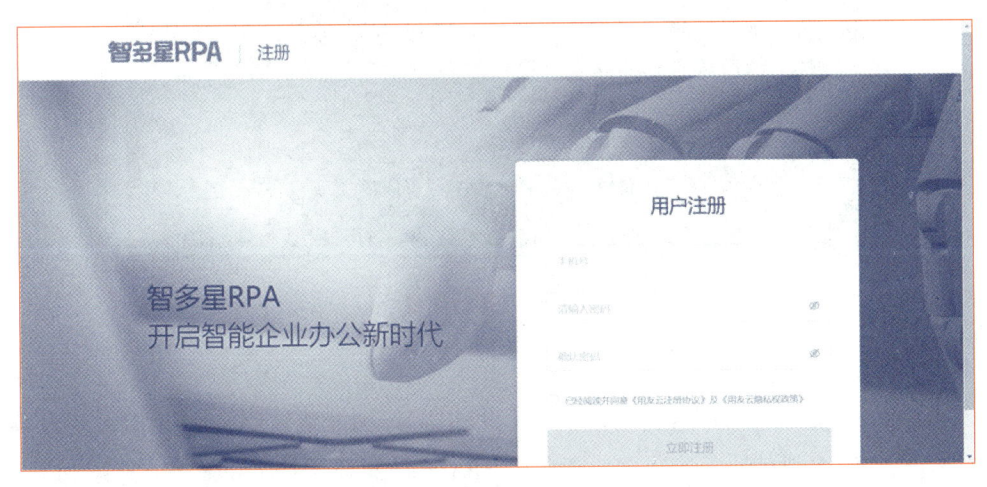

图 2-5　智多星 RPA 用户注册

（二）智多星 RPA 设计器安装

1．下载智多星 RPA 安装包

下载"任务资料"中的压缩文件"智多星 RPA 安装及初始化设置 .zip"并解压缩。

2．安装智多星 RPA

（1）单击安装程序进行安装，如图 2-6 所示。

（2）程序安装完后在桌面显示智多星 RPA 设计器图标，如图 2-7 所示。

图 2-6　智多星 RPA 设计器安装程序　　　图 2-7　智多星 RPA 设计器快捷访问图标

3．执行命令

打开计算机的"运行"程序，输入"cmd"命令，打开命令提示符界面。在命令提示符界面，复制粘贴下载文件中的语句，实现在教学实践平台的相关任务中自动跳转智多星

RPA 设计器登录界面。Windows7 操作系统执行命令后的界面，如图 2-8 所示。

图 2-8　执行命令

4. 登录

双击"startRpa.html"，单击"打开 RPA 设计器"，如能跳转到智多星 RPA 登录界面，则说明智多星 RPA 设计器安装成功。智多星 RPA 设计器登录界面如图 2-9 所示。

图 2-9　智多星 RPA 设计器登录界面

三、智多星 RPA 基本逻辑训练

（一）变量

变量在计算机语言中能够存储值，变量可以存储多种类型的数据，可以给变量设置变量名，程序通过变量名来访问变量，设置变量名时尽量使用字母、数字和下划线的组合。

【实训任务 2-1】

请在教学实践平台上完成输出"hello，world!"机器人的开发及运行。

任务要求：设置 temp 变量并赋值"hello，world!"，然后输出 temp 变量的值。

【业务流程】

输出"hello，world!"机器人开发及运行流程如表 2-1 所示。

表 2-1　输出"hello，world!"机器人开发及运行流程

操作步骤	操作系统	操作业务
1	智多星 RPA 设计器	新建模板
2	智多星 RPA 设计器	设置变量
3	智多星 RPA 设计器	添加弹出消息框
4	智多星 RPA 设计器	添加代码注释
5	智多星 RPA 设计器	保存运行程序

【操作步骤】

1. 新建模板

在智多星 RPA 设计器主界面，单击"新建模板"，如图 2-10 所示。

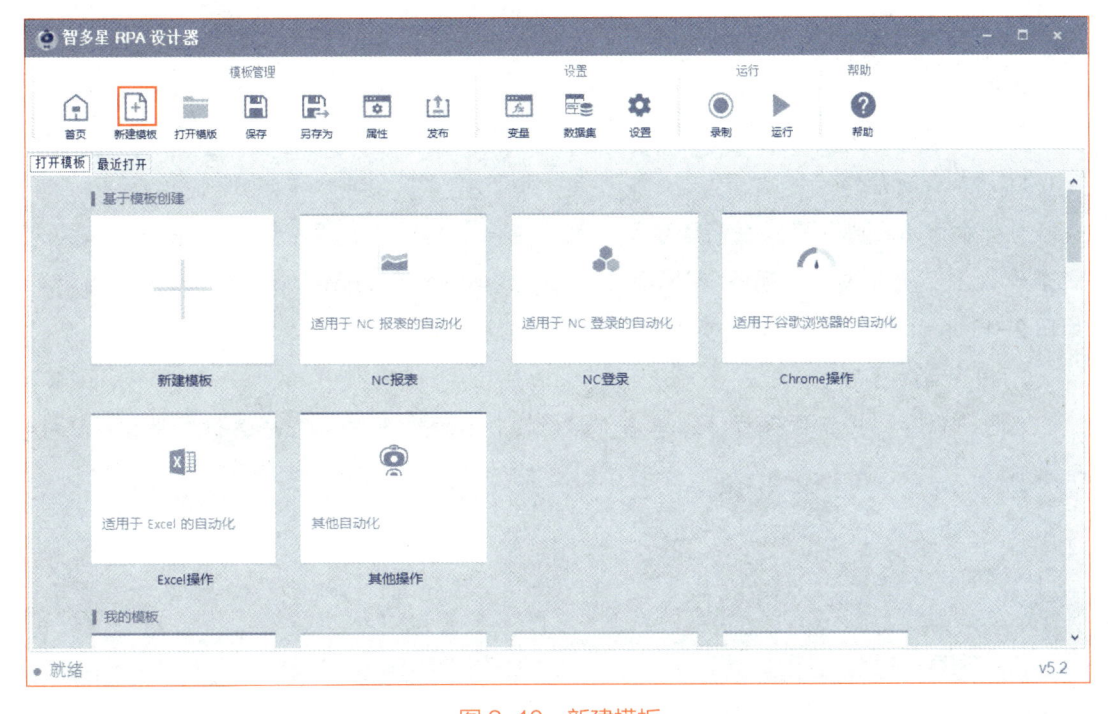

图 2-10　新建模板

2. 设置变量

单击"变量",在脚本变量界面设置变量名为"temp"、变量类型为"文本"、设置值为"hello,world!",单击"确定"按钮,temp 变量设置成功,如图 2-11 所示。

图 2-11　设置变量

3. 添加弹出消息框

在搜索框中输入"弹出",单击搜索框或者回车确认,双击"弹出消息框",单击"插入变量",选择 temp 变量,单击"确定",弹出消息设置完成,如图 2-12 所示。

4. 添加代码注释

为脚本添加代码注释,提高脚本易用性,在搜索框中输入"注释",单击搜索框或者回车确认,双击"添加代码注释",添加注释内容"弹出 hello,world!",单击"确定",如图 2-13 所示,然后将注释内容拖动到需要的位置即可。

5. 保存运行程序

单击"保存"按钮保存程序,单击"运行"按钮运行程序,程序运行结果如图 2-14 所示。

图 2-12 添加"弹出消息框"

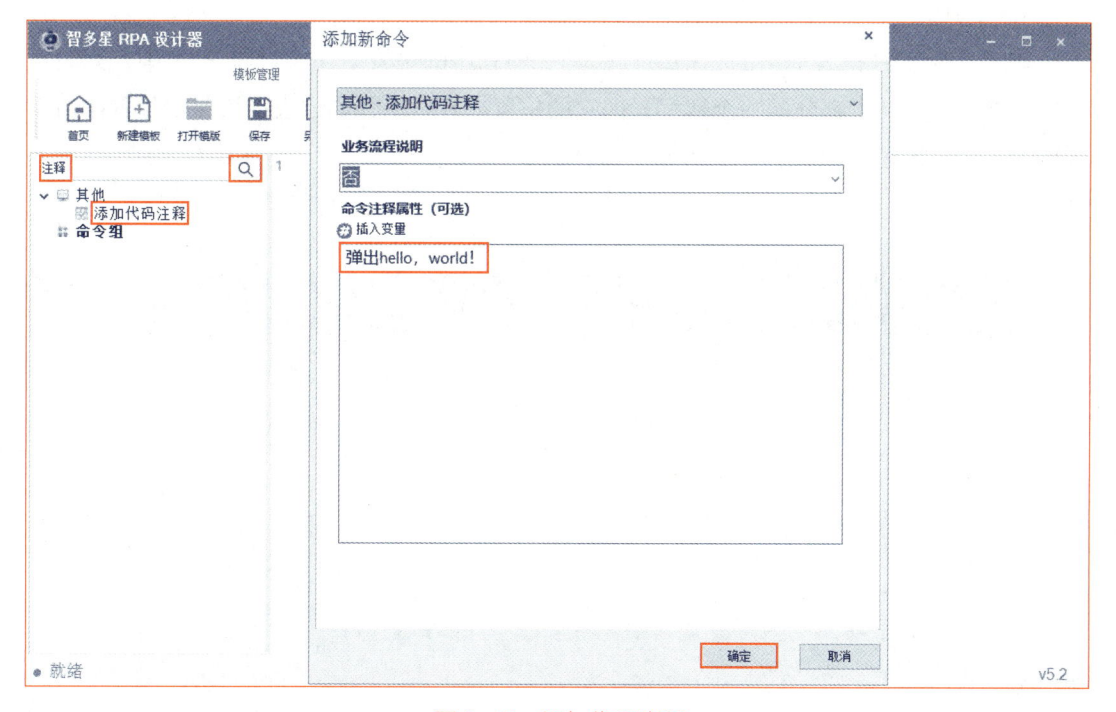

图 2-13 添加代码注释

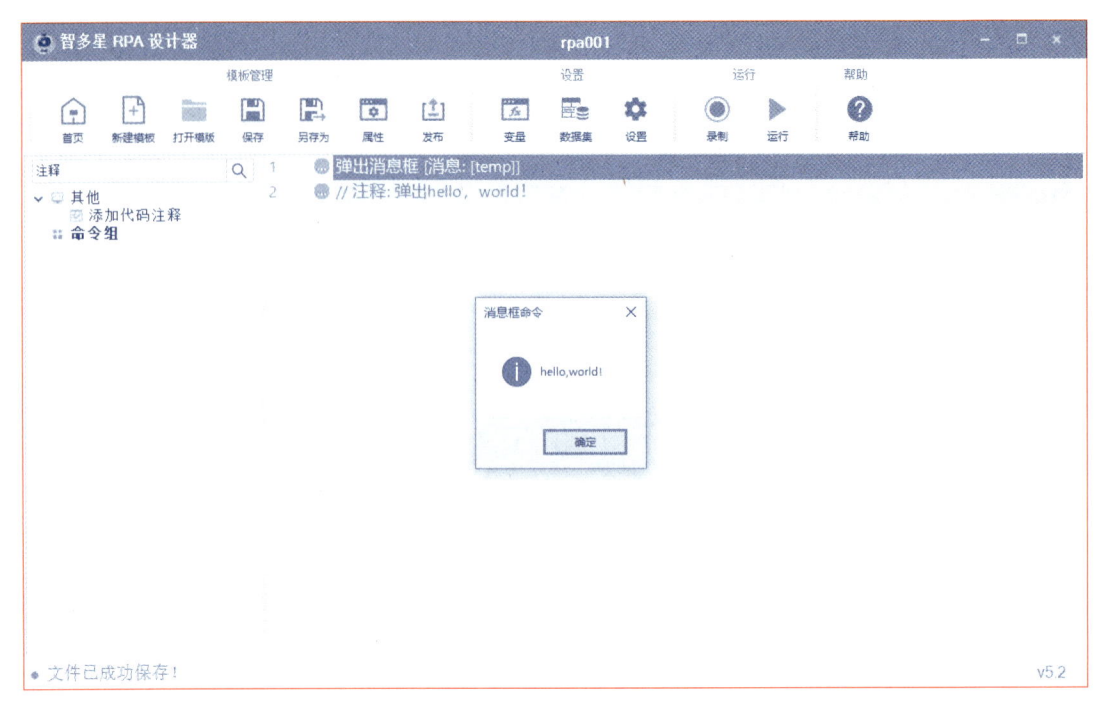

图 2-14　程序运行结果

（二）列表

列表（list）可视为基本的数据结构，是一种有序的集合。在智多星 RPA 中，列表可存储元素，每个元素都分配一个数字，即它的位置或者索引，如列表中第一个位置的值为 Value1，第二个位置的值为 Value2 等，如表 2-2 所示。

表 2-2　列表结构

列表的位置	列表的值
1	Value1
2	Value2
……	……

【实训任务 2-2】

请在教学实践平台上完成添加如表 2-3 所示的 list 列表内容，并输出列表中第 2 个位置的值。

表2-3 list列表

列表的位置	列表的值
1	18
2	19
3	20

【业务流程】

添加、输出列表值机器人开发及运行流程如表2-4所示。

表2-4 添加、输出列表值机器人开发及运行流程

操作步骤	操作系统	操作业务
1	智多星RPA设计器	新建模板
2	智多星RPA设计器	设置变量
3	智多星RPA设计器	添加列表项
4	智多星RPA设计器	检索列表
5	智多星RPA设计器	添加弹出消息框
6	智多星RPA设计器	保存运行程序

【操作步骤】

1. 新建模板

在智多星RPA设计器主界面，单击"新建模板"。

2. 设置变量

单击"变量"，在脚本变量界面设置list变量和temp变量，list变量用来存储list列表内容，temp变量用来存储list列表中第二个位置的值。

3. 添加列表项

在搜索框中输入"列表"，单击搜索按钮或者回车确认，双击"添加列表项"，然后将list列表第一个位置的值赋值"18"，如图2-15所示。

同理，将list列表第二个位置的值赋值"19"，第三个位置的值赋值"20"，完成添加列表项后的内容如图2-16所示。

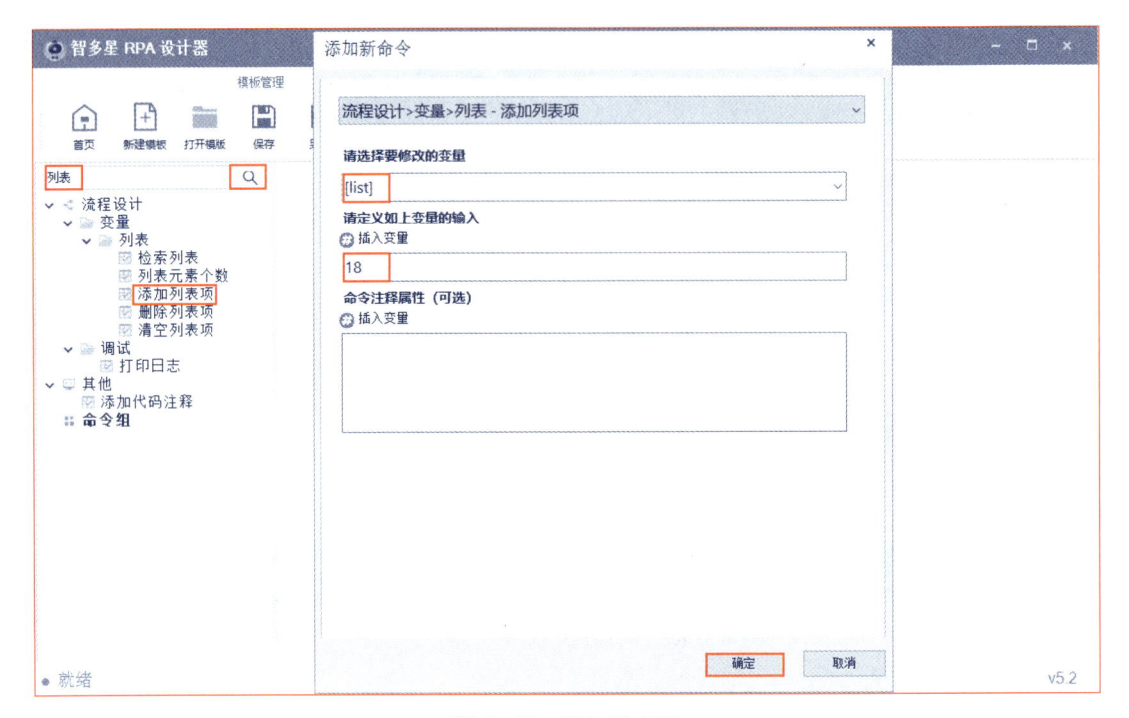

图2-15 添加列表项

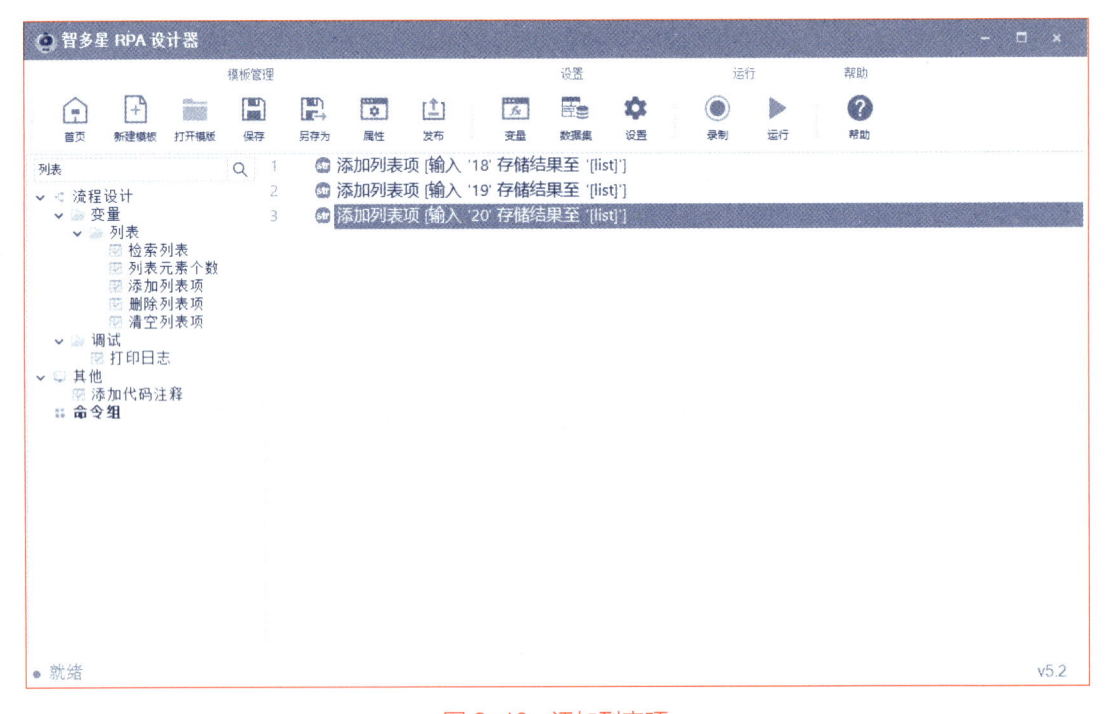

图2-16 添加列表项

4. 检索列表

获取 list 列表中第 2 个位置的值，并将结果存到 temp 变量中，如图 2-17 所示。

46

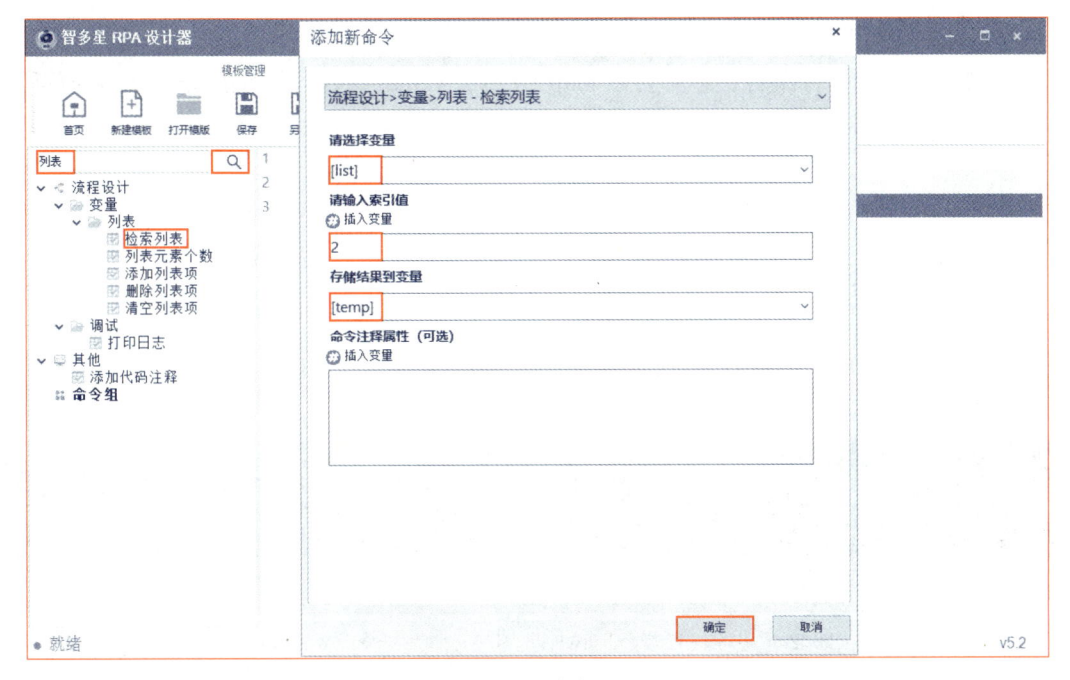

图 2-17 检索列表

5. 添加弹出消息框

设置弹出消息，消息内容为"list 列表中第 2 个位置的值：[temp]"。

6. 保存运行程序

单击"保存"按钮保存程序，单击"运行"按钮运行程序，程序运行结果如图 2-18 所示。

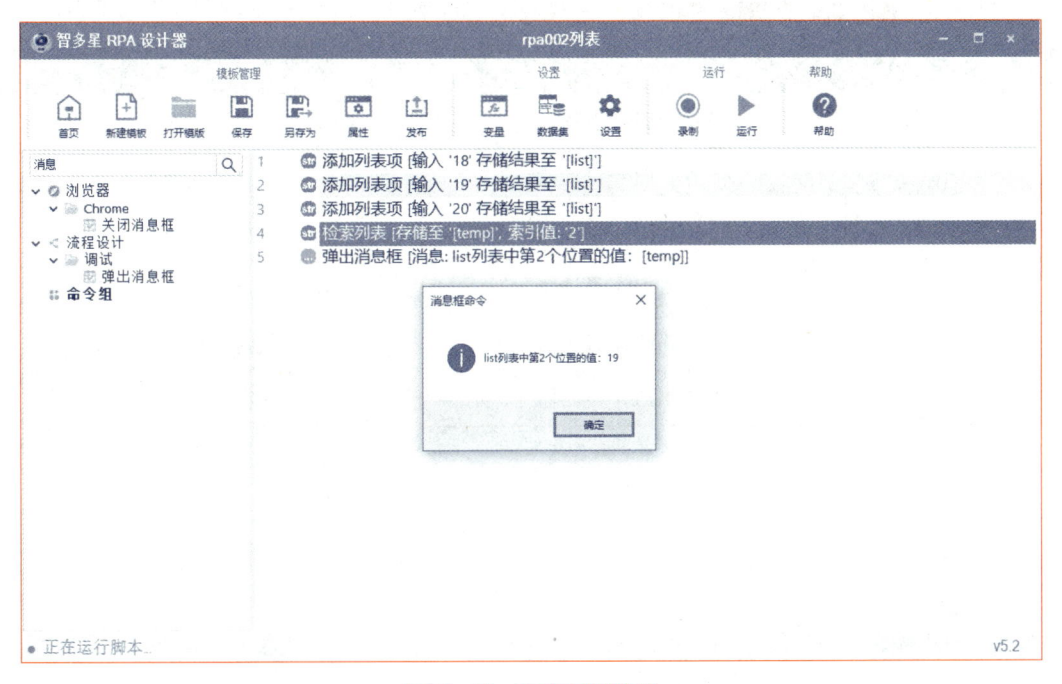

图 2-18 程序运行结果

47

（三）字典

字典也是一种数据集合，该集合以 map（Key，Value）的形式存储数据，可以通过循环列表的方式循环 Key 的集合或 Value 的集合，也可以通过 Key 获取其映射的 Value。

【实训任务 2-3】

请在教学实践平台上添加如表 2-5 所示的字典内容，并输出字典中第 3 个 Key 值对应的 Value 值。

表 2-5　字典

map 字典	
Key 值	Value 值
001	张三
002	李四
003	王五

【业务流程】

添加、输出字典值机器人开发及运行流程如表 2-6 所示。

表 2-6　添加、输出字典值机器人开发及运行流程

操作步骤	操作系统	操作业务
1	智多星 RPA 设计器	新建模板
2	智多星 RPA 设计器	设置变量
3	智多星 RPA 设计器	添加字典条目
4	智多星 RPA 设计器	字典取值
5	智多星 RPA 设计器	添加弹出消息框
6	智多星 RPA 设计器	保存运行程序

【操作步骤】

1. 新建模板

在智多星 RPA 设计器主界面，单击"新建模板"。

2. 设置变量

单击"变量"，在脚本变量界面设置 map 变量和 temp 变量。

3. 添加字典条目

在搜索框中输入"字典",单击搜索按钮或者回车确认,双击"添加字典条目",选择"map"字典,将"Key"值设置为"001"时,"Value"值设置为"张三",单击"确定",如图 2-19 所示。

图 2-19　添加字典条目命令

同理选择"map"字典,将"Key"值设置为"002"时,"Value"值设置为"李四"。选择"map"字典,将"Key"值设置为"003"时,"Value"值设置为"王五",如图 2-20 所示。

4. 字典取值

在搜索框中输入"字典",单击搜索按钮或者回车确认,双击"字典取值",取字典中"Key"值为"003"时对应的 Value 值,然后将 Value 的值存储在 temp 变量中,如图 2-21 所示。

5. 添加弹出消息框

在添加弹出消息框中输入 temp 变量。

6. 保存运行程序

单击"保存"按钮保存程序,单击"运行"按钮运行程序,程序运行结果,如图 2-22 所示。

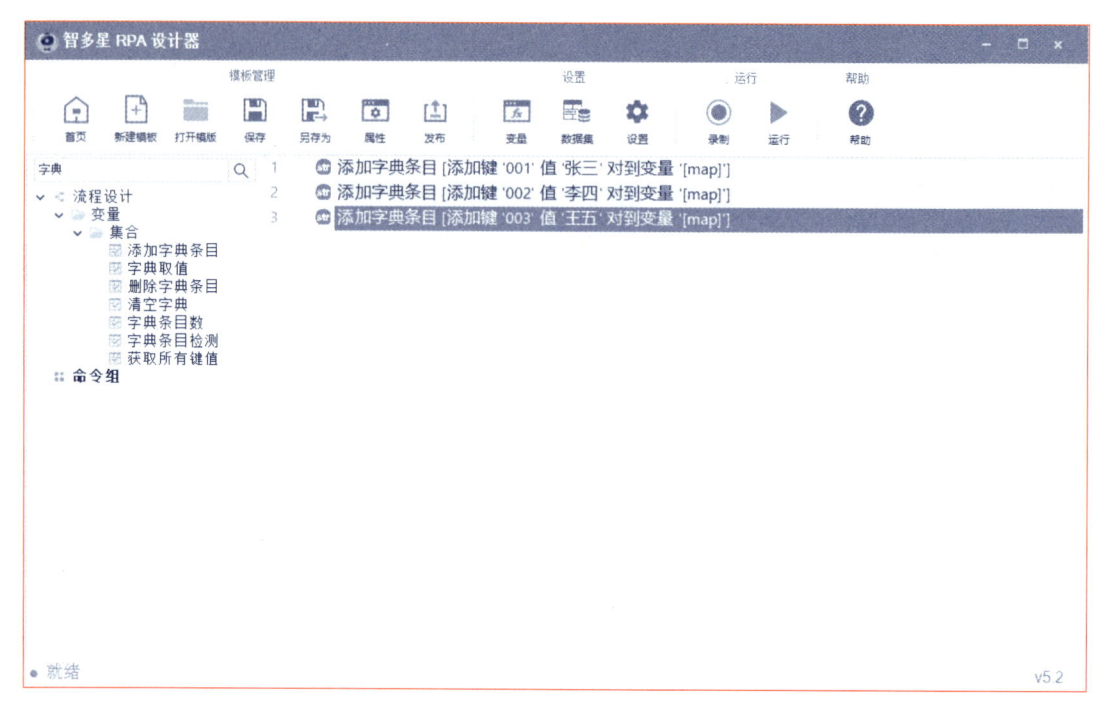

图 2-20　添加字典条目脚本

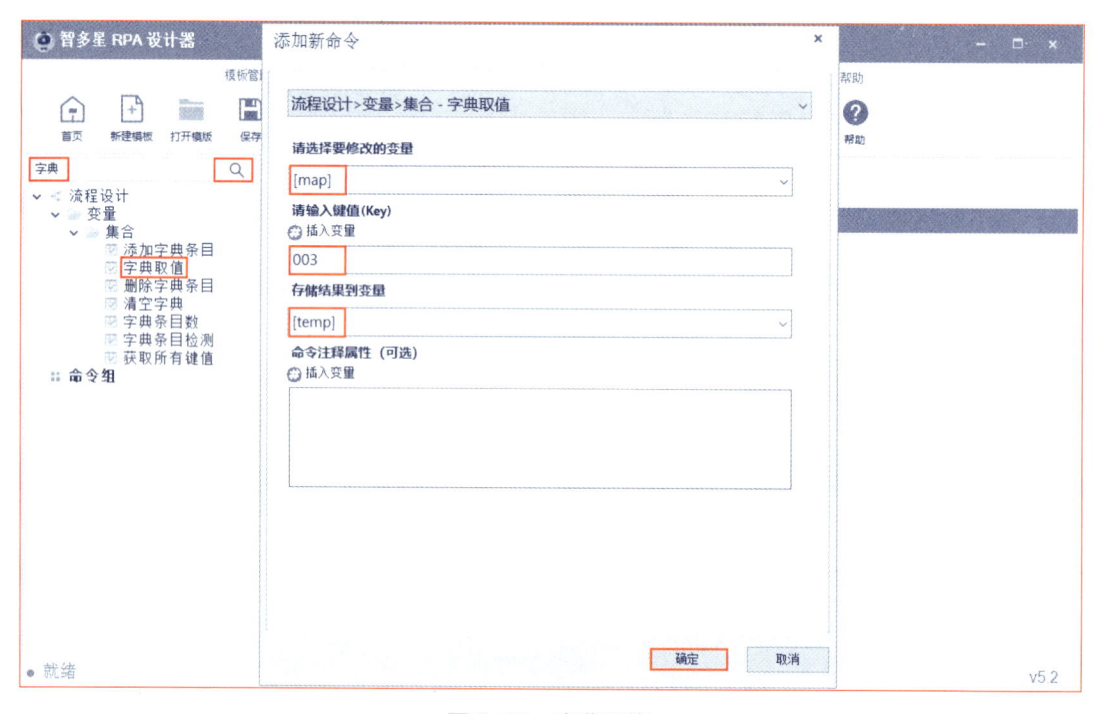

图 2-21　字典取值

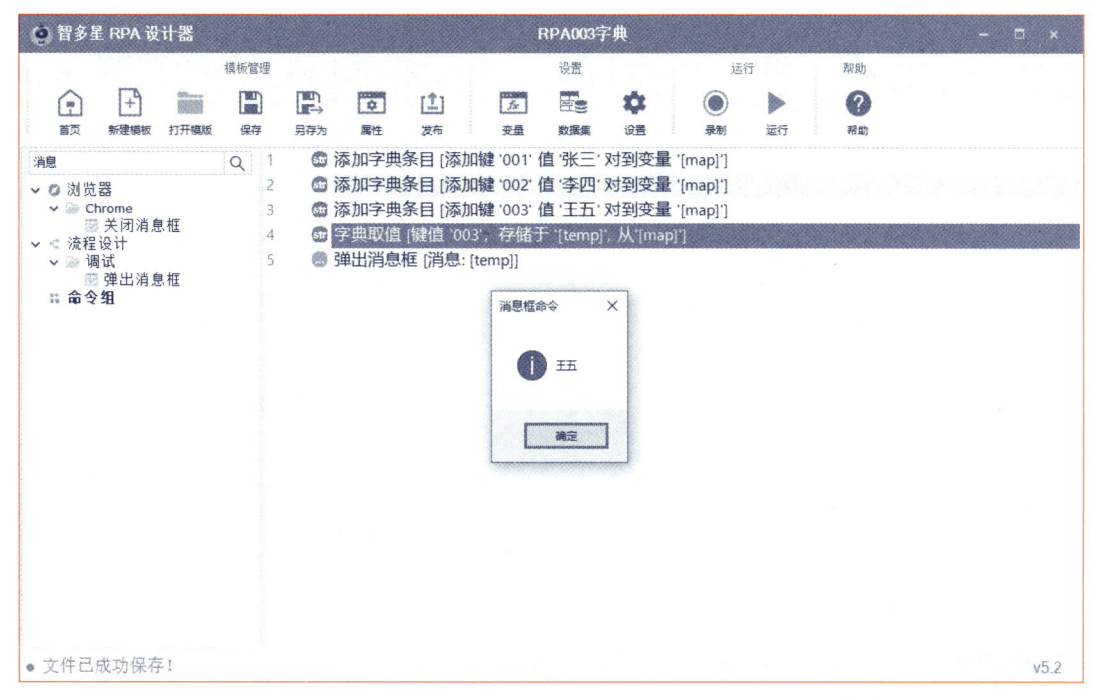

图 2-22　程序运行结果

四、智多星 RPA 常用工具命令

下面介绍智多星 RPA 常用的三种工具命令：条件命令、循环命令和文件命令。条件命令主要用于对某一个或者多个条件进行判断，从而执行不同的流程。循环命令主要用来循环执行一系列的操作。文件命令主要是对 Office 文件进行的一系列智能化操作。

（一）条件命令

【实训任务 2-4】

请在教学实践平台上完成条件命令机器人的开发及运行。任务要求：设置变量 A，并赋值为 80，设置判断条件为如果变量 A 的值大于等于 60，弹出"及格"消息，否则弹出"不及格"消息。

【业务流程】

条件命令机器人开发及运行流程如表 2-7 所示。

表 2-7　条件命令机器人开发及运行流程

操作步骤	操作系统	操作业务
1	智多星 RPA 设计器	新建模板

续表

操作步骤	操作系统	操作业务
2	智多星 RPA 设计器	设置变量
3	智多星 RPA 设计器	添加开始条件
4	智多星 RPA 设计器	添加弹出消息框
5	智多星 RPA 设计器	添加否则命令
6	智多星 RPA 设计器	添加弹出消息
7	智多星 RPA 设计器	保存运行程序

【操作步骤】

1. 新建模板

在智多星 RPA 设计器主界面，单击"新建模板"。

2. 设置变量

单击"变量"，在脚本变量界面设置变量 A，并赋值为 80，如图 2-23 所示。

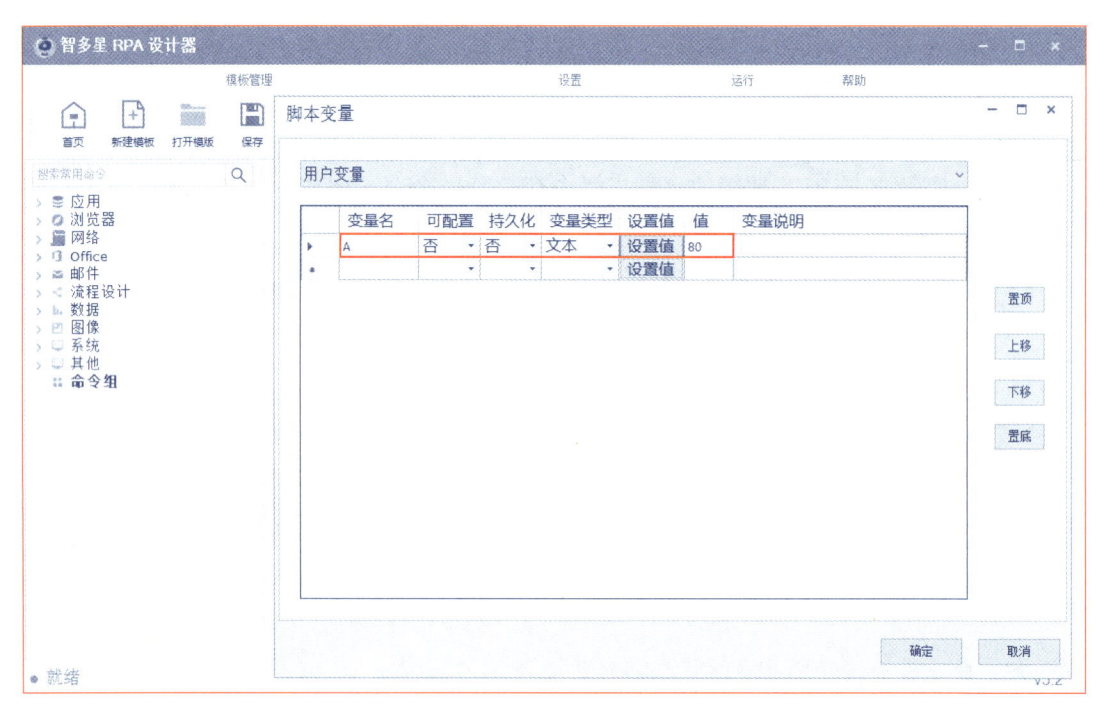

图 2-23 设置变量

3. 添加开始条件

在"流程设计"-"条件"-"开始条件"路径下，双击"开始条件"，系统自动弹出"添加新命令"界面，维护条件信息，如图 2-24 所示。

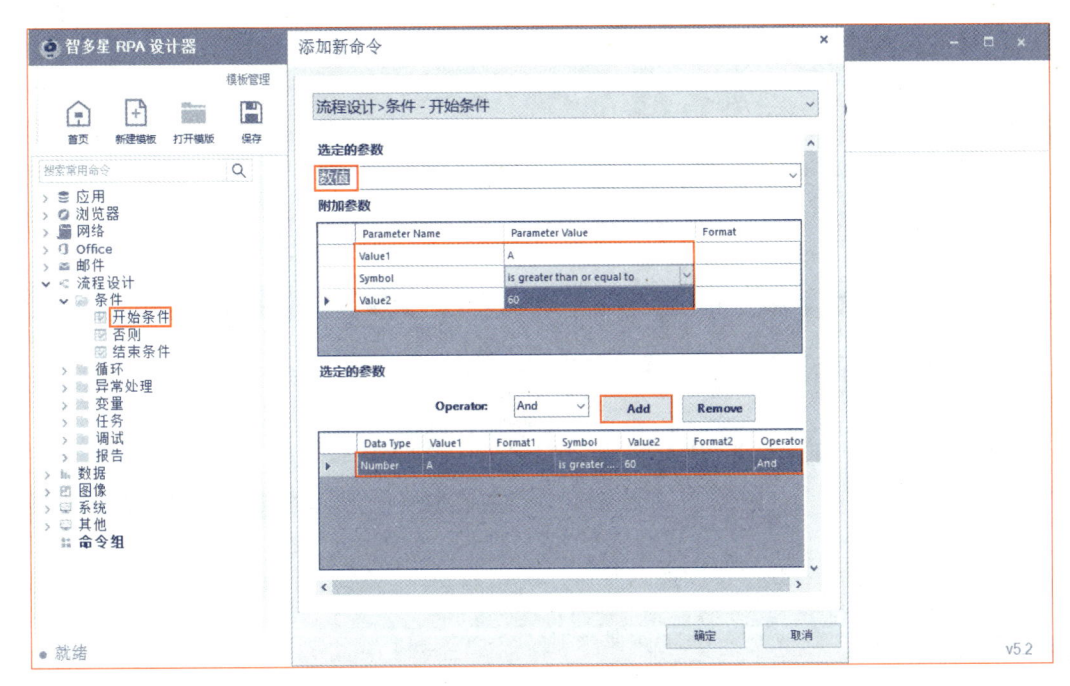

图 2-24　添加开始条件

4. 添加弹出消息框

在搜索框中输入"消息",单击搜索按钮或者回车确认,在"添加新命令"界面,维护弹出消息的值为"及格",用鼠标选中弹出消息脚本行,将其移动到结束条件上面,如图 2-25 所示。

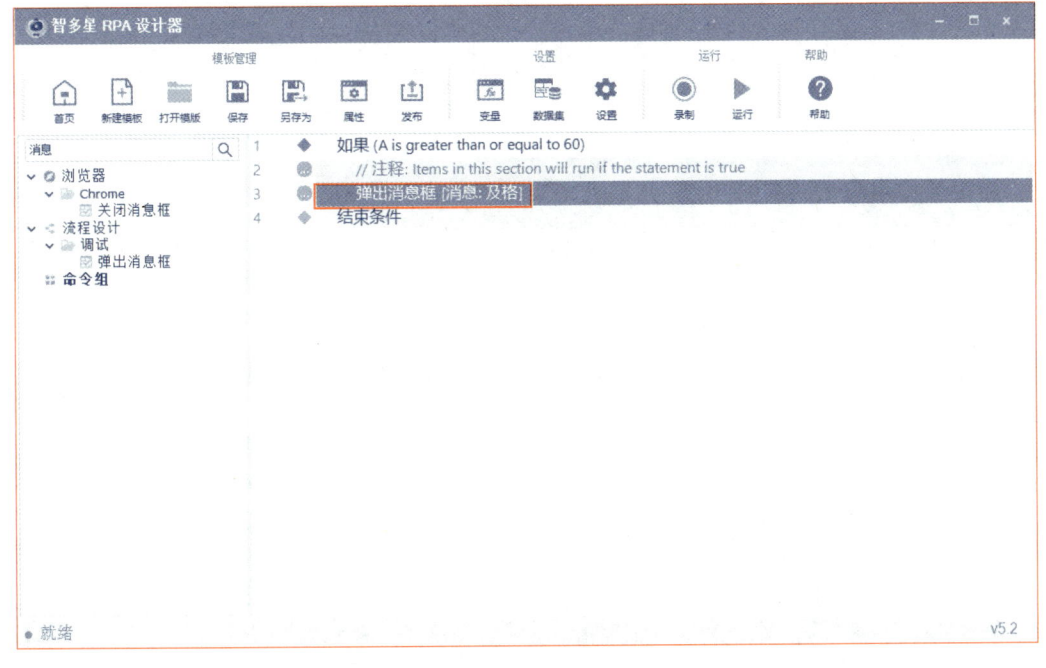

图 2-25　添加弹出消息框

5. 添加否则命令

在"流程设计"–"条件"–"否则"路径下,双击"否则",系统自动弹出"添加新命令"界面,然后单击"确定"按钮,用鼠标选中"否则"命令脚本行,将其移动到结束条件上面,如图 2-26 所示。

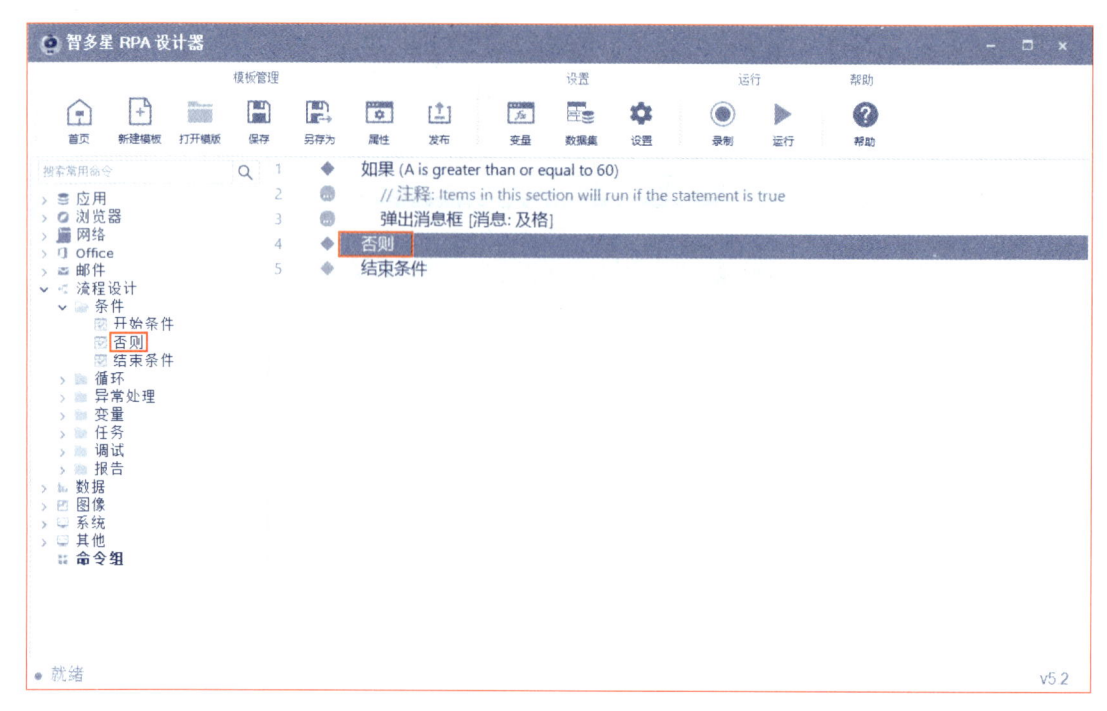

图 2-26 添加"否则"命令

6. 添加弹出消息

在搜索框中输入"弹出消息",单击搜索按钮或者回车确认,在"添加新命令"界面,维护弹出消息的值为"不及格",用鼠标选中弹出消息脚本行,然后将其移动到结束条件上面,如图 2-27 所示。

7. 保存运行程序

单击"保存"按钮保存程序,单击"运行"按钮运行程序,程序运行结果如图 2-28 所示。

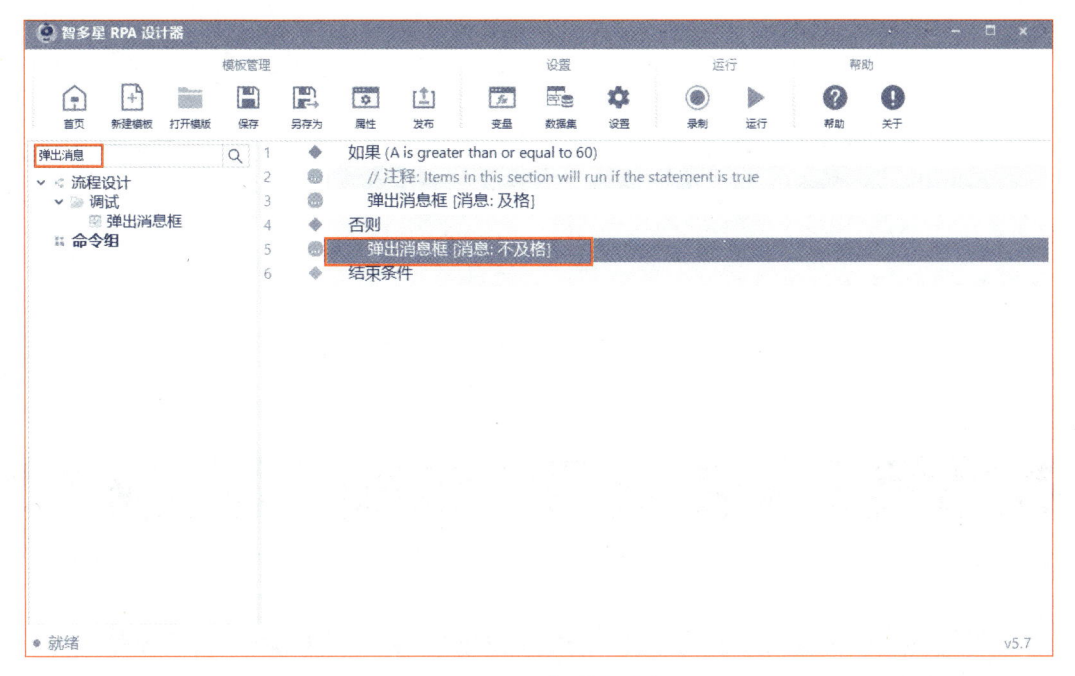

图 2-27　添加弹出消息

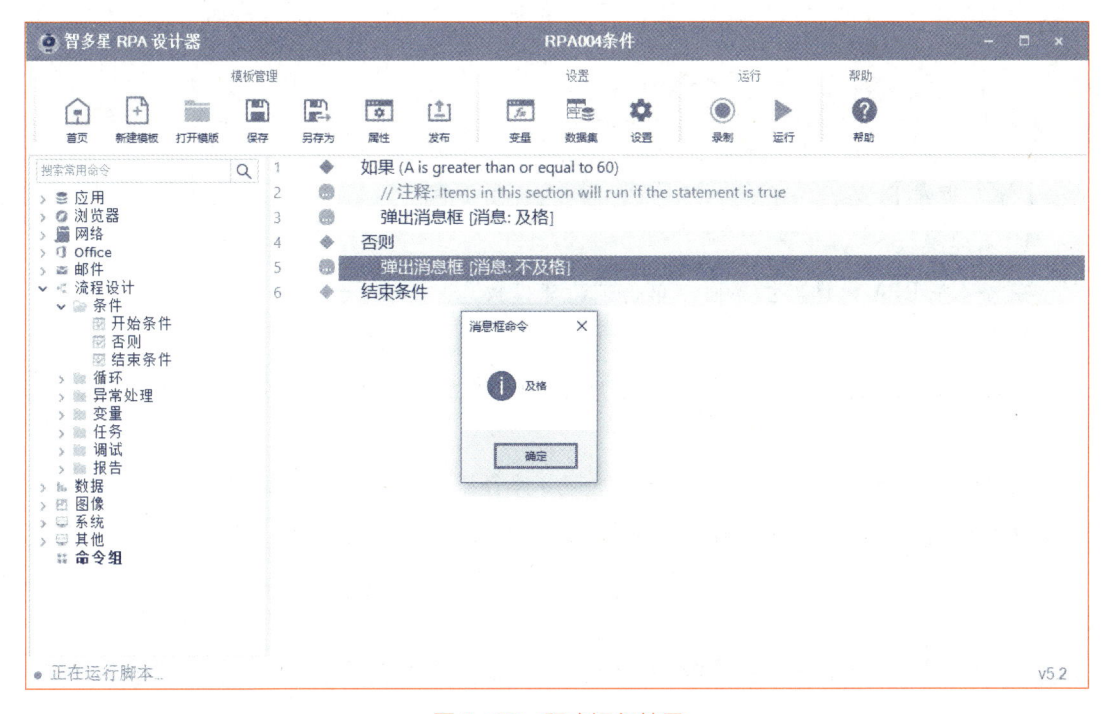

图 2-28　程序运行结果

（二）循环命令

【实训任务 2-5】

请在教学实践平台上完成循环命令机器人的开发及运行。任务要求：设置变量 var，并赋值为 0，循环 3 次，然后将每次循环的次数存在变量 var 中，并输出变量 var 的值。

【业务流程】

循环命令机器人开发及运行流程如表 2-8 所示。

表 2-8　循环命令机器人开发及运行流程

操作步骤	操作系统	操作业务
1	智多星 RPA 设计器	新建模板
2	智多星 RPA 设计器	设置变量
3	智多星 RPA 设计器	添加循环
4	智多星 RPA 设计器	添加自增
5	智多星 RPA 设计器	添加弹出消息框
6	智多星 RPA 设计器	保存运行程序

【操作步骤】

1. 新建模板

在智多星 RPA 设计器主界面，单击"新建模板"。

2. 设置变量

单击"变量"，在脚本变量界面设置变量 var，并赋值为 0，如图 2-29 所示。

3. 添加循环

在"流程设计"-"循环"-"开始循环"路径下，单击"开始循环"，在弹出的添加新命令界面选择循环方式为"循环次数"，循环参数设置为"3"，然后将结果存储在变量 var 中，如图 2-30 所示。添加完循环后的界面如图 2-31 所示。

图 2-29　设置变量

图 2-30　添加循环命令

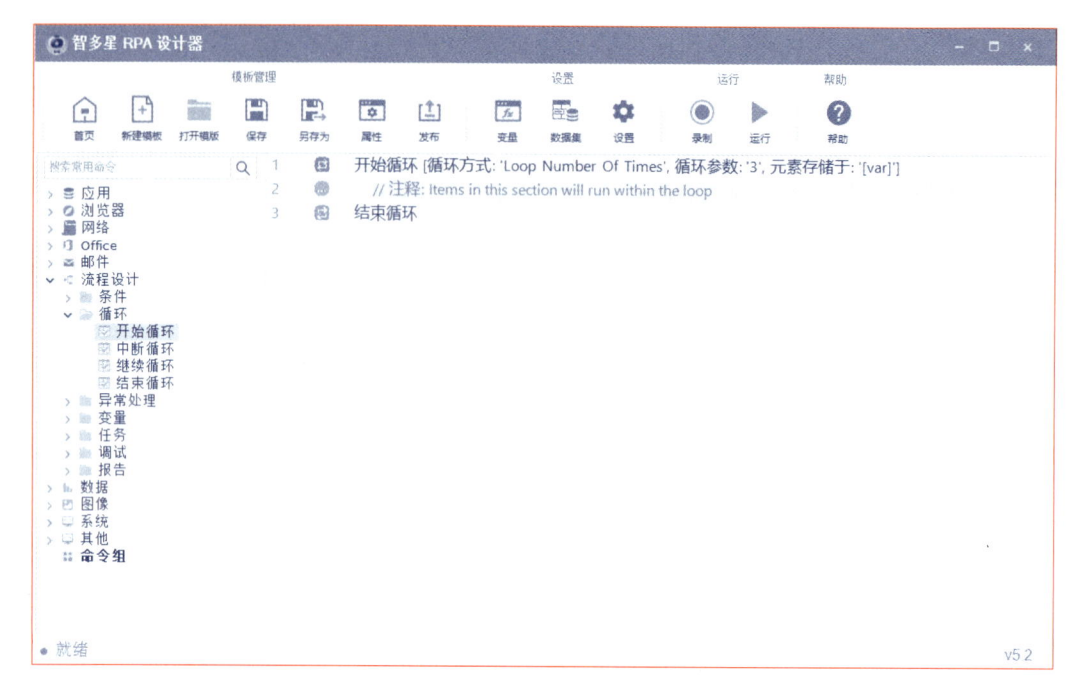

图 2-31 添加循环后脚本

4. 添加自增

在"数据"-"数值"-"自增"路径下，单击"自增"，在弹出的添加新命令界面选择需要自增的变量"[var]"，如图 2-32 所示。

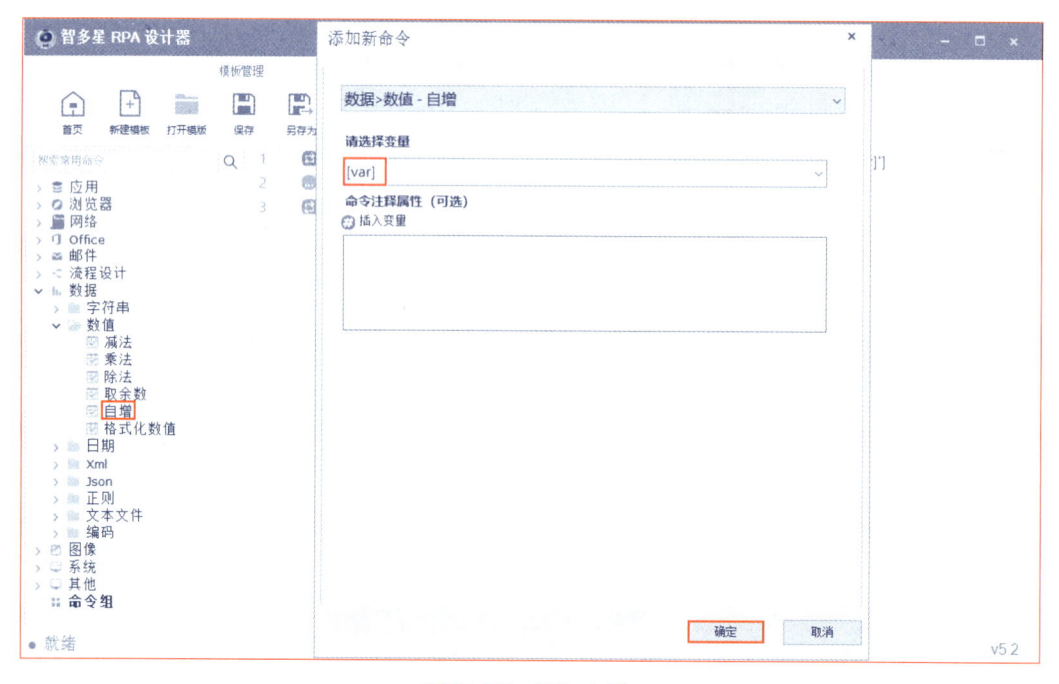

图 2-32 添加自增

添加完自增后，将自增语句移动到循环中，如图 2-33 所示。

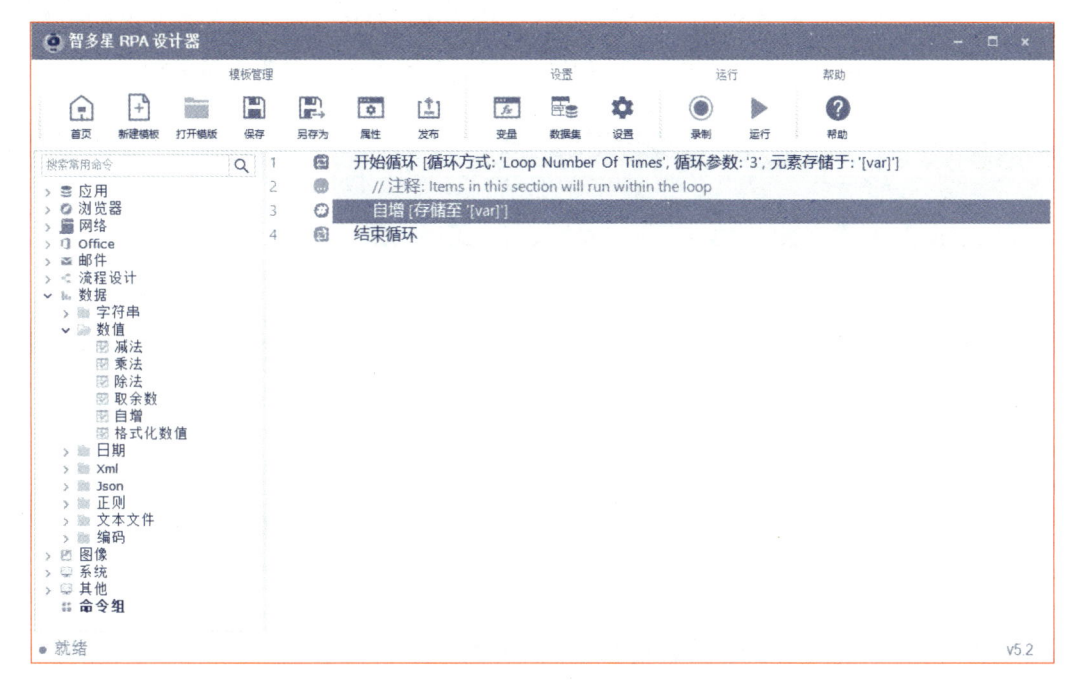

图 2-33　添加自增后的脚本

5. 添加消息弹出框

添加弹出消息后的脚本"弹出消息框［消息：循环次数:［Var］］"，添加完弹出消息的界面如图 2-34 所示。

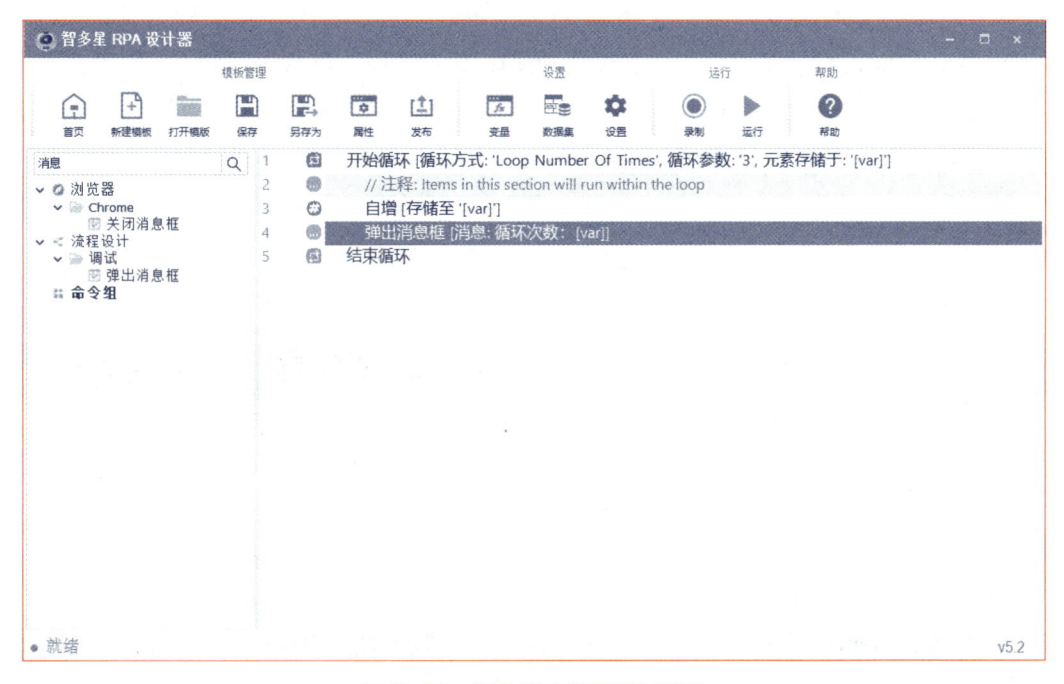

图 2-34　添加弹出消息后的脚本

59

6. 保存运行程序

单击"保存"按钮保存程序，单击"运行"按钮运行程序，程序运行第一次弹出消息结果如图 2-35 所示。单击"确定"，程序依次弹出对应的消息，直至程序结束。

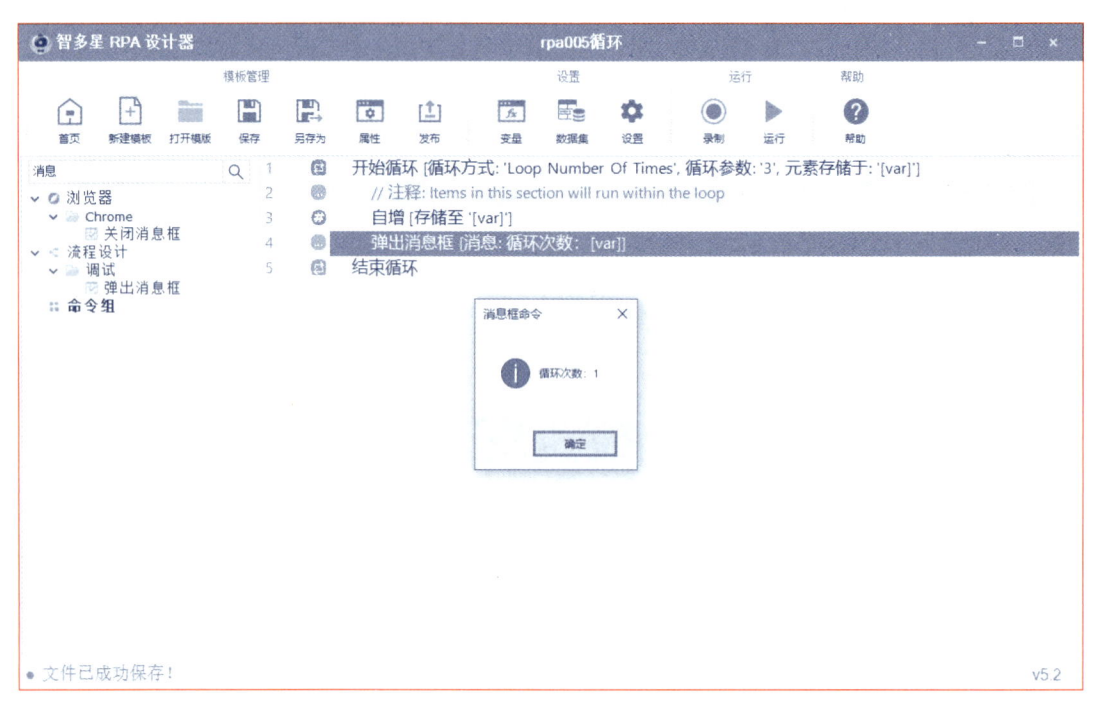

图 2-35　保存运行程序

（三）文件命令

智多星 RPA 设计器支持 Office 自动化处理，包括 Excel 和 Word 操作。Excel 操作支持创建 Excel、打开 Excel 和保存、获取单元格值等操作。Word 操作支持打开 Word、读取内容控件值和关闭 Word 等操作。

【实训任务 2-6】

请在教学实践平台上完成读取 Excel 机器人的开发及运行。任务要求：新建、打开如图 2-36 所示的 Excel 文件，获取总行数，将总行数存在变量 sum 中，读取 A2 单元格的值存在变量 temp1 中，读取 B［index］单元格的值存在变量 temp2 中，其中变量 index 用来存储读取 Excel 的行信息。输出消息："Excel 总行数：［sum］""A2 的值：［temp1］"和"B［index］的值：［temp2］"。

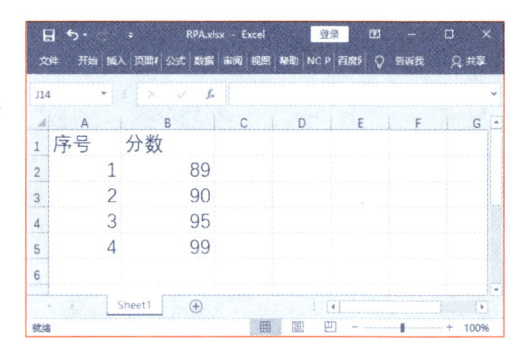

图 2-36　Excel 文件

【业务流程】

读取 Excel 机器人开发及运行流程如表 2-9 所示。

表 2-9 读取 Excel 机器人开发及运行流程

操作步骤	操作系统	操作业务
1	智多星 RPA 设计器	新建模板
2	智多星 RPA 设计器	设置变量
3	智多星 RPA 设计器	打开文件
4	智多星 RPA 设计器	获取总行数
5	智多星 RPA 设计器	获取单元格值
6	智多星 RPA 设计器	添加弹出消息框
7	智多星 RPA 设计器	保存运行程序

【操作步骤】

1. 新建模板

在智多星 RPA 设计器主界面，单击"新建模板"。

2. 设置变量

单击"变量"，在脚本变量界面设置变量 index，并赋值为"2"，设置变量 sum、变量 temp1、变量 temp2，如图 2-37 所示。

图 2-37 设置变量

3. 打开文件

在"Office"–"Excel"–"打开Excel文件"路径下双击"打开Excel文件",在弹出的"添加新命令"界面,定义Excel实例名为xl,单击"选择文件"选择需要读取的Excel文件,完成文件选择后程序自动显示该文件名称及其所在的路径,如图2-38所示。

图2-38 打开Excel文件

4. 获取总行数

在"Office"–"Excel"–"获取总行数"路径下双击"获取总行数",在弹出的"添加新命令"界面,定义Excel实例名为xl,将读取的总行数结果存在变量"[sum]"中,如图2-39所示。

5. 获取单元格值

在"Office"–"Excel"–"获取单元格值"路径下双击"获取单元格值",在弹出的添加新命令界面,填写需要获取单元格的位置为A2,然后将A2的值赋值给变量"[temp1]",如图2-40所示。

在"Office"–"Excel"–"获取单元格值"路径下双击"获取单元格值",在弹出的添加新命令界面,填写需要获取单元格的位置为"B[index]",然后将"B[index]"的值赋值给变量"[temp2]",如图2-41所示。

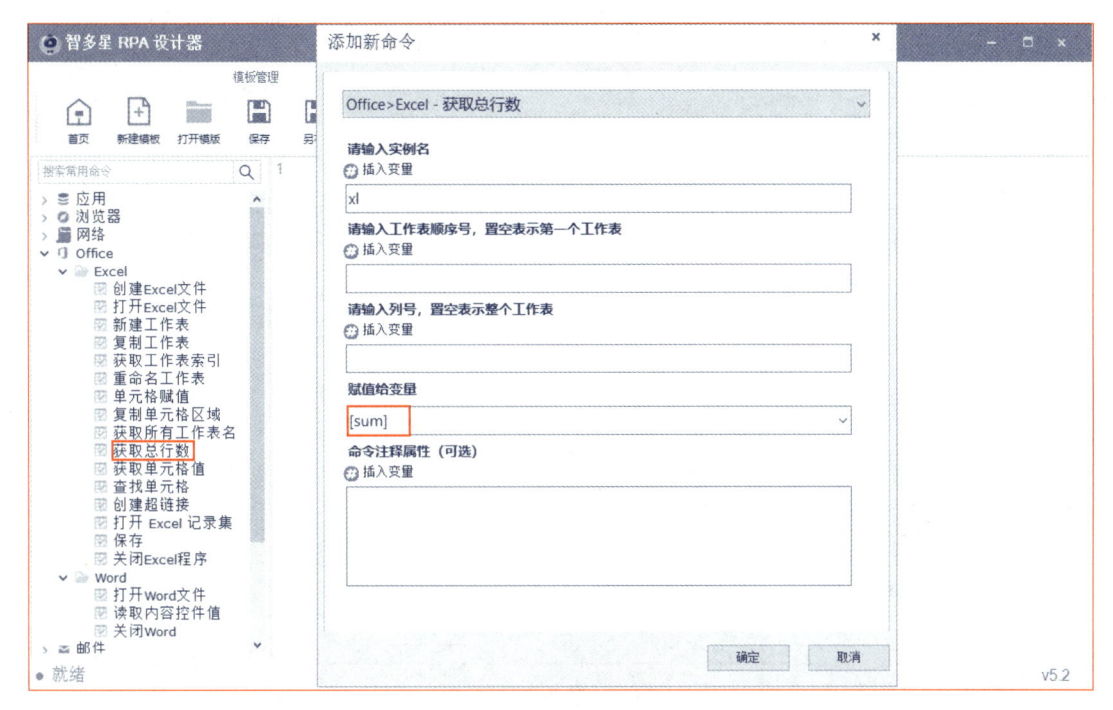

图 2-39　获取总行数

图 2-40　获取单元格 A2 的值

图 2-41 获取单元格 B2 的值

6. 添加弹出消息框

在搜索框中输入"消息",单击搜索框或者回车确认,双击"弹出消息框",在消息框中输入"Excel 总行数:[sum]",单击"确定"。同理添加消息"A2 的值:[temp1]"和"B[index] 的值:[temp2]",完成添加弹出消息后的界面如图 2-42 所示。

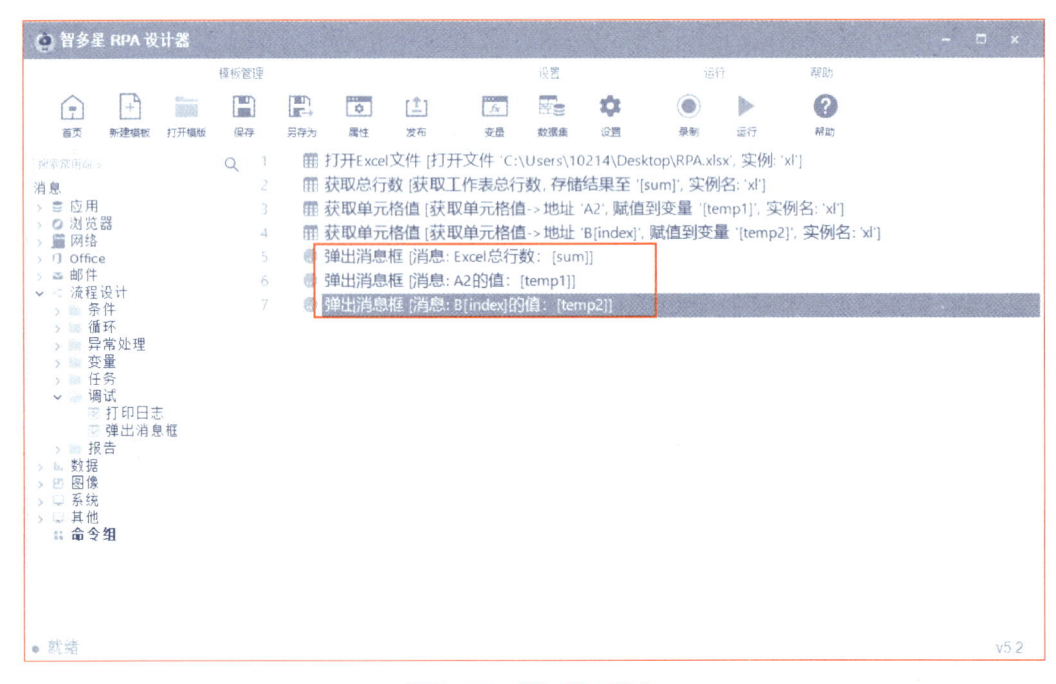

图 2-42 添加弹出消息

7. 保存运行程序

单击"保存"按钮保存程序,单击"运行"按钮运行程序,程序运行结果,如图 2-43、图 2-44 和图 2-45 所示。

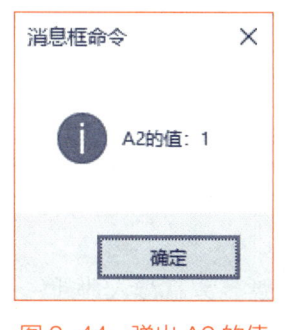

图 2-43 弹出总行数　　　图 2-44 弹出 A2 的值　　　图 2-45 弹出 B2 的值

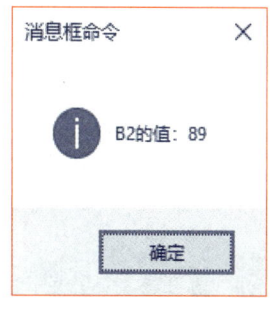

五、智多星 RPA 设计器应用

智多星 RPA 设计器包含 Chrome（谷歌）、IE、火狐等功能命令,以支持对 Chrome（谷歌）、IE、火狐等浏览器的操作。下面以智多星 RPA 设计器中 Chrome 命令为例介绍与浏览器相关的操作。Chrome 命令包括创建浏览器、导航至给定 URL、前进、后退、刷新、元素动作及切换窗口等命令,这些命令满足了与浏览器相关的大多数操作,其中"元素动作"命令可实现对元素进行单击、双击、设置文本、获取文本、清除文本、发送按键、截屏等操作,如何进行元素定位（即如何在页面中准确定位数据的位置）非常重要。

在 Chrome 浏览器中单击快捷键 F12 时,网页的全部 HTML 源代码就会展现出来,页面中的数据通过 <head>、<body>、<div>、<title>、<tr>、<td> 等标签标识,在智多星 RPA 设计器"元素动作"命令中涉及浏览器页面元素定位时,可以使用 XPath、ID、name、标签名、class 等定位元素,下面介绍如何用 XPath 进行元素定位。

XPath 是一门在 XML 文档中定位元素的语言。因为 HTML 可以被看作是 XML 的一种实现,所以可以将页面中元素的位置转换为 XPath 来表示,XPath 使用路径表达式来选取 XML 文档中的节点,节点是通过路径来选取的,如：XPath =//div［@id ="u"］//a［2］/i［1］,路径表达式如表 2-10 所示。

表 2-10 路径表达式

表达式	描述
nodename	选取此节点的所有子节点
/	从根节点选取

续表

表达式	描述
//	从匹配选择的当前节点选择文档中的节点，而不考虑它们的位置
.	选取当前节点
..	选取当前节点的父节点
@	选取属性

【实训任务 2-7】

请在教学实践平台上完成百度搜索机器人的开发及运行。任务要求：打开 Chrome 浏览器，在浏览器中输入 https://www.baidu.com，在打开的百度内容搜索框中输入"hello, world!"，然后单击"百度一下"，显示百度搜索结果并弹出"程序运行成功"的消息。

【业务流程】

百度搜索机器人开发及运行流程如表 2-11 所示。

表 2-11 百度搜索机器人开发及运行流程

操作步骤	操作系统	操作业务
1	智多星 RPA 设计器	新建模板
2	智多星 RPA 设计器	创建浏览器
3	智多星 RPA 设计器	导航至给定 URL
4	智多星 RPA 设计器	配置百度输入框元素动作
5	智多星 RPA 设计器	配置百度一下元素动作
6	智多星 RPA 设计器	添加弹出消息框
7	智多星 RPA 设计器	保存运行程序

【操作步骤】

1. 新建模板

在智多星 RPA 设计器主界面，单击"新建模板"。

2. 创建浏览器

在"浏览器"-"Chrome"-"创建浏览器"路径下，双击"创建浏览器"，在打开的"添加新命令"界面，确认实例名，然后单击"确定"按钮，如图 2-46 所示。

图 2-46　创建浏览器

3. 导航至给定 URL

在"浏览器"-"Chrome"-"导航至给定 URL"路径下，双击"导航至给定 URL"，然后在打开的"添加新命令"界面增加导航地址，如图 2-47 所示。

图 2-47　导航至给定 URL

4. 配置百度输入框元素动作

（1）手工打开 Chrome 浏览器，输入网址打开百度首页，鼠标停在"百度搜索内容输入框"位置，鼠标右键单击"百度搜索内容输入框"，然后鼠标左键单击"检查"，如图 2-48 所示。

图 2-48　百度搜索内容输入框右键检查

（2）在打开的 Elements 界面，找到"百度搜索内容输入框"对应的高亮行脚本，然后右键单击，查询"Copy"-"Copy XPath"，左键单击"Copy XPath"，如图 2-49 所示。

图 2-49　复制百度搜索内容输入框 XPath

（3）键盘同时按下"Ctrl""F"键，Elements界面显示搜索框，然后将复制的XPath路径"//*［@id="kw"］"粘贴到搜索框中，搜索框右边显示"1 of 1"，表明搜索结果唯一，"百度搜索内容输入框"显示为高亮行，说明复制的XPath路径能唯一定位到"百度搜索内容输入框"，操作如图2-50所示。

图2-50　XPath定位

（4）打开智多星RPA设计器，在"浏览器"-"Chrome"-"元素动作"路径下，双击"元素动作"，然后在打开的"添加新命令"界面维护基本信息，如图2-51和图2-52所示。

图2-51　配置百度搜索内容输入框元素动作1

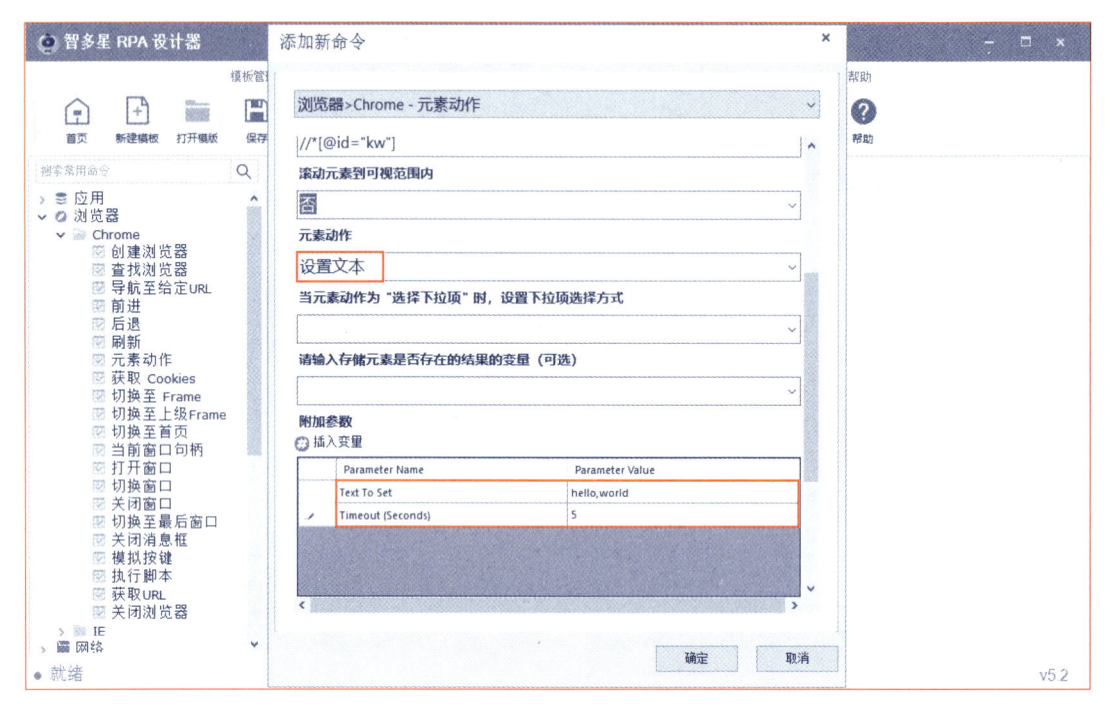

图 2-52　配置百度搜索内容输入框元素动作 2

5. 配置百度一下元素动作

（1）在百度首页，鼠标停在"百度一下"位置，然后右键单击，左键单击"检查"，如图 2-53 所示。

图 2-53　百度一下右键检查

（2）在打开的 Elements 界面，找到"百度一下"对应的高亮行脚本，然后右键单击，查询"Copy"－"Copy XPath"，左键单击"Copy XPath"，如图 2-54 所示。

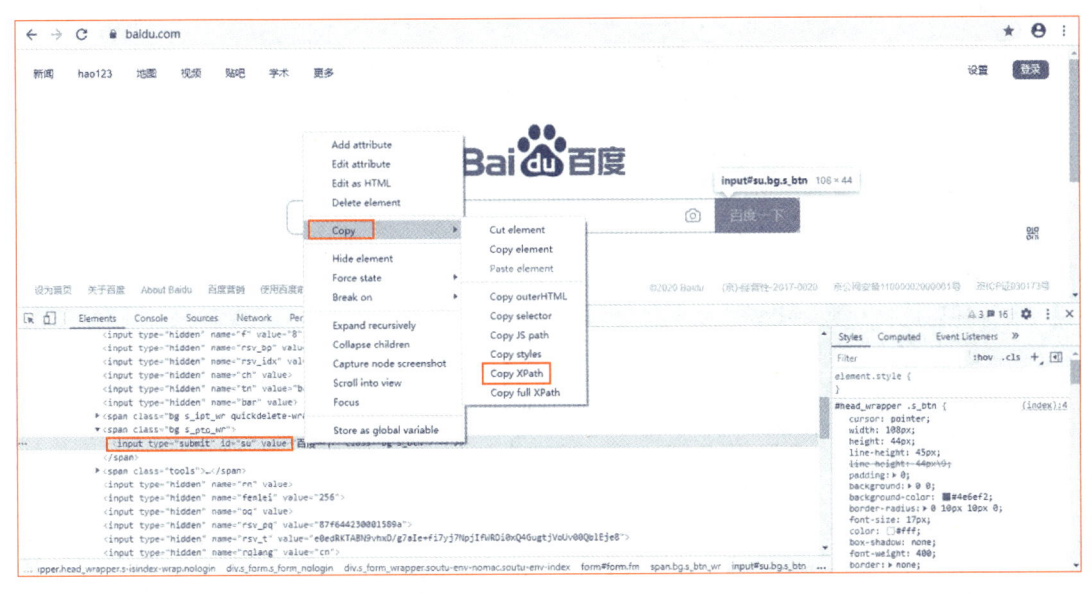

图 2-54　复制百度一下 XPath

（3）键盘同时按下"Ctrl""F"键，Elements 界面显示搜索框，然后将复制的 XPath 路径"//*［@id＝"su"］"粘贴到搜索框中，搜索框右边显示"1 of 1"，表明搜索结果唯一，"百度一下"显示为高亮行，说明复制的 XPath 路径能唯一定位到"百度一下"，操作如图 2-55 所示。

图 2-55　XPath 定位

（4）打开智多星 RPA 设计器，在"浏览器"–"Chrome"–"元素动作"路径下，双击"元素动作"，然后在打开的"添加新命令"界面维护基本信息，如图 2-56 所示。

图 2-56　配置百度一下元素动作

6. 添加弹出消息框

添加弹出消息"程序运行成功"。

7. 保存运行程序

单击"保存"按钮保存程序，单击"运行"按钮运行程序，程序运行结果如图 2-57 所示。

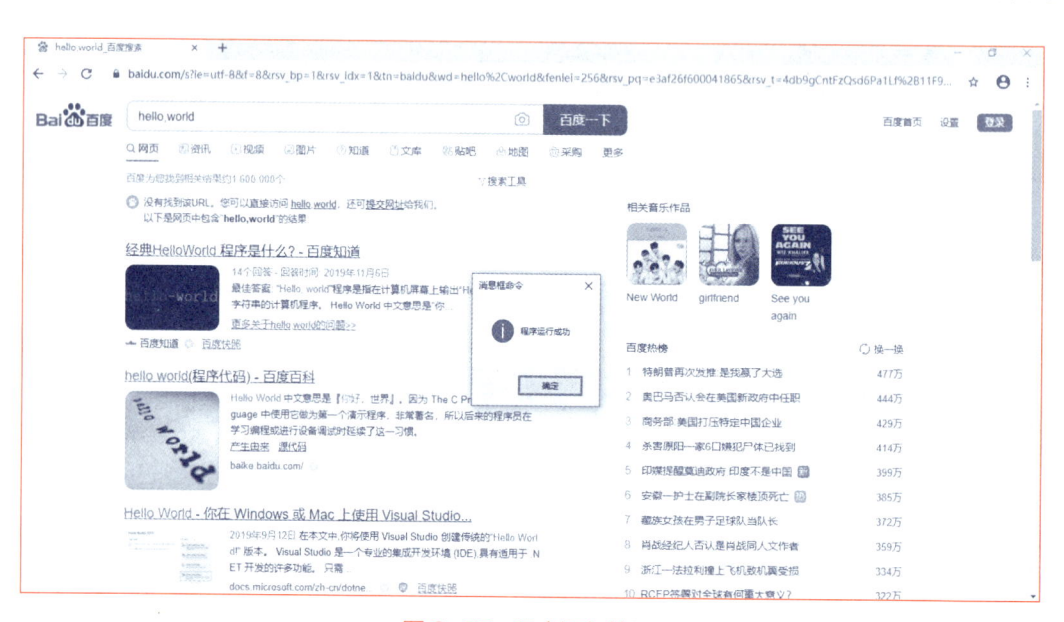

图 2-57　程序运行结果

项目小结

RPA能够处理规则明确、重复性、大批量和跨系统业务的流程。目前，RPA技术已经日渐成熟，逐步应用在财务、金融、保险、人力资源及制造业领域。不同的软件厂商拥有不同的RPA机器人，其中用友智多星RPA机器人融合多种插件功能命令，能实现对Word、Excel、邮件、浏览器、带有客户端的用户界面等进行人工模拟操作，实现流程自动化。在智多星RPA设计器中，通过应用变量、列表、字典、条件命令、循环命令、文件命令及浏览器命令等，可完成RPA基础流程设计开发。

项目三　费用报销业务处理的 RPA 机器人应用

学习目标

知识目标
- 了解企业费用报销业务处理各发展阶段的特点
- 了解企业费用报销业务涉及的信息系统及岗位
- 了解企业差旅费报销业务信息化处理流程
- 掌握财务机器人在差旅费报销业务中的应用原理

技能目标
- 掌握企业差旅费报销业务处理
- 能对案例企业费用报销业务进行问题梳理并提出改进意见
- 能应用 RPA 技术，对案例企业差旅费报销业务进行流程优化
- 能应用 RPA 技术，对案例企业差旅费报销业务进行财务机器人的开发与应用

素养目标
- 通过掌握企业差旅费报销业务，培养良好的职业习惯
- 通过问题梳理并提出改进意见，培养团队协作精神
- 通过开发与应用财务机器人，提高思维逻辑能力和创新意识

思维导图

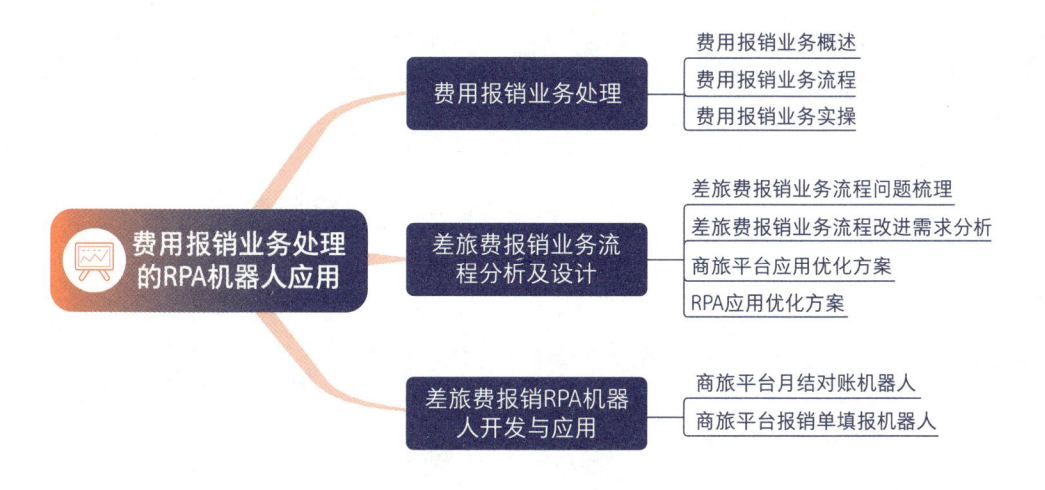

费用报销业务处理的RPA机器人应用
- 费用报销业务处理
  - 费用报销业务概述
  - 费用报销业务流程
  - 费用报销业务实操
- 差旅费报销业务流程分析及设计
  - 差旅费报销业务流程问题梳理
  - 差旅费报销业务流程改进需求分析
  - 商旅平台应用优化方案
  - RPA应用优化方案
- 差旅费报销RPA机器人开发与应用
  - 商旅平台月结对账机器人
  - 商旅平台报销单填报机器人

项目引例

享跃体育集团拥有一套比较完善的费用管理制度，适用于集团总部和各个分、子公司。因为集团总部设有比较完善的业务管理部门，集团各项业务管理、外部沟通及资源协调主要由总部各职能部门完成，所以享跃体育集团的出差业务主要集中在集团总部。差旅费用是享跃体育集团日常费用中占比较大的一项费用。

享跃体育集团差旅业务现状如下：

（1）员工出差自行选择机票、火车票、酒店等预订平台；

（2）员工出差需自行垫付相关费用，出差返回后向公司申请费用报销；

（3）一次性出差费用金额大于1万元时，方可预借差旅费用；

（4）公司已与汉庭及如家酒店签订了企业服务协议，员工入住汉庭及如家酒店享受企业协议价格，但同样需要员工自行支付费用。

《享跃体育集团费用管理制度》中与差旅费相关的管理规定摘录如下：

（1）差旅费用适用于日常费用的审批权限，如表3-1所示。

表3-1 日常费用审批权限表

日常费用	业务审批人	财务审批人
5 000元（不含）以下	部门经理	分管会计
5 000元及以上，2万元（不含）以下	总经理	分管会计 – 财务经理
2万元及以上，5万元（不含）以下	副总裁	分管会计 – 财务经理
5万元及以上	总裁	分管会计 – 财务经理

（2）差旅交通费用报销标准，如表3-2所示。

表3-2 差旅交通费用报销标准

人员类别	飞机	火车	轮船	长途汽车	市内交通费
副总裁及以上	公务舱票价以内实报实销	软卧/一等座票价以内实报实销	实报实销	实报实销	实报实销
总经理	经济舱票价以内实报实销	硬卧/一等座票价以内实报实销	二等舱票价以内实报实销	实报实销	实报实销
部门经理、员工	G字头火车行驶时间超过5小时，T字头火车行驶时间超过10小时可以乘坐经济舱，经济舱票价以内实报实销	硬卧/二等座票价以内实报实销	三等舱票价以内实报实销	实报实销	单次200元（含）以内的部分实报实销

（3）差旅住宿费用报销标准，如表3-3所示。

表3-3 差旅住宿费用报销标准

单位：元/人·天

人员类别	一类城市	二类城市	其他城市
副总裁及以上	650	550	450
总经理	500	450	400
部门经理、员工	400	350	300

（4）差旅住宿费用报销标准的城市分类，如表3-4所示。

表3-4 差旅住宿费用报销标准的城市分类

城市类别	城市名称
一类	北京、上海、广州、深圳、天津
二类	南京、武汉、沈阳、西安、成都、重庆、杭州、青岛、大连、宁波、济南、哈尔滨、长春、厦门、乌鲁木齐、昆明、兰州、苏州、无锡、南昌、贵阳、南宁、合肥、太原、石家庄、呼和浩特、佛山、东莞、唐山、烟台、泉州、包头
其他	以上未列示的其他城市

（5）差旅补贴标准为每人每天100元。出差人员出差返回后，需在一个月内完成差旅费用的报销。

【随堂练习3-1】
请在教学实践平台上完成案例企业差旅业务相关的客观题。

模块一 费用报销业务处理

一、费用报销业务概述

（一）费用报销业务介绍

企业员工将实际发生的费用信息以发票的形式传递到财务部门，各级领导按财务制度规定对发票进行审批，出纳人员对员工费用进行报销，上述流程统称报销。企业费用的报销包括差旅费、办公费、广告费、维修费、业务招待费、会议费、水电费等。在企业财务工作中，费用报销业务占据着重要的地位。财务人员每天都要面对大量的票据核对、审批及报销工作。

企业费用报销质量直接影响到企业成本管理和控制水平。在企业数字化转型期，运用智能化手段对费用报销业务的管控优化，不仅需要对费用报销流程进行标准化梳理再造，对资源进行合理配置，同时还需要对费用报销制度的执行管理进行有效控制，从而提升费用报销的规范性，提高工作效率，最终达到提高企业整体经济效益的目的。

（二）费用报销业务处理发展历程

1. 手工核算阶段

在使用手工核算进行费用报销业务的企业中，报销人收集、整理需报销的发票，经过业务部门与财务部门经理审批后，出纳向员工支付报销款，由费用会计填制记账凭证，财务经理审核后登记相关账簿。手工核算方式的费用报销业务各环节均由人工操作，工作量大，报销流程长，报销管理复杂，税务风险大。员工出差需自行垫付差旅费，报销慢是企业差旅费报销业务普遍存在的问题。

2. 会计电算化阶段

在会计电算化阶段，企业应用财务软件进行财务核算与账务处理。费用会计根据收到的发票或报销单，在财务软件中进行记账凭证的填制。凭证的审核与记账工作均在财务软件中完成，大大减少了企业账务处理的工作量，但费用报销的金额标准、预算控制、核算科目管控、各级审批工作依然依赖于人工操作和判断。费用报销周期长的问题也无法得到解决。

3. 企业信息化阶段

企业应用ERP系统实行业财一体化管理后，差旅费报销业务由员工依据整理后的发票在ERP系统中录入差旅费报销单，财务人员在ERP系统中按费用报销制度、报销标准、部门预算额度预置各类报销业务的金额标准，实现了事中信息化控制。

此外，在资金专员通过银企直联支付员工报销款后，由ERP系统依据预置的各类型费用报销核算科目自动生成费用报销凭证，实现财务核算自动化处理，大大减少了人工判断，减轻了核算工作量。

4. 企业数智化阶段

企业进入数字化转型后，费用管理可以采用创新的管理模式，如商旅平台应用解决方案等，实现了员工差旅费用业务流程的革命。员工无须垫付资金，无须专门获取发票，员工订单直连报销系统，极大地提高了报销的效率，提升了员工报销的体验。在企业数智化阶段，企业应用RPA技术可以实现大批量数据自动化处理，使财务的基础工作变得更加简单，相关数据的获取和分析变得更加容易，管理更有效、更精细。

【引例分析3-1】

享跃体育集团费用报销业务由员工在ERP系统中录入差旅费报销单，各级审批人员审批后，由资金专员支付费用报销款，系统自动根据预置规则进行财务核算。享跃体育集团已实现业务与财务信息的融合，将相对割裂的业务管理与财务管理打通，实现业务流程标准化、入账规则自动化、会计核算统一化。

（三）费用报销业务信息系统应用

一般企业费用报销业务涉及的信息系统主要包括 ERP 系统、办公自动化（Office Automation，简称 OA）系统和网银系统。ERP 系统中与费用业务相关的模块主要包括费用管理、现金管理、银企直联、总账管理及报表管理等。一般企业费用报销业务涉及的信息系统如图 3-1 所示。

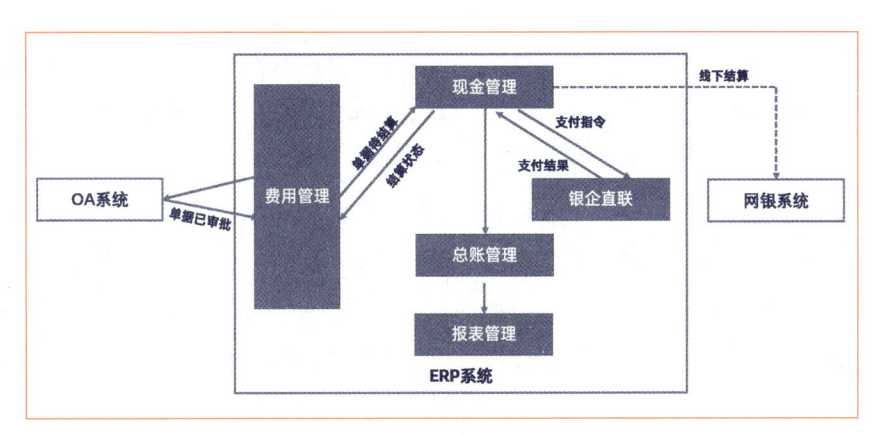

图 3-1　一般企业费用报销业务涉及的信息系统

一般企业费用报销业务涉及的信息系统说明：

（1）企业报销人员在 ERP 系统或 OA 系统中填写费用报销单，费用报销单保存、提交后由审批人员在 OA 系统中进行审批；

（2）OA 系统中的费用报销单终审完成后，自动生成 ERP 系统已审批的费用报销单，并自动生成 ERP 系统现金管理模块中的"付款结算单"；

（3）"付款结算单"通过银企直联付款或者网银系统完成付款；

（4）"付款结算单"完成付款后自动生成总账管理中的凭证，总账凭证上传至报表管理进行数据分析。

【引例分析 3-2】

享跃体育集团费用业务涉及的信息系统及岗位如下：

1. 费用业务涉及的信息系统

享跃体育集团费用报销业务涉及的信息系统主要包括商旅平台系统、ERP 系统和网银系统，如图 3-2 所示。

图 3-2 享跃体育集团费用报销业务信息系统

（1）商旅平台系统。商旅平台系统泛指包括携程、滴滴等在内的为员工出行提供服务的第三方系统，享跃体育集团现阶段的现状为 ERP 系统与商旅平台系统未连接，商旅平台系统是企业的外部系统。员工出行前可自行选择商旅平台预订住宿、机票、火车票等，商旅平台记录员工的订单信息，并由员工自行收集相关票据。

（2）ERP 系统。享跃体育集团 ERP 系统中与费用管理相关的模块包括基础设置、会计平台、费用管理、现金管理、总账等。企业在 ERP 系统中主要实现费用报销单的填报、审批、结算和凭证生成等。

（3）网银系统。网银系统根据 ERP 系统中发出的支付指令完成付款，并记录付款信息。

2. 费用报销业务信息系统数据交互

商旅平台系统记录员工商旅预订及付款的"订单数据"，ERP 系统记录员工填报的差旅费报销单数据，财务部费用会计依据员工出行票据、商旅平台的"订单数据"，审核差旅费报销单。网银系统记录"付款信息"，该"付款信息"传递 ERP 系统，资金专员在 ERP 系统中确认付款、生成付款凭证。

3. 费用报销业务涉及岗位

享跃体育集团费用报销业务涉及的岗位如表 3-5 所示。

表 3-5 费用报销业务涉及岗位

业务部门	岗位名称
各部门	各出差人员
各部门	按照审批权限中的各级业务审批人
财务部	按照审批权限中的各级财务审批人
财务部	资金专员
财务部	总账会计

【随堂练习 3-2】

请在教学实践平台上完成案例企业差旅报销业务信息系统关系图的绘制。

二、费用报销业务流程

（一）事前申请

在费用发生前，员工提交业务申请，如出差申请、业务活动费用申请、营销费用申请等，报相关领导审批后，方可发生因公支出。

（二）员工借款或垫付

员工因公支出需要提前向公司借支的，需要规范可借款的业务类型，财务部门需关注员工对账及借款清理。不提前借支的，员工需自行垫付费用。

（三）员工报销及审批

费用发生后，员工按费用报销制度提交相关发票给业务部门负责人、费用会计、财务经理等各级审批人员进行审核或审批。

（四）付款及核算

审批通过后，由资金专员支付报销款，同时由费用会计完成费用凭证的生成，再由总账会计进行凭证的审核工作。

【引例分析 3-3】

以下分别从系统维度和岗位维度两个角度，详细介绍享跃体育集团的费用报销业务现状流程。

1. 差旅报销业务系统维度流程

差旅报销业务系统维度流程如下：

（1）享跃体育集团出差人出差返回后整理费用支出单据，在 ERP 系统中填写、提交差旅费报销单。

（2）在 ERP 系统中，差旅费报销单经各审批人审核、审批后，生成待结算的单据。

（3）在 ERP 系统中，资金专员选择待结算的单据发出支付指令，资金专员在网银系统完成支付，同时 ERP 系统自动生成费用凭证。

差旅报销业务系统维度流程如图 3-3 所示。

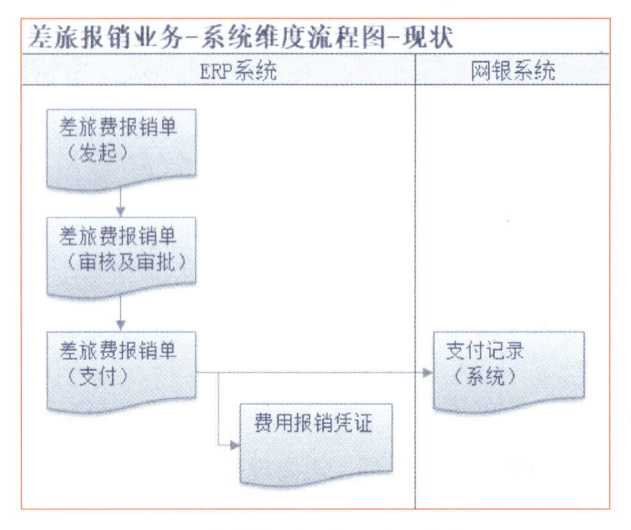

图 3-3　差旅报销业务系统维度流程图

2. 差旅报销业务岗位维度流程

差旅报销业务岗位维度流程如下：

（1）各业务部门出差人出差返回后，依据差旅费用支出单据，在 ERP 系统中填写差旅费报销单，差旅费报销单保存、提交后等待审批。

（2）各业务部门的各级业务审批人在 ERP 系统中，按照系统预置的审批流程审批差旅费报销单。

（3）财务部费用会计参照相关制度审核差旅费报销单及其附件，如果差旅费报销单总金额小于 5 000 元，则差旅费报销单由财务部费用会计完成最终审批。如果差旅费报销单总金额大于等于 5 000 元，财务部费用会计审批完成后，还需要由财务部财务经理进行最终的审批。

（4）财务部资金专员在 ERP 系统中发起支付指令，在网银系统中完成款项支付。ERP 系统自动生成费用凭证。

（5）财务部总账会计在 ERP 系统中审核费用凭证。

差旅报销业务岗位维度流程如图 3-4 所示。

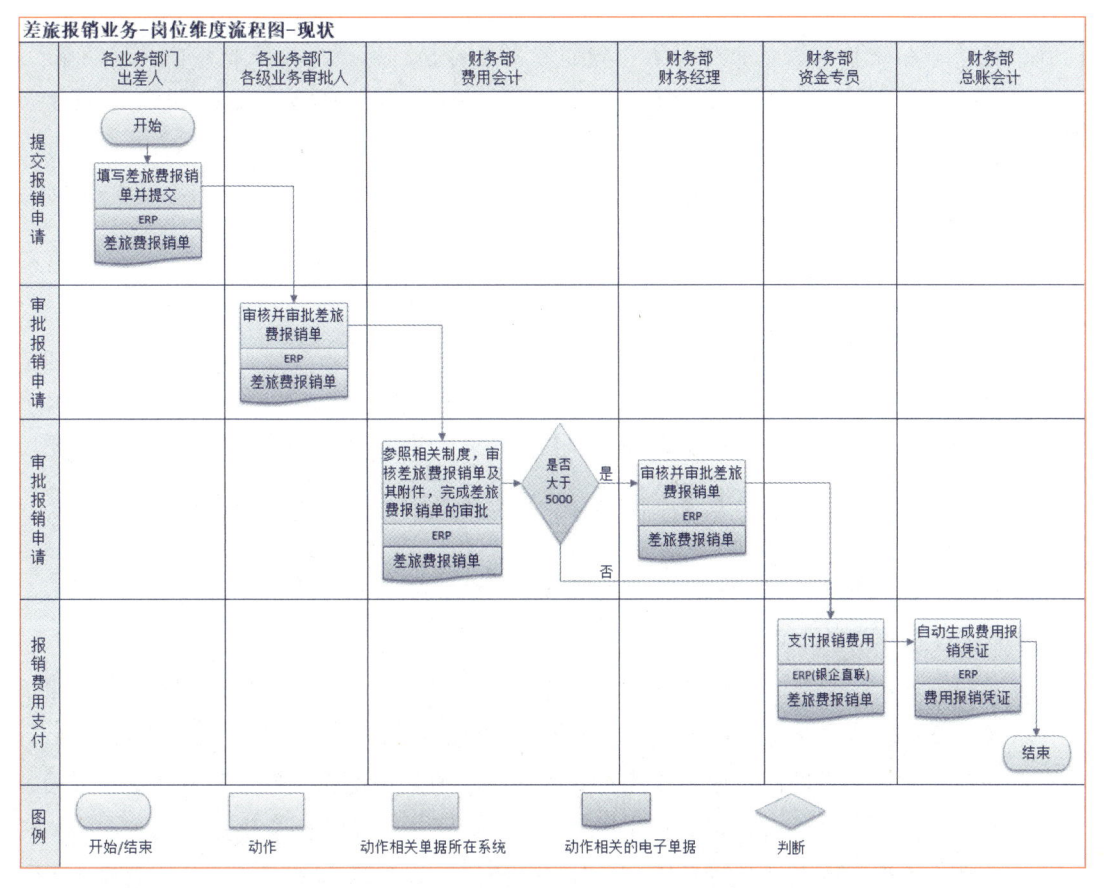

图 3-4　差旅报销业务岗位维度流程图

革故鼎新

企业差旅报销业务的数字化应用

在技术浪潮的冲击下，传统的费用报销业务流程越来越无法满足差旅业务的多变需求。过去，信息技术只是被视为企业管理的支撑手段。如今，物联网、大数据、云计算、移动互联网、人工智能、区块链等新技术被视为企业赋能的驱动力，正在为企业的资产、设备、组织和人员管理重新赋能。企业需要在运营与管理的各个环节深度融合数字化技术，实现企业全面数字化管理。

企业加强公司内部管理，规范公司财务报销行为，合理控制费用支出。企业建立适用于本单位的费用报销管理制度及流程，在提高差旅出行效率的同时，保证差旅事项、差旅票据、差旅报销单据及差旅报销费用的一致性。

企业财务人员可依据费用报销管理制度及流程，通过在数字化平台建立清晰的费用项目、统一的费用管控规则、多样式的费用报销单据、不同的费用审批流程，实现费用报销业务流程的事前申请、事中控制和事后监督，使费用报销业务更加电子化、透明化、便捷化。数字化平台上的费用报销业务，为企业员工提供端到端的一站式互联网服务，打通从报销申请、审批、交易到报账、支付、核算、报告的所有环节，实现数据不落地，全线上应用，全程管控。

思考：

如何实现企业数字化转型？

启示：

以云计算为代表的计算革命，带来了数字技术和全新商业创造性思维再组合，不仅会影响客户和市场、行业和经济以及价值链，事实上还影响整个价值体系。企业数字化转型的技术方案都离不开云。云计算广泛应用，大幅度降低了企业信息化成本，助力企业快速获取数字化能力，优化运营管理流程，创新业务模式，云计算日益成为企业数字化的主流技术选择。

企业上云，是企业主体以更好地发挥协作优势为目标，依托云平台构建一种新型互联网生态系统的商业过程。借助云，企业能够将核心业务流程执行平台向云端迁移，在此基础上，企业可以优化由于传统技术限制导致的复杂流程，并实时整合业务流程和商业分析，提高整体运营效率和降低成本。企业上云，帮助企业快速获取数字化能力，逐步实现核心业务系统云端集成，促进跨企业云端协同，不断融入开放创新生态的转型变革过程，实现企业数字化转型。

三、费用报销业务实操

依据享跃体育集团费用报销制度及相关业务场景，在 ERP 系统中完成费用报销业务的相关操作。

【实训任务 3-1】

请在教学实践平台上完成战略部王勇的差旅费报销单填报、审批及付款操作。任务描述：战略部王勇因业务洽谈需要，2020 年 11 月 26 日从上海乘坐飞机到北京出差，2020 年 11 月 28 日从北京乘坐飞机返回上海，2020 年 12 月 4 日在 ERP 系统中填报差旅费报销单。战略部部门负责人和费用会计在 ERP 系统中审批差旅费报销单。资金专员支付差旅报销费用。总账会计在 ERP 系统中查询费用凭证。

【原始单据】

1. 机票

王勇出差往返机票如图 3–5 和图 3–6 所示。机票票面总额扣除民航发展基金后可按 9% 的税率抵扣进项税额。

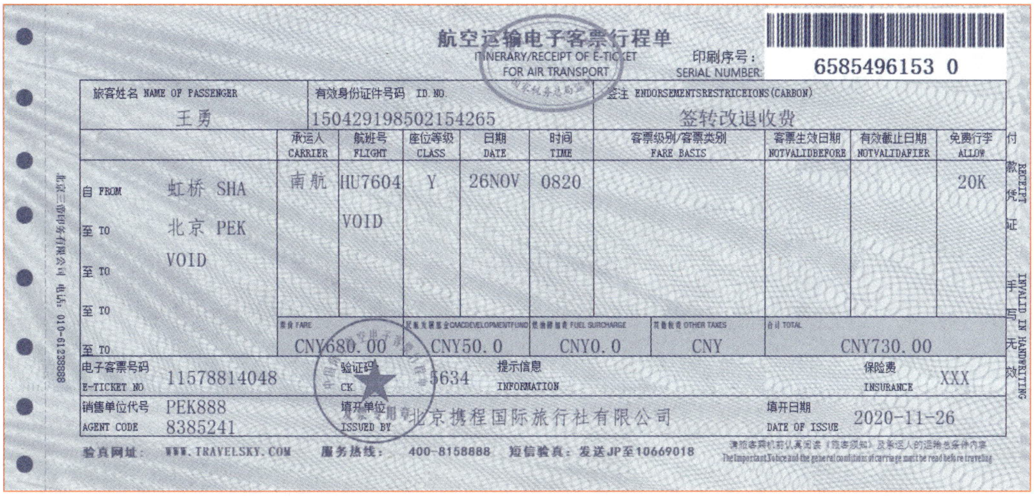

航空运输电子客票行程单
ITINERARY/RECEIPT OF E-TICKET FOR AIR TRANSPORT
印刷序号：SERIAL NUMBER: 6585496153 0
旅客姓名 NAME OF PASSENGER：王勇
有效身份证件号码 ID. NO.：150429198502154265
签注 ENDORSEMENTSRESTRICTIONS (CARBON)：签转改退收费

	承运人 CARRIER	航班号 FLIGHT	座位等级 CLASS	日期 DATE	时间 TIME	客票级别/客票类别 FARE BASIS	客票生效日期 NOTVALIDBEFORE	有效截止日期 NOTVALIDAFTER	免费行李 ALLOW
自 FROM 虹桥 SHA	南航	HU7604	Y	26NOV	0820				20K
至 TO 北京 PEK		VOID							
至 TO VOID									
至 TO									
至 TO									

票价 FARE：CNY680.00　民航发展基金 CAACDEVELOPMENTFUND：CNY50.0　燃油附加费 FUEL SURCHARGE：CNY0.0　其他税费 OTHER TAXES：CNY　合计 TOTAL：CNY730.00
电子客票号码 E-TICKET NO：11578814048　验证码 CK.：5634　提示信息 INFORMATION　保险费 INSURANCE：XXX
销售单位代号 AGENT CODE：PEK888 8385241　填开单位 ISSUED BY：北京携程国际旅行社有限公司　填开日期 DATE OF ISSUE：2020-11-26
验真网址：WWW.TRAVELSKY.COM　服务热线：400-8158888　短信验真：发送JP至10669018

图 3–5　上海 – 北京机票

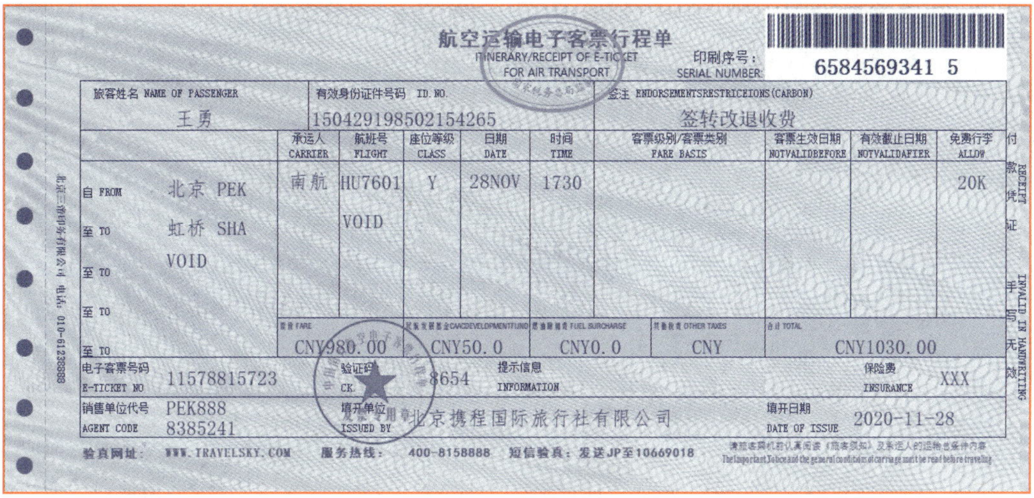

航空运输电子客票行程单
ITINERARY/RECEIPT OF E-TICKET FOR AIR TRANSPORT
印刷序号：SERIAL NUMBER: 6584569341 5
旅客姓名 NAME OF PASSENGER：王勇
有效身份证件号码 ID. NO.：150429198502154265
签注 ENDORSEMENTSRESTRICTIONS (CARBON)：签转改退收费

	承运人 CARRIER	航班号 FLIGHT	座位等级 CLASS	日期 DATE	时间 TIME	客票级别/客票类别 FARE BASIS	客票生效日期 NOTVALIDBEFORE	有效截止日期 NOTVALIDAFTER	免费行李 ALLOW
自 FROM 北京 PEK	南航	HU7601	Y	28NOV	1730				20K
至 TO 虹桥 SHA		VOID							
至 TO VOID									
至 TO									
至 TO									

票价 FARE：CNY980.00　民航发展基金 CAACDEVELOPMENTFUND：CNY50.0　燃油附加费 FUEL SURCHARGE：CNY0.0　其他税费 OTHER TAXES：CNY　合计 TOTAL：CNY1030.00
电子客票号码 E-TICKET NO：11578815723　验证码 CK.：8654　提示信息 INFORMATION　保险费 INSURANCE：XXX
销售单位代号 AGENT CODE：PEK888 8385241　填开单位 ISSUED BY：北京携程国际旅行社有限公司　填开日期 DATE OF ISSUE：2020-11-28
验真网址：WWW.TRAVELSKY.COM　服务热线：400-8158888　短信验真：发送JP至10669018

图 3–6　北京 – 上海机票

2. 出租车车票

王勇从首都机场 T1 航站楼到如家酒店（北京水立方体育馆店）的出租车票如图 3–7 所示，王勇从如家酒店（北京水立方体育馆店）到首都机场 T1 航站楼的出租车票如图 3–8 所示。

图 3-7　机场到酒店出租车票　　　图 3-8　酒店到机场出租车票

3. 住宿费发票及水单

王勇出差的住宿费发票如图 3-9 所示，住宿水单如图 3-10 所示。

图 3-9　住宿费发票

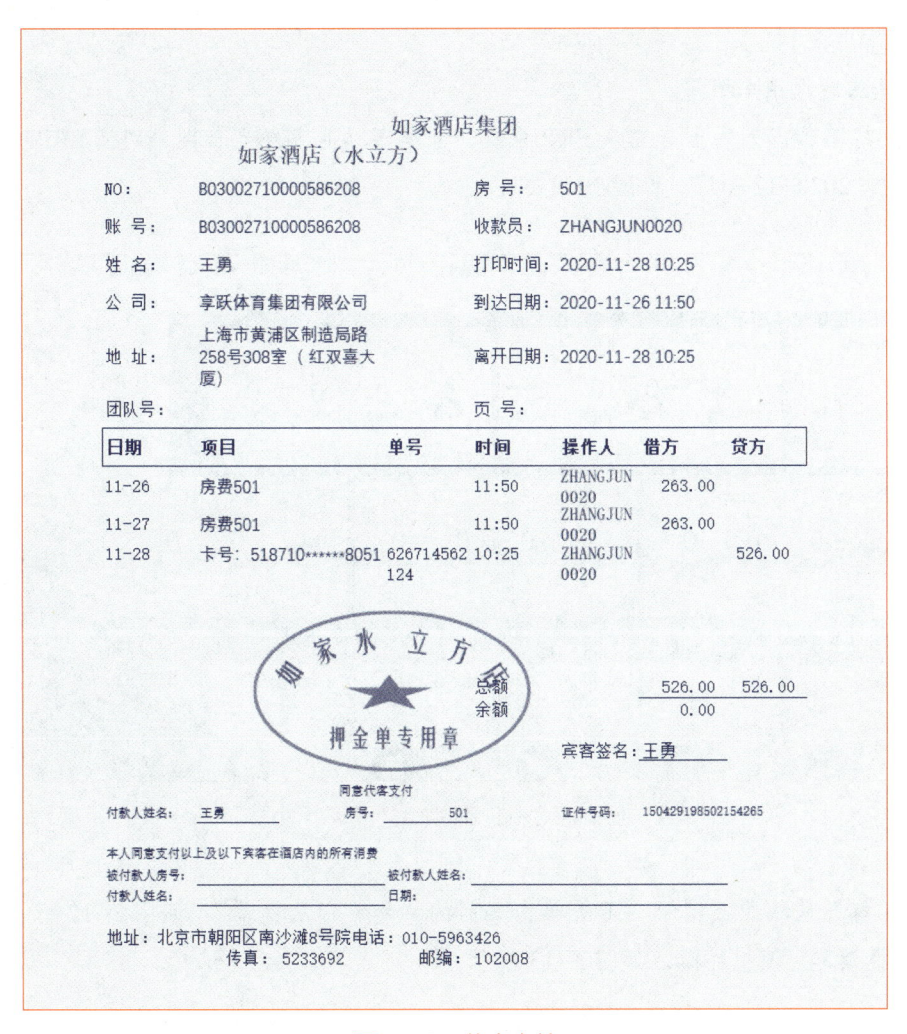

图 3-10　住宿水单

【业务流程】

差旅费报销业务流程如表 3-6 所示。

表 3-6　差旅费报销业务流程

操作步骤	操作系统	操作岗位	操作业务
1	ERP 系统	集团公司 – 战略部 – 出差人	差旅费报销单填报
2	ERP 系统	集团公司 – 战略部 – 部门经理 集团公司 – 财务部 – 费用会计	差旅费报销单审批
3	ERP 系统	集团公司 – 财务部 – 资金专员	支付差旅报销费用
4	ERP 系统	集团公司 – 财务部 – 总账会计	查询差旅费报销凭证

【操作步骤】

1. 差旅费报销单填报

（1）战略部出差人王勇登录 ERP 系统，依据实际业务发生日期，切换 ERP 系统的业务日期为"2020-12-04"，如图 3-11 所示。

图 3-11　切换业务日期

（2）打开差旅费报销单。王勇单击桌面的"差旅费报销单"，如图 3-12 所示，打开"差旅费报销单"填报界面，如图 3-13 所示。

图 3-12　差旅费报销单

项目三 费用报销业务处理的 RPA 机器人应用

图 3-13 差旅费报销单填报界面

（3）填写事由。填写事由为"业务洽谈"，如图 3-14 所示。

图 3-14 填写事由

（4）填写交通费用。王勇在"交通费用"页签下，填写机票和出租车票费用。

① 填写机票费用：依据航空运输电子客票行程单，填写报销明细。当交通工具为"飞机"时，税率为 9%，税金金额计算公式为：[（报销金额－50）×0.09]÷1.09，系统根据报销金额和税金金额自动计算不含税金额。

依据图 3-5 所示的上海到北京的航空运输电子客票行程单，填写如图 3-15 所示的费用报销明细。

89

图 3-15 填写上海到北京的费用报销明细

单击"增行",依据图 3-6 所示的北京到上海的航空运输电子客票行程单,填写如图 3-16 所示的费用报销明细。

图 3-16 填写北京到上海的费用报销明细

② 填写出租车票费用:依据出租车票,填写报销明细。当交通工具为"出租"时,因其不可抵扣进项税额,税率填写为 0。

依据图 3-7 所示的出租车票,填写如图 3-17 所示的费用明细。

单据"增行",依据图 3-8 所示的出租车票,填写如图 3-18 所示的费用明细。

图 3-17 填写首都机场到如家酒店的费用明细

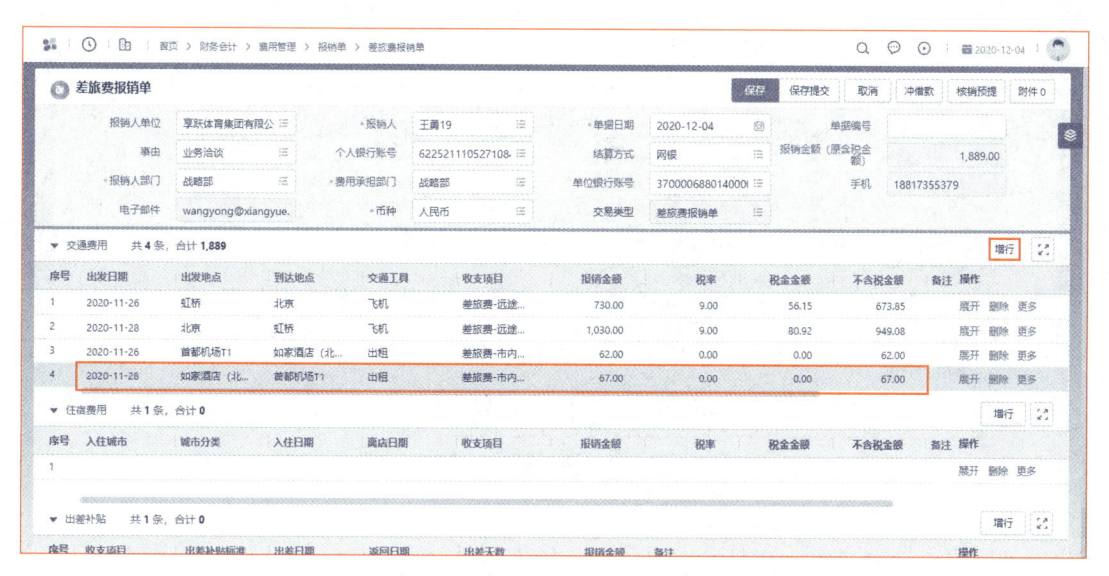

图 3-18 填写如家酒店到首都机场的费用明细

（5）填写住宿费用。王勇依据住宿费发票及水单在"住宿费用"页签下填写住宿费用。依据图 3-9 和图 3-10，填写图 3-19 所示的住宿费用明细。

（6）填写出差补贴。王勇在"出差补贴"页签下，按顺序填写收支项目、出差补贴标准、出差日期、返回日期，然后系统自动计算出差天数和报销金额，如图 3-20 所示。

（7）保存单据。王勇单击"保存"按钮，保存单据，如图 3-21 所示。

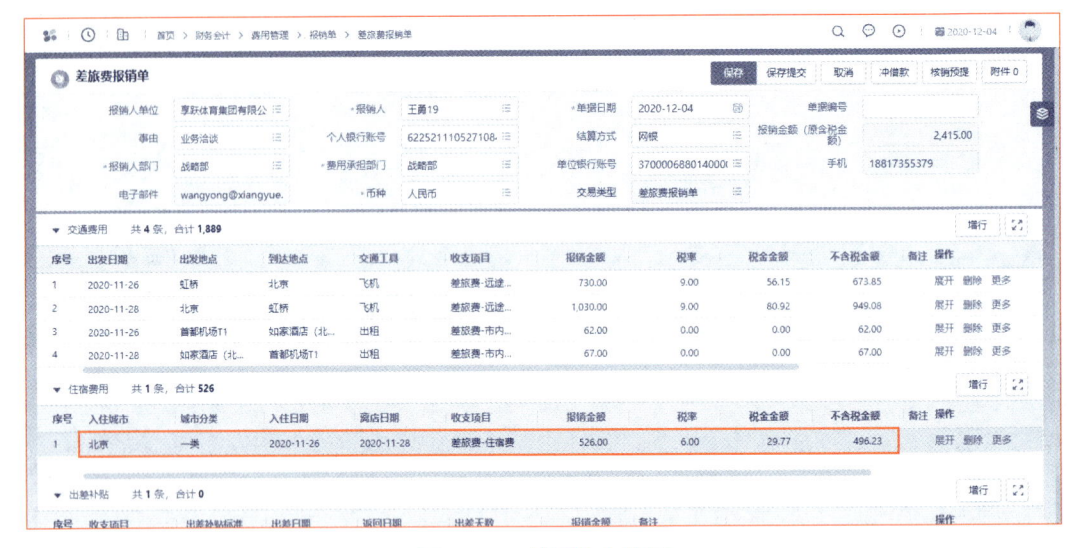

图 3-19　填写住宿费用

图 3-20　填写出差补贴

图 3-21　保存单据

（8）提交单据。王勇单击"提交"按钮，提交单据，如图3-22所示。

图3-22 提交单据

王勇提交单据后，可通过"更多－联查审批情况"查询审批流程，如图3-23和图3-24所示。

图3-23 差旅费报销单联查审批情况

图 3-24 联查审批流程

2. 差旅费报销单审批

战略部出差人王勇提交差旅费报销单后,由战略部部门负责人进行审批,由于王勇同时为战略部差旅费报销单填报人和战略部部门负责人,所以系统依据"同一人员自动审批"参数设置,王勇提交单据后系统自动审批该单据,如图 3-24 所示。部门负责人审批完成后由费用会计进行审批,由于王勇填报的差旅费报销单总金额小于 5 000 元,所以费用会计审批完成后,审批流程结束。如果差旅费报销单总金额大于等于 5 000 元,费用会计审批完成后需要由财务经理进行最终审批。

费用会计审批差旅费报销单操作如下:

(1)费用会计单击桌面的"审批中心",如图 3-25 所示。

图 3-25 审批中心

（2）费用会计在打开的审批中心里，查询并选择需要审批的单据，然后单击"批准"按钮，如图3-26所示。

图3-26 审批单据

（3）在"已审"处理状态下可查询到审批完成的单据，如图3-27所示。

图3-27 查询已审批单据

3. 支付差旅报销费用

（1）资金专员单击桌面的"结算"，如图3-28所示。

图3-28 结算

（2）在打开的结算单界面中，输入查询条件，单击查询按钮，查询"待结算"状态下的单据，如图 3-29 所示。

图 3-29　查询待结算单据

（3）勾选待结算的单据，单击"结算"按钮，如图 3-30 所示。结算完成后，单据状态显示为"结算成功"，如图 3-31 所示。

图 3-30　单据结算

图 3-31　查询单据结算状态

4. 查询差旅费报销凭证

（1）总账会计单击桌面的"凭证查询"，如图 3-32 所示。

（2）在打开的凭证查询界面单击"高级"按钮，输入查询条件，单击"查询"按钮，系统自动弹出符合条件的凭证，如图 3-33 和图 3-34 所示。

图 3-32 凭证查询

图 3-33 输入凭证查询条件

图 3-34 凭证查询结果显示

【实训任务 3-2】

请在教学实践平台上完成研发部研发专员李月莲的差旅费报销单填报、审批及付款操作。任务描述：研发部研发专员李月莲因业务洽谈需要，2020 年 11 月 26 日从上海虹桥站乘坐火车到绍兴北站出差，2020 年 11 月 27 日从绍兴北站乘坐火车返回上海虹桥站，2020 年 12 月 7 日在 ERP 系统中填报差旅费报销单。研发部部门负责人和费用会计在 ERP 系统中审批差旅费报销单。资金专员支付差旅报销费用。总账会计在 ERP 系统中查询费用凭证。

【原始单据】

1. 火车票

李月莲出差往返火车票如图 3-35 和图 3-36 所示，火车票可按 9% 的税率抵扣进项税额。

图 3-35　上海虹桥到绍兴北

图 3-36　绍兴北到上海虹桥

2. 快车车票

李月莲从绍兴北站到汉庭酒店（绍兴柯桥会展中心店）的滴滴电子发票如图 3-37 所示、滴滴行程单如图 3-38 所示。取得增值税电子普通发票旅客运输服务，可按发票上注明的税额进行抵扣。李月莲从汉庭酒店（绍兴柯桥会展中心店）到绍兴北站的出租车车票如图 3-39 所示。

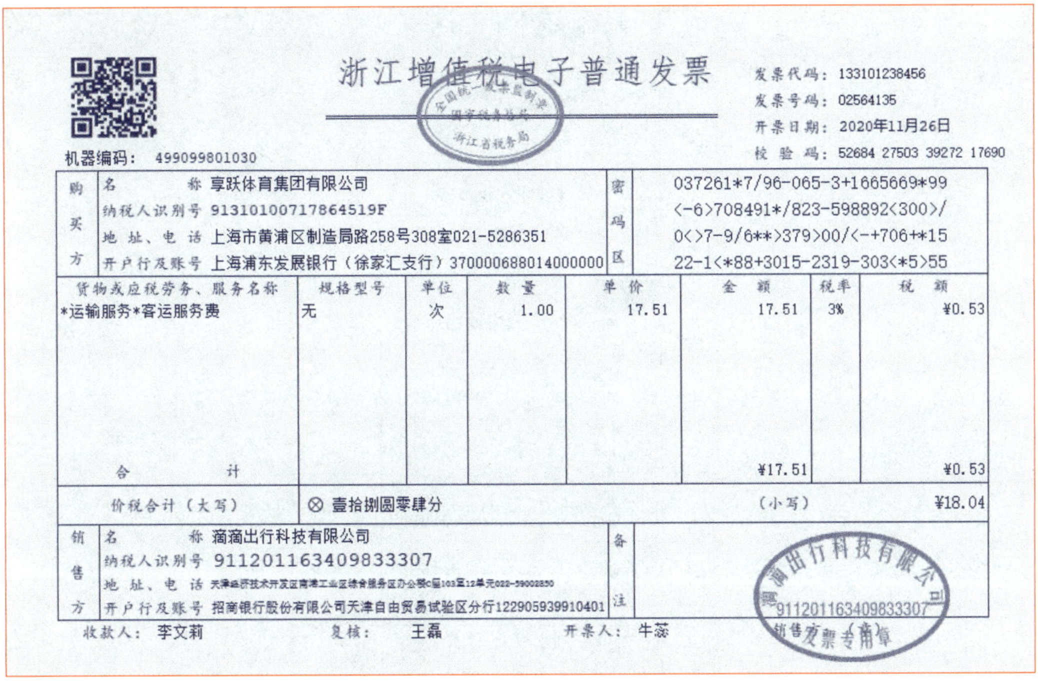

图 3-37 滴滴电子发票

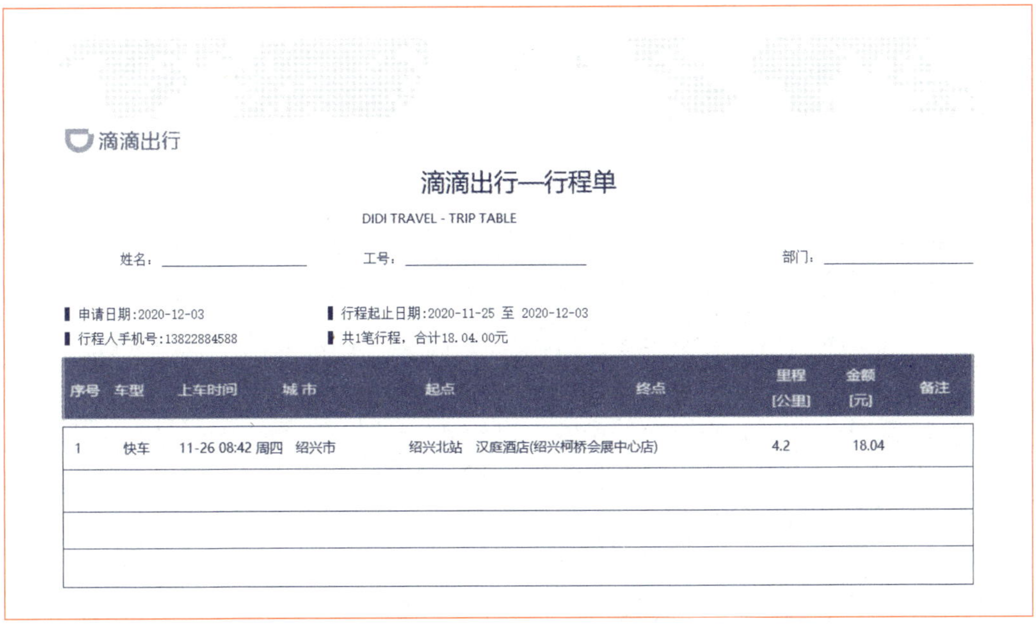

图 3-38 滴滴行程单

图 3-39 出租车票

3. 住宿发票及水单

李月莲住宿发票如图 3-40 所示，住宿水单如图 3-41 所示。

图 3-40 住宿发票

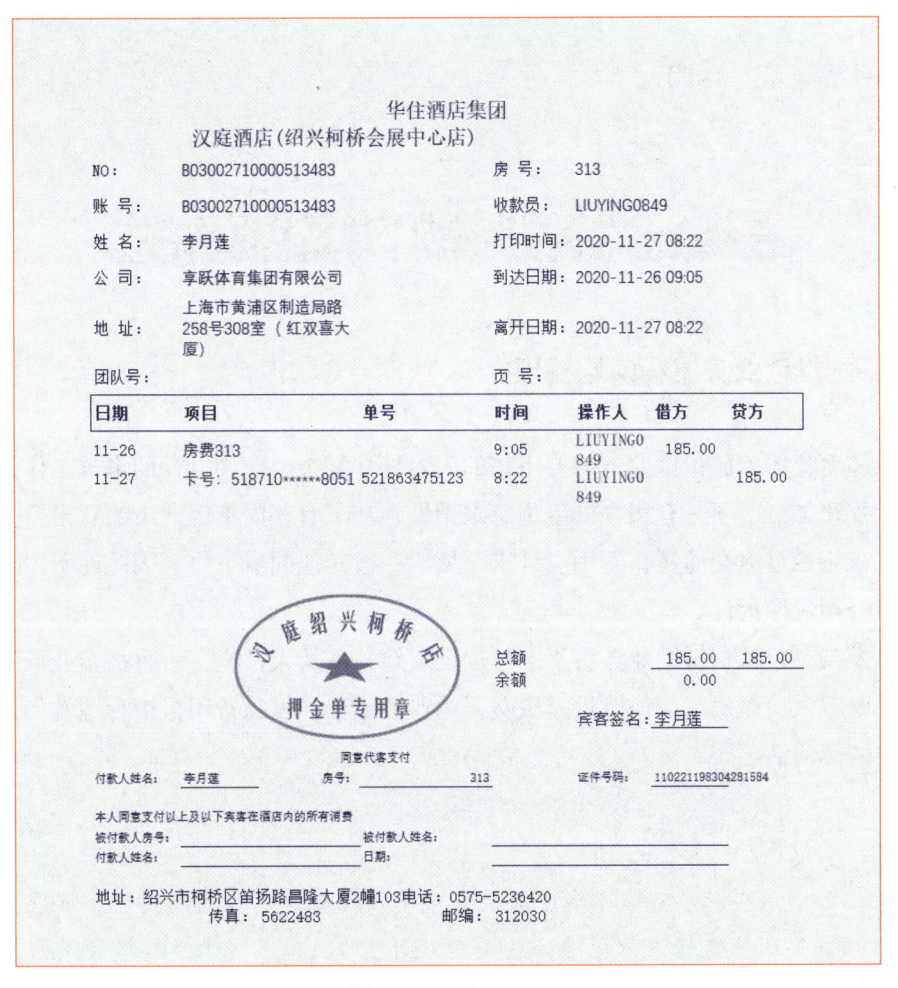

图 3-41　住宿水单

【业务流程】

差旅费报销业务流程如表 3-7 所示。

表 3-7　差旅费报销业务流程

操作步骤	操作系统	操作岗位	操作业务
1	ERP 系统	集团公司－研发部－出差人	差旅费报销单填报
2	ERP 系统	集团公司－研发部－部门经理 集团公司－财务部－费用会计	差旅费报销单审批
3	ERP 系统	集团公司－财务部－资金专员	支付差旅报销费用
4	ERP 系统	集团公司－财务部－总账会计	查询差旅费报销凭证

【操作步骤】

参照【实训任务3-1】操作。

模块二 差旅费报销业务流程分析及设计

一、差旅费报销业务流程问题梳理

享跃体育集团差旅报销业务需要审核的内容繁多复杂，费用会计的审核工作量非常巨大，经常加班加点，还是有很多同事抱怨报销慢，甚至有些同事因此不愿意出差。曾经有同事超标准报销远途交通费，费用会计未审核出，被其他同事举报，因此使费用会计及财务经理被公司领导批评。

不难发现，差旅费报销业务由于工作烦琐复杂，涉及人员广，一直被企业员工、各部门领导及财务人员诟病。如何改进差旅费报销业务流程，提高费用报销管理效率，成为企业管理中的热门话题。

【随堂练习3-3】

请在教学实践平台上完成差旅费报销业务流程问题梳理。可依据享跃体育集团的流程评价标准，从周期时间、通过率、成本及服务效果四个方面进行评价。

二、差旅费报销业务流程改进需求分析

根据对享跃体育集团的差旅费报销业务流程问题分析，企业的费用报销业务周期长、差错多、成本高、服务效果不佳，迫切需要调整和优化业务流程，提高费用报销效率。

1. 报销手续需简化

员工出差后收集整理各类发票工作量大，员工出差需保存好各类发票，返回后需集中整理。各类发票还需经过各级审批人员层层审批，特别是金额较大的发票，审批链长，各部门负责人工作繁忙。

2. 员工报销等待时间需缩短

员工出差需垫付差旅费，且只有当本次报销流程完全结束，才能收到报销款，造成员工不愿意出差，影响工作效率等问题。

3. 审核工作需优化

国家财务政策不断更新，企业费用报销制度内容复杂，很难保证各级审批人员熟知最新财务政策和企业费用报销管理标准。财务人员对每张发票都需要认真审核，审验发票的真实性，核对发票与报销单填报信息的一致性，审核报销项目与报销金额的合规性，审核内容复杂，容易出错。

三、商旅平台应用优化方案

下面对享跃体育集团商旅平台应用优化分析及优化方案设计进行详细说明。

（一）商旅平台应用优化分析

1. 集中采购降低成本

商旅平台服务为第三方服务提供商提供连接通道，协助客户与酒店、航空公司等商旅服务提供商签订三方协议，向客户提供有竞争力的酒店和机票折扣价格，直接降低企业差旅成本。

2. 实现事前控制

企业可通过商旅平台维护差旅报销政策，通过系统设置灵活多样的差旅报销控制规则，从源头规范员工的预订行为，将管控职能前移，变事后审批为事前控制，杜绝员工差旅过程中产生的超支浪费行为。

3. 提高报销效率

商旅平台支持企业授信月结模式，实现企业与商旅平台供应商公对公结算，员工无须再经手大量发票，由商旅平台供应商统一开具发票，报销全程无须发票粘贴。企业财务可直接与商旅平台供应商进行月度对账单结算，减少员工的繁重工作，省时省力，提高效率。

4. 快捷连接优质资源

通过商旅平台与众多行业知名服务提供商建立合作关系，可以帮助企业快速获得优质资源，满足企业商务需要，并获取丰富的商旅产品及优惠的价格，无须安装众多APP应用。

5. 大数据分析洞察

企业实时获得员工商旅数据，有效地了解员工商旅出行、费用支出等情况；通过数据分析提出企业商旅管理建议，提升企业商旅管理水平。

【引例分析3-4】

为解决差旅费报销业务流程梳理中比较突出的问题，由费用会计发起，财务经理提案，经总经理批准后，享跃体育集团与携程公司签订了商旅平台企业服务协议，员工出行通过携程商旅平台进行酒店、机票、火车票的预订，对差旅费报销业务流程进行了改进。

（1）员工出差的机票、火车票、酒店均可通过携程商旅平台企业账户预订，并采用月结的方式，由公司支付相关费用，员工无须再垫付。携程商旅平台为员工提供了更丰富的商旅资源，享受平台协议价，降低企业差旅费用支出，提高员工满意度。

（2）费用会计根据享跃体育集团差旅费用相关制度，在携程商旅平台企业账户中进行差旅标准设置，实现在订单环节进行业务控制，由事中控制升级为事前控制，管理更加精细化。

（3）员工出差结束后在ERP系统中填写"差旅费报销单"时，需要在差旅费报销单中填写通过商旅平台预订的订单号、费用事项和金额字段。月末，费用会计根据员工差旅费报销单生成的报销台账和携程月结账单进行核对。

（4）员工无须单独获取机票行程单、酒店发票，由携程公司按账单周期统一邮寄给公司财务部。员工需要自取火车票报销凭证，员工在提交差旅费报销单时一并提交，无须粘贴（由费用会计存档，统一附于商旅平台费用报销单背面），减少人工成本。

（5）携程月结账单的周期为上月26日至本月25日，账单需要在本月28日前完成确认，本月31日前完成付款。每月月底，费用会计完成月度账单对账后，申请开票及票据邮寄，并汇总数据填写"商旅平台费用报销单"申请付款，确认费用。

（二）商旅平台应用优化方案设计

1. 享跃体育集团应用商旅平台后的系统维度流程

（1）员工出差返回后，在ERP系统中填写、提交"差旅费报销单"，经过系统预置审批流程中的各审批人审核、审批后，由资金专员支付给员工差旅报销费用，系统自动生成费用报销凭证，网银系统记录支付结果。员工填写的"差旅费报销单"自动汇总生成"携程订单报销台账"。费用会计在月末导出ERP系统中的"携程订单报销台账"，供后续对账使用。

（2）费用会计在月末导出携程商旅平台中的月结账单，然后线下核对"月结账单"和"携程订单报销台账"，核对完成后在携程商旅平台中确认月结账单，依据月结账单申请开票。

（3）费用会计在月末汇总月结账单数据，然后在ERP系统中填写、提交"商旅平台费用报销单"，经各级领导审核、审批后，由资金专员支付给商旅平台报销费用，系统自动生成报销凭证，网银系统记录支付结果。

享跃体育集团应用商旅平台后的系统维度流程，如图3-42所示。

2. 享跃体育集团应用商旅平台后的岗位维度流程

应用商旅平台后的差旅报销岗位流程与原流程一致，如图3-43所示。

图 3-42　应用商旅平台后差旅费报销业务系统维度流程

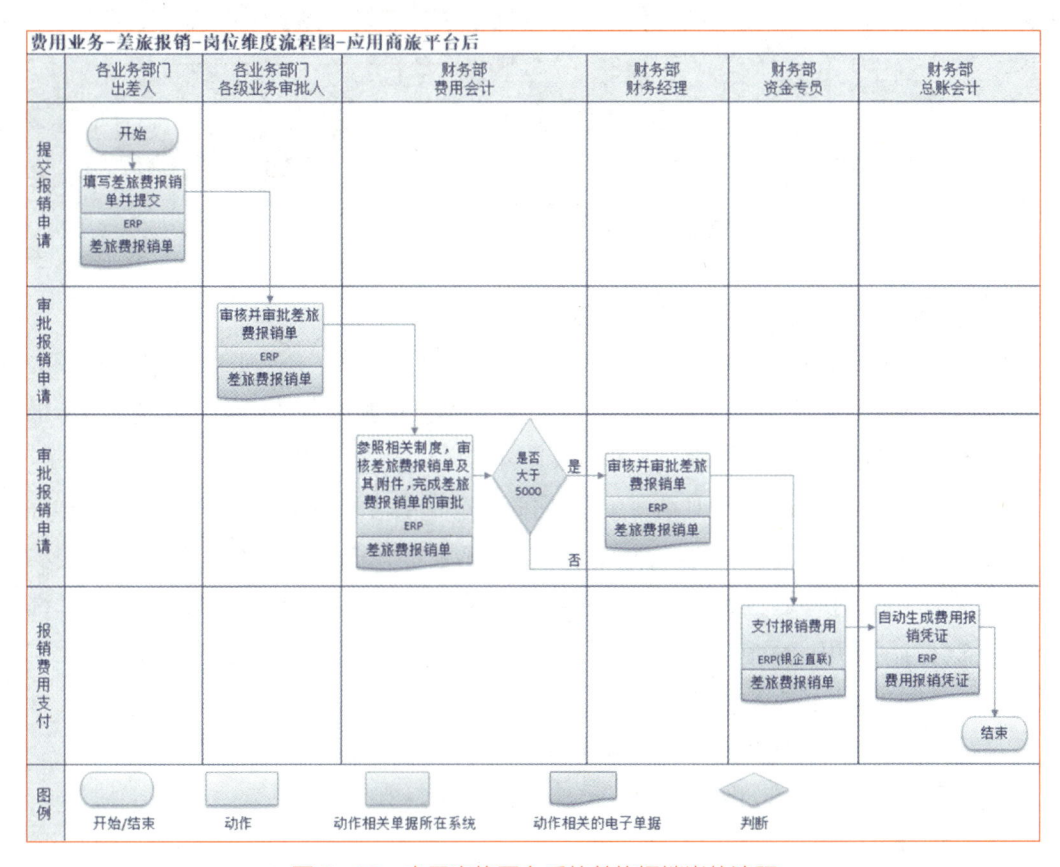

图 3-43　应用商旅平台后的差旅报销岗位流程

应用商旅平台后，员工报销流程虽然与原流程保持一致，但是员工填写的"差旅费报销单"单据内容发生了变化。员工在填写"差旅费报销单"时，不仅需要填写必要的差旅明细（如：出发日期、出发地点、到达日期、到达地点等），还需要填写"差旅费用金额""是否商旅平台订单""商旅平台订单号"和"报销金额"字段，其中"差旅费用金额"字段记录实际发生的费用，"报销金额"字段记录员工在非商旅平台发生的需要报销的金额。"报销金额"字段计算规则为：如果"是否商旅平台订单"为"是"时，"报销金额"为0；如果"是否商旅平台订单"为"否"时，"报销金额"为"差旅费用金额"。应用商旅平台后的差旅费报销单如图3-44所示。

图3-44 应用商旅平台后的差旅费报销单

3. 享跃体育集团商旅平台费用月结流程

（1）每月末，费用会计在商旅平台中下载"携程月结账单"，与ERP系统中生成的本月"携程订单报销台账"进行核对，标记员工已报销订单和未报销订单。依据员工未报销的订单向员工发送未报销催报邮件，并对反馈异常的订单进行追踪处理。

（2）费用会计确认"携程月结账单"，向商旅平台申请开票及票据邮寄。

（3）每月末，费用会计在收到月结发票等单据后，依据账单明细在ERP系统中填写"商旅平台费用报销单"，经财务部财务经理及各级业务审批人审核、审批后，由财务部资金专员支付月结费用，系统自动生成费用支付凭证。总账会计在ERP系统中查询费用支付凭证。

享跃体育集团商旅平台费用月结流程如图3-45所示。

商旅平台费用报销单如图3-46所示。

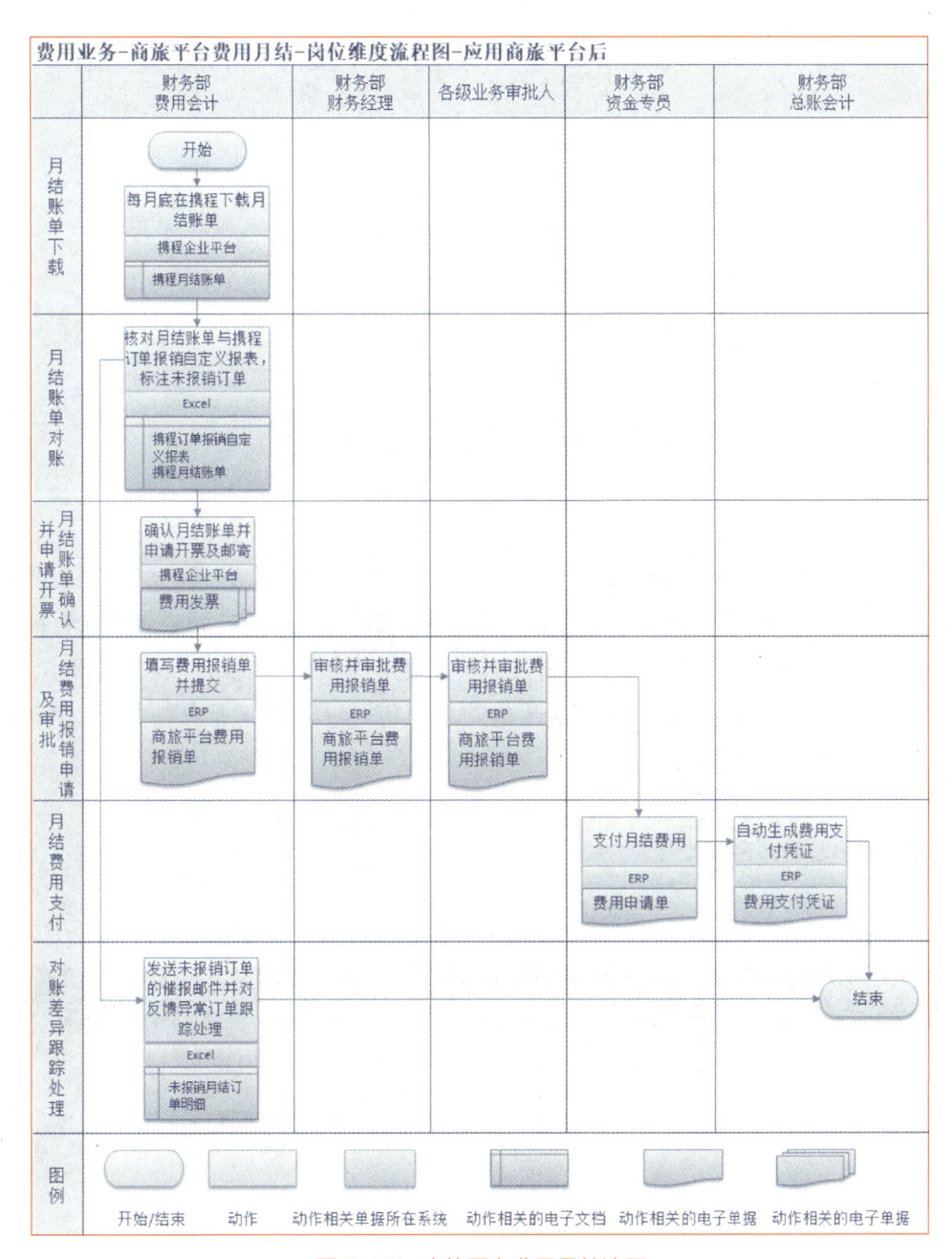

图 3-45 商旅平台费用月结流程

图 3-46 商旅平台费用报销单

【实训任务 3-3】

请在教学实践平台上完成携程月结账单对账。请在"实训任务-057 完成携程月结账单对账"界面,单击"本期作业参考资料",下载"教学资源-057 携程订单报销报表及对账记录模板",将从携程平台下载的月度账单与该模板中的"携程订单报销自定义报表"进行核对,如果携程月结账单中的订单号在"携程订单报销自定义报表"中存在,则标注"已报销",否则标注"未报销"。

【业务流程】

携程月结账单对账流程如表 3-8 所示。

表 3-8 携程月结账单对账流程

操作步骤	操作系统	操作岗位	操作业务
1	携程平台	集团公司-财务部-费用会计	下载携程月结账单
2	线下	集团公司-财务部-费用会计	携程月结账单

【操作步骤】

1. 下载携程月结账单

(1) 单击开始任务,登录携程商旅平台,单击"差旅费用核对"页签,进入账单页面。单击"查看明细",系统显示账单明细,账单明细包括"月结机票""月结火车票""月结会员酒店""月结协议酒店"账单信息,如图 3-47 所示。

图 3-47　查看账单明细

（2）系统默认打开"月结机票"账单，系统默认勾选"月结机票"账单的全部明细内容，单击"导出 Excel"，完成"月结机票"账单的下载，如图 3-48 所示。

图 3-48　导出携程月结机票

（3）依次单击"月结火车票""月结会员酒店""月结协议酒店"，完成"月结火车票""月结会员酒店""月结协议酒店"账单的下载。

2. 携程月结账单对账

（1）将下载完成的"月结机票""月结火车票""月结会员酒店""月结协议酒店"账单中的明细数据，复制粘贴到"教学资源–057 携程订单报销报表及对账记录模板"中。

（2）在"携程机票月结账单""携程火车票月结账单""携程会员酒店月结账单""携程协议酒店月结账单"最后一列增加"是否已报销"列。

（3）在"携程订单报销自定义报表–2020年12月"中最后一列标注"已报销"，如图3-49所示。

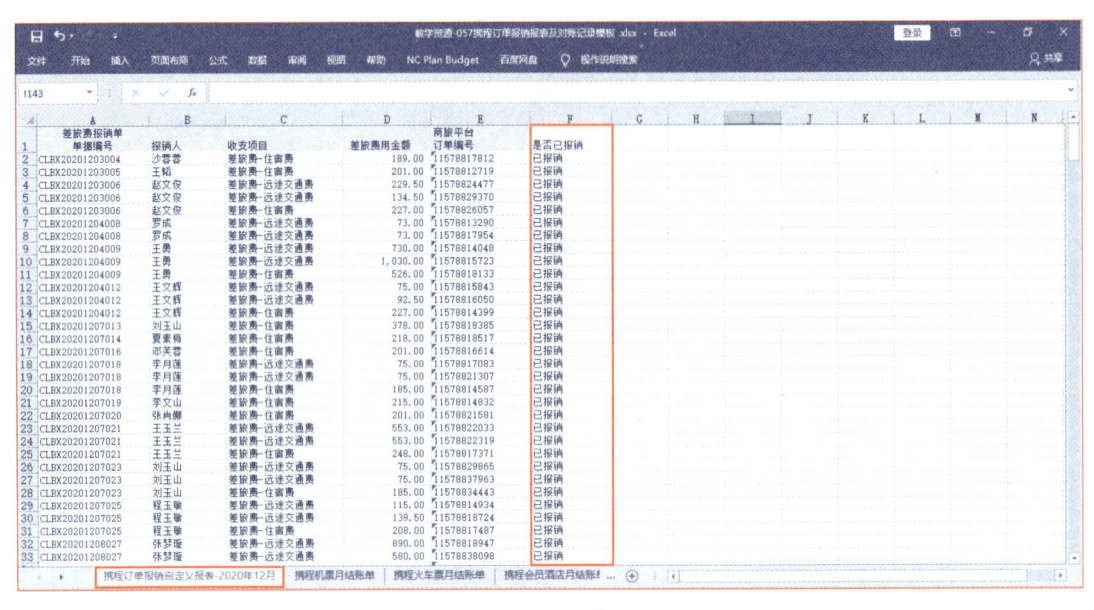

图3-49 增加"是否已报销"列

（4）打开"携程机票月结账单"页签，在Y3单元格中填写"=VLOOKUP（$A3,'携程订单报销自定义报表–2020年12月'!$E$2:$F$386,2,FALSE）"，匹配是否已报销结果，如图3-50所示。

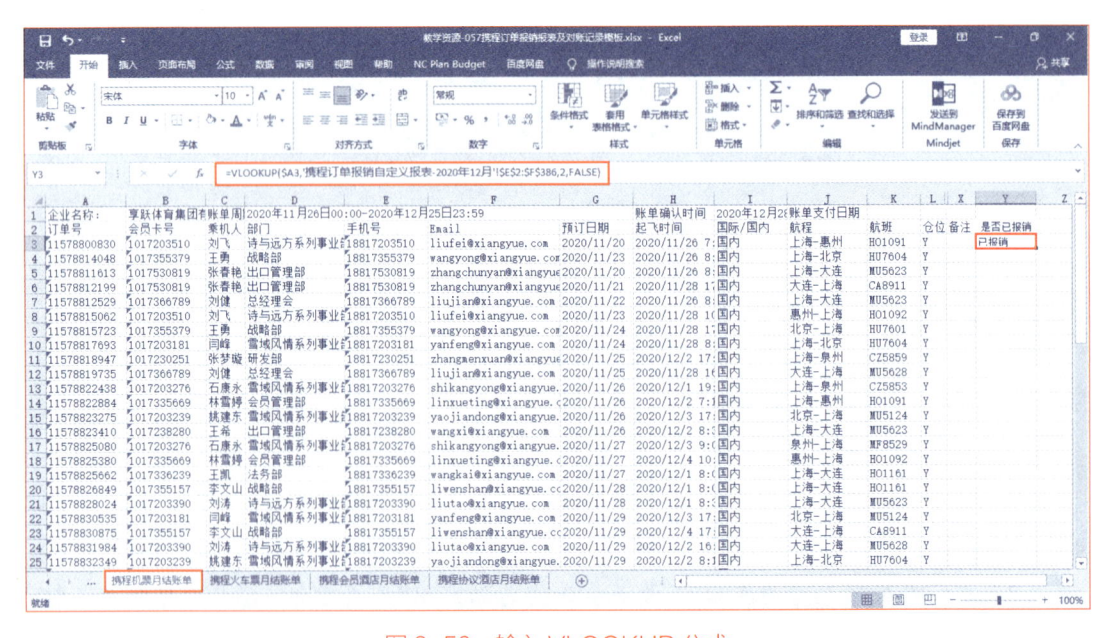

图3-50 输入VLOOKUP公式

（5）将Y3单元格公式复制到Y列其他单元格中，匹配Y列数据是否已报销结果，如图3-51所示。

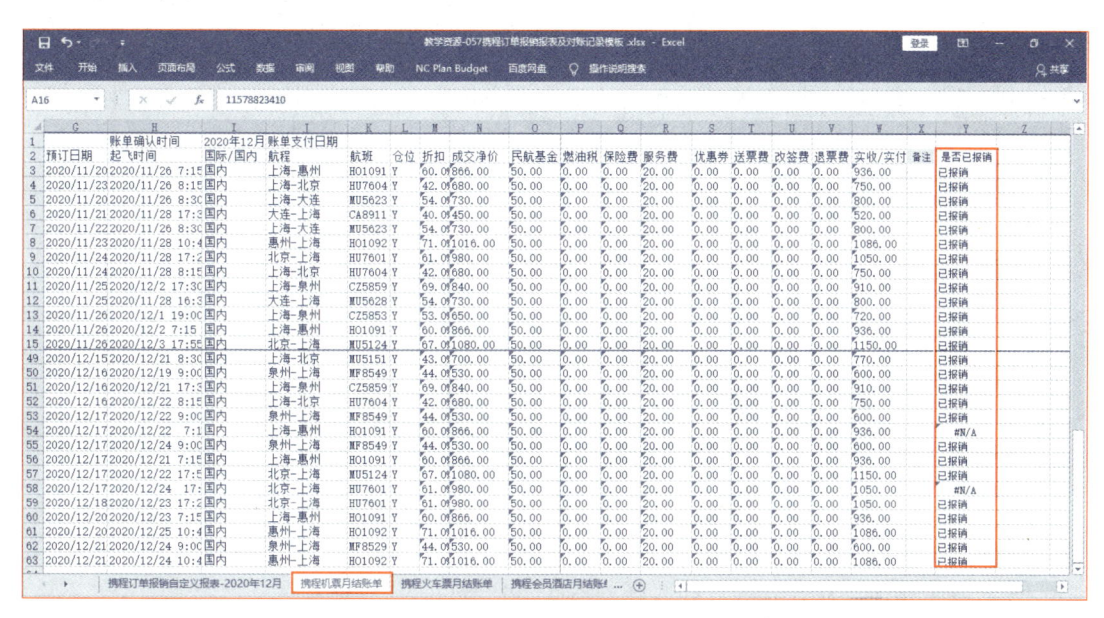

图3-51　显示结果

（6）选中Y列，单击"数据""筛选"，选择"#N/A"，单击"确定"，将"#N/A"替换为"未报销"，如图3-52和图3-53所示。

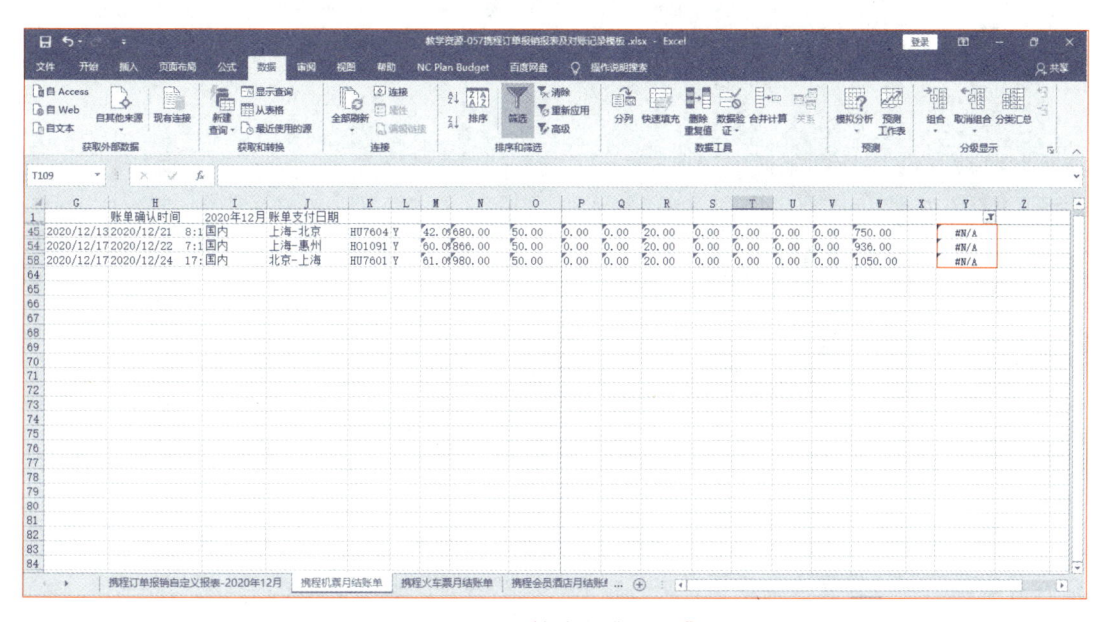

图3-52　筛选出"#N/A"

111

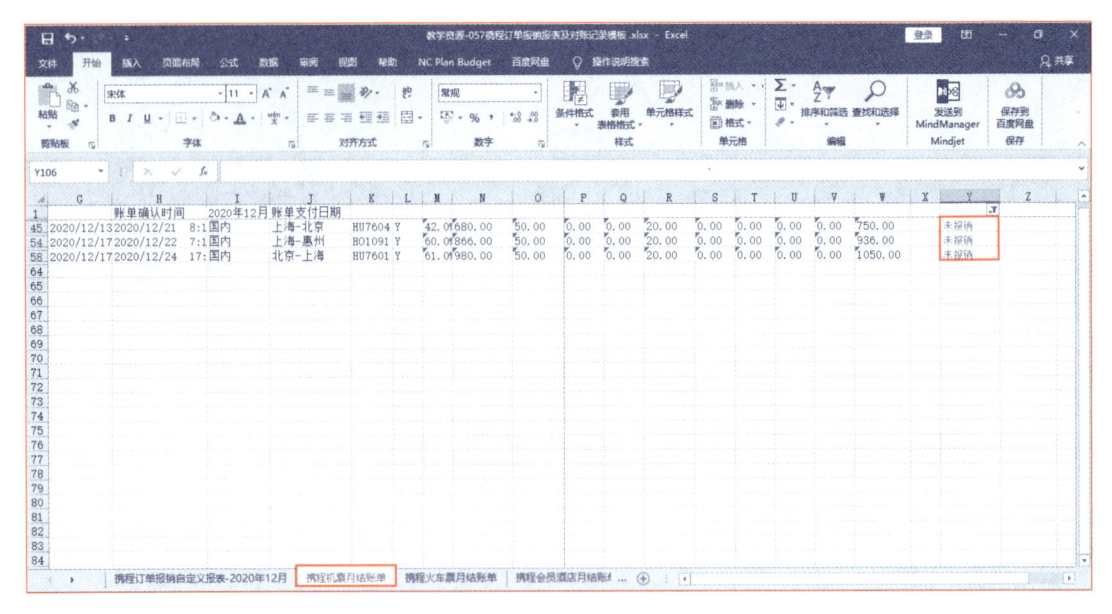

图 3-53 将"#N/A"替换为"未报销"

（7）解除筛选，对账完成后的数据如图 3-54 所示。

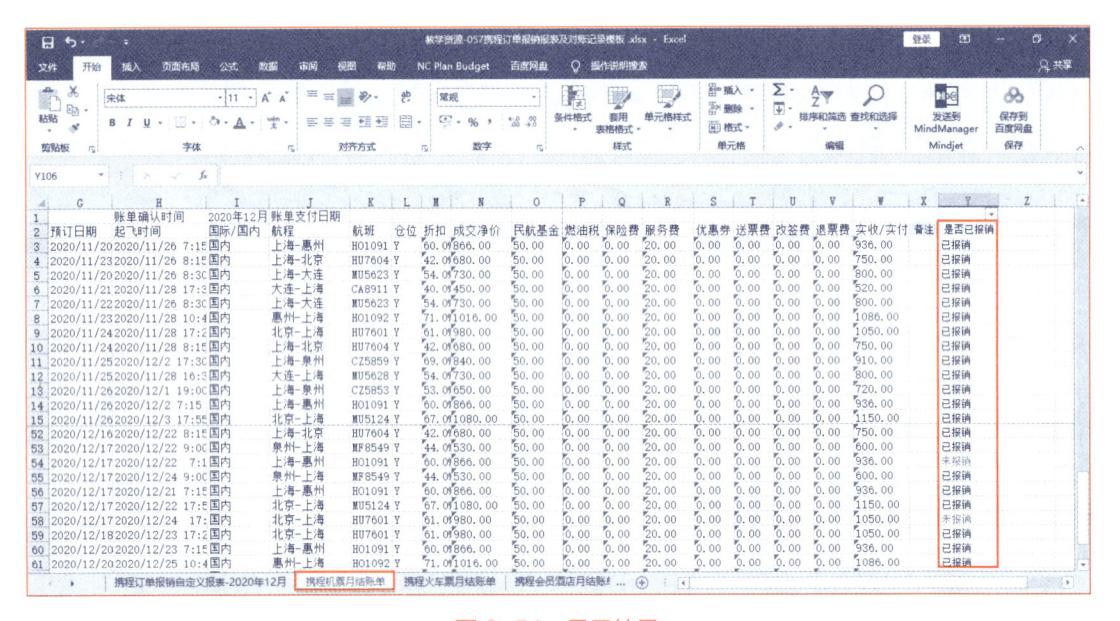

图 3-54 显示结果

（8）同上操作，完成"携程火车票月结账单""携程会员月结酒店账单""携程协议酒店月结账单"与"携程订单报销自定义报表–2020年12月"的核对。

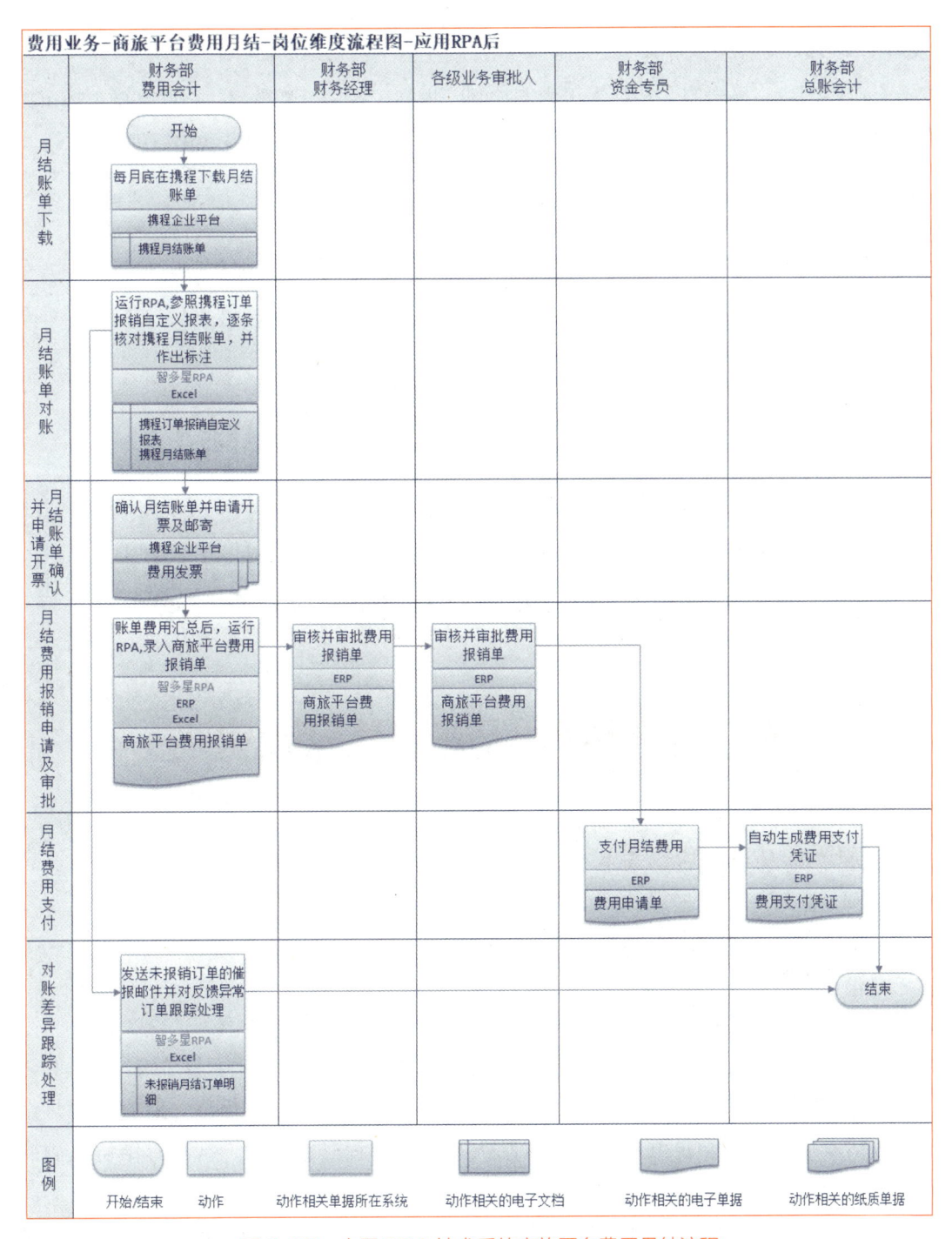

项目三 费用报销业务处理的 RPA 机器人应用

图 3-55 应用 RPA 技术后的商旅平台费用月结流程

四、RPA 应用优化方案

（一）RPA 流程优化分析

企业应用商旅平台服务，加强了内部控制，提高了费用管理效率。在此基础上还可以利用 RPA 技术对差旅费报销业务流程进行再优化，从而实现全面的自动化流程。

【随堂练习 3-4】

请参照已学习的"ESIAB"模型，在教学实践平台上完成对应用商旅平台后的差旅费报销业务流程的改进需求分析。

（二）RPA 优化方案设计

应用 RPA 技术，设计财务机器人对差旅费报销业务流程进行如下改进：

（1）完成携程月结账单的自动核对；

（2）完成"商旅平台费用报销单"的自动填报；

（3）完成员工未报销订单催报及确认邮件的自动发送。

应用 RPA 技术改进后的商旅平台费用月结流程，如图 3-55 所示。

模块三　差旅费报销 RPA 机器人开发与应用

一、商旅平台月结对账机器人

（一）商旅平台月结对账机器人制作思路

1. 整体思路

商旅平台月结对账机器人制作整体思路如下：

（1）RPA 机器人读取"携程订单报销自定义报表"中的"商旅平台订单编号"信息。

（2）RPA 机器人读取"商旅平台月结账单"中的"订单号"信息。商旅平台月结账单包括：携程月结会员酒店、携程月结火车票、携程月结机票、携程月结协议酒店账单。

（3）RPA 机器人核对"商旅平台订单编号"与"订单号"信息。如果商旅平台月结账单中的"订单号"在"携程订单报销自定义报表"中存在，则在商旅平台月结账单中填写"已报销"标志，否则填写"未报销"标志。

商旅平台月结对账机器人制作整体思路如图 3-56 所示。

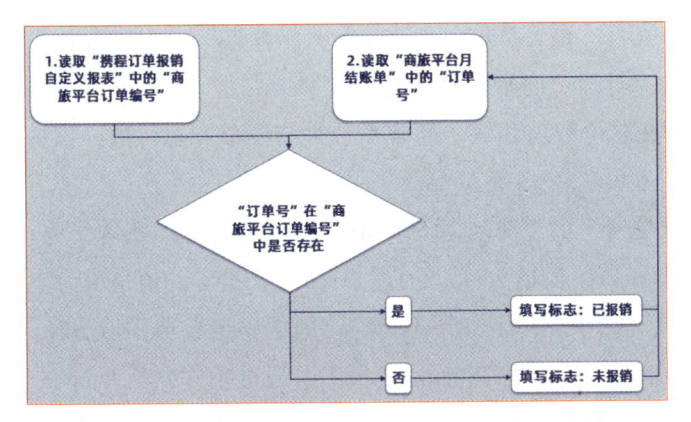

图 3-56　商旅平台月结对账机器人制作整体思路

2. 读取商旅平台订单编号思路

（1）遍历文件。遍历文件夹中的"携程订单报销自定义报表"。

（2）循环读取文件。循环读取"携程订单报销自定义报表"。

（3）打开文件。打开"携程订单报销自定义报表"。

（4）获取 Excel 总行数。获取"携程订单报销自定义报表"总行数，该总行数作为 Excel 表内的循环参数。

（5）获取"商旅平台订单编号"并添加字典。循环读取"携程订单报销自定义报表"每一行中 E 列"商旅平台订单编号"，将读取到的值赋值给变量 tzNo。通过条件判断 tzNo 的值是否为空，如果为空则说明 Excel 数据读取完毕，结束循环。如果不为空，需要将读取到的 tzNo 的值添加在 map 字典中，map 字典中的 key 值和 value 值均为 tzNo。

读取商旅平台订单编号思路，如图 3-57 所示。

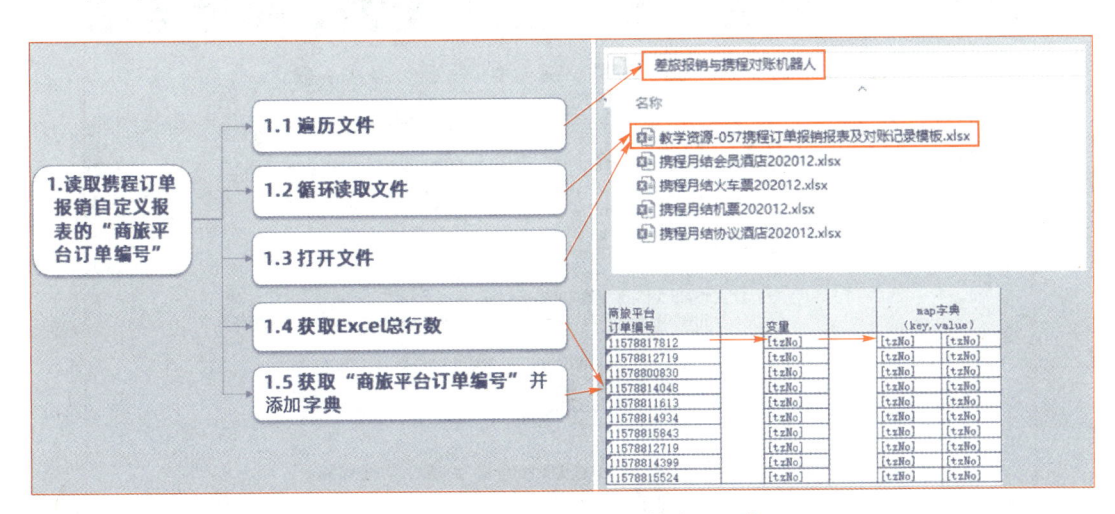

图 3-57　读取商旅平台订单编号思路

3. 读取订单号思路

（1）遍历文件。遍历文件中的"商旅平台月结账单"。

（2）循环读取文件。循环读取"商旅平台月结账单"。

（3）打开文件。打开"商旅平台月结账单"。

（4）获取Excel总行数。获取"商旅平台月结账单"总行数，该总行数作为Excel表内循环参数。

（5）获取"订单号"并对账。循环读取"商旅平台月结账单"每一行中A列"订单号"，将读取到的值赋值给变量zdNo。通过条件判断zdNo的值是否为空，如果为空则说明Excel数据读取完毕，结束循环。如果不为空，则从map字典中取zdNo作为key值时对应的value值，将取出的value值存在temp变量中。通过条件判断temp的值是否为空，如果不为空则在"订单号"行对应的AA单元格填写"已报销"标志，否则填写"未报销"标志。

读取"商旅平台月结账单"中的订单号思路，如图3-58所示。

图3-58 读取商旅平台月结账单中的订单号思路

4. 商旅平台月结对账机器人主要脚本

商旅平台月结对账机器人主要脚本，如图3-59和图3-60所示。

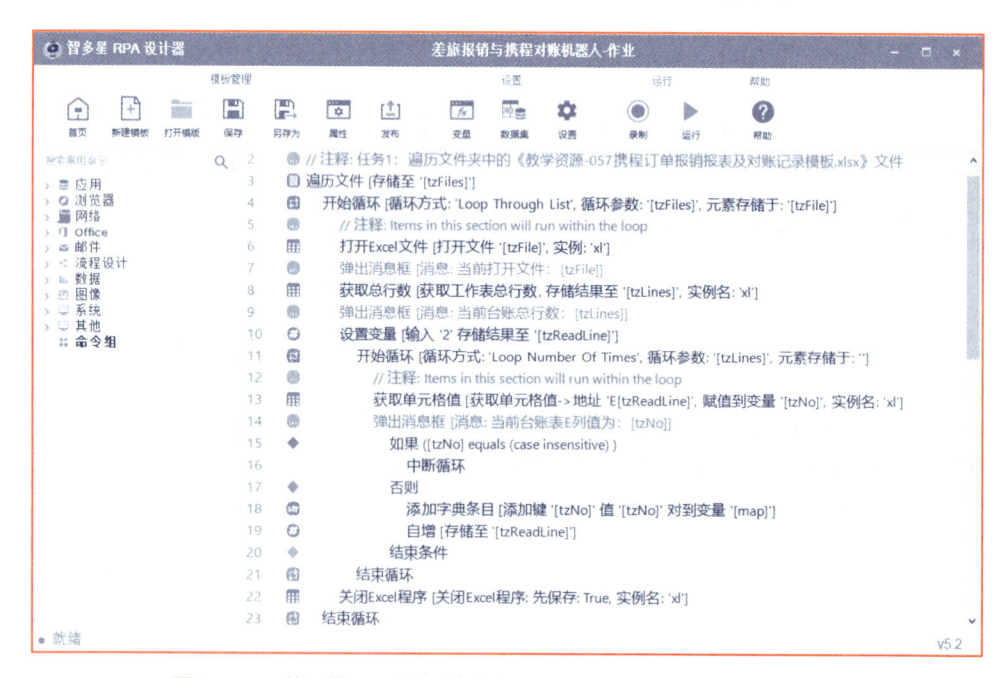

图3-59 获取携程订单报销自定义报表中商旅平台订单编号脚本

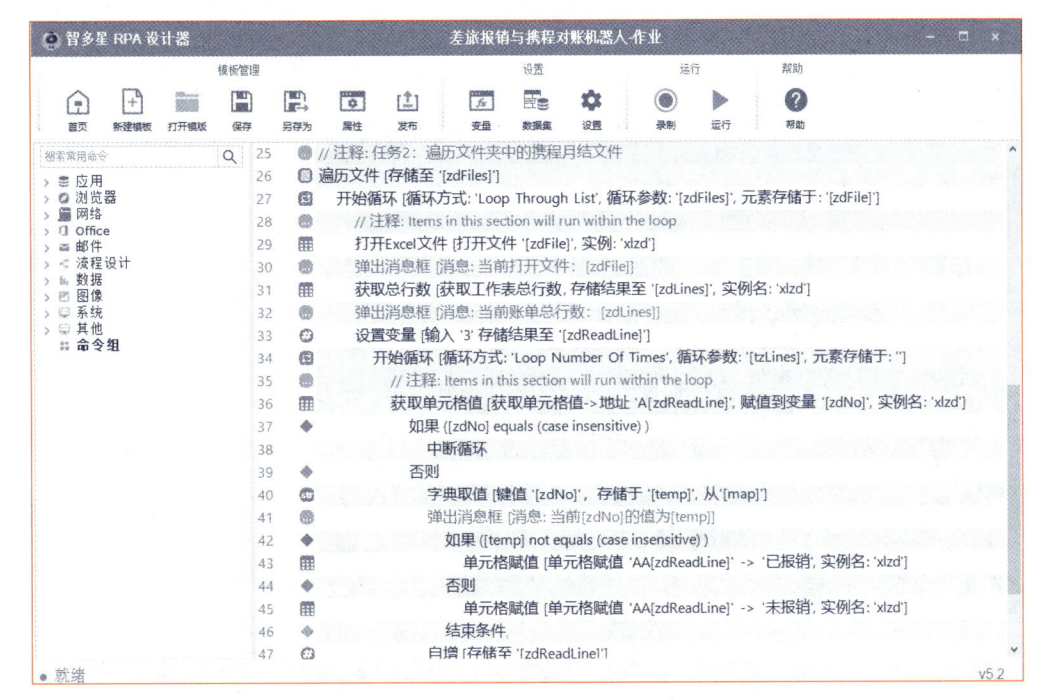

项目三　费用报销业务处理的 RPA 机器人应用

图 3-60　获取商旅平台月结账单中订单号并对账脚本

（二）商旅平台月结对账机器人开发与运行

【实训任务 3-4】

请在教学实践平台上完成商旅平台月结对账机器人的开发与运行。商旅平台月结对账机器人参考资料来源：①【实训任务 3-3】中"教学资源 -057 携程订单报销报表及对账记录模板"中的"携程订单报销自定义报表"页签。②从教学实践平台"首页"–"工作应用"–"商旅平台"中下载商旅平台月结账单，账单明细包括"月结机票""月结火车票""月结会员酒店"和"月结协议酒店"。

【业务流程】

商旅平台月结对账机器人开发与运行业务流程如表 3-9 所示。

表 3-9　商旅平台月结对账机器人开发与运行业务流程

操作步骤	操作系统	操作岗位	操作业务
1	智多星 RPA 设计器	RPA 开发岗	打开程序
2	智多星 RPA 设计器	RPA 开发岗	开发配置
3	智多星 RPA 设计器	RPA 开发岗	保存运行程序

117

【操作步骤】

1. 打开程序

（1）单击"任务资料"，将资料中的压缩包即 RPA 模板下载到本地，并将其移动到如图 3-61 所示的路径下。

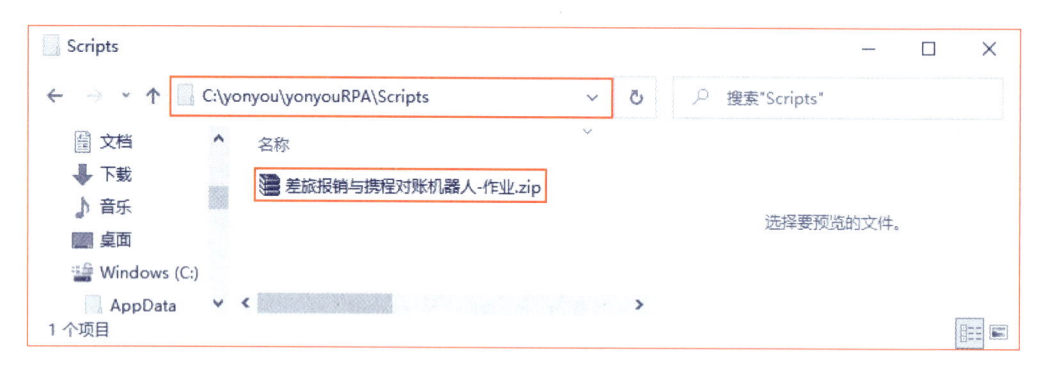

图 3-61　RPA 模板存放路径

（2）登录智多星 RPA 设计器，单击"打开模板"，选择模板，单击"确定"，如图 3-62 所示。

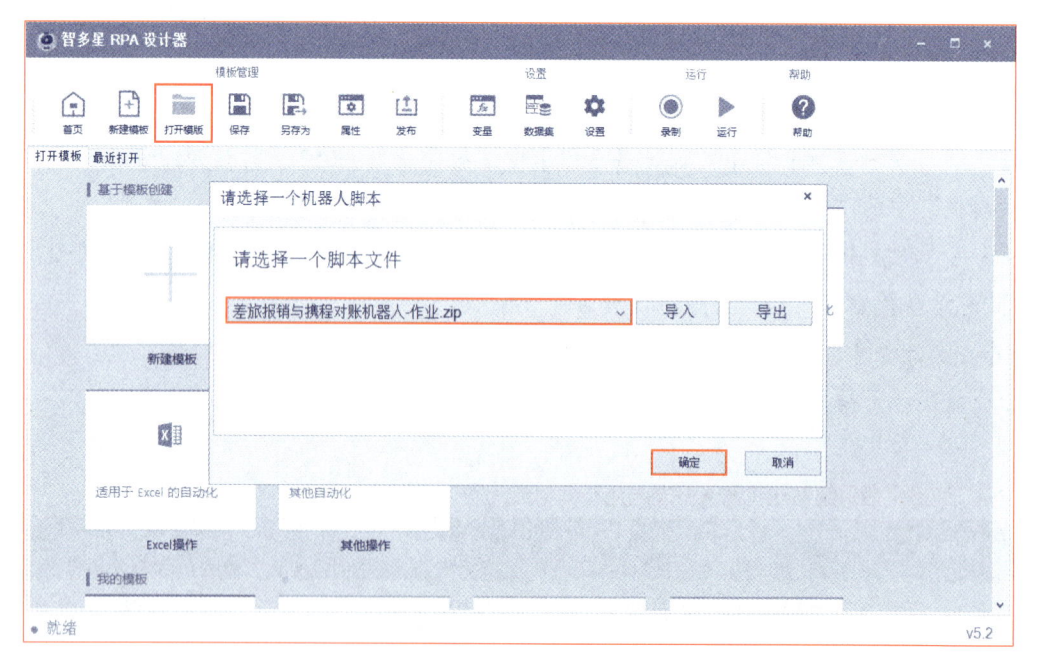

图 3-62　选择模板

（3）打开的 RPA 脚本主界面如图 3-63 所示。

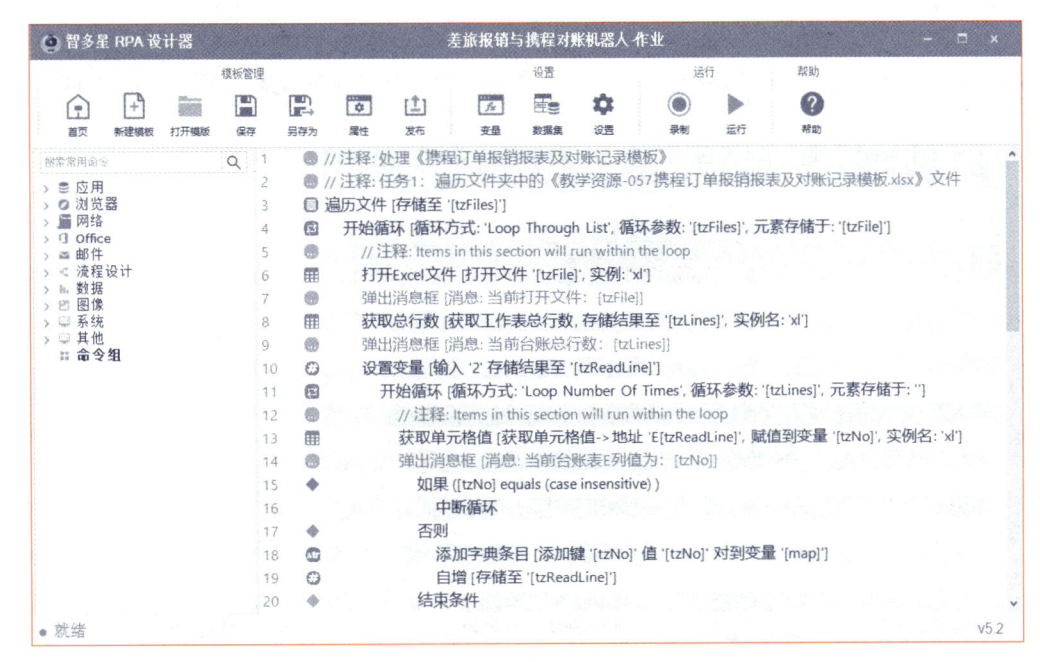

图 3-63　RPA 脚本主界面

（4）在桌面新建"差旅报销与携程对账机器人"文件夹，将对应文件存在该文件夹中，如图 3-64 所示。"教学资源-057 携程订单报销报表及对账记录模板"中包含"携程订单报销自定义报表"。

图 3-64　准备机器人需要的文件

2. 开发配置

在已经打开的 RPA 模板中，已经预置了大部分脚本，在开发配置的过程中，只需要按照注释完成指定任务即可。

任务 1：配置"遍历文件"，遍历"差旅报销与携程对账机器人"文件夹中的"教学资源-057 携程订单报销报表及对账记录模板.xlsx"文件。

商旅平台月结
对账机器人开
发配置

（1）在程序中找到任务 1 下面的"遍历文件［存储至'［tzFiles］'］"脚本行，然后双击打开，如图 3-65 所示。

图 3-65　遍历文件

（2）在打开的"编辑命令"界面，单击"选择文件夹"，在弹出的"浏览文件夹"界面，选择"差旅报销与携程对账机器人"文件夹，单击确定，在"编辑命令"界面会自动显示该文件夹名称及其所在的路径，如图 3-66 所示。

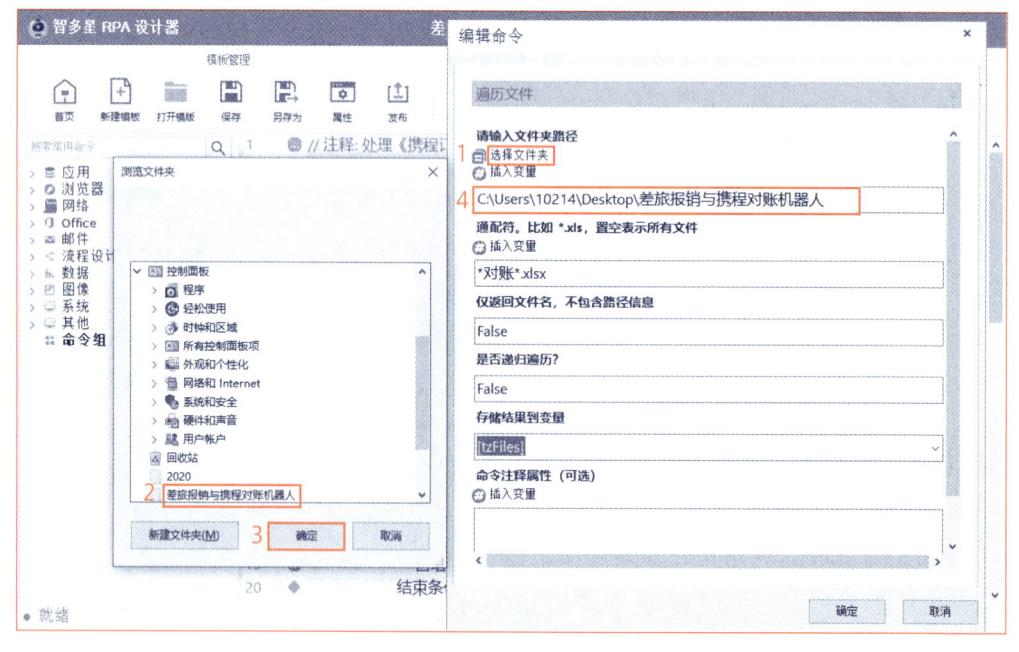

图 3-66　打开文件

120

（3）在通配符中填写关键字，遍历文件时只遍历带有关键字字样的文件。举例：配置成"*对账*.xlsx"，遍历文件时只遍历带有"对账"字样且格式为".xlsx"的文件，如图3-67所示。

图3-67 通配符配置

任务2：配置"遍历文件"，遍历"差旅报销与携程对账机器人"文件夹中的携程月结文件。

（1）在程序中找到任务2下面的"遍历文件［存储至'［zdFiles］'］"脚本行，然后双击打开，如图3-68所示。

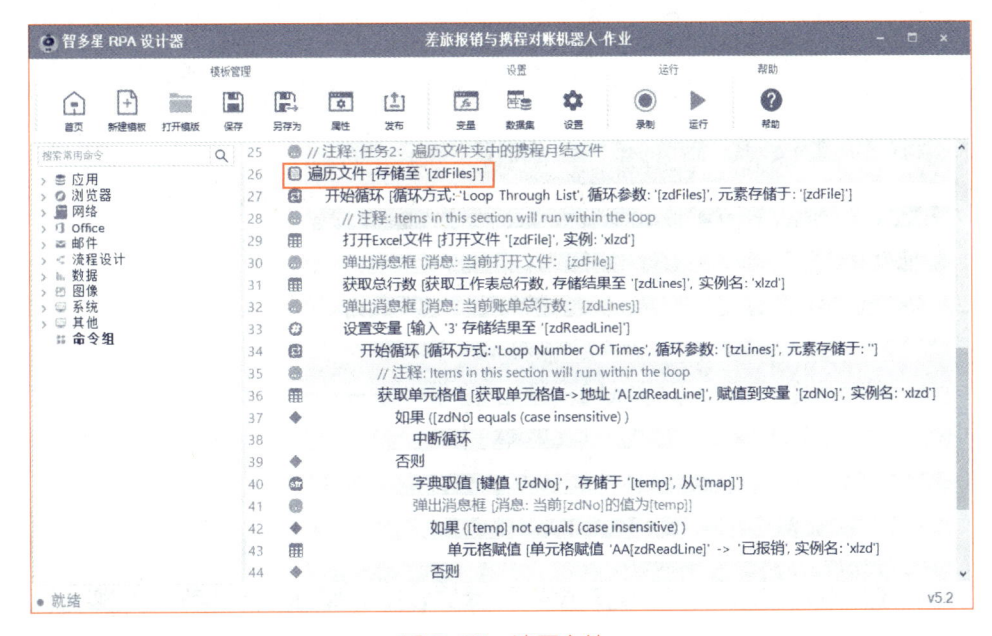

图3-68 遍历文件

（2）在打开的"编辑命令"界面，单击"选择文件夹"，在弹出的"浏览文件夹"界面，选择"差旅报销与携程对账机器人"文件夹，单击确定，在"编辑命令"界面会自动显示该文件夹名称及其所在的路径，如图 3-69 所示。

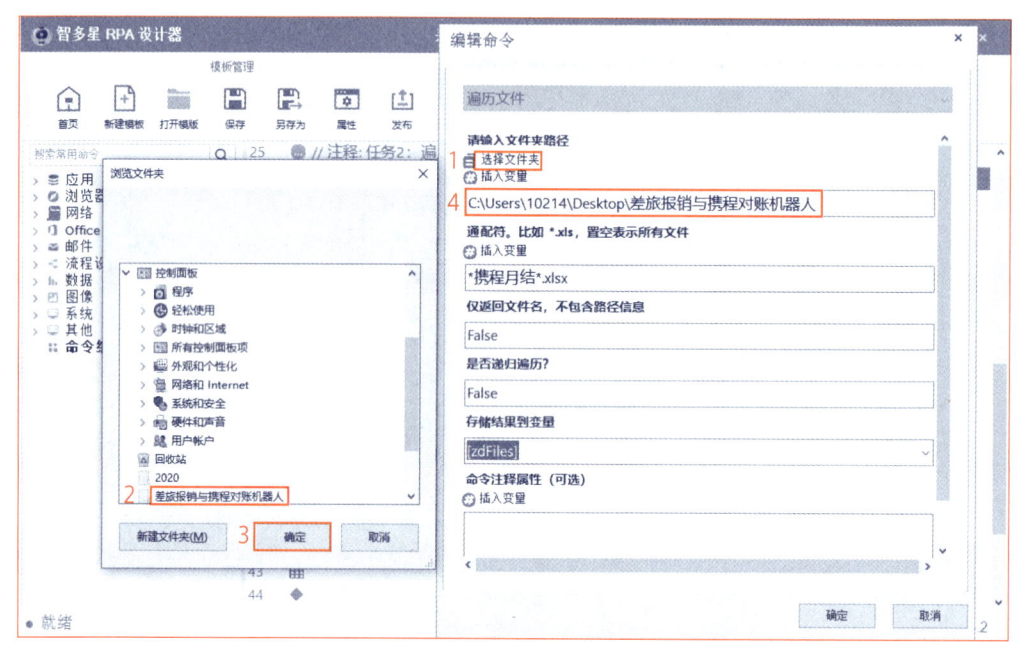

图 3-69 打开文件

（3）在通配符中填写关键字，遍历文件时只遍历带有关键字字样的文件。举例：配置成"*携程月结*.xlsx"时，遍历文件时只遍历带有"携程月结"字样且格式为".xlsx"的文件，如图 3-70 所示。

图 3-70 通配符配置

3. 保存运行程序

（1）单击"保存"，保存配置完成的 RPA 脚本，如图 3-71 所示。

（2）单击"运行"，运行程序，如图 3-72 所示。

图 3-71　保存程序

图 3-72　运行程序

二、商旅平台报销单填报机器人

（一）商旅平台报销单填报机器人制作思路

RPA 机器人是模拟手工的操作，通过自动化的运行，提高操作的效率及准确性。

1. 手工录入商旅平台费用报销单的操作步骤

（1）打开并登录 ERP 系统；

（2）打开商旅平台费用报销单新增界面；

（3）根据 Excel 信息增加商旅平台费用报销单。

2. 商旅平台费用报销单填报机器人开发思路

依据手工录入商旅平台费用报销单的操作步骤，商旅平台费用报销单填报机器人开发的思路，如图 3-73 所示。

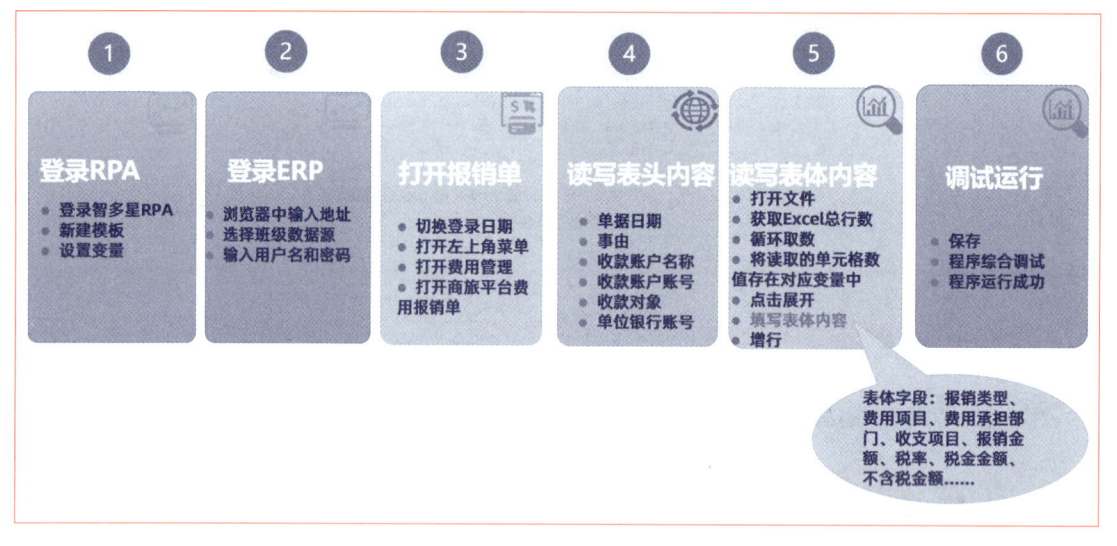

图 3-73　商旅平台报销单填报机器人开发思路

（1）循环读取 Excel 数据的思路如图 3-74 所示。

（2）"商旅平台报销单填报机器人开发业务数据 .xlsx"样式，如图 3-75 所示。

（3）"商旅平台费用报销单"在 ERP 系统中的单据样式，如图 3-76 所示。

项目三 费用报销业务处理的 RPA 机器人应用

图 3-74 循环读取 Excel 数据思路

图 3-75 商旅平台报销单填报机器人开发业务数据样式

125

图 3-76　ERP 系统商旅平台费用报销单

3. 商旅平台费用报销单填报机器人主要脚本

商旅平台费用报销单填报机器人主要脚本，如图 3-77 所示。

图 3-77　循环读取 Excel 数据脚本

（二）商旅平台报销单填报机器人开发与运行

【实训任务 3-5】

请在教学实践平台上完成商旅平台报销单填报机器人的开发与运行。

【业务流程】

商旅平台报销单填报机器人开发与运行业务流程如表 3-10 所示。

表 3-10　商旅平台报销单填报机器人开发与运行业务流程

操作步骤	操作系统	操作岗位	操作业务
1	智多星 RPA 设计器	RPA 开发岗	打开程序
2	智多星 RPA 设计器	RPA 开发岗	开发配置
3	智多星 RPA 设计器	RPA 开发岗	保存运行程序

【操作步骤】

1. 打开程序

（1）单击"任务资料"，将资料中的压缩包即 RPA 模板下载到本地，并将其移动到如图 3-78 所示的路径下。

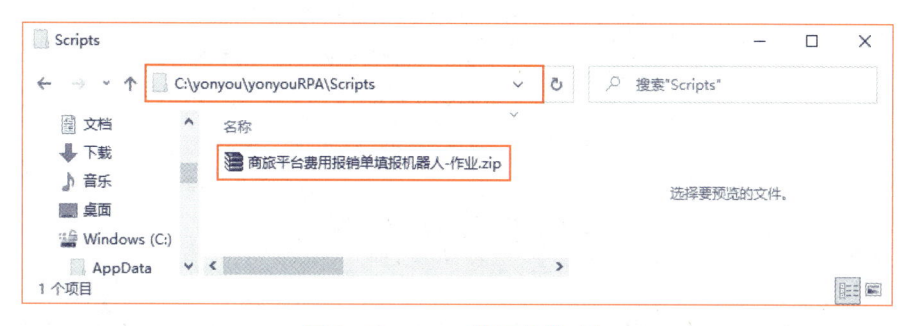

图 3-78　RPA 模板存放路径

（2）登录智多星 RPA 设计器，单击"打开模板"，选择模板，单击"确定"，如图 3-79 所示。

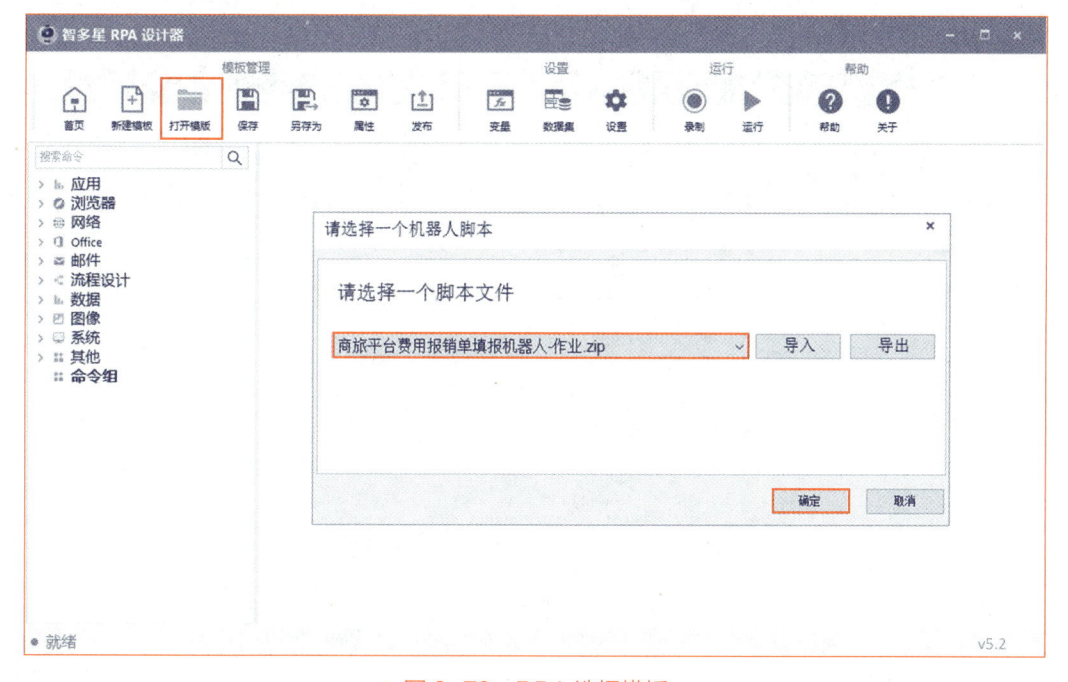

图 3-79　RPA 选择模板

(3)打开的 RPA 脚本主界面如图 3-80 所示。

图 3-80　RPA 脚本主界面

2. 开发配置

在已经打开的 RPA 模板中，已经预置了大部分脚本，在开发配置的过程中，只需要按照注释完成指定任务即可。

任务 1：填写 dataSource、username、Sheetnumber 变量的值。

(1)在程序中找到任务 1 脚本行，如图 3-81 所示。

图 3-81　任务 1

（2）打开变量，在变量中填写 dataSource、username、Sheetnumber 的值，如图 3-82 所示。

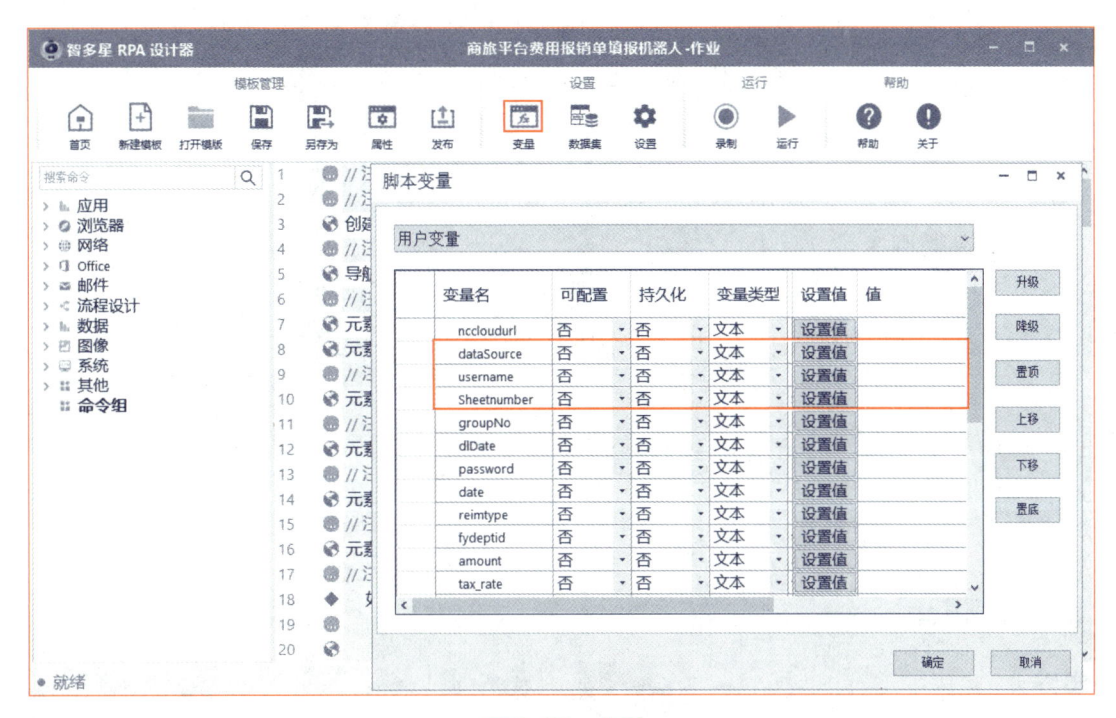

图 3-82　变量

dataSource 为班级数据源，dataSource 的值来源于教学实践平台"首页"-"数据源查看"，如图 3-83 所示。

图 3-83　数据源查看

单击"一键复制"，将值粘贴到 dataSource 中，如图 3-84 所示。
username 为登录 NCC 系统的用户名，username 的值来源于教学实践平台"首页"-"工作应用"中的"ERP-RPA"，如图 3-85 所示。

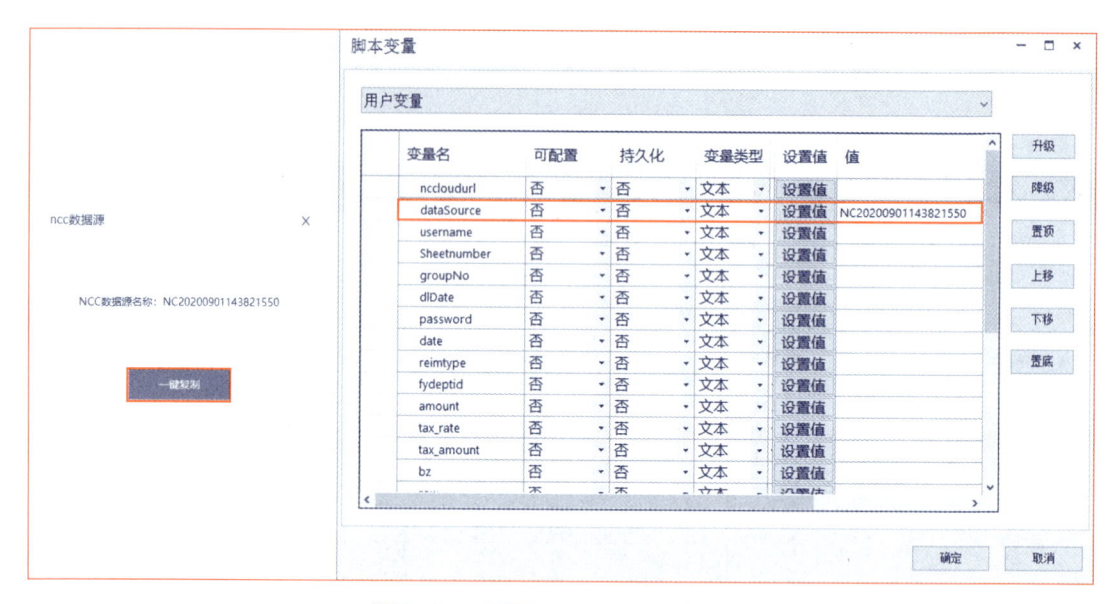

图 3-84 设置 dataSource 变量值

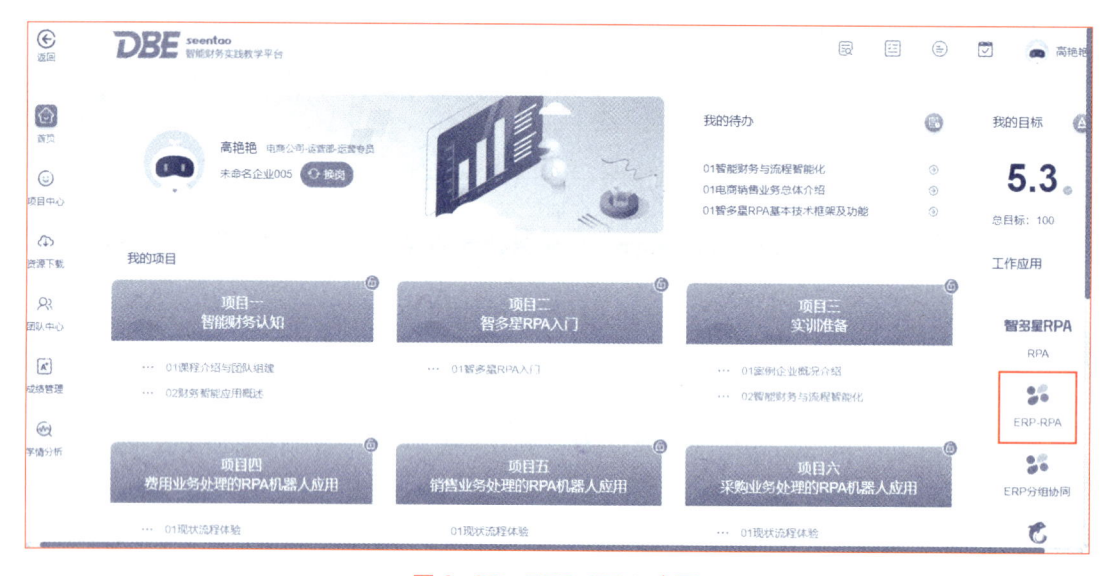

图 3-85 ERP-RPA 应用

单击"ERP-RPA",进入到 NCC 系统主界面,单击右上角人物图标,即可查询到当前用户信息,如图 3-86 所示。

图 3-86 查询用户

复制当前用户信息，将值粘贴到 username 中，如图 3-87 所示。

图 3-87 设置 username 变量值

Sheetnumber 记录"商旅平台报销单填报机器人开发业务数据.xlsx"中 Sheet 页签的顺序号，如果本次执行"携程会员酒店汇总报销"页签中的数据，则 Sheetnumber 的值为 3，如图 3-88 所示。

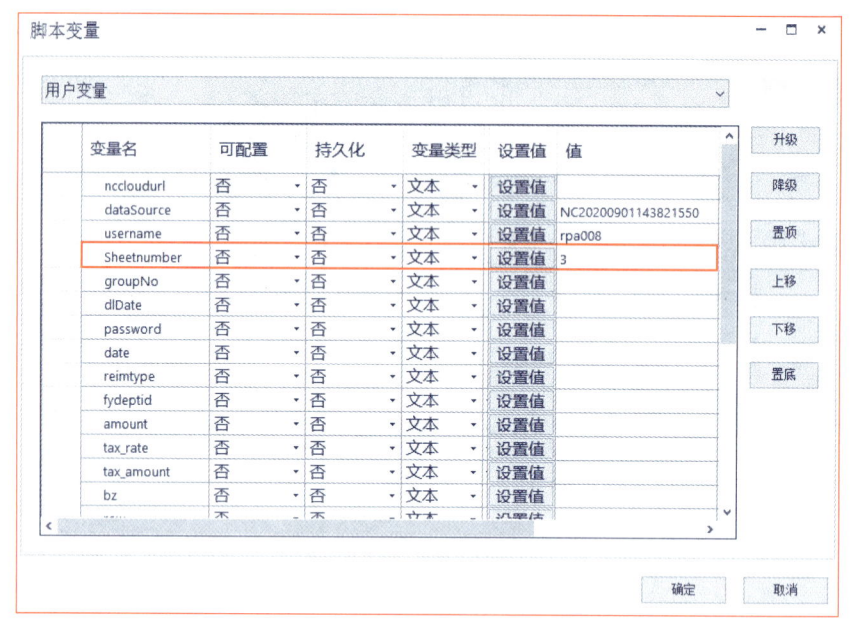

图 3-88 设置 Sheetnumber 变量的值

任务 2：选择打开文件。

（1）在程序中找到任务 2，如图 3-89 所示。

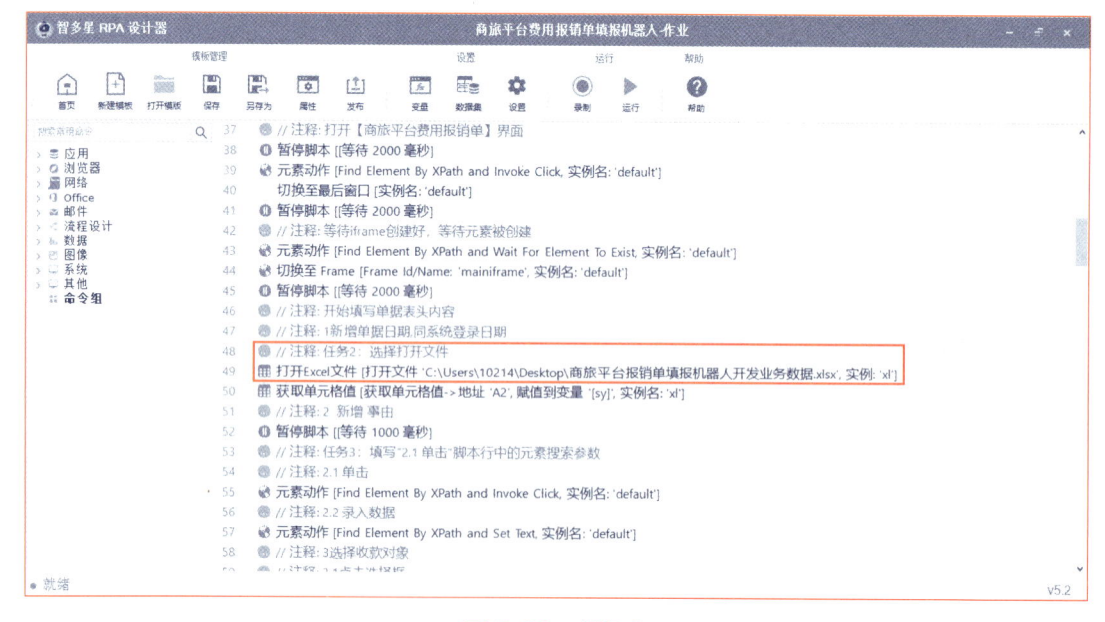

图 3-89 任务 2

（2）单击"打开 Excel 文件"脚本行，在打开的"编辑命令"界面，单击"选择文件"，选择需要读取数据的文件"商旅平台报销单填报机器人开发业务数据.xlsx"，单击"确定"，如图 3-90 所示。

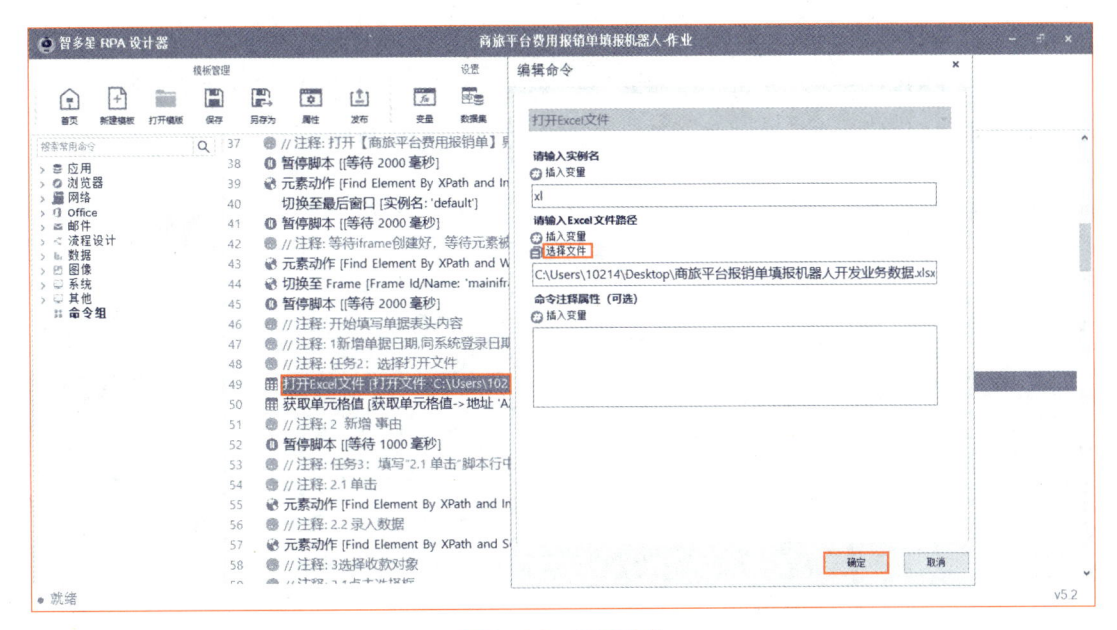

项目三　费用报销业务处理的RPA机器人应用

图 3-90　打开文件

任务3：填写"2.1单击"脚本行中的元素搜索参数，完成对单据中"事由"字段的单击操作。

（1）在程序中找到任务3，如图3-91所示。

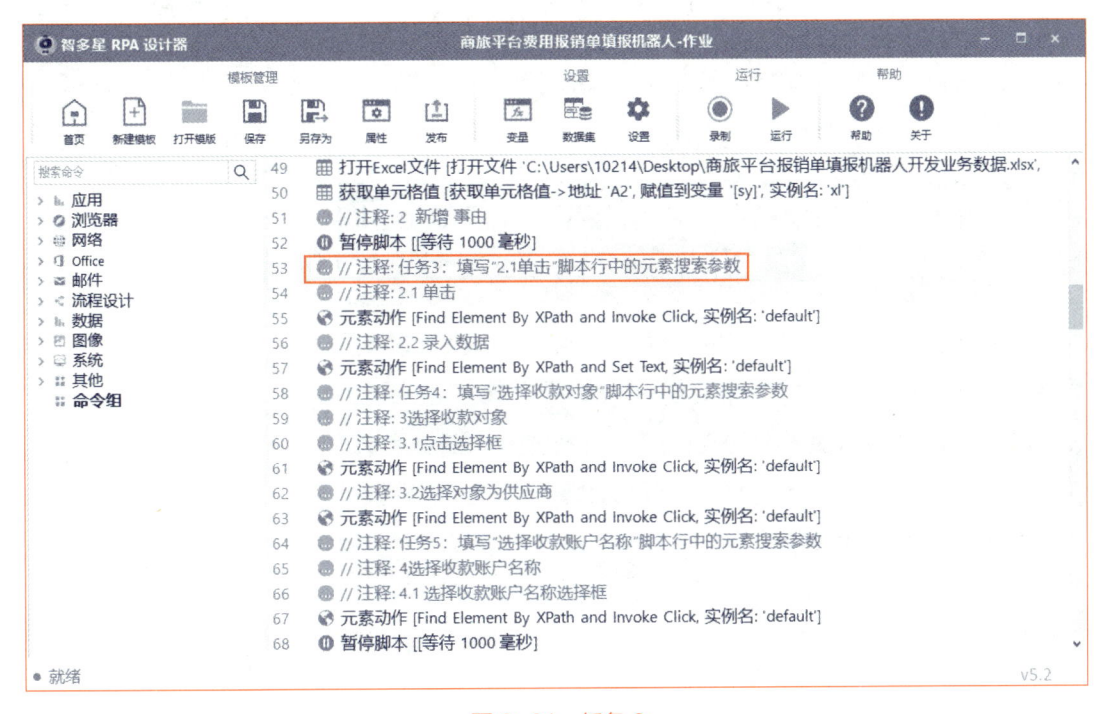

图 3-91　任务 3

133

（2）在教学实践平台中，单击"ERP-RPA"，登录到 ERP 系统中。

（3）在 ERP 系统中，单击"四叶草"－"财务会计"－"费用管理"－"报销单"－"商旅平台费用报销单"，打开商旅平台费用报销单，如图 3-92 所示。

图 3-92　商旅平台费用报销单路径

（4）在商旅平台费用报销单中找到"事由"字段内容输入框，然后右键单击，在弹出的界面中左键单击"检查"，如图 3-93 所示。

图 3-93　事由字段内容输入框右键检查

（5）在打开的"Elements"界面，找到事由内容输入框对应的高亮行脚本，如图 3-94 所示。

图 3-94　查询事由内容输入框对应的脚本

（6）依据图 3-94 所示的事由内容输入框对应的高亮行脚本，编写 XPath 路径为"//input［@class = "nc-input refer-input u-form-control md"］"。

（7）键盘同时按下"Ctrl""F"键，弹出搜索框，然后在搜索框中写入该 XPath 路径，显示搜索到 10 个结果，如图 3-95 所示。当存在多个搜索结果时，需要在该 XPath 路径基础上增加关键父节点，使新编写的 XPath 路径搜索结果唯一，且只对应事由内容输入框的位置。

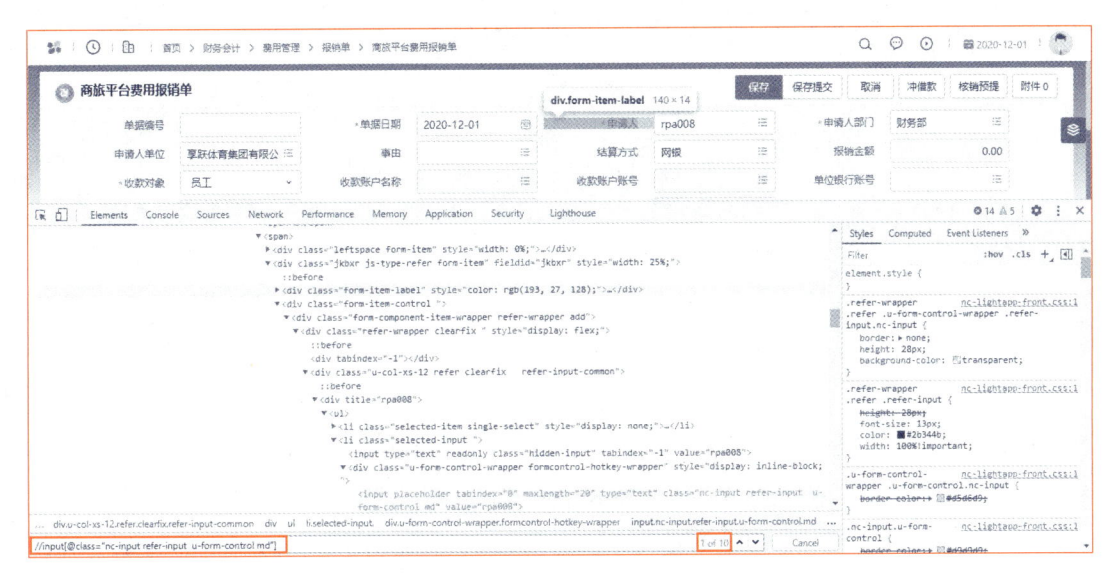

图 3-95　XPath 路径搜索结果

（8）单击搜索框后面的向下查找符号，找到事由内容输入框对应的 input 行，如图 3-96 所示。

图 3-96 查询事由内容输入框对应的 input 行

（9）查询该路径行的关键父节点，如图 3-97 所示。

图 3-97 确认事由内容输入框 XPath 路径关键父节点

（10）重新编写事由内容输入框的 XPath 路径为 "//div［@fieldid = "zy"］//input［@class = "nc-input refer-input u-form-control md"］"。

将该 XPath 路径复制粘贴到搜索框中，显示结果为 "1 of 1"，结果唯一且事由内容输入框高亮，表示该路径可以准确定位事由内容输入框，如图 3-98 所示。

（11）将 "//div［@fieldid = "zy"］//input［@class = "nc-input refer-input u-form-control md"］" 复制粘贴到 "2.1 单击" 对应脚本行的元素搜索参数中，如图 3-99 所示。

项目三　费用报销业务处理的 RPA 机器人应用

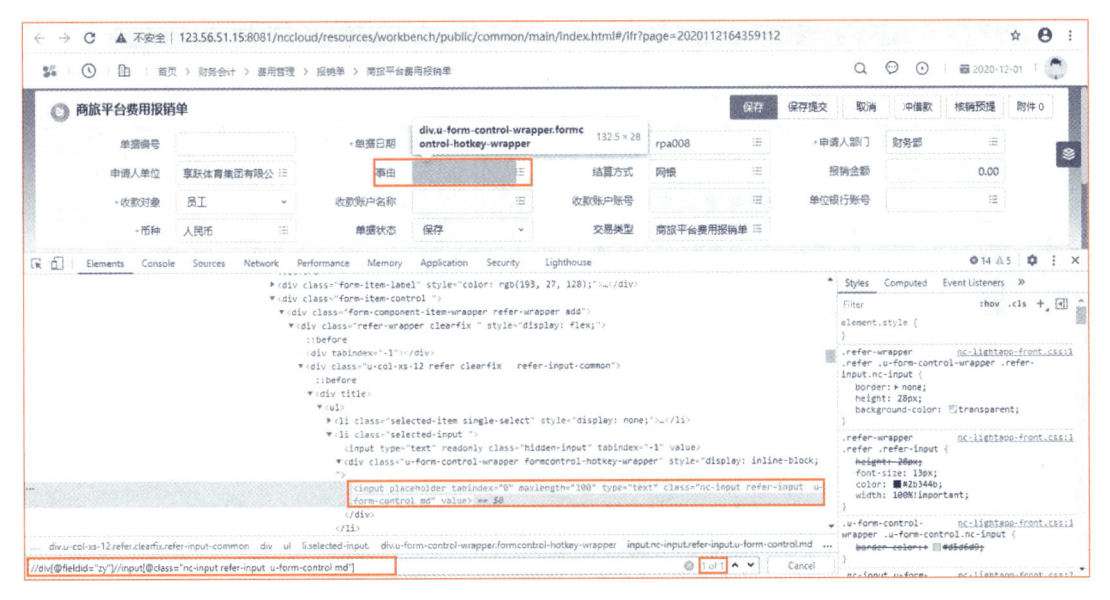

图 3-98　确认事由字段对应的 XPath

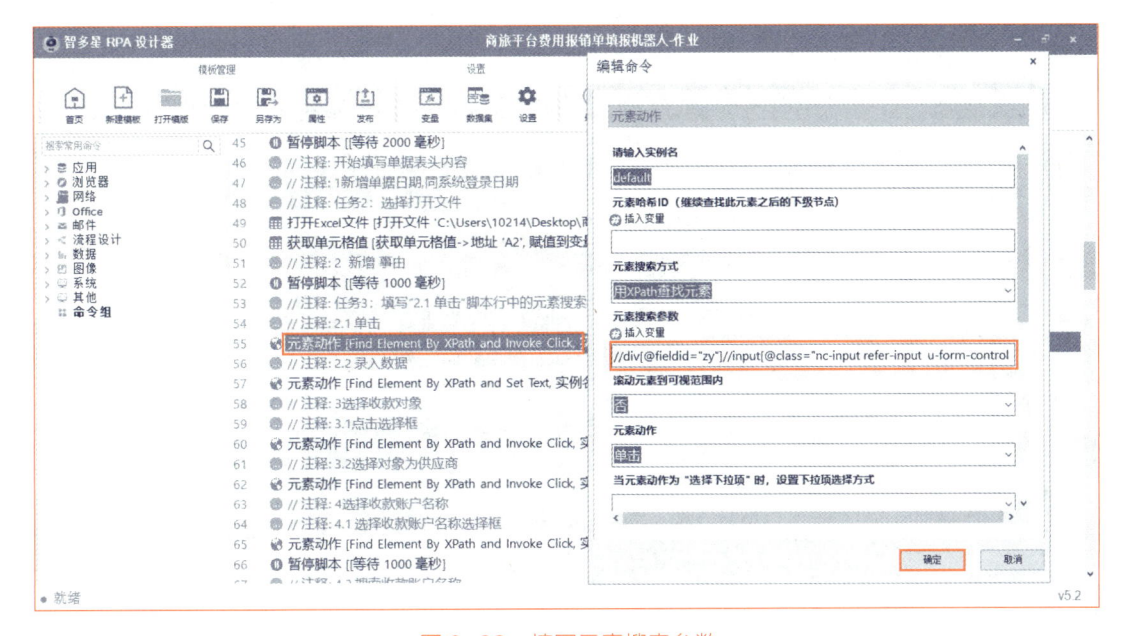

图 3-99　填写元素搜索参数

3. 保存运行程序

（1）单击"保存"，保存配置完成的 RPA 脚本，如图 3-100 所示。

（2）单击"运行"，运行程序，如图 3-101 所示。

商旅平台报销单填报机器人运行视频

137

图 3-100　保存程序

图 3-101　运行程序

项目小结

本节主要介绍了案例企业差旅费报销业务现状流程及实际系统操作。针对案例企业差旅费报销业务现状流程，进行流程问题梳理，提出改进需求分析，设计优化方案。依据优化后的业务流程，进行财务机器人的应用与开发。通过本节内容，提高学生发现问题、梳理问题、解决问题的能力。

项目四　销售业务处理的 RPA 机器人应用

学习目标

知识目标
- 了解企业销售业务流程
- 了解企业销售业务涉及的信息系统与岗位
- 了解企业销售业务信息化处理流程
- 掌握财务机器人在销售业务中的应用原理

技能目标
- 掌握企业销售业务信息化处理技能
- 能够判断企业销售收入确认时点
- 能对企业销售业务流程问题进行梳理并提出改进意见
- 能利用 RPA 技术对企业销售业务流程进行优化

素养目标
- 遵循国家法律法规和企业内部控制制度
- 遵守诚实守信的职业道德
- 具备发展和创新意识
- 具备团结协作精神和良好的职业习惯

思维导图

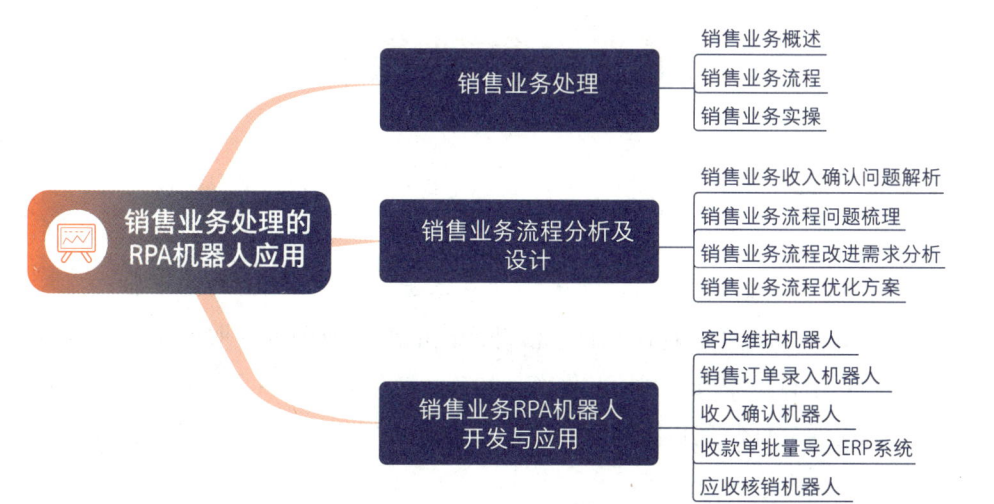

销售业务处理的 RPA 机器人应用
- 销售业务处理
  - 销售业务概述
  - 销售业务流程
  - 销售业务实操
- 销售业务流程分析及设计
  - 销售业务收入确认问题解析
  - 销售业务流程问题梳理
  - 销售业务流程改进需求分析
  - 销售业务流程优化方案
- 销售业务RPA机器人开发与应用
  - 客户维护机器人
  - 销售订单录入机器人
  - 收入确认机器人
  - 收款单批量导入ERP系统
  - 应收核销机器人

项目引例

享跃体育集团专注于体育用品销售，其销售业务包括线上销售和线下销售两种销售方式。

线上销售主要是通过在天猫平台上开设的自营旗舰店进行商品销售，由电商管理部负责管理，并由"享跃体育集团有限公司"出资设立了独立的法人公司"上海享跃体育电商有限公司"（下文简称"电商公司"），经营电商业务，进行独立核算，自负盈亏。

线下销售又分为国内销售和出口销售。国内销售主要是通过设立在全国各地的大卖场进行销售（下文简称"门店零售"），由卖场管理部负责管理，每个卖场都由一家独立的法人公司进行运营。出口销售则由出口管理部负责管理，并设有独立的法人公司"上海享跃体育出口有限公司"进行运营。

享跃体育集团的销售业务组织，如图4-1所示。

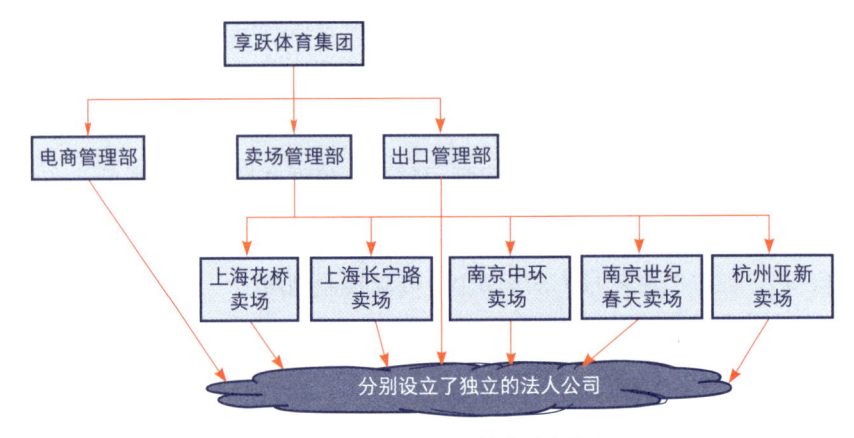

图4-1 享跃体育集团销售业务组织

模块一 销售业务处理

一、销售业务概述

（一）销售业务介绍

销售业务是企业向客户转让其日常活动产出的商品或服务并取得对价的各项业务活动。它以客户提出订单需求为开始，将商品和劳务转化为应收款项，并以最终收回货币资金为结束。从是否立即收到货款的角度来看，销售可以分为现销和赊销两种方式，在现代企业经营中，商业信用的广泛应用使赊销成为较为普遍的销售方式。从是否利用互联网等虚拟媒介进行销售活动的角度看，销售可以分为线上销售和线下销售两种方式，现在很多企业将线上销售和线下销售两种方式相结合，开启新零售模式，不断降低成本、扩大销售收入，提升企业价值。

销售业务管理是企业管理中非常重要的一个环节，其必须与企业的产品开发、采购、生产、财务等管理工作相协调。企业销售额提高，可以把更多产品转化为货币资金，增加企业现金流，提升企业经济效益，让企业发展有更强的动力，同时能提高员工积极性，满足客户需求，为企业树立良好的形象。

【引例分析 4-1】

享跃体育集团的销售业务既有线上销售，又有线下销售。线上销售即电商销售，主要在天猫平台上进行，由"电商公司"负责。线下销售包括出口销售和门店零售。本项目将以"电商公司"为主体，进行电商销售业务处理及流程优化、RPA 应用的学习。

在电商销售过程中，客户从电商平台下单，并付款到电商平台，平台记录订单信息。电商公司依据订单信息发货，平台记录发货信息。客户收到商品后，在电商平台上确认收货，电商平台将货款支付到电商公司的支付宝账户中。电商公司在发货后，确认收入和应收账款，同时结转销售成本，在支付宝账户收到货款后，确认收款，核销应收款项。

【随堂练习 4-1】

请在教学实践平台上完成案例企业电商销售业务相关的客观题。

（二）销售业务信息系统应用

销售业务涉及的信息系统主要有客户关系管理（Customer Relationship Management，简称 CRM）系统、ERP 系统等。

【引例分析 4-2】

享跃体育集团电商销售业务涉及的信息系统及岗位情况如下：

1. 电商销售业务涉及的信息系统

在客户下单、打包发货、收到货款三个主要业务环节中，涉及电商平台、支付平台和 ERP 系统这三个信息系统，如图 4-2 所示。

2. 电商销售业务信息系统数据交互

电商平台将订单数据、发货数据传递给 ERP 系统，ERP 系统据此进行收入及成本的确认。当客户确认收货时，电商平台将款项打给支付平台的企业账户，支付平台收到货款后返回收款数据给电商平台。支付平台将收款数据传递给 ERP 系统，ERP 系统据此

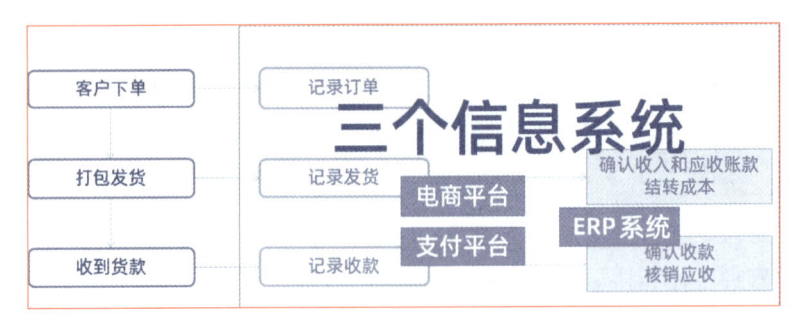

图 4-2 电商销售业务信息系统

进行收款确认。由此可见，ERP 系统是数据的汇合地，其收集的数据最终为出具财务报表服务。

3. 电商销售业务涉及岗位

享跃体育集团电商销售业务涉及岗位，如表 4-1 所示。

表 4-1 电商销售业务岗位表

部门	岗位名称
运营部	客服专员
运营部	运营专员
仓储部	发货专员
仓储部	拣货专员
仓储部	打包专员
仓储部	库存管理员
财务部	销售会计
财务部	资金专员
财务部	总账会计

【温馨提示】电商销售业务的仓库是在"供应链管理公司"的"中心仓"租赁的，仓储部相关人员为电商公司派驻在中心仓现场的办公人员，这些人员隶属于电商公司。

【随堂练习 4-2】

请在教学实践平台上完成案例企业电商销售业务信息系统关系图的绘制。

二、销售业务流程

（一）一般销售业务流程

1. 处理客户订单

客户提出订单需求是整个销售业务的起点。企业收到客户订单后，应立即编制销售订单，列示客户订购的商品名称、规格、数量等，以此作为处理订货的依据。

2. 发货

商品发出往往是确认销售成立的标志之一。发出商品时要编制发运凭证，这种凭证往往是一式多联，连续编号的提货单或发货单，它是向客户开出账单必不可少的凭据。如果企业采用永续盘存制记录存货，发运凭证是逐日登记存货变动信息的依据。

3. 向客户开出账单并登记销售业务

开出账单包括开具和向客户寄送销售发票。企业应正确和及时地开出账单，开出账单时要注意不漏开、不重开和不错开。开出正确数额账单的关键是要根据实际发货数量和合同价格确定向客户应收取的货款，同时，在营业收入明细账和银行存款明细账或应收账款明细账中准确记录销售业务。

4. 收款并进行记录

采用现销模式的，财务部门应及时登记"银行存款"等资金账户的增加；采用赊销模式的，一般是由销售部门负责货款的按期收回，财务部门应在收到款项时，核对应收账款并对其进行核销处理。

5. 提取坏账、核销坏账

企业应定期对应收账款的可收回性进行检查，预计应收账款发生坏账的可能性，计提坏账准备。当确认应收账款无法收回时，应当对已计提的坏账准备进行核销。

销售业务核算涉及的主要会计科目包括：应收账款、应收票据、库存现金、银行存款、其他货币资金、发出商品、库存商品、应交税费、合同负债、主营业务收入、主营业务成本、坏账准备、信用减值损失等。涉及的主要业务单据包括：出库单、发货单、验收单、销售发票、收款凭证等。

（二）电商销售业务流程

电商销售业务流程与一般销售业务流程主要环节基本一致。因电商销售业务是通过电商平台完成的交易，信息处理上与一般销售业务略有差异。此外，由于企业规模和发展阶段存在差异，不同企业从业务处理到财务处理的方式也会有所不同。

【引例分析4-3】

以下分别从系统维度和岗位维度两个角度，详细介绍案例企业的电商销售业务流程。

1. 电商销售业务系统维度流程

享跃体育集团电商销售业务涉及的信息系统主要有以下三个：电商平台、ERP 系统、支付平台。通过 ERP 系统的使用，会计核算信息基于业务信息自主生成，大大减少了财务工作量，并确保了财务信息的真实性。具体系统维度流程，如图 4-3 所示。

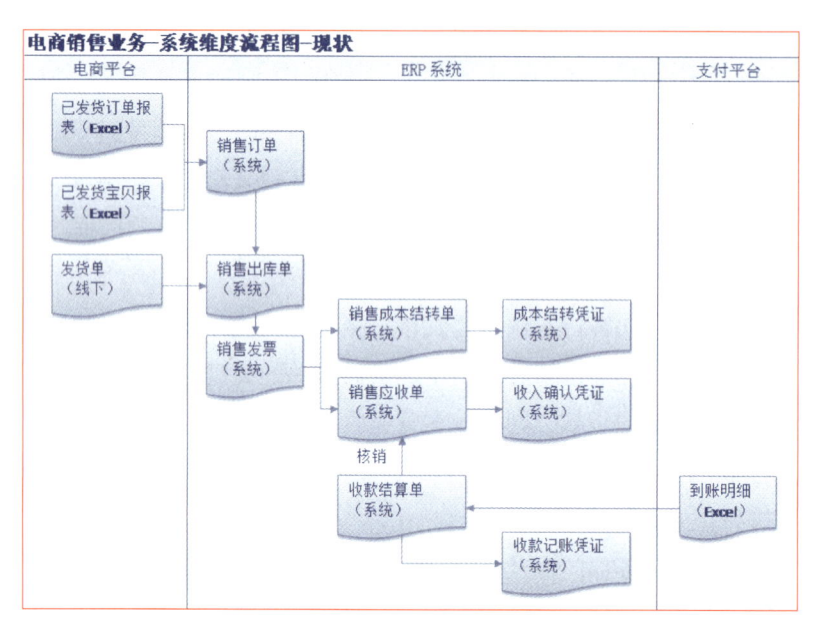

图 4-3 电商销售业务系统维度流程图

2. 电商销售业务岗位维度流程

享跃体育集团电商销售业务是由电商公司负责的，其详细的销售业务数据均存储于电商平台的企业账户中。电商公司会在次日完成本日 24：00 前付款的全部订单的发货，然后由运营部的运营专员将前一日已发货的订单按照商品汇总后，按日录入 ERP 系统中，并以此确认收入和成本。具体岗位维度流程，如图 4-4 所示。

（1）运营部运营专员在电商平台导出昨日发货订单，并按照商品进行汇总，然后依据汇总后的商品销售信息在 ERP 系统中录入销售订单。

（2）仓储部库存管理员核对纸质发货单与 ERP 系统的销售订单，在 ERP 系统中参照销售订单生成销售出库单。

（3）财务部销售会计在 ERP 系统参照销售出库单生成销售发票并审核，系统自动生成销售成本结转单和应收单，销售会计对销售成本结转单进行成本计算并提交应收单，系统自动生成销售成本确认凭证和收入及应收账款确认凭证。

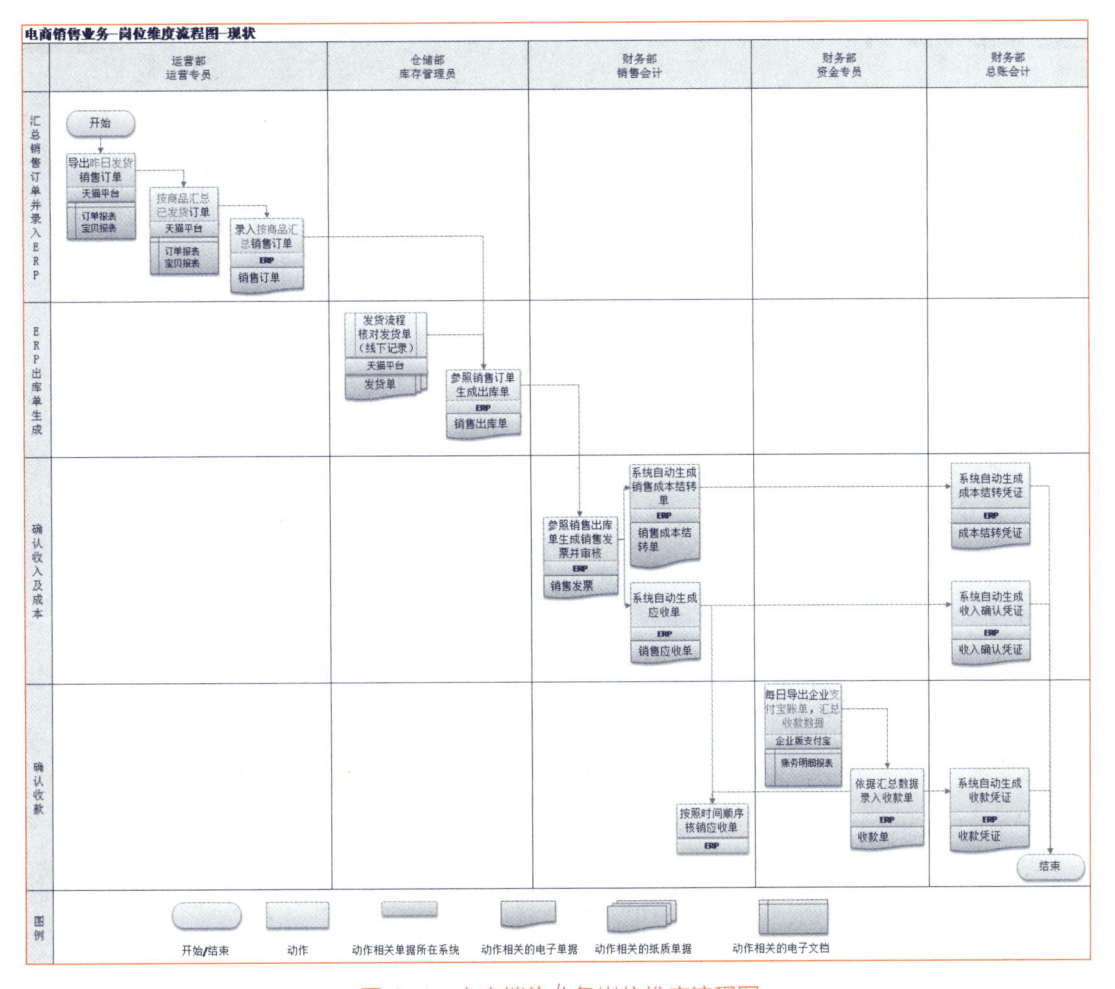

图 4-4 电商销售业务岗位维度流程图

（4）财务部资金专员每日导出支付宝账务明细，并汇总收款数据，然后依据汇总的收款数据在 ERP 系统录入收款单，资金专员提交收款单后，系统自动生成收款凭证。

（5）财务部销售会计每日对应收单和收款单按照时间顺序进行核销，确认应收账款的收回。

（6）财务部总账会计审核系统自动生成的销售成本确认凭证、收入及应收账款确认凭证和收款确认凭证。

【随堂练习 4-3】
请在教学实践平台上完成案例企业电商销售业务各环节会计分录的填写。

> 革故鼎新

数字经济发展新机遇

2023年2月27日，中共中央、国务院印发了《数字中国建设整体布局规划》，文件指出，建设数字中国是数字时代推进中国式现代化的重要引擎，是构筑国家竞争新优势的有力支撑。加快数字中国建设，对全面建设社会主义现代化国家、全面推进中华民族伟大复兴具有重要意义和深远影响。

到2025年，基本形成横向打通、纵向贯通、协调有力的一体化推进格局，数字中国建设取得重要进展。数字基础设施高效联通，数据资源规模和质量加快提升，数据要素价值有效释放，数字经济发展质量效益大幅增强，政务数字化智能化水平明显提升，数字文化建设跃上新台阶，数字社会精准化普惠化便捷化取得显著成效，数字生态文明建设取得积极进展，数字技术创新实现重大突破，应用创新全球领先，数字安全保障能力全面提升，数字治理体系更加完善，数字领域国际合作打开新局面。到2035年，数字化发展水平进入世界前列，数字中国建设取得重大成就。数字中国建设体系化布局更加科学完备，经济、政治、文化、社会、生态文明建设各领域数字化发展更加协调充分，有力支撑全面建设社会主义现代化国家。

思考：

财务部门作为企业天然的数据中心，在企业数字化转型中应扮演什么角色或承担什么责任呢？

启示：

财务部门作为企业天然的数据中心，财务的数字化转型应作为企业数字化转型的牵引，积极推动财务的自动化、智能化、数字化发展，进而推动企业的全面数字化转型，建设业务财务一体的数字化运营体系，提高企业内部管理及外部商业活动的运行效率，抓住数字经济市场机遇，为客户和社会创造更大价值！

三、销售业务实操

（一）收入及成本确认流程

在下面的实训任务中，体验从业务系统到ERP系统的信息采集及信息处理过程，并统计每个岗位的工作时间，以便与应用RPA技术后的工作效率对比，从中体会RPA的应用价值。任务完成后，同时将系统自动生成的凭证截图上传教学系统。

【实训任务 4-1】

请在教学实践平台上完成 ERP 系统销售订单的录入。请在电商平台下载卖家已发货的订单信息，筛选出昨日发货（12 月 7 日发货，即 12 月 6 日买家付款）的订单数据，按照商品明细汇总后，在 ERP 系统中录入销售订单。

【业务流程】

销售订单录入业务流程如表 4-2 所示。

表 4-2　销售订单录入业务流程

操作步骤	操作系统	操作岗位	操作业务
1	电商平台	电商公司 – 运营部 – 运营专员	12 月 7 日销售订单信息下载
2	线下	电商公司 – 运营部 – 运营专员	12 月 7 日销售数据筛选汇总处理
3	ERP 系统	电商公司 – 运营部 – 运营专员	12 月 7 日销售订单录入 ERP 系统

【操作步骤】

1. 12 月 7 日销售订单信息下载

（1）在"订单状态"处选择"卖家已发货"，单击"搜索订单"。

（2）单击"批量导出"，系统弹出提示信息，单击"确定"。

（3）分别单击"下载订单报表"和"下载宝贝报表"，将附件保存到本地（默认路径为"此电脑 / 我的电脑 – 下载"）。

【温馨提示】从电商平台下载的销售订单信息是由"订单报表"和"宝贝报表"两部分构成。"订单报表"是以订单为基础列示的，即每张订单列示为一条信息，该信息记录了订单从创建到完成的全部状态信息以及客户信息等。"宝贝报表"是以商品为基础列示的，即每销售一种商品列示为一条信息，该信息记录了商品属性及销售价格、销售数量等详细信息，同样也会记录该商品销售对应的订单编号信息，因此，"订单报表"和"宝贝报表"是通过"订单编号"建立对应关系的。

2. 12 月 7 日销售数据筛选汇总处理

（1）分别打开下载的"订单报表"和"宝贝报表"，单击"启用编辑"。

（2）在"订单报表"中筛选出"订单付款时间"为"2020–12–06"（即订单发货时间

为"2020-12-07")的数据,如图4-5所示。

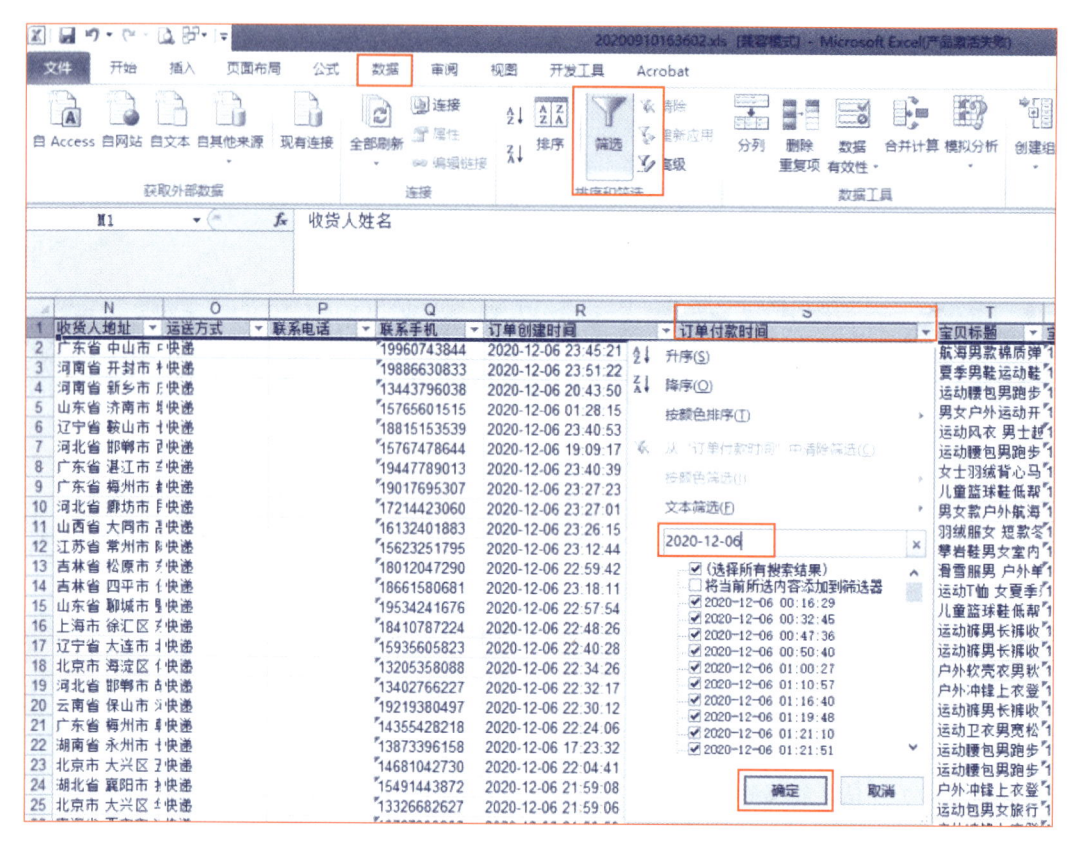

图4-5 按订单付款时间筛选数据

（3）核对"订单报表"与"宝贝报表"中首行的"订单编号"是否一致,然后在"宝贝报表"中查找"订单报表"筛选数据中的末行"订单编号",从而确定"宝贝报表"与"订单报表"对应的商品销售信息,如图4-6、图4-7所示。

图4-6 订单报表订单编号

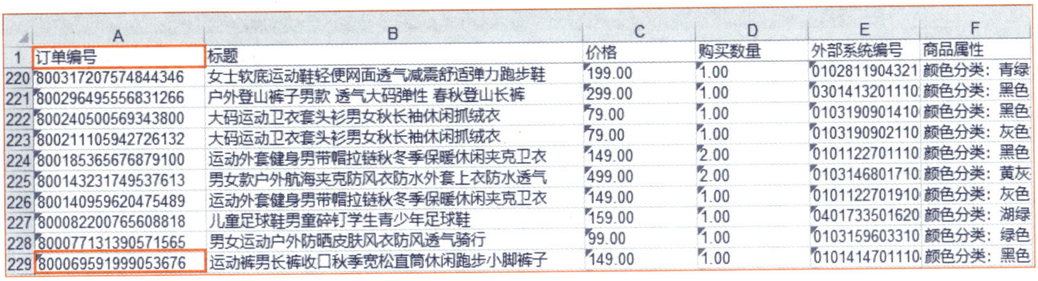

	A	B	C	D	E	F
1	订单编号	标题	价格	购买数量	外部系统编号	商品属性
220	800317207574844346	女士软底运动鞋轻便网面透气减震舒适弹力跑步鞋	199.00	1.00	0102811904321	颜色分类：青绿
221	800296495556831266	户外登山裤子男款 透气大码弹性 春秋登山长裤	299.00	1.00	0301413201110	颜色分类：黑色
222	800240500569343800	大码运动卫衣套头衫男女秋长袖休闲抓绒衣	79.00	1.00	0103190901410	颜色分类：黑色
223	800211105942726132	大码运动卫衣套头衫男女秋长袖休闲抓绒衣	79.00	1.00	0103190902110	颜色分类：灰色
224	800185365676879100	运动外套健身男带帽拉链秋冬季保暖休闲夹克卫衣	149.00	2.00	0101122701110	颜色分类：黑色
225	800143231749537613	男女款户外航海夹克防风衣防水外套上衣防水透气	499.00	2.00	0103146801710	颜色分类：黄灰
226	800140959620475489	运动外套健身男带帽拉链秋冬季保暖休闲夹克卫衣	149.00	1.00	0101122701910	颜色分类：灰色
227	800082200765608818	儿童足球鞋男童碎钉学生青少年足球鞋	159.00	1.00	0401733501620	颜色分类：湖绿
228	800077131390571565	男女运动户外防晒皮肤风衣防风透气骑行	99.00	1.00	0103159603310	颜色分类：绿色
229	800069591999053676	运动裤男长裤收口秋季宽松直筒休闲跑步小脚裤子	149.00	1.00	0101414701110	颜色分类：黑色

图 4-7　宝贝报表订单编号

（4）在“宝贝报表”中“购买数量”列后插入一列，标题设为“订单金额”，在同“订单报表”中筛选出的“2020-12-06”付款数据对应的数据区域中，输入公式“订单金额 = 价格”*“购买数量”。

（5）核对“宝贝报表”中该区域的“订单金额”之和与“订单报表”中筛选出的“2020-12-06”付款数据中“买家实际支付金额”之和是否一致。核对时需要先将“订单报表”中的“买家实际支付金额”数据区域中的文本“转换为数字”，如图 4-8 所示。

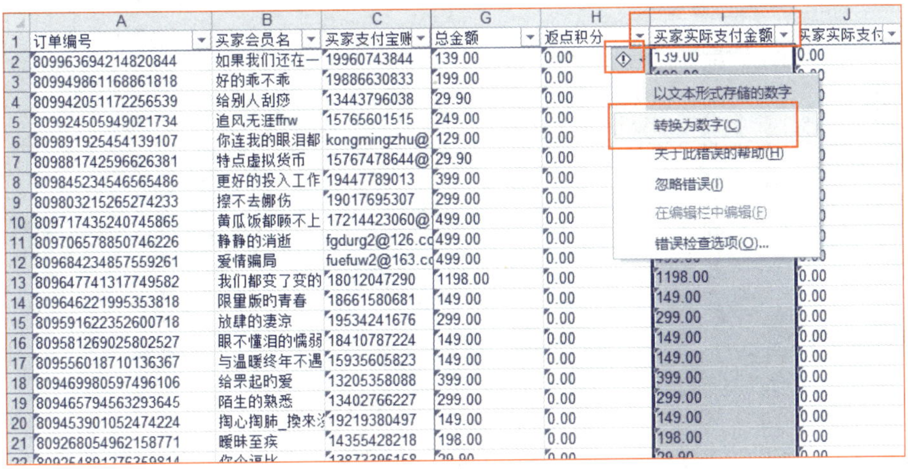

	A	B	C	G	H	I	J
1	订单编号	买家会员名	买家支付宝账	总金额	返点积分	买家实际支付金额	买家实际支付
2	809963694214820844	如果我们还在一	19960743844	139.00	0.00	139.00	0.00
3	809949861168861818	好的乖不乖	19886630833	199.00	0.00		
4	809942051172256539	给别人刮痧	13443796038	29.90	0.00		
5	809924505949021734	追风无涯ffrw	15765601515	249.00	0.00		
6	809891925454139107	你连我的眼泪都	kongmingzhu@	129.00	0.00		
7	809881742596626381	特点虚拟货币	15767478644@	29.90	0.00		
8	809845234546565486	更好的投入工作	19447789013	399.00	0.00		
9	809803215265274233	擦不去娜伤	19017695307	299.00	0.00		
10	809717435240745865	黄瓜饭都顾不上	17214423060@	499.00	0.00		
11	809706578850746226	静静的消逝	fgdurg2@126.cc	499.00	0.00		
12	809684234857559261	爱情骗局	fuefuw2@163.cc	499.00	0.00		
13	809647741317749582	我们都变了变的	18012047290	1198.00	0.00	1198.00	0.00
14	809646221995353818	限量版的青春	18661580681	149.00	0.00	149.00	0.00
15	809591622352600718	放肆的凄凉	19534241676	299.00	0.00	299.00	0.00
16	809581269025802527	眼不懂泪的懦弱	18410787224	149.00	0.00	149.00	0.00
17	809556018710136367	与温暖终年不遇	15935605823	149.00	0.00	149.00	0.00
18	809469980597496106	给累起的爱	13205358088	399.00	0.00	399.00	0.00
19	809465794563293645	陌生的熟悉	13402766227	299.00	0.00	299.00	0.00
20	809453901052474224	掏心掏肺_換來	19219380497	149.00	0.00	149.00	0.00
21	809268054962158771	暖昧至疾	14355428218	198.00	0.00	198.00	0.00

图 4-8　买家实际支付金额文本转换为数字

（6）核对一致后，应用透视表功能，按照商品编码即“外部系统编号”，汇总“宝贝报表”中的“购买数量”及“订单金额”，如图 4-9、图 4-10 所示。注意创建透视表前，需要先将“购买数量”数据区域中的文本“转换为数字”。

财务机器人应用与开发

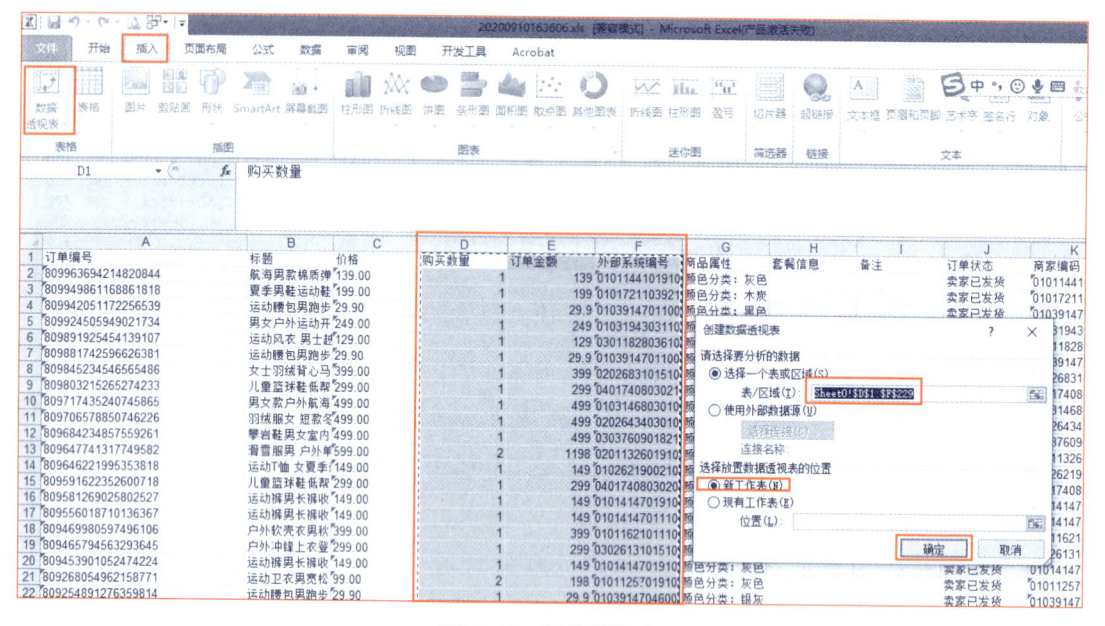

图 4-9 创建透视表

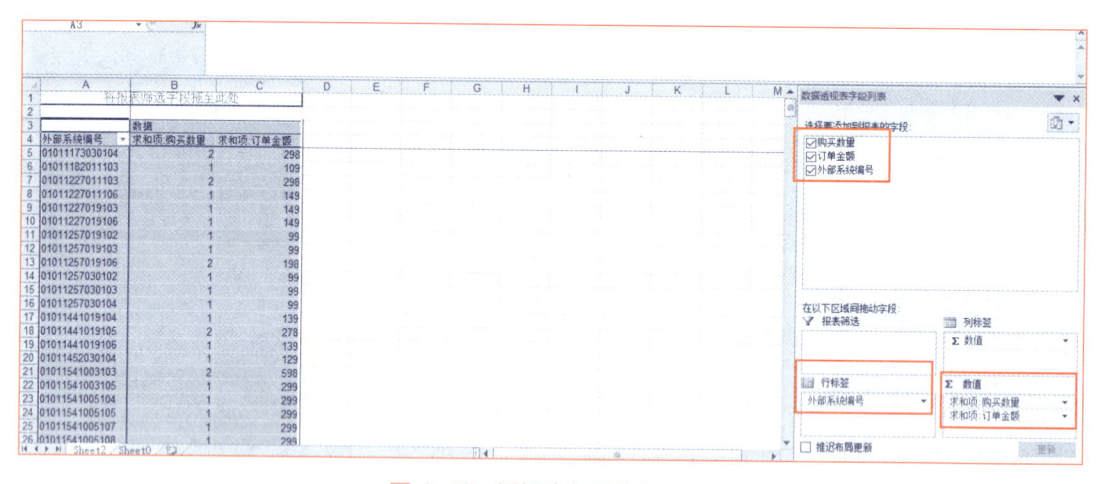

图 4-10 透视表行列字段设置

3. 12月7日销售订单录入 ERP 系统

（1）切换业务日期。登录系统后，首先切换业务日期为：2020-12-07。

（2）新增销售订单。在"供应链"-"销售管理"-"销售订单管理"-"销售订单维护"路径下，打开"销售订单维护"菜单。单击"新增－自制"按钮，新增一张销售订单。

（3）填写表头信息。

销售组织：默认为各组对应的"电商公司"，例如，第一组对应的为"上海享跃体育TM电商有限公司－实训1"；

订单类型：选择"享跃销售订单－现状"；

152

订单日期：默认为登录后切换选择的“业务日期”；

客户：选择“天猫散客”；

业务员：默认为系统登录人，即各组的运营专员，例如，第一组为“李晓君 01”；

部门：默认为系统登录人所在的组织“运营部”；

币种：当“客户”选择“天猫散客”时，自动关联为“人民币”；

其他表头信息无须填写，如图 4-11 所示。

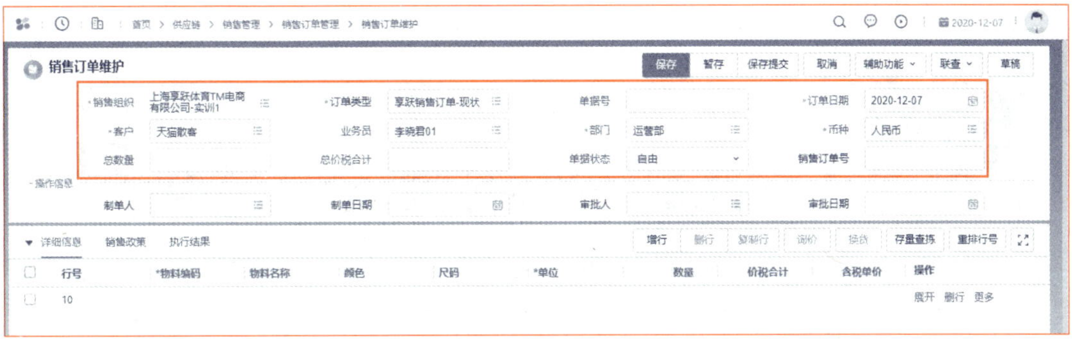

图 4-11　销售订单表头信息录入

（4）填写表体信息。

物料编码：参照在“销售数据筛选汇总处理”环节中“透视表”里的“外部系统编号”填写。单击物料选择框，在弹出的“物料（多版本）”界面中，在搜索框中输入物料编码，勾选搜索出的物料，单击“确定”按钮，如图 4-12、图 4-13 所示。

输入物料编码后，系统自动带出该物料的物料名称、颜色、尺码和单位信息。

数量：参照在“销售数据筛选汇总处理”环节中“透视表”中的“购买数量”填写。

A	B	C
	数据	
外部系统编号	求和项:购买数量	求和项:订单金额
01011441019101	3	417
01011441019102	2	278
01011441019103	2	278
01011441019104	3	417
01011441019105	2	278
01011441019106	2	278
01011441019107	2	278
01011441030104	1	139
01011441030105	3	417
01011441030107	2	278

图 4-12　销售订单物料编码来源

图 4-13 销售订单物料编码填写

价税合计：参照在"销售数据筛选汇总处理"环节中"透视表"中的"订单金额"填写。

发货仓库：单击发货仓库选择框，选择"天猫仓库"，然后单击"确定"按钮。

单击"增行"，继续录入下一条销售订单信息，操作同上，如图 4-14 所示。

图 4-14 销售订单表体信息录入

（5）保存提交单据。

商品明细销售信息全部录入完成后，单击"保存提交"按钮，销售订单依次执行保存、提交操作，如图 4-15 所示。

图 4-15　保存提交销售订单

【实训任务 4-2】

请在教学实践平台上完成 ERP 系统销售出库单的生成。请核对纸质发货单及线下汇总销售数量，在 ERP 系统参照销售订单生成销售出库单。

【业务流程】

销售出库单生成业务流程如表 4-3 所示。

表 4-3　销售出库单生成业务流程

操作步骤	操作系统	操作岗位	操作业务
1	线下	电商公司－仓储部－库存管理员	12 月 7 日纸质发货单销售数量汇总
2	ERP 系统	电商公司－仓储部－库存管理员	12 月 7 日销售出库单生成

【操作步骤】

1. 12 月 7 日纸质发货单销售数量汇总

在实际工作中，库存管理员需要统计纸质发货单，汇总各商品的销售数量，与 ERP 系统中的销售订单数据进行核对。本任务资料中给出了两张单据示例及汇总数量，在下面步骤中核对总数量即可。

2. 12 月 7 日销售出库单生成

（1）登录系统后，首先切换业务日期为：2020-12-07。

（2）在"供应链"－"库存管理"－"出库业务"－"销售出库"路径下，打开"销售出库"菜单。

（3）单击"新增－销售业务出库"按钮。

（4）单击"高级"，填写查询条件。"发货库存组织"默认为各组对应的"电商公司"，例如，第一组为"上海享跃体育TM电商有限公司－实训1"；"计划发货日期"的起始日期均选择"2020-12-07"；取消勾选"按库管员过滤物料"行的对勾，单击"查询"按钮，如图4-16所示。

图4-16　销售出库参照销售订单查询

（5）勾选需要做出库处理的销售订单，单击"生成出库单"，系统自动生成一张只有"应发数量"没有"实发数量"的销售出库单，如图4-17所示。

图4-17　参照销售订单生成出库单

（6）单击"自动取数"按钮，系统根据"应发数量"自动填写"实发数量"，并依据登录业务日期填写"出库日期"信息，如图4-18所示。

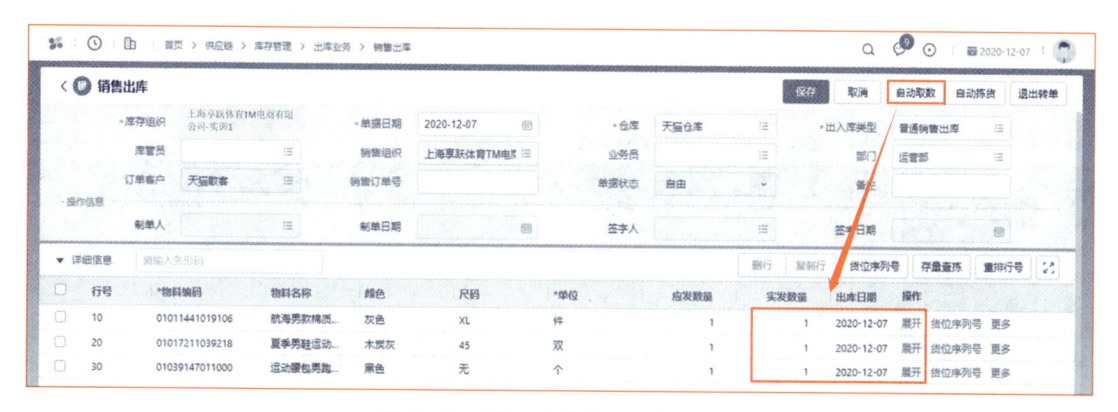

图4-18 填写实发数量及出库日期

（7）确认销售出库单信息正确后，单击"保存"按钮，保存单据，然后单击"签字"按钮，进行单据审核签字。

【实训任务4-3】

请在教学实践平台上完成ERP系统销售发票的生成、应收单的提交及销售成本结转单的成本计算。

【业务流程】

销售发票生成及成本计算业务流程如表4-4所示。

表4-4 销售发票生成及成本计算业务流程

操作步骤	操作系统	操作岗位	操作业务
1	ERP系统	电商公司－财务部－销售会计	12月7日销售发票生成
2	ERP系统	电商公司－财务部－销售会计	12月7日销售应收单提交
3	ERP系统	电商公司－财务部－销售会计	12月7日销售成本结转单成本计算
4	ERP系统	电商公司－财务部－总账会计	总账凭证查询

【操作步骤】

1. 12月7日销售发票生成

（1）登录系统后，首先切换业务日期为：2020-12-07。

（2）在"供应链"－"销售管理"－"销售发票"－"销售发票维护"路径下，打开"销售发票维护"菜单。

（3）单击"销售开票"按钮，单击"销售出库"，单击"高级"按钮，输入查询条件。"结算财务组织"默认为各组对应的"电商公司"，例如，第一组为"上海享跃体育TM电商有限公司－实训1"；"出库日期"的起始日期均选择"2020-12-07"；"开票客户"选择"天猫散客"，单击"查询"，如图4-19所示。

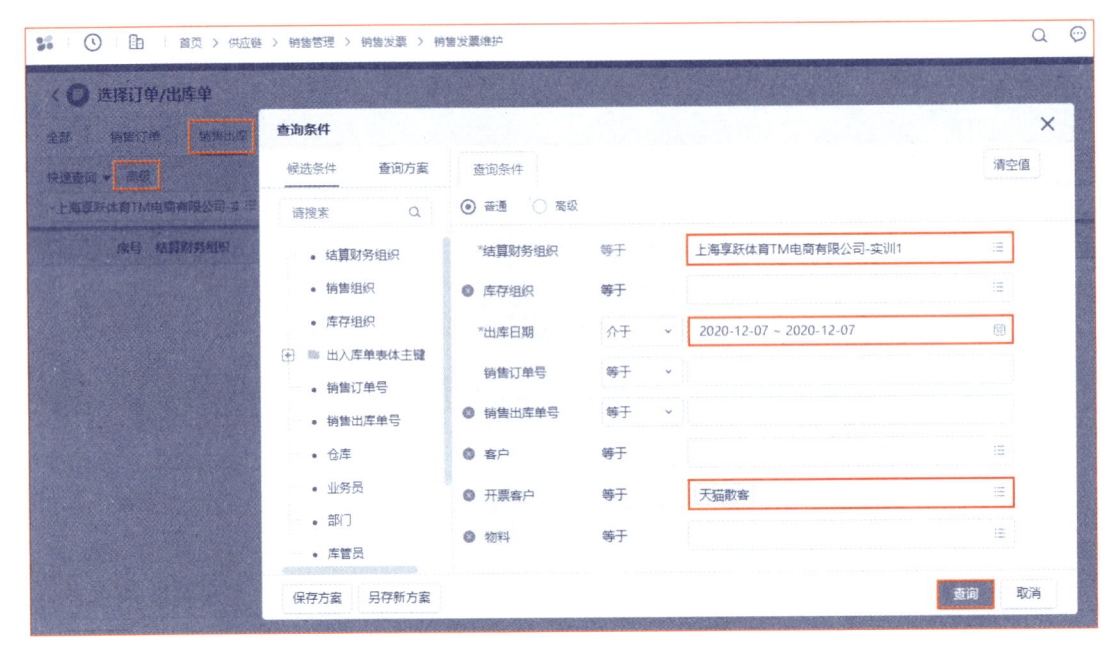

图4-19　销售发票参照销售出库单查询

（4）系统自动弹出满足查询条件的销售出库单，勾选需要生成销售发票的销售出库单，单击"生成销售发票"，系统自动生成一张销售发票，如图4-20所示。

图4-20　参照销售出库单生成销售发票

（5）确认销售发票信息准确无误后，单击"保存提交"按钮，如图4-21所示。单据提交成功后，系统自动生成应收单和销售成本结转单。

图 4-21　保存提交销售发票

2. 12月7日销售应收单提交

（1）在"财务会计"－"应收管理"－"应收日常业务"－"应收单管理"路径下，打开"应收单管理"界面。

（2）单击"高级"按钮，输入查询条件。"财务组织"默认为各组对应的"电商公司"，例如，第一组为"上海享跃体育TM电商有限公司－实训1"；"单据日期"的起始日期均选择"2020-12-07"；"单据状态"选择"保存"，单击"查询"按钮，如图4-22所示。

图 4-22　待提交应收单查询

（3）勾选查询到的应收单，单击"提交"按钮，完成应收单的确认，如图4-23所示。

图 4-23 提交应收单

3. 12月7日销售成本结转单成本计算

由销售发票推送生成的销售成本结转单需要通过成本计算，计算出各商品的销售出库成本。

（1）在"财务会计"-"存货核算"-"账务处理"-"成本计算"路径下，打开"成本计算"界面。

（2）在查询界面，填写成本域、查询日期后，单击"查询"按钮，系统自动弹出满足查询条件的销售成本结转单，如图4-24所示。

图 4-24 查询销售成本结转单

（3）勾选需要进行成本计算的销售成本结转单，单击"成本计算"按钮，完成销售成本计算，如图4-25所示。

图 4-25　销售成本计算

4. 总账凭证查询

应收单提交后，系统自动生成总账模块中的收入及应收账款确认凭证；销售成本结转单在进行成本计算后，自动生成总账模块中的成本确认凭证。

（1）在"财务会计"－"总账"－"凭证管理"－"凭证查询"路径下，打开"凭证查询"界面。

（2）单击"高级"按钮，在查询条件处选择"财务核算账簿""会计期间""凭证类别""制单系统"，单击"查询"按钮，即可查询到相关凭证，如图 4-26 所示。

图 4-26　总账凭证查询

在查询条件中，当"制单系统"选择"应收管理"时，可查询到收入及应收账款确认凭证；当"制单系统"选择"存货核算"时，可查询到成本确认凭证；当"制单系统"为空时，可查询到所有系统中的凭证。

可通过双击的方式进入到凭证主界面，查看凭证详细信息，如图 4-27 所示。

图 4-27　收入及应收账款确认凭证详细信息

（二）销售收款确认流程

【实训任务 4-4】

请在教学实践平台上完成 ERP 系统中的销售收款确认。

【业务流程】

销售收款确认业务流程如表 4-5 所示。

表 4-5　销售收款确认业务流程

操作步骤	操作系统	操作岗位	操作业务
1	支付平台	电商公司 - 财务部 - 资金专员	12 月 7 日支付宝账务明细下载
2	线下	电商公司 - 财务部 - 资金专员	12 月 7 日收款数据筛选汇总
3	ERP 系统	电商公司 - 财务部 - 资金专员	12 月 7 日收款单录入 ERP 系统
4	ERP 系统	电商公司 - 财务部 - 销售会计	12 月 7 日收款核销
5	ERP 系统	电商公司 - 财务部 - 总账会计	收款确认凭证查询

【操作步骤】

1. 12月7日支付宝账务明细下载

（1）进入支付平台"对账中心"－"账户资金"－"账务明细"界面，在筛选条件处输入12月7日的起始时间（即12月7日00：00：00至12月7日23：59：59），单击"确定"。

（2）单击明细数据右上角的"下载"按钮，将附件保存到本地（默认路径为"此电脑/我的电脑－下载"），如图4-28所示。

图4-28　支付宝账务明细下载

2. 12月7日收款数据筛选汇总

（1）在下载的"账务明细"数据中，筛选出"账务类型"为"交易"的数据，如图4-29所示。

（2）将"收入（＋元）"列中的文本"转换为数字"，如图4-30所示。

（3）将"收入（＋元）"列中的数据求和，获得收款总额。

注：其他账务类型数据，在日常工作中，资金专员应一并进行相应的账务处理，本书中不做详细讲解。

财务机器人应用与开发

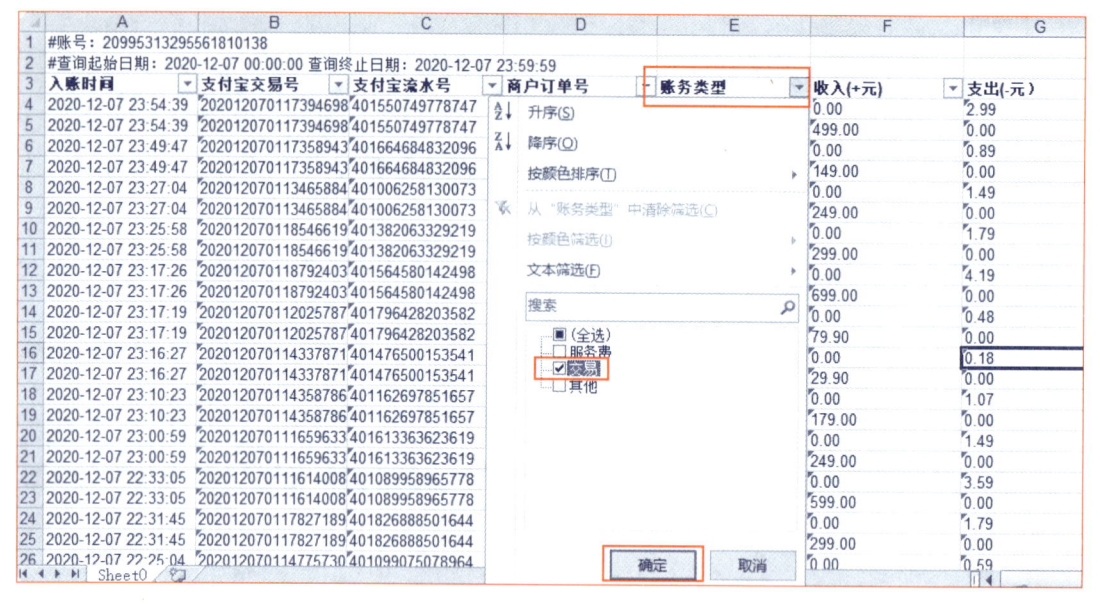

图 4-29 筛选账务类型为交易的数据

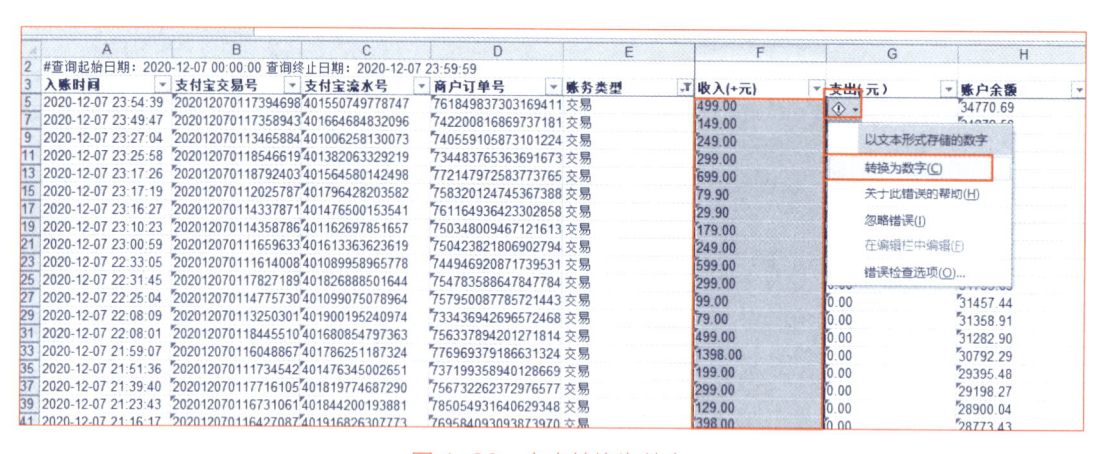

图 4-30 文本转换为数字

3. 12月7日收款单录入 ERP 系统

（1）登录系统后，首先切换业务日期为：2020-12-07。

（2）在"财务会计"-"应收管理"-"收款日常业务"-"收款单管理"路径下，打开"收款单管理"界面。

（3）单击"新增-自制"按钮，新增加一张收款单。

（4）录入表头信息，如图 4-31 所示。

财务组织：默认为各组对应的"电商公司"，例如，第一组为"上海享跃体育TM电商有限公司-实训1"；

单据日期：默认为登录时切换的"业务日期"；

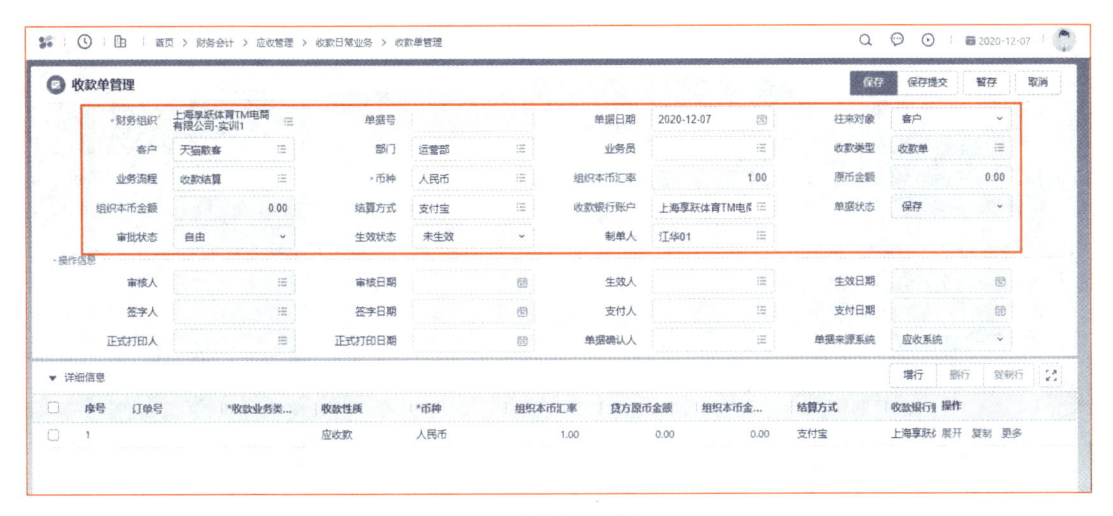

图 4-31 收款单管理表头信息

客户：单击客户选择框，在打开的客户档案搜索框中输入"天猫散客"，系统自动弹出查询结果，然后选择该查询结果"天猫散客"，单击"确定"按钮，如图 4-32 所示；

图 4-32 搜索选择客户

部门：单击部门选择框，在打开的部门档案搜索框中输入"运营部"，系统自动弹出查询结果，然后选择该查询结果"运营部"，单击"确定"按钮，如图 4-33 所示；

结算方式：单击结算方式选择框，在打开的结算方式档案搜索框中输入"支付宝"，系统自动弹出查询结果，然后选择该查询结果"支付宝"，单击"确定"按钮，如图 4-34 所示；

图 4-33　搜索选择部门

图 4-34　搜索选择结算方式

收款银行账户：单击收款银行账户选择框，在打开的搜索界面左侧"银行类别"列表处下拉选择"28 支付宝"，在右侧选择唯一的支付宝账号，单击"确定"按钮，如图 4-35 所示；

其他表头信息无须填写。

（5）录入表体信息。

收款业务类型：单击收款业务类型选择框，在打开的收款业务类型中，选择"货款"，然后单击"确定"按钮，如图 4-36 所示。

图 4-35　选择收款银行账号

图 4-36　选择收款业务类型

贷方原币金额：在"贷方原币金额"字段下的输入框中输入收款金额，即在"收款数据筛选汇总"环节获得的"收款总额"，如图 4-37 所示。

组织本币金额（贷方）：系统依据"币种""组织本币汇率""贷方原币金额"自动计算，如图 4-38 所示。

（6）单击"保存提交"按钮，完成收款单的保存及提交。

图 4-37 填写收款金额

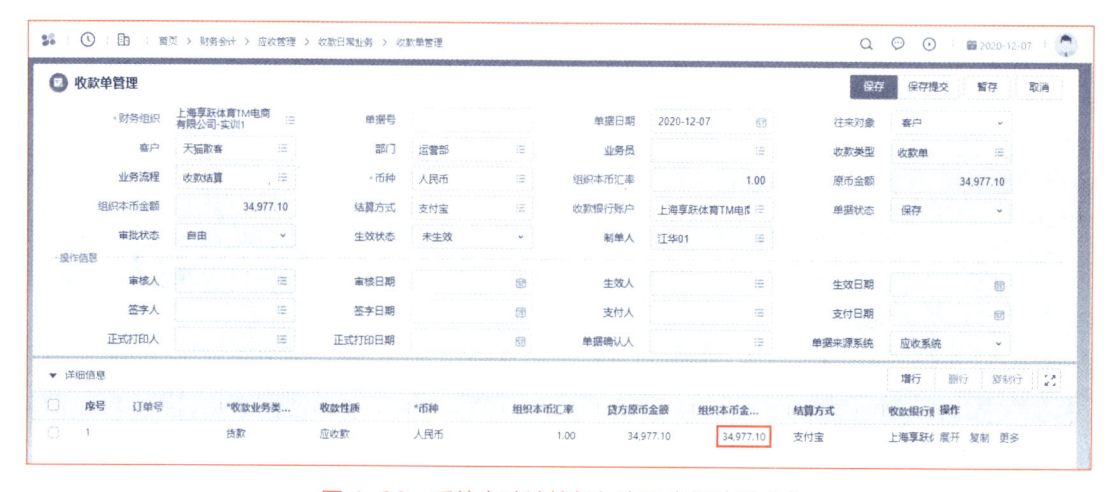

图 4-38 系统自动计算组织本币金额（贷方）

4. 12月7日收款核销

（1）登录系统后，首先切换业务日期为：2020-12-07。

（2）在"财务会计"-"应收管理"-"核销处理"-"应收核销"路径下，打开"应收核销"界面。

（3）单击"查询"按钮，输入查询条件后，单击"查询"按钮。

"本方核销对象""本方单据类型""本方结束日期""对方核销对象""对方单据类型""对方结束日期"为默认信息即可，因按时间顺序核销，优先核销更早的数据，需要将"本方开始日期""对方开始日期"修改为"2020-01-01"，如图 4-39 所示。

查询结果，如图 4-40 所示。

图 4-39 填写查询条件

图 4-40 查询结果显示

（4）勾选需要核销的应收单与收款单，填写本次结算金额，本方和对方的本次结算金额总额应该相等，因此，需要手动修改最后一条可核销单据的"本次结算"金额，如图 4-41 所示。

（5）单击"核销"按钮，进行核销。核销完成后，系统显示核销结果，如图 4-42 所示。

在"核销汇总"页签下勾选一个核销结果，单击"核销明细"页签，可查看核销明细信息，如图 4-43 所示。

图 4-41 填写本次结算金额

图 4-42 核销结果显示

图 4-43 查看核销明细

5. 收款确认凭证查询

（1）在"财务会计"-"总账"-"凭证管理"-"凭证查询"路径下，打开"凭证查询"界面。

（2）单击"高级"按钮，在查询条件处选择"财务核算账簿""会计期间""凭证类别""制单系统"，单击"查询"按钮，即可查询到相关凭证。此处"制单系统"选择"应收管理"，如图 4-44 所示。

可通过双击的方式进入到凭证主界面，查看凭证详细信息，如图 4-45 所示。

图 4-44　总账凭证查询

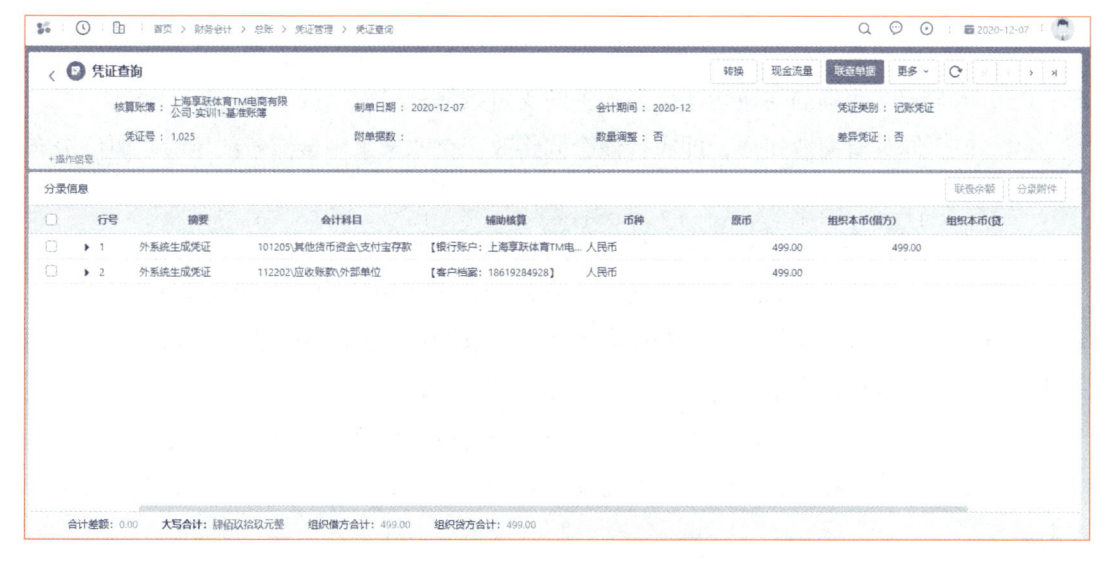

图 4-45　收款确认凭证详细信息

模块二　销售业务流程分析及设计

一、销售业务收入确认问题解析

收入确认时点问题是销售业务管理的核心内容，如何确认收入同样也对业务、财务流程有一定的影响。因此，我们先来了解一下新收入准则对收入确认时点的相关规定。

（一）新收入准则的相关规定

2017年7月5日财政部发布了新修订的《企业会计准则第14号——收入》（下文简称"新收入准则"，将该修订发布前的收入准则简称为"旧收入准则"），并将从2018年1月1日起施行。新收入准则相对于旧收入准则的主要变化体现在三个方面。第一，收入范围扩大。在旧收入准则中，收入包含销售商品、提供劳务和让渡资产使用权三类收入，在新收入准则中，不再对收入进行分类，而是采用统一的收入确认模型来规范所有与客户签订的合同产生的收入，并且就"在某一段内"还是"在某一时点"确认收入提供具体指引。第二，新收入准则提出了"五步法"来确认收入。第三，在收入确认时点方面，之前是以风险报酬转移为基准，现在是以控制权是否转移为依据。

新收入准则规定，企业应当在履行了合同中的履约义务，即在客户取得相关商品控制权时确认收入。当企业与客户之间的合同同时满足下列条件时，企业应当在客户取得相关商品控制权时确认收入：

（1）合同各方已批准该合同并承诺将履行各自义务；

（2）该合同明确了合同各方与所转让商品或提供劳务相关的权利和义务；

（3）该合同有明确的与所转让商品相关的支付条款；

（4）该合同具有商业实质，即履行该合同将改变企业未来现金流量的风险、时间分布或金额；

（5）企业因向客户转让商品而有权取得的对价很可能收回。

对于在某一时段内履行的履约义务，企业应当在该段时间内按照履约进度确认收入，对于在某一时点履行的履约义务，企业应当在客户取得相关商品控制权时确认收入。在判断客户是否已取得相关商品控制权时，应当考虑如下迹象：

（1）企业就该商品享有现时收款权利，即客户就该商品负有现时付款义务；

（2）企业已经将该商品的法定所有权转移给客户，即客户已拥有该商品的法定所有权；

（3）企业已经将该商品实物转移给客户，即客户已经占有该商品实物；

（4）企业已经将该商品所有权上的主要风险和报酬转移给客户，即客户已经取得该商品所有权上的主要风险和报酬；

（5）客户已接受该商品。

【随堂练习4-4】

请在教学实践平台上完成有关新收入准则的客观题。

【想一想】

享跃体育集团电商销售业务的收入确认时点是否合理？

（二）案例企业收入确认时点解析

客户在天猫平台上下单，并完成了在线付款，则销售合同已经成立，电商公司产生了履约的义务。电商公司将商品发货，交由快递公司，可以说电商公司已经履行了合同中的履约义务。发货时点确认收入，是否符合新收入准则的相关规定，请通过"随堂练习4-5"进行思考分析。

【随堂练习4-5】

请参照新收入准则，判断享跃体育集团电商销售业务应在如下哪个时点确认收入，并完成教学实践平台相关业务环节会计分录的填写。

（1）商品发货：相关商品已交付快递公司；
（2）客户收货：电商平台上订单物流状态显示客户已签收；
（3）交易成功：客户在电商平台上确认收货，订单状态显示为交易成功；
（4）收到货款：电商平台将相关款项转入商家支付宝账户。

二、销售业务流程问题梳理

由于电商销售业务的复杂性，订单数量大，销售商品品类繁多，单据录入工作量大，耗时长，容易出错，时间成本和差错成本均较高。如何改进销售业务流程，提高工作效率和管理水平，是企业面临的一项重要任务。

【随堂练习4-6】

请在教学实践平台上完成对电商销售业务流程问题的梳理。可依据享跃体育集团的流程评价标准，从周期时间、通过率、成本及服务效果四个方面进行评价。

三、销售业务流程改进需求分析

依据对案例企业电商销售业务流程的分析，基于已识别的问题，参照之前学习的"ESIAB"模型，对"收入及成本确认流程"进行改进需求分析，如表4-6所示。

表 4-6　收入及成本确认流程改进需求分析

流程名称	识别的问题	是否急需优化	优化方向	何种方式改进
收入及成本确认流程	周期时间角度：按天确认，流程周期长；如按单确认，流程频次大大增加	是	缩短流程周期时间	自动化
	成本角度：录入 ERP 系统的销售订单商品品类繁多，数量大，耗时长，容易出错，时间成本和差错成本均较高	是	提高效率 降低差错率	自动化
	服务效果角度： 合规风险； 数据丢失风险； 数据混乱风险； 库存管理风险	是	按"确认收货"确认收入； 按订单明细入账，降低风险	调整顺序 自动化

【温馨提示】流程优化方法没有唯一正确的答案，上述内容仅提供思路。

【随堂练习 4-7】
请参照上面的思路及已学习的"ESIAB"模型，在教学实践平台上完成对"收款确认流程"的改进需求分析。

四、销售业务流程优化方案

（一）销售业务流程应用 RPA 优化分析

针对梳理出的问题，结合优化思路，分析是否需要应用 RPA 进行销售业务流程的改进，如表 4-7 所示。

表 4-7　销售业务流程 RPA 优化分析

流程名称	流程优化内容	是否需要应用 RPA	分析说明
收入及成本确认流程	ERP 系统销售订单按"天猫平台订单明细"录入	是	销售订单数量增加，录入工作重复性强、处理量大、规则明确，应用 RPA 可提高工作效率
	ERP 系统销售订单录入商品品类繁多，降低错误率	是	销售订单录入过程重复性强、处理量大、规则明确，应用 RPA 可避免错误及提高工作效率

续表

流程名称	流程优化内容	是否需要应用RPA	分析说明
收入及成本确认流程	收入确认时点改为客户"确认收货"时点	是	收入确认时点改变后，在确认收入时，需依据电商平台的订单状态，在ERP系统中找出客户已确认收货的订单，参照生成销售发票，这会带来大量的重复性查找工作，因此，需要借助RPA提高工作效率
收款确认流程	ERP系统收款单按"支付宝账单明细"录入	是	收款单数量增加，录入工作重复性强、处理量大、规则明确，应用RPA可以提高工作效率
收款确认流程	ERP系统收款单按"订单号"与销售应收单核销	是	核销工作量增加，重复性强、规则明确，应用RPA可以提高工作效率

（二）销售业务流程应用RPA优化方案设计

基于以上分析，RPA可以替代业务量大、重复性强、规则明确的手工操作，大大提高工作效率，降低差错率。应用RPA改进后的销售业务流程方案设计，如图4-46所示。

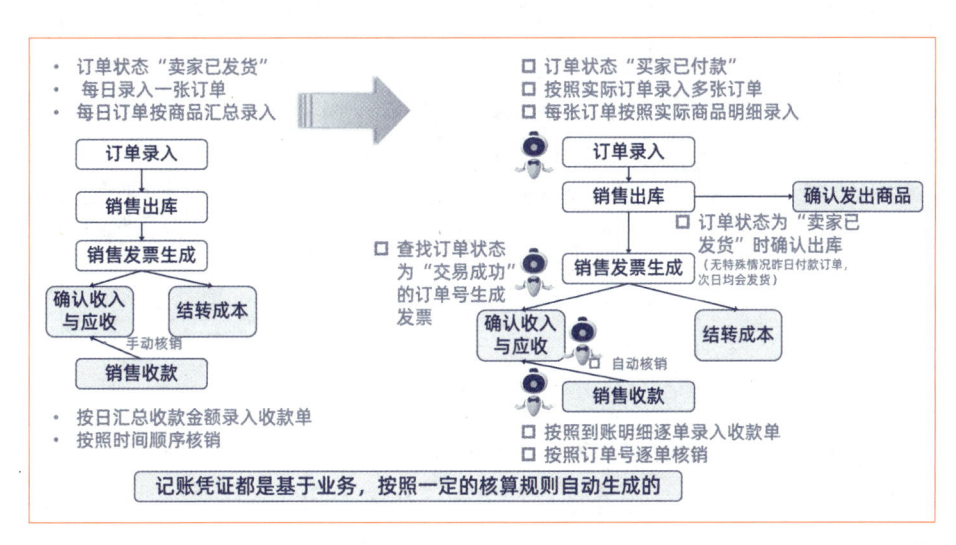

图4-46 销售业务流程应用RPA优化方案设计

1. 电商销售业务应用RPA后的系统维度流程

应用RPA改进后的电商销售业务系统维度流程，如图4-47所示。该流程所涉及的信息系统与应用RPA之前的一致，主要包括电商平台、ERP系统和支付平台这三个信息系统，但这三个信息系统之间的数据交互内容发生了变化。应用RPA之前，电商公司是将电商平台中发货后的订单数据传递给ERP系统，并以此来确定收入和成本。但应用RPA之后，电商公司是将电商平台中客户付款后的订单数据传递给ERP系统，并以此在ERP

系统中创建销售订单。在 ERP 系统中，电商公司依据电商平台实际发货的订单确认发出商品，收入则依据电商平台客户确认收货的订单进行确认。ERP 系统对销售过程进行了精细化处理：销售订单不再是按照商品汇总录入，而是按照订单明细逐单录入；不是在发货时确认收入和成本，而是在发货时先确认发出商品，待客户确认收货时，再将发出商品转入销售成本，同时确认收入和应收账款；收款数据不再是按日汇总录入 ERP 系统，然后按照时间顺序核销应收账款，而是按照支付平台的账务明细逐单录入 ERP 系统，然后按照订单号核销应收账款。

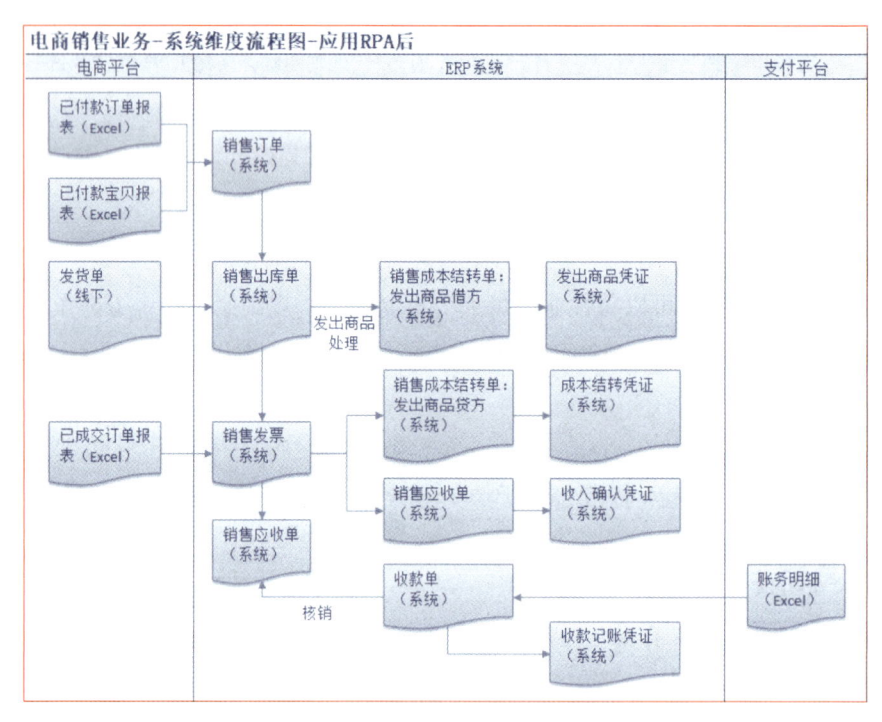

图 4-47 应用 RPA 改进后的销售业务系统维度流程图

2. 电商销售业务应用 RPA 后的岗位维度流程

应用 RPA 改进后的电商销售业务岗位流程，如图 4-48 所示。该流程所涉及的岗位与应用 RPA 之前的一致，但工作量较大的岗位人员是应用 RPA 完成工作的。客户付款的销售订单逐单录入 ERP 系统，是由运营部运营专员运行"销售订单录入机器人"完成的。在 ERP 系统中，从已经发货的销售订单中，逐单查找出客户确认收货的订单，并生成销售发票，是由财务部销售会计运行"收入确认机器人"完成的。收到货款的账务明细逐单录入 ERP 系统，是由财务部资金专员运行"收款单录入机器人"完成的。在 ERP 系统中，将应收单与收款单按照订单号明细核销，是由财务部销售会计运行"应收核销机器人"完成的。通过 RPA 的应用，在满足精细化管理的同时，提高了工作效率，降低了差错率，保障了销售业务管理的高效运行。

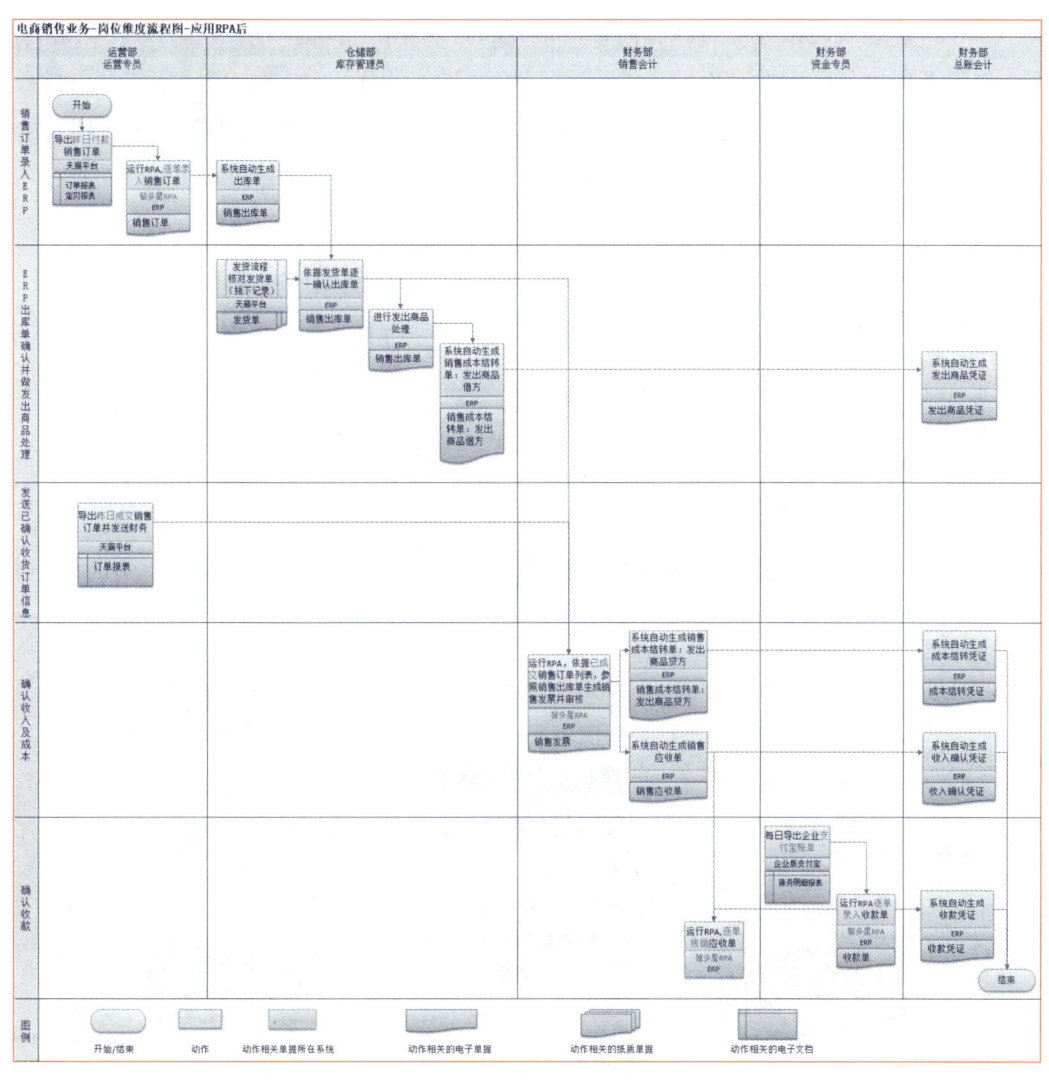

图 4-48　应用 RPA 改进后的销售业务岗位维度流程图

模块三　销售业务 RPA 机器人开发与应用

一、客户维护机器人

根据销售业务流程应用 RPA 优化设计方案，确定需要通过 RPA 来实现销售订单的自动录入，即需要开发"销售订单录入机器人"来完成该项工作。但是，在机器人录入订单时，必然需要录入该订单的具体客户信息，如不区分具体的客户，按业务明细录入销售订单的意义和价值将大打折扣。而在 ERP 系统中，客户属于基础档案，需要事先维护到系统中，在订单录入时来参照选择，所以需要先将订单中的新增客户维护到 ERP 系统中，这个工作量无疑也是巨大的，而且是大量重复性的操作。因此，如要实现"销售订单录入机器人"的自动化工作，首先需要开发一个"客户维护机器人"，来实现新增客户档案的自动维护。

（一）客户维护机器人制作思路

RPA 机器人是模拟手工的操作，通过自动化的运行，提高操作的效率及准确性。

1. 手工维护客户档案操作步骤

（1）打开并登录 ERP 系统；

（2）打开客户档案增加界面；

（3）根据 Excel 订单信息增加客户档案。

2. 客户维护机器人开发思路

依据手工维护客户档案的操作步骤，客户维护机器人的开发思路，如图 4-49 所示。

图 4-49 客户维护机器人开发思路

（1）在增加客户档案时，需要从"付款订单报表"中获取"客户编码"和"客户名称"信息。本案例中将"C"+"组号"+"买家支付宝账号"的前 7 位作为"客户编码"，将"买家支付宝账号"作为"客户名称"。因此创建两个变量"customerNo"和"customerName"分别用于存储"客户编码"和"客户名称"信息，其中"customerNo"可通过读取"付款订单报表"中 C 列的值并截取前 7 位字符串，再与"C"+"组号"组合获得，"customerName"直接读取"付款订单报表"中 C 列的值即可，如图 4-50、图 4-51 所示。

图 4-50　客户档案增加需从 Excel 获取的信息

图 4-51　付款订单报表中的客户信息

（2）客户档案增加过程中，从"付款订单报表"取数的信息，可通过 XPath 定位到对应位置后，录入到 ERP 系统中。其他需要维护的信息可在 ERP 系统中通过 XPath 定位后选择固定值，如图 4-52 所示信息。

图 4-52　客户档案增加其他需要维护的信息

所属组织：可通过个性化设置，将其设置为要运行 RPA 程序的组织，如图 4-53、图 4-54 所示。

图 4-53　ERP 系统个性化设置菜单导航

图 4-54　ERP 系统个性化设置界面

客户基本分类：可通过 XPath 定位后选择，本案例为"电商客户"，如图 4-55 所示。

图 4-55　搜索客户基本分类脚本

项目四　销售业务处理的 RPA 机器人应用

3. 客户维护机器人开发主要脚本

（1）系统登录，如图 4-56 所示。

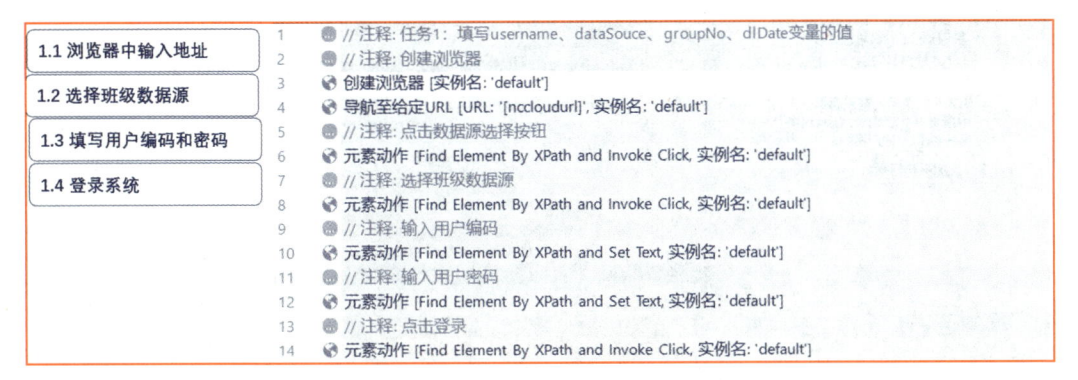

图 4-56　系统登录脚本

（2）打开客户档案，如图 4-57 所示。

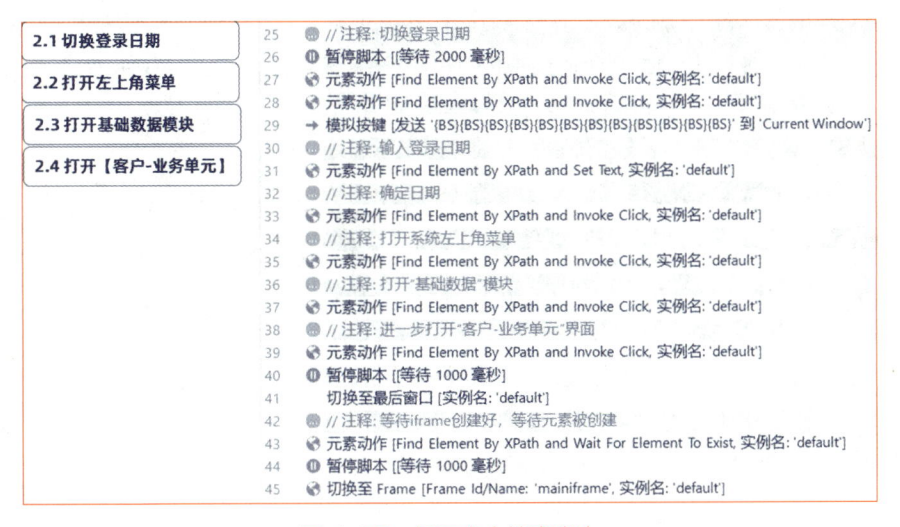

图 4-57　打开客户档案脚本

（3）Excel 循环取数，如图 4-58 所示。

181

图 4-58 Excel 循环取数脚本

（二）客户维护机器人开发及运行

【实训任务 4-5】

请在教学实践平台上完成客户维护机器人的开发及运行。请在"实训任务 -026 客户维护机器人制作及录屏"界面，单击"本期作业参考资料"，下载"教学资源 -026 客户维护机器人开发业务数据"，按照自己的 RPA 账号选择相应的数据，用于开发客户维护机器人。完成机器人开发后，将机器人运行过程录屏，并上传至教学系统。

【温馨提示】新建文件夹（"客户维护机器人"），并在该文件夹下新建 Excel 文件（"客户维护"）。在下载的作业参考资料"教学资源 -026 客户维护机器人开发业务数据 .xls"中，筛选出自己 RPA 账号对应的数据，粘贴到该新建的 Excel 文件中。

【业务流程】

客户维护机器人开发及运行流程如表 4-8 所示。

表 4-8 客户维护机器人开发及运行流程

操作步骤	操作系统	操作岗位	操作业务
1	智多星 RPA 设计器	RPA 开发岗	打开程序
2	智多星 RPA 设计器	RPA 开发岗	开发配置
3	智多星 RPA 设计器	RPA 开发岗	保存运行程序

【操作步骤】

1. 打开程序

（1）单击"任务资料"，将资料中的压缩包即 RPA 模板下载到本地。

（2）将下载的 RPA 模板放到指定目录下：C:\yonyou\yonyouRPA\Scripts。

（3）单击"开始任务"，输入用户名、密码，登录"智多星 RPA 设计器"。

（4）单击"打开模板"，选择模板，单击"确定"。

2．开发配置

在打开的 RPA 模板中，已经预置了大部分脚本，在开发配置的过程中，只需要按照注释完成指定任务即可。

任务 1：填写 username、dataSource、groupNo、dlDate 变量的值，如图 4-59 所示。

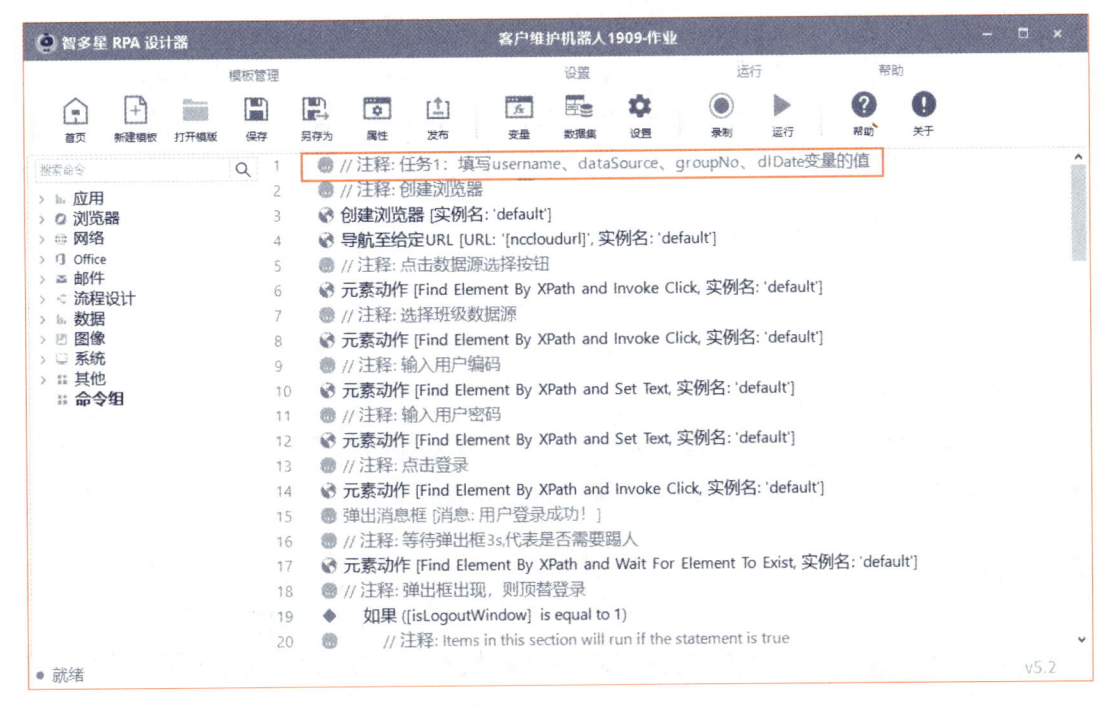

图 4-59　客户维护机器人开发模板任务一

单击"变量"，填写 username、dataSource、groupNo、dlDate 的值，如图 4-60 所示。

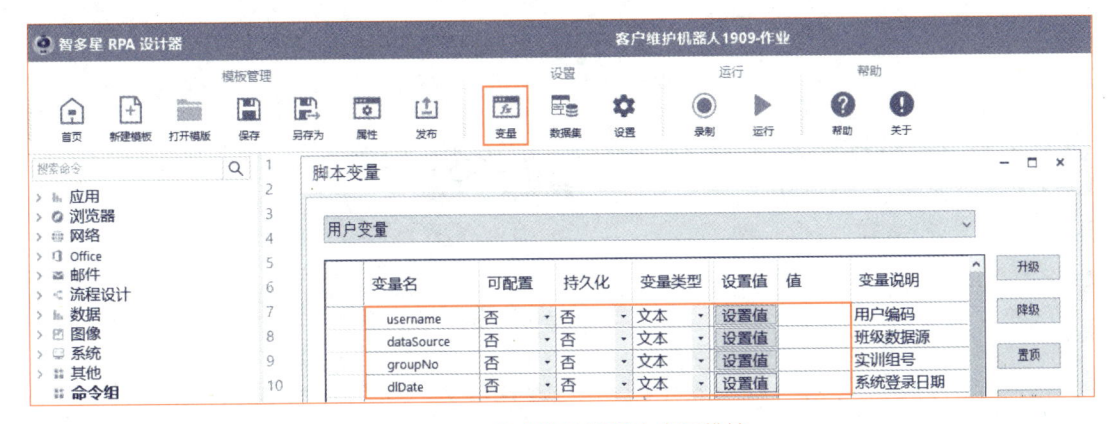

图 4-60　客户维护机器人变量维护

（1）username 填写来源：RPA 机器人开发时的用户名来源于 ERP 系统中的用户编码。单击"首页"-"工作应用"-"ERP-RPA"，在 ERP 系统中查看自己的用户名，将其填写到 username 变量中，如图 4-61 所示。

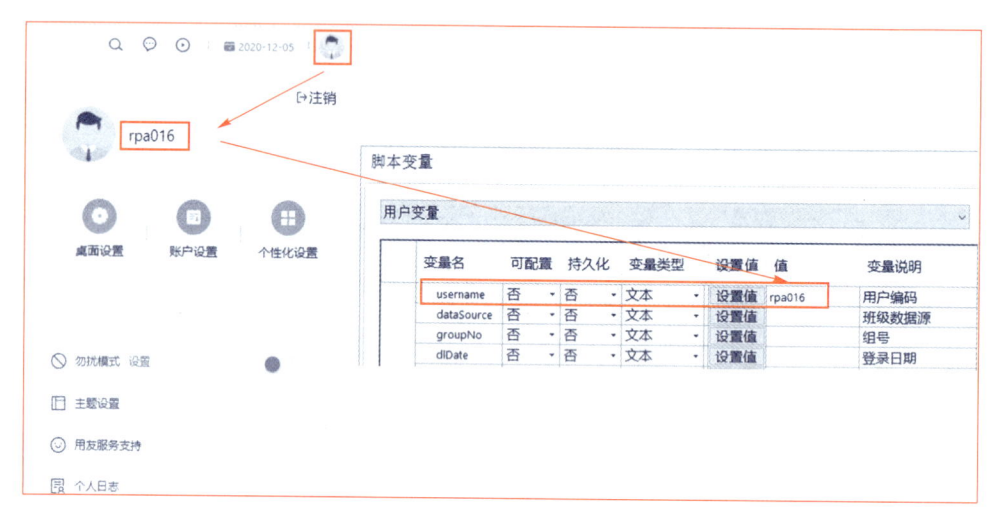

图 4-61　username 变量值设置

（2）dataSource 填写来源：在教学实践平台上查询数据源信息，单击"一键复制"，将其填写在 dataSource 变量中，如图 4-62、图 4-63 所示。

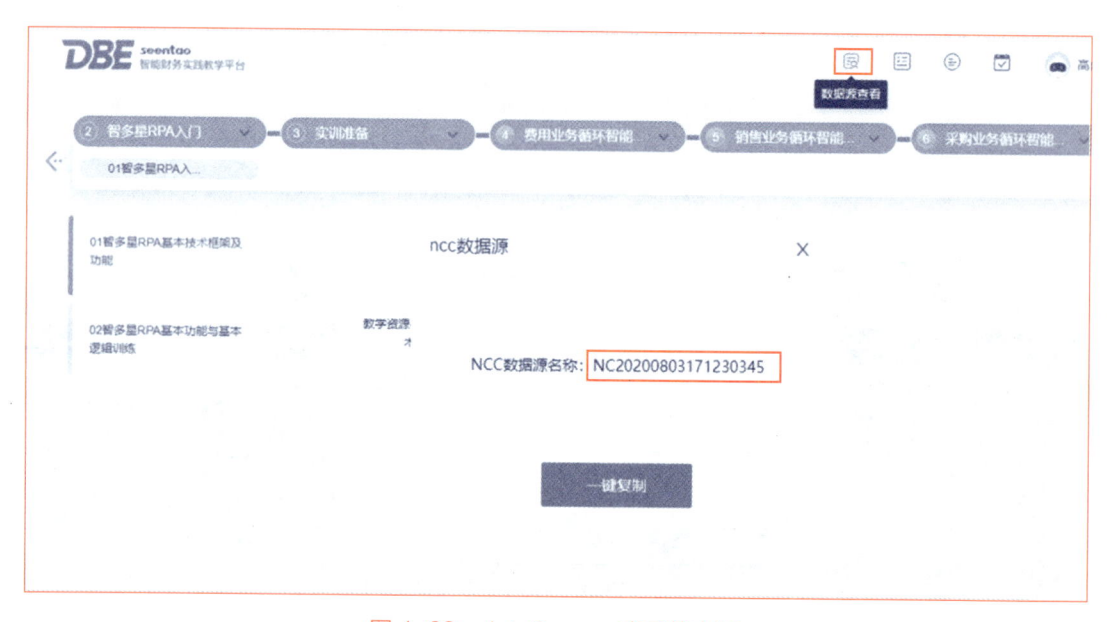

图 4-62　dataSource 变量值来源

图4-63 dataSource变量值设置

（3）groupNo填写来源：在开发阶段，组号统一填写为"21"，如图4-64所示。

图4-64 groupNo变量值设置

（4）dlDate填写来源：依据自己RPA账号对应的业务数据文件中的"订单付款时间"填写，时间填写格式：yyyy-mm-dd，如图4-65所示。

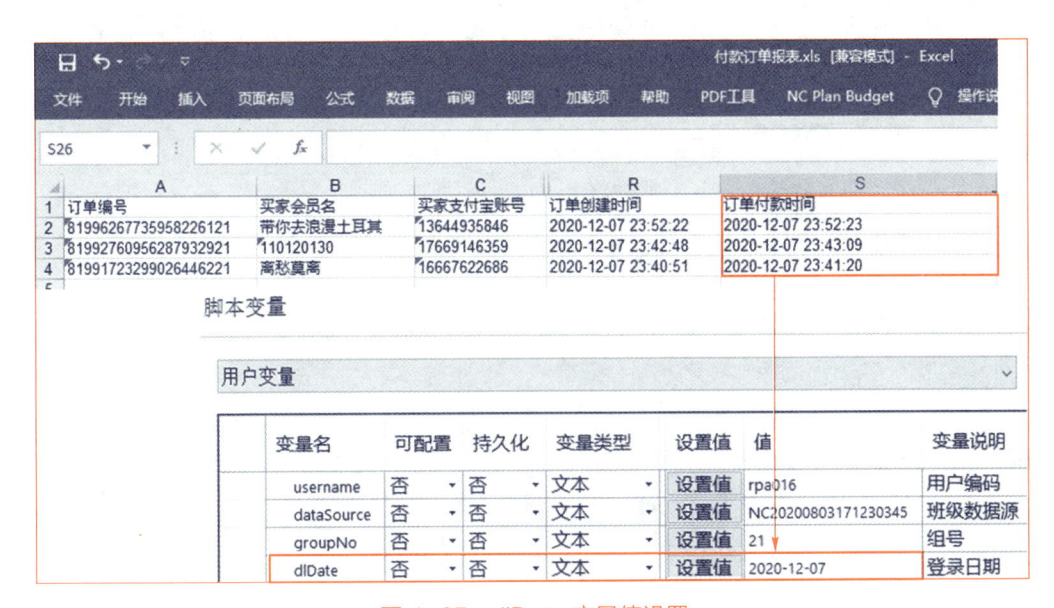

图4-65 dlDate变量值设置

任务2：修改 f 注释行下面的"遍历文件"信息，如图 4-66 所示。

图 4-66　客户维护机器人开发模板任务二

（1）双击"遍历文件［存储至'［files］'］"行脚本，单击"选择文件夹"，按照文件路径选择自己新建的文件夹"客户维护机器人"，如图 4-67 所示。

图 4-67　选择遍历文件所在的文件夹

（2）在"通配符"中填写要遍历文件的关键字，本任务中填写新建的 Excel 文件"客户维护"的关键字，则通配符可以为"* 客户维护 *.xlsx"。注意："xlsx"是要遍历文件的文件类型，一定要与新建的 Excel 文件类型一致。配置完成后单击"确定"，如图 4-68 所示。

项目四 销售业务处理的 RPA 机器人应用

图 4-68 配置遍历文件通配符

3. 保存运行程序

（1）单击"保存"，保存配置完成的 RPA 脚本，如图 4-69 所示。

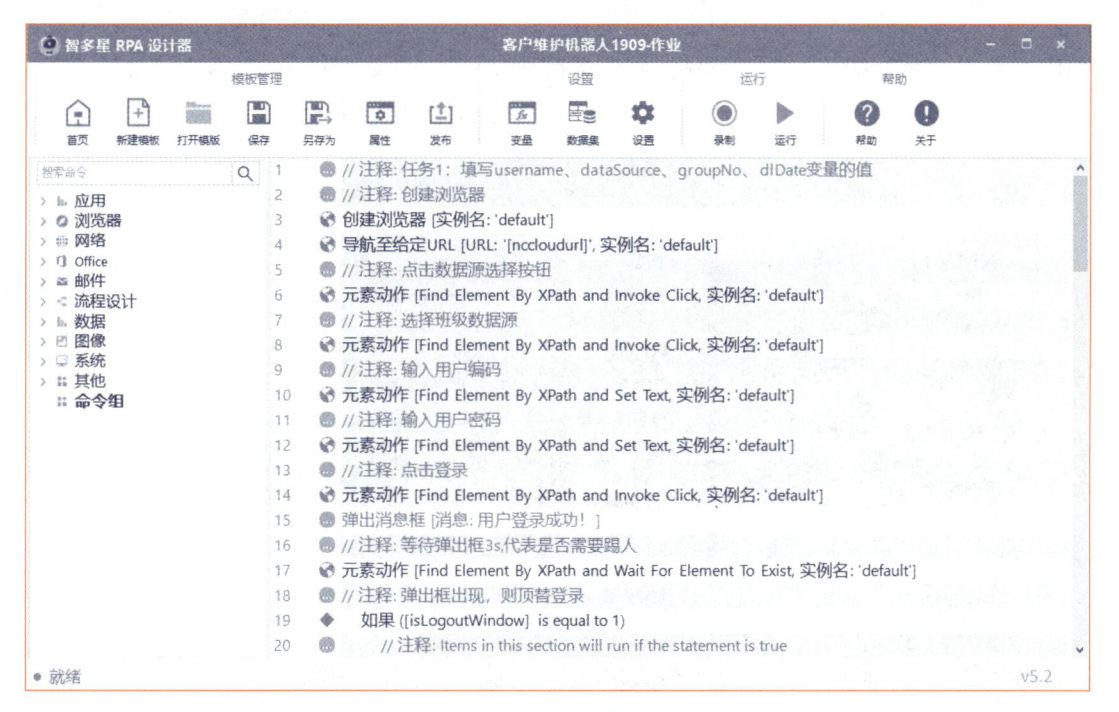

图 4-69 保存配置完成的 RPA 脚本

187

（2）单击"运行"，运行程序，如图4-70所示。注意：在运行前准备好录屏软件，以便将运行过程录屏提交作业。

图 4-70 运行配置完成的 RPA 脚本

（3）机器人运行完成后，可在"首页"－"工作应用"－"ERP-RPA"路径下，登录ERP系统查看运行结果。查询路径"动态建模平台"－"基础数据"－"客户信息"－"客户－业务单元"，打开查询界面后，输入相应的查询条件进行查询，如图4-71所示。

图 4-71 客户维护机器人运行结果查询路径

188

二、销售订单录入机器人

（一）销售订单录入机器人制作思路

RPA 机器人是模拟手工的操作，通过自动化的运行，提高操作的效率及准确性。

1. 手工录入销售订单操作步骤

（1）打开并登录 ERP 系统；

（2）打开销售订单新增界面；

（3）根据 Excel 订单信息增加销售订单。

2. 销售订单录入机器人开发思路

依据手工录入销售订单的操作步骤，销售订单录入机器人开发的思路如图 4-72 所示。

图 4-72　销售订单录入机器人开发思路

（1）在 ERP 系统中录入销售订单时，其详细订单信息主要来源于"付款订单报表"和"付款宝贝报表"，如图 4-73、图 4-74、图 4-75 所示。

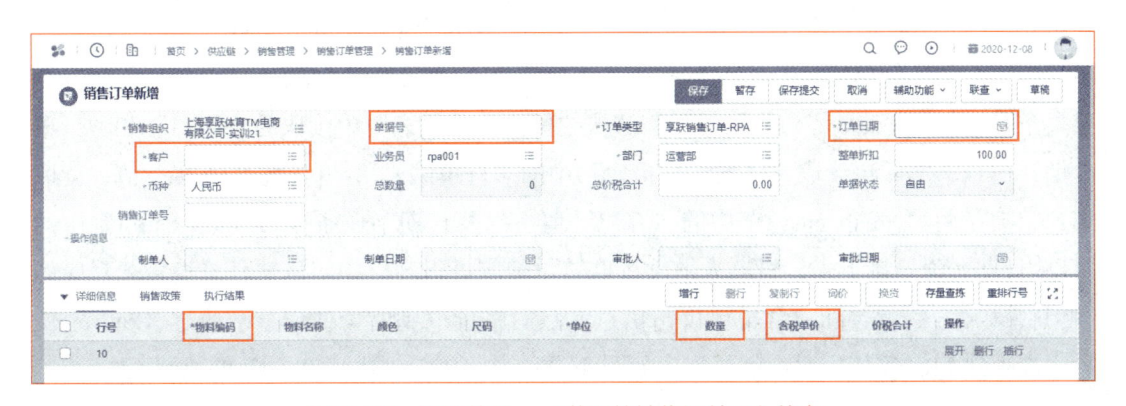

图 4-73　需要从 Excel 获取的销售订单录入信息

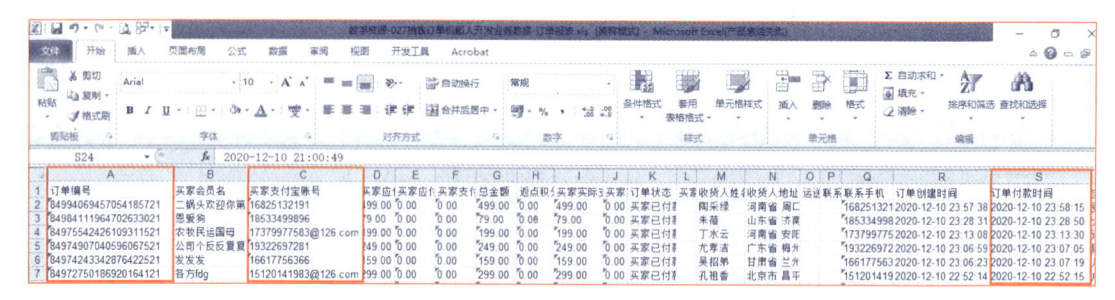

图4-74 付款订单报表中的销售订单信息

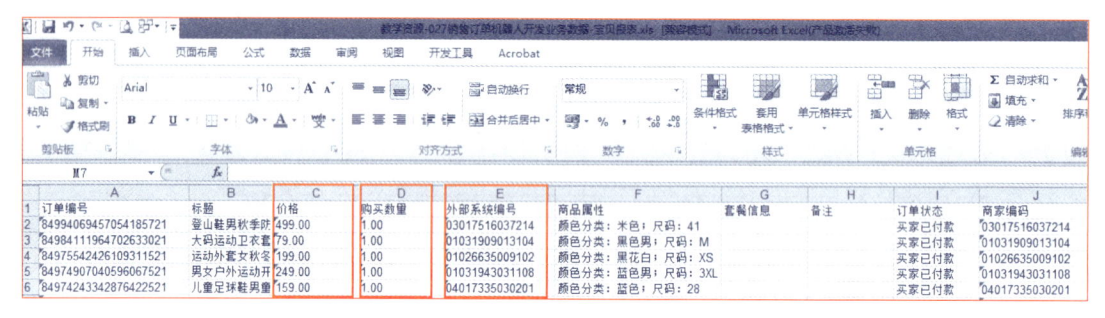

图4-75 付款宝贝报表中的销售订单信息

①"单据号"来源于"付款订单报表"中的"订单编号";

②"订单日期"来源于"付款订单报表"中的"订单付款时间"中的日期;

③"客户"来源于"付款订单报表"中的"买家支付宝账号";

④"物料编码"来源于"付款宝贝报表"中的"外部系统编号";

⑤"数量"来源于"付款宝贝报表"中的"购买数量";

⑥"含税单价"来源于"付款宝贝报表"中的"价格"。

(2)机器人需要从"付款订单报表"和"付款宝贝报表"中循环取数,完成全部销售订单的录入。"付款订单报表"中的订单信息和"付款宝贝报表"中的订单信息是通过"订单编号"关联起来的。将"付款订单报表"中的"订单编号"作为Key值,将客户编码"[customerNo]"作为value值,创建客户字典条目"[map_cust]",将"付款订单报表"中的"订单编号"作为Key值,将付款日期"[date]"作为value值,创建日期字典条目"[map_date]",分别用于存储从"付款订单报表"中读取的"客户"和"订单日期"信息。然后再读取"付款宝贝报表"中的"订单编号",并以此作为Key值,读取客户字典条目"[map_cust]"中的"客户"值,以及日期字典条目"[map_date]"中的"订单日期"值。接下来,机器人继续读取"付款宝贝报表"中与该"订单编号"对应的"物料编码""数量"和"含税单价"信息,然后将读取到的全部信息,通过XPath定位后,录入到ERP系统中对应的位置,如图4-76、图4-77、图4-78、图4-79所示。

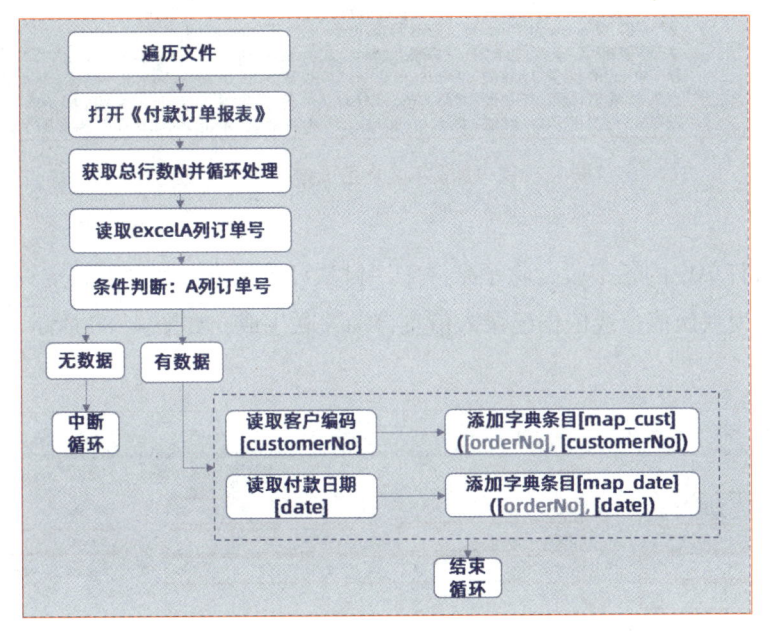

图 4-76　创建客户字典及日期字典思路

```
70    // 注释: 任务4: 添加[map_cust]字典，[map_date]字典。
71    添加字典条目 [添加键 '[orderNo]' 值 '[customerNo]' 对到变量 '[map_cust]']
72    添加字典条目 [添加键 '[orderNo]' 值 '[date]' 对到变量 '[map_date]']
```

图 4-77　创建客户字典及日期字典脚本

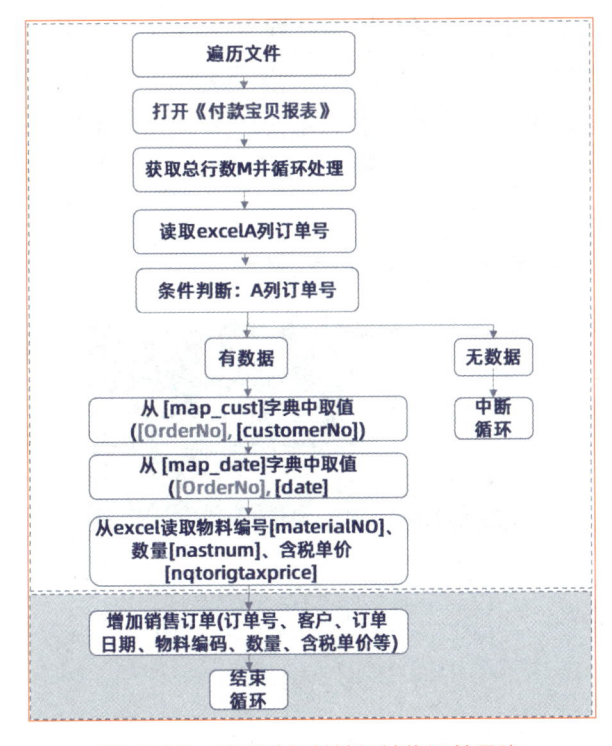

图 4-78　读取数据并填写销售订单思路

191

图 4-79　读取字典及宝贝报表数据脚本

（3）销售订单中的各字段，除了来源于"付款订单报表"和"付款宝贝报表"中的信息，其他信息为默认值，或依据已录入信息自动关联生成，如图 4-80 所示。

图 4-80　销售订单录入其他需要维护的信息

销售组织：可通过个性化设置，将其设置为要运行 RPA 程序的组织，如图 4-81、图 4-82 所示。

订单类型：可通过 XPath 定位后选择，本案例为"享跃销售订单 -RPA"，如图 4-83 所示。

图 4-81　ERP 系统个性化设置菜单导航

图 4-82　ERP 系统个性化设置界面

图 4-83　搜索交易类型脚本

业务员：系统默认为登录的用户名称。

部门：通过 XPath 定位后选择，本案例为"运营部"，如图 4-84 所示。

整单折扣：本案例未涉及，默认无折扣。

193

图 4-84 搜索部门脚本

币种：当录入"客户"后，系统自动关联生成，本案例为"人民币"。
总数量、总价税合计：系统自动计算。
销售订单号：当录入"单据号"后，系统自动关联生成，与"单据号"一致。
物料名称、颜色、尺码、单位：当录入"物料编码"后，依据物料档案自动关联生成。
价税合计：系统自动计算。

（二）销售订单录入机器人开发及运行

【实训任务 4-6】
请在教学实践平台上完成销售订单录入机器人的开发及运行。请在"实训任务 -027 销售订单录入机器人制作及录屏"界面，单击"本期作业参考资料"，下载"销售订单机器人开发业务数据"，按照自己的 RPA 账号选择相应的数据，用于开发销售订单录入机器人。完成机器人开发后，将机器人运行过程录屏，并上传至教学系统。

【温馨提示】新建文件夹（"销售订单录入机器人"），在该文件夹下新建 Excel 文件（"付款订单报表""付款宝贝报表"）。在下载的作业参考资料"教学资源 -027 销售订单机器人开发业务数据 - 订单报表 .xls""教学资源 -027 销售订单机器人开发业务数据 - 宝贝报表 .xls"中，筛选出自己 RPA 账号对应的数据，分别粘贴到新建的两个文件中。

项目四　销售业务处理的 RPA 机器人应用

【业务流程】

销售订单录入机器人开发及运行流程如表 4-9 所示。

表 4-9　销售订单录入机器人开发及运行流程

操作步骤	操作系统	操作岗位	操作业务
1	智多星 RPA 设计器	RPA 开发岗	打开程序
2	智多星 RPA 设计器	RPA 开发岗	开发配置
3	智多星 RPA 设计器	RPA 开发岗	保存运行程序

【操作步骤】

1. 打开程序

（1）单击"任务资料"，将资料中的压缩包即 RPA 模板下载到本地。

（2）将下载的 RPA 模板放到指定目录下：C:\yonyou\yonyouRPA\Scripts。

（3）单击"开始任务"，输入用户名、密码，登录"智多星 RPA 设计器"。

（4）单击"打开模板"，选择模板，单击"确定"。

2. 开发配置

在打开的 RPA 模板中，已经预置了大部分脚本，在开发配置的过程中，只需要按照注释完成指定任务即可。

任务 1：填写 username、dataSource、dlDate 变量的值，如图 4-85 所示。

图 4-85　销售订单录入机器人开发模板任务一

195

单击"变量",填写 username、dataSource、dlDate 的值,如图 4-86 所示。

图 4-86 销售订单录入机器人变量维护

(1) username 填写来源:RPA 机器人开发时的用户名来源于 ERP 系统中的用户编码。单击"首页"-"工作应用"-"ERP-RPA",在 ERP 系统中查看自己的用户名,将其填写到 username 变量中,如图 4-87 所示。

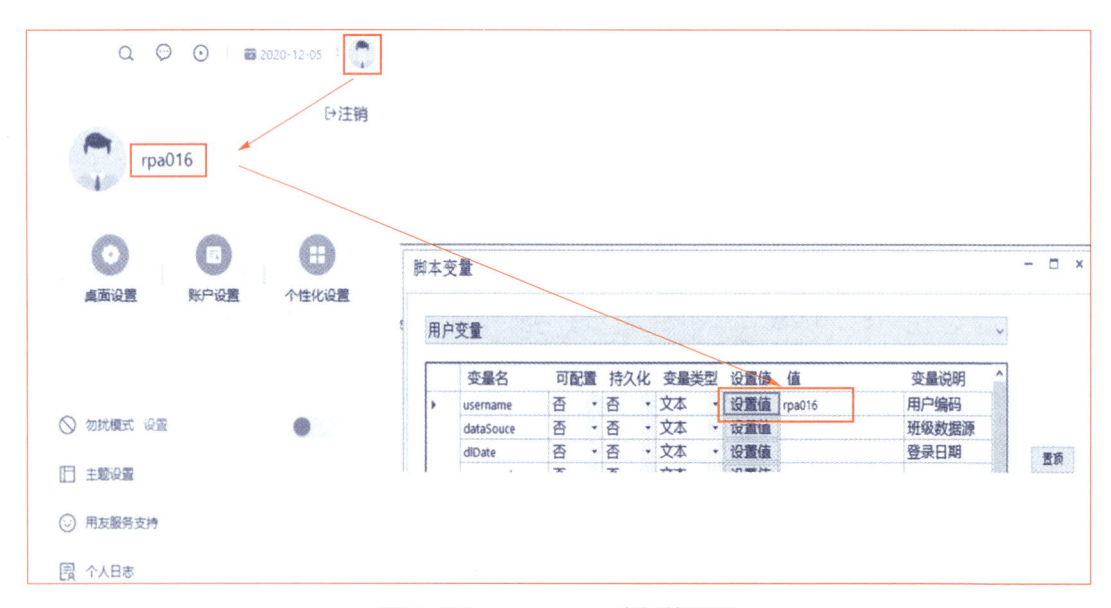

图 4-87 username 变量值设置

（2）dataSource 填写来源：在教学实践平台上查询数据源信息，单击"一键复制"，将其填写在 dataSource 变量中，如图 4-88、图 4-89 所示。

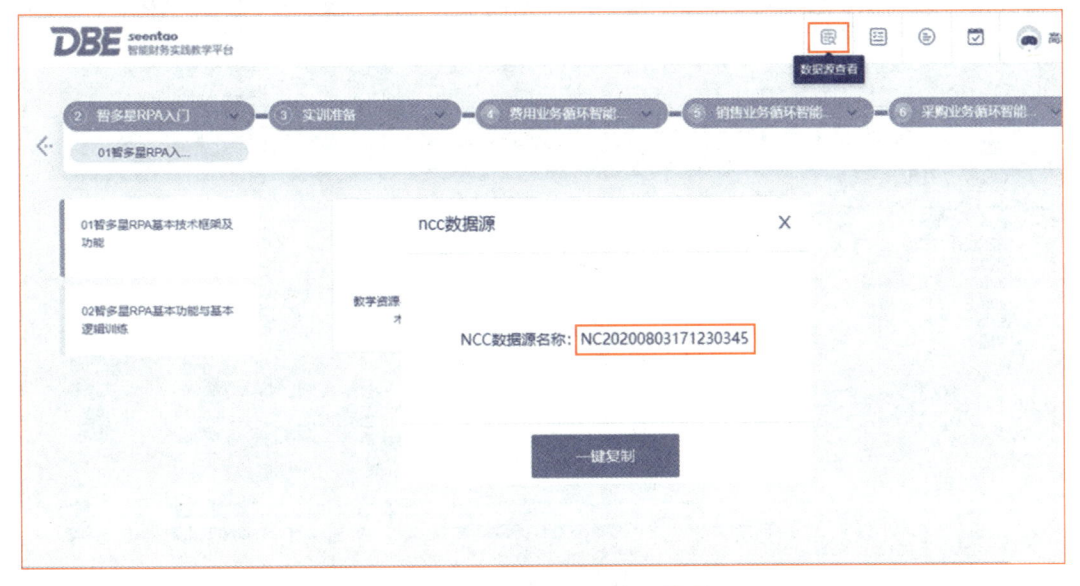

图 4-88 dataSource 变量值来源

图 4-89 dataSource 变量值设置

（3）dlDate 填写来源：依据参照作业参考资料创建的"付款订单报表"中的"订单付款时间"填写，时间填写格式：yyyy-mm-dd，如图 4-90 所示。

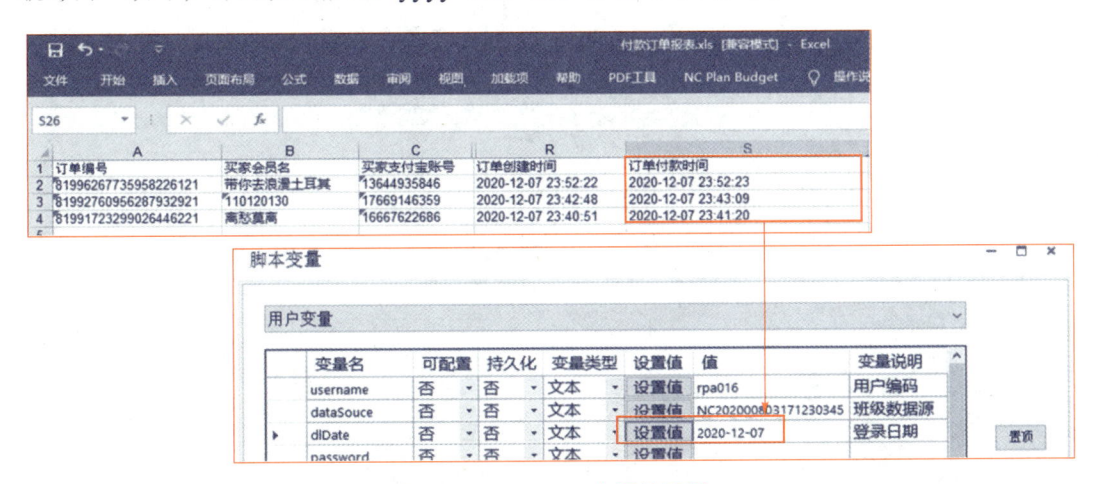

图 4-90 dlDate 变量值设置

任务2：选择付款订单报表，如图4-91所示。

图4-91 销售订单录入机器人开发模板任务二

（1）双击"遍历文件［存储至'［orderFiles］'］"行脚本，单击"选择文件夹"，按照文件路径选择自己新建的文件夹"销售订单录入机器人"，如图4-92所示。

图4-92 选择遍历文件所在的文件夹

（2）在"通配符"中填写要遍历文件的关键字，本任务中填写自己新建的 Excel 文件"付款订单报表"的关键字，则通配符可以为"* 付款订单报表 *.xlsx"。注意："xlsx"是要遍历文件的文件类型，一定要与自己新建的 Excel 文件类型一致。配置完成后单击"确定"，如图 4-93 所示。

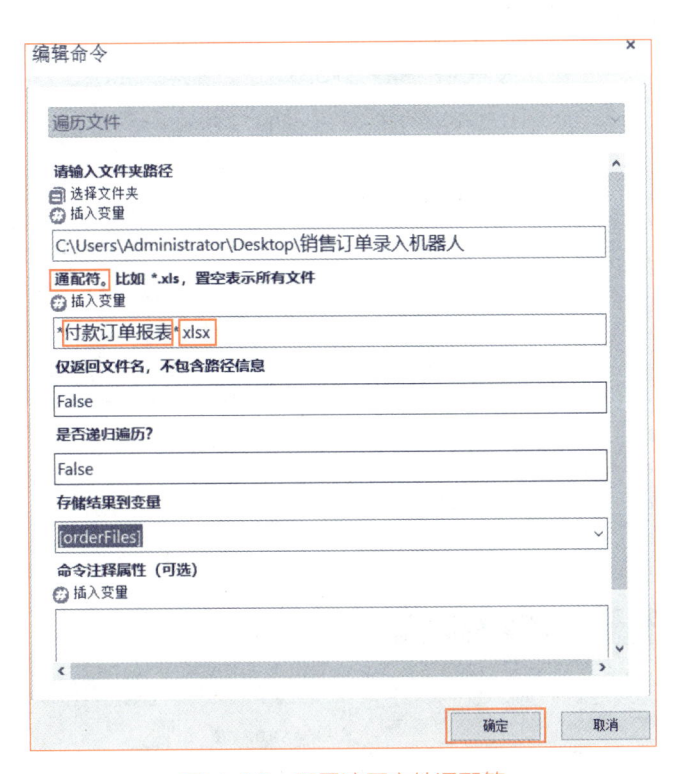

图 4-93　配置遍历文件通配符

任务 3：选择付款宝贝报表，如图 4-94 所示。

（1）双击"遍历文件 [存储至'[goodsFiles]']"行脚本，单击"选择文件夹"，按照文件路径选择自己新建的文件夹"销售订单录入机器人"，如图 4-95 所示。

（2）在"通配符"中填写要遍历文件的关键字，本任务中填写新建的 Excel 文件"付款宝贝报表"的关键字，则通配符可以为"* 付款宝贝报表 *.xlsx"。注意："xlsx"是要遍历文件的文件类型，一定要与自己新建的 Excel 文件类型一致。配置完成后单击"确定"，如图 4-96 所示。

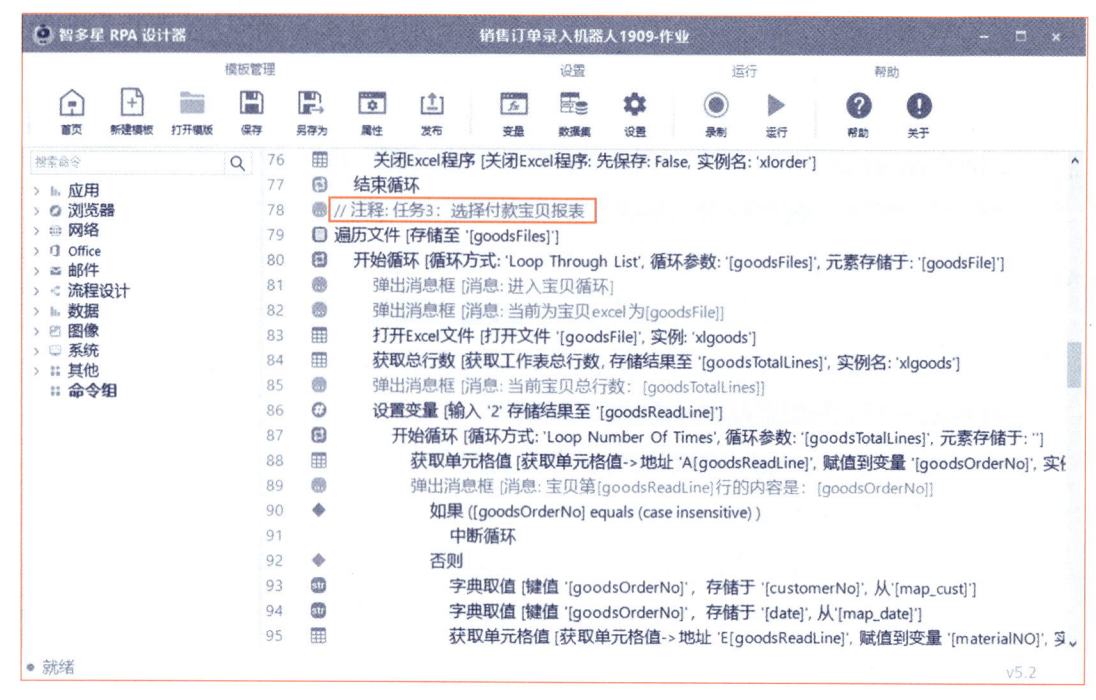

图 4-94　销售订单录入机器人开发模板任务三

图 4-95　选择遍历文件所在的文件夹

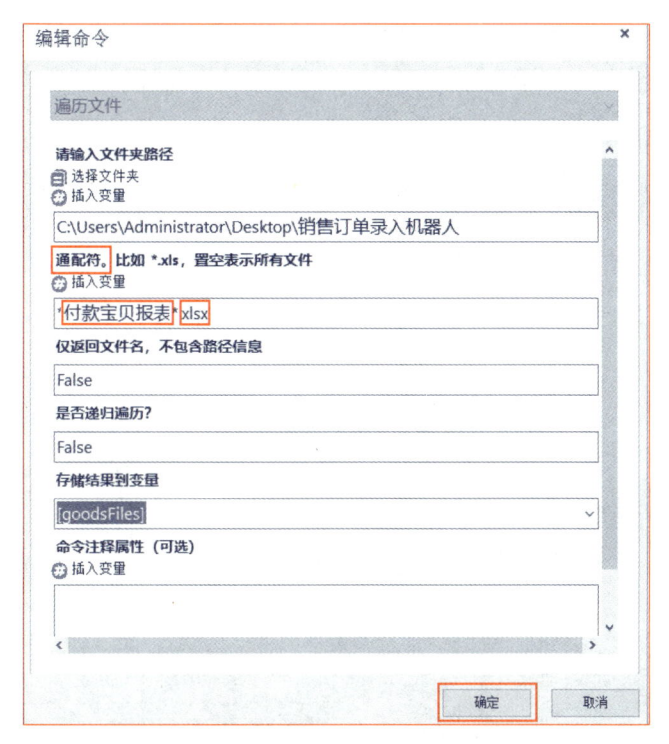

项目四　销售业务处理的 RPA 机器人应用

图 4-96　配置遍历文件通配符

任务 4：添加"[map_cust]"字典，"[map_date]"字典，如图 4-97 所示。

图 4-97　销售订单录入机器人开发模板任务四

201

（1）在左边的搜索框中输入"字典"，单击放大镜或者回车确认，查询出包含字典的相关命令，双击"添加字典条目"，在弹出的添加新命令界面，添加"[map_cust]"字典信息，如图4-98所示。

图4-98　添加map_cust字典

（2）再次双击左侧的"添加字典条目"，在弹出的添加新命令界面，添加"[map_date]"字典信息，如图4-99所示。

图4-99　添加map_date字典

（3）添加完"［map_cust］"字典、"［map_date］"字典后，脚本在程序的最后两行显示。选择这两行脚本，右键单击"复制"，将其复制到任务4注释行的下面，如图4-100、图4-101、图4-102所示。

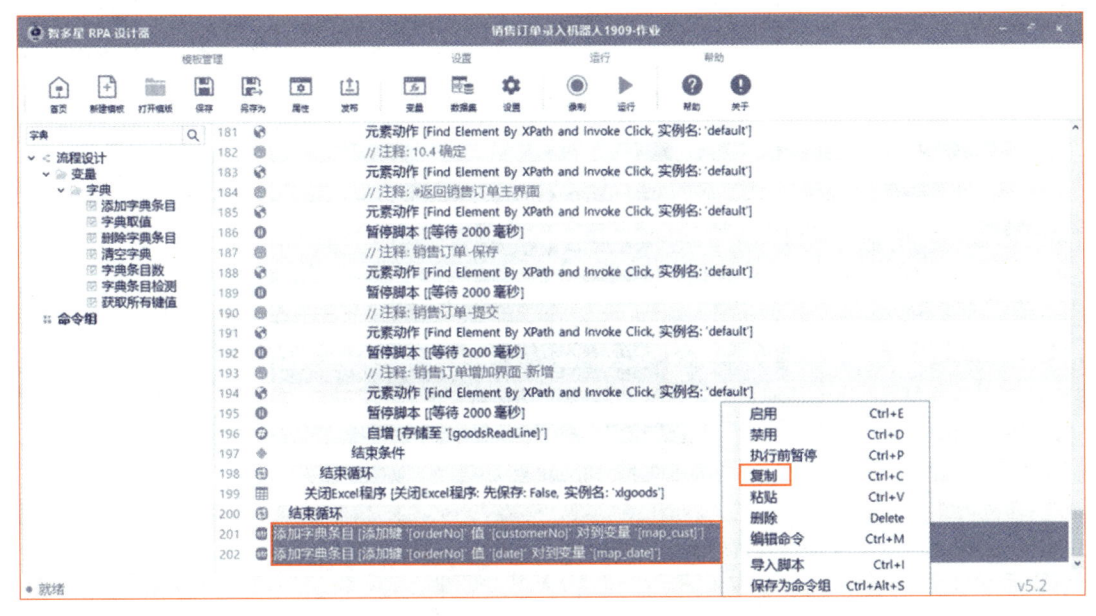

图4-100　复制新增脚本

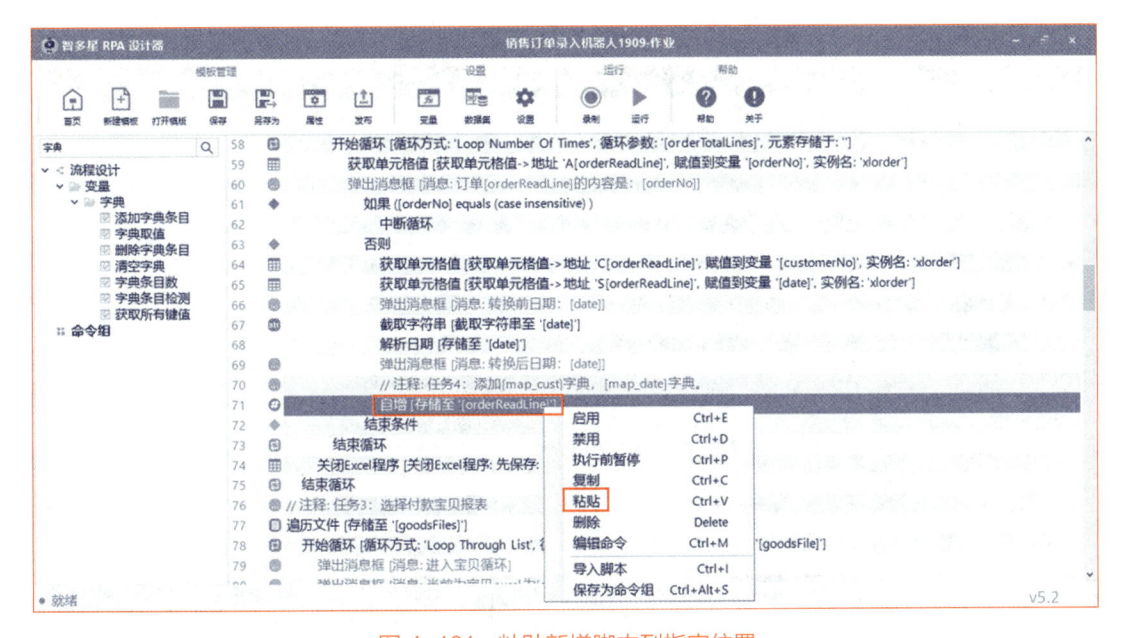

图4-101　粘贴新增脚本到指定位置

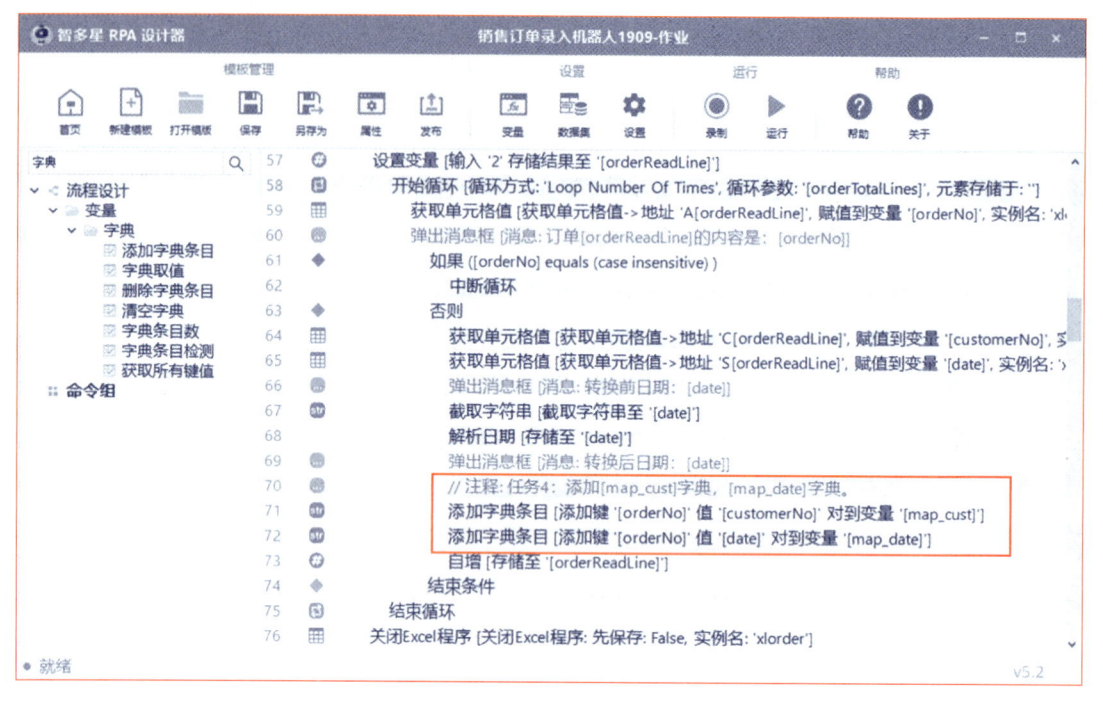

图 4-102 粘贴后的脚本效果

（4）将新增字典脚本信息复制到指定位置后，将最后两行的脚本删除，如图 4-103 所示。

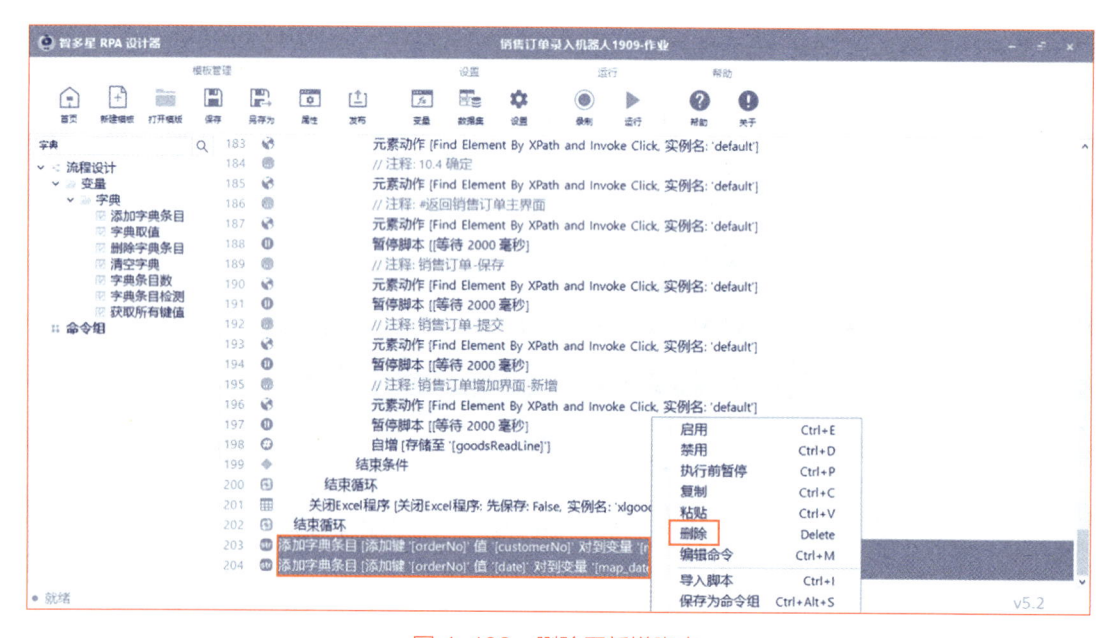

图 4-103 删除原新增脚本

3. 保存运行程序

（1）单击"保存"，保存配置完成的 RPA 脚本，如图 4-104 所示。

（2）单击"运行"，运行程序，如图 4-105 所示。注意：在运行前准备好录屏软件，以便将运行过程录屏提交作业。

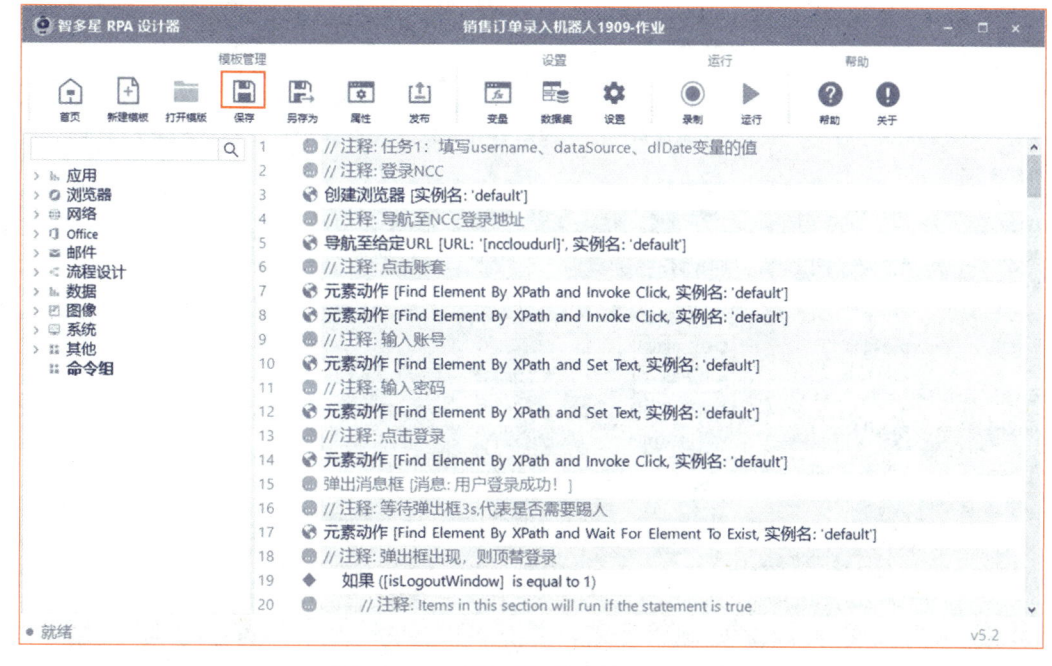

图 4-104　保存配置完成的 RPA 脚本

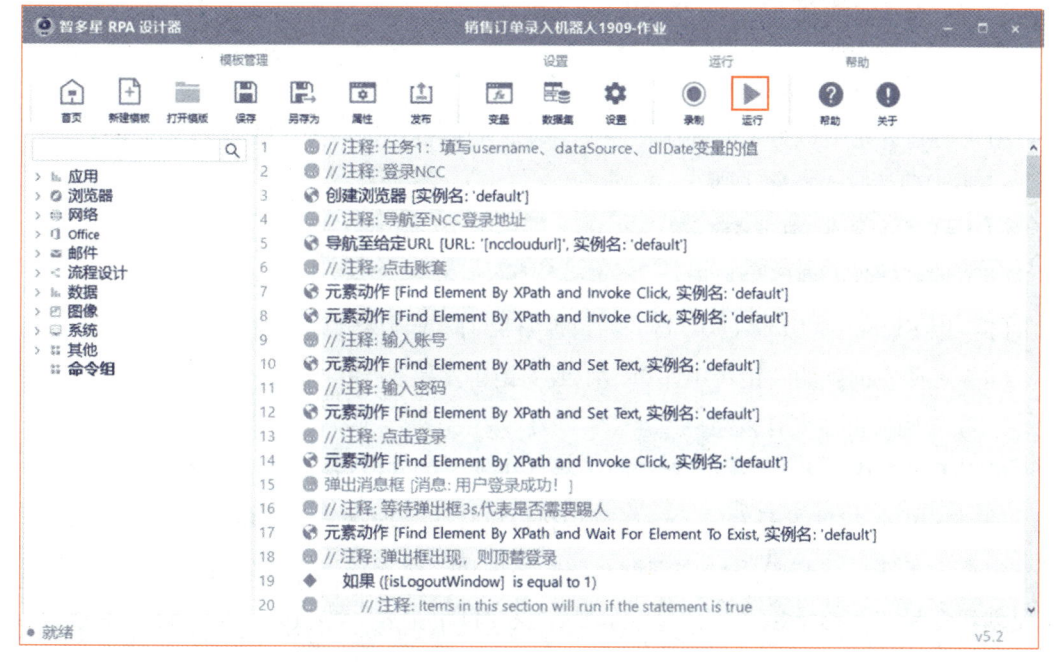

图 4-105　运行配置完成的 RPA 脚本

（3）机器人运行完成后，可在"首页"-"工作应用"-"ERP-RPA"路径下，登录ERP系统查看运行结果。查询路径"供应链"-"销售管理"-"销售订单管理"-"销售订单维护"，打开查询界面后，输入相应的查询条件进行查询，如图4-106所示。

图4-106　销售订单录入机器人运行结果查询路径

三、收入确认机器人

（一）收入确认机器人制作思路

RPA机器人是模拟手工的操作，通过自动化的运行，提高操作的效率及准确性。

1. 手工确认收入操作步骤

（1）打开并登录ERP系统；

（2）打开销售发票维护界面；

（3）以Excel中的销售订单号作为查询条件，查询到该笔订单的"销售出库单"；

（4）参照查询到的"销售出库单"生成"销售发票"。

2. 收入确认机器人开发思路

依据手工确认收入的操作步骤，收入确认机器人的开发思路如图4-107所示。

（1）该RPA机器人开发的关键环节是获取确认收货的销售"订单编号"，以该订单编号作为查询条件，在ERP系统中查询对应的出库单，参照该出库单生成销售发票。因此，需要创建变量"[orderNo]"，用于存储从"收货订单报表"中读取到的"订单编号"，如图4-108所示。

图4-107　收入确认机器人开发思路

图4-108　收货订单报表中的订单编号

获取确认收货的销售订单编号脚本，如图4-109所示。

图4-109　销售订单编号获取脚本

（2）获取"[orderNo]"的值后，通过XPath定位，将其录入到查询条件中，如图4-110所示。

207

图 4-110 出库单查询条件维护界面

查询条件中的"结算财务组织"可通过个性化设置，设置为要运行 RPA 程序的组织，如图 4-111、图 4-112 所示。

图 4-111 ERP 系统个性化设置菜单导航

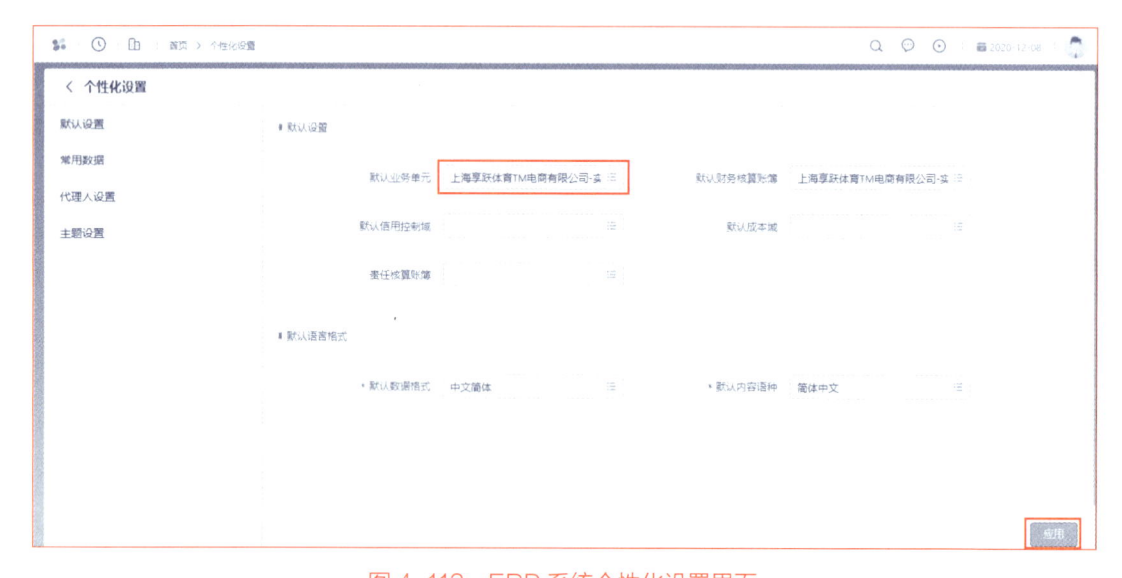

图 4-112 ERP 系统个性化设置界面

查询条件中的"出库日期"，可通过 XPath 定位后单击，选择包含业务日期的期间范围，如图 4-113、图 4-114 所示。

图 4-113　出库单查询条件维护界面

图 4-114　选择查询期间范围脚本

（3）查询到符合条件的出库单，勾选单据，点击"生成销售发票"即可，如图 4-115 所示。这些操作均可通过 XPath 定位后单击实现。

图4-115 参照销售出库单生成销售发票界面

（二）收入确认机器人开发及运行

【实训任务4-7】

请在教学实践平台上完成收入确认机器人的开发及运行。请在"实训任务-028收入确认机器人制作及录屏"界面，单击"本期作业参考资料"，下载"教学资源-028收入确认机器人开发业务数据"，按照自己的RPA账号选择相应的数据，用于开发收入确认机器人。完成机器人开发后，将机器人运行过程录屏，并上传至教学系统。

【温馨提示】新建文件夹（"收入确认机器人"），并在该文件夹下新建Excel文件（"收货订单报表"）。在下载的作业参考资料"教学资源-028收入确认机器人开发业务数据.xlsx"中，筛选出自己RPA账号对应的数据，粘贴到该新建的文件中。

【业务流程】

收入确认机器人开发及运行流程如表4-10所示。

表4-10 收入确认机器人开发及运行流程

操作步骤	操作系统	操作岗位	操作业务
1	智多星RPA设计器	RPA开发岗	打开程序
2	智多星RPA设计器	RPA开发岗	开发配置
3	智多星RPA设计器	RPA开发岗	保存运行程序

【操作步骤】

1. 打开程序

（1）单击"任务资料"，将资料中的压缩包即RPA模板下载到本地。

（2）将下载的RPA模板放到指定目录下：C:\yonyou\yonyouRPA\Scripts。

（3）单击"开始任务"，输入用户名、密码，登录"智多星RPA设计器"。

（4）单击"打开模板"，选择模板，单击"确定"。

2. 开发配置

在打开的RPA模板中，已经预置了大部分脚本，在开发配置的过程中，只需要按照注释完成指定任务即可。

任务1：填写username、dataSource、groupNo、dlDate变量的值，如图4-116所示。

图4-116　收入确认机器人开发模板任务一

单击"变量"，填写username、dataSource、groupNo、dlDate的值，如图4-117所示。

（1）username填写来源：RPA机器人开发时的用户名来源于ERP系统中的用户编码。单击"首页"-"工作应用"-"ERP-RPA"，在ERP系统中查看自己的用户名，将其填写到username变量中，如图4-118所示。

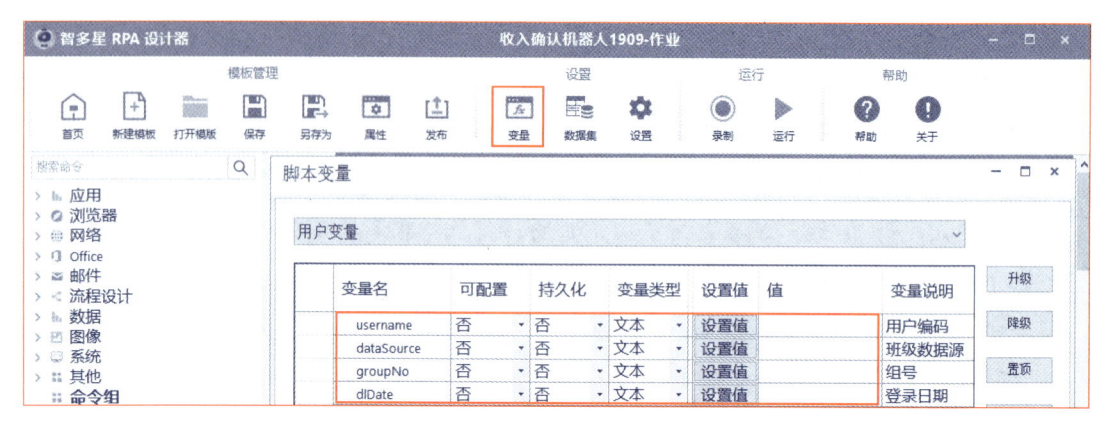

图4-117 收入确认机器人变量维护

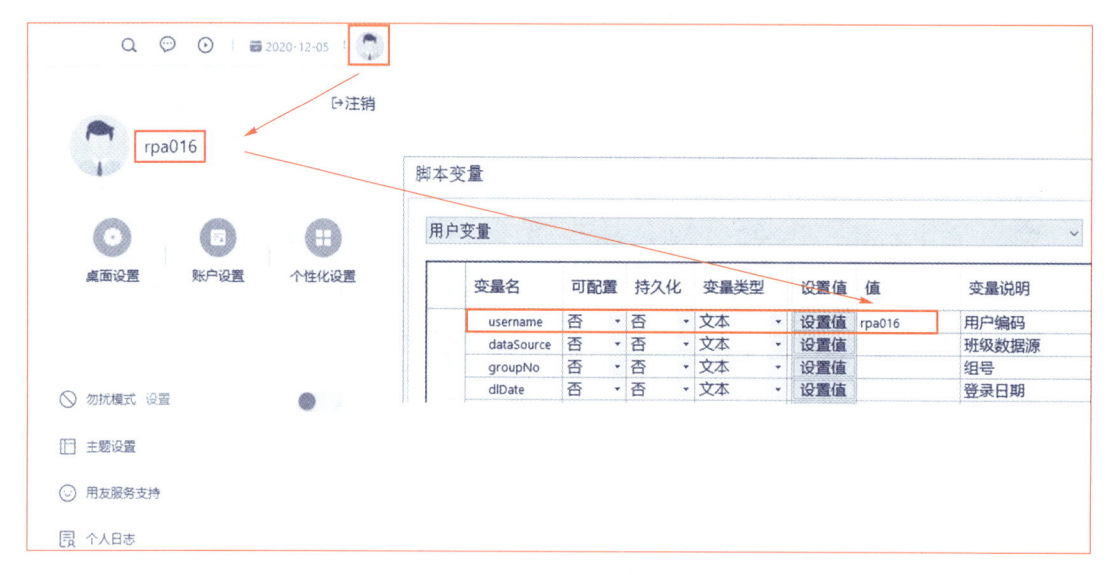

图4-118 username 变量值设置

（2）dataSource 填写来源：在平台上查询数据源信息，单击"一键复制"，将其填写在 dataSource 变量中，如图4-119、图4-120 所示。

（3）groupNo 填写来源：在开发阶段，组号统一填写"21"，如图4-121 所示。

（4）dlDate 填写来源：依据参照作业参考资料创建的"收货订单报表"中的"确认收货时间"填写，时间填写格式：yyyy-mm-dd，如图4-122 所示。

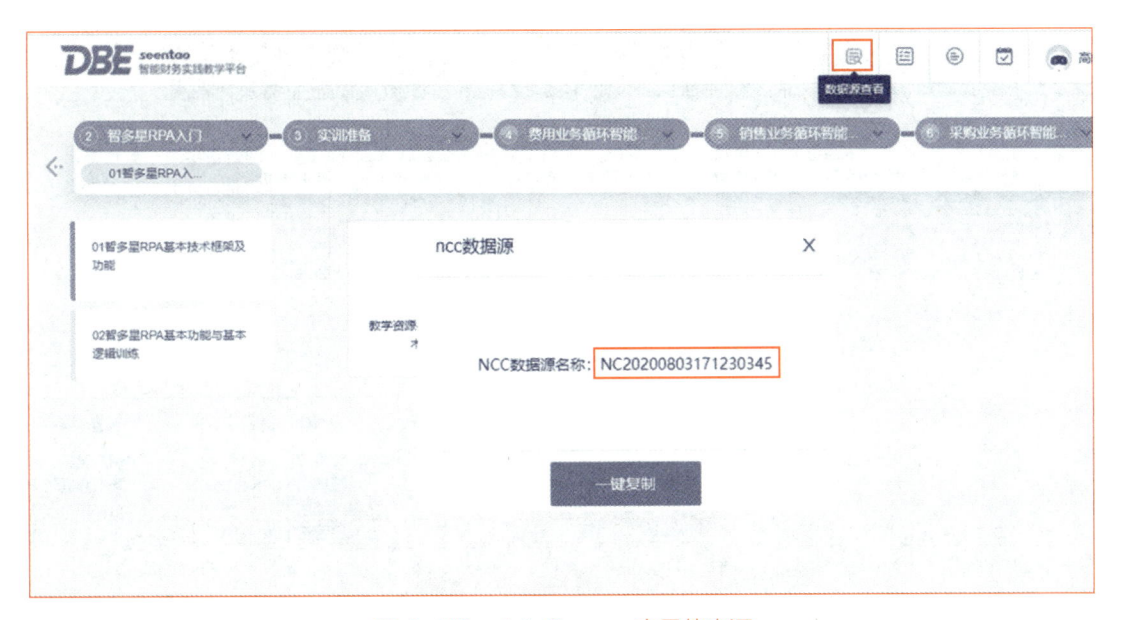

图 4-119　dataSource 变量值来源

图 4-120　dataSource 变量值设置

图 4-121　groupNo 变量值设置

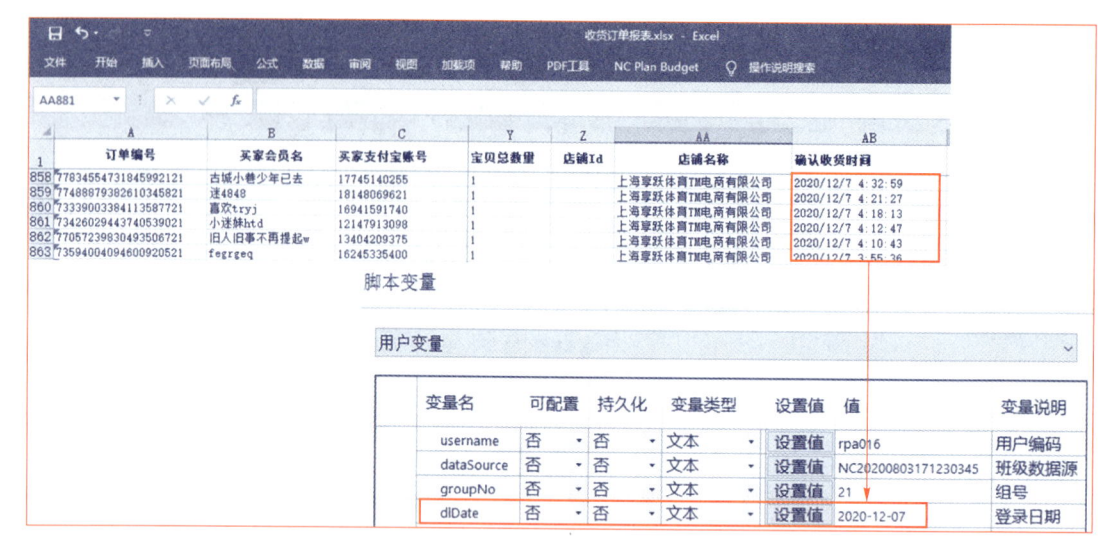

图 4-122 dlDate 变量值设置

任务2：选择文件，如图 4-123 所示。

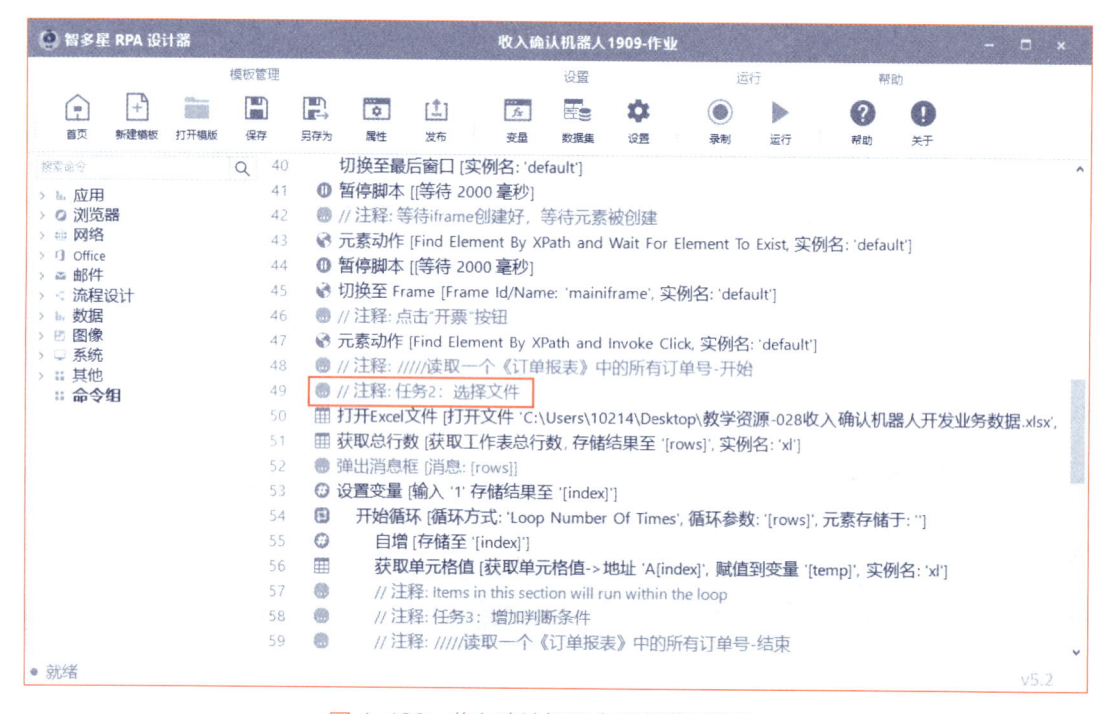

图 4-123 收入确认机器人开发模板任务二

双击任务2下的"打开 Excel 文件"行脚本，单击"选择文件"，按照文件路径选择新建的文件"收货订单报表.xlsx"，单击"确定"，如图 4-124 所示。

项目四　销售业务处理的 RPA 机器人应用

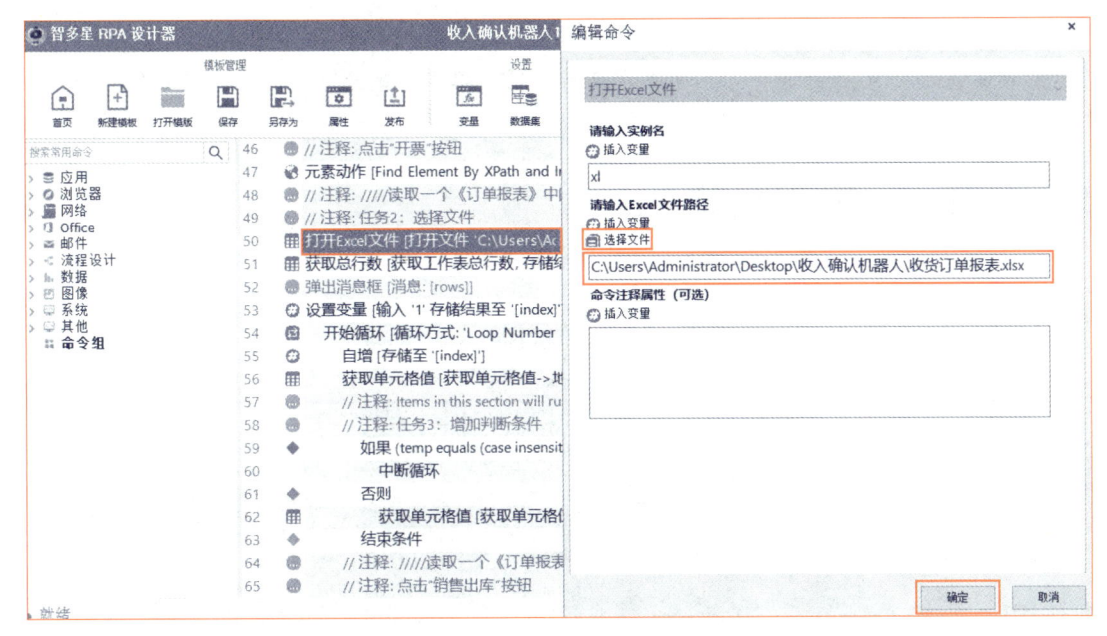

图 4-124　选择打开文件脚本

任务 3：增加判断条件：判断"[temp]"的值是否为空，如果为空，则中断循环，否则读取"A[index]"的值存储到"[orderNo]"中，如图 4-125 所示。

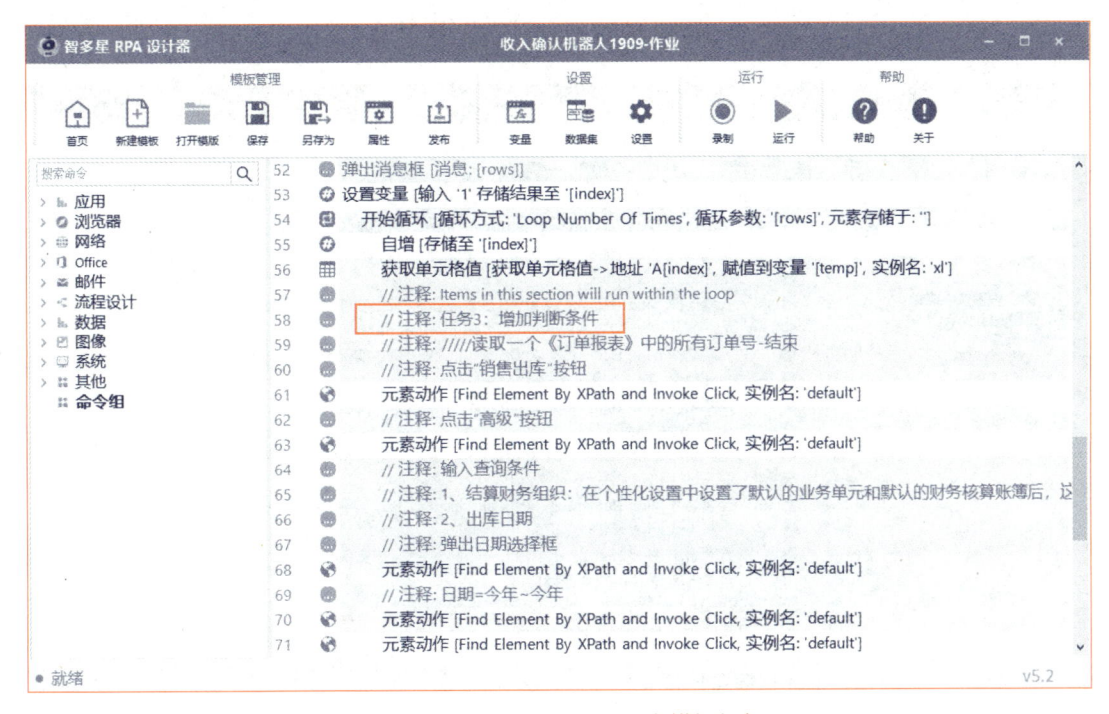

图 4-125　收入确认机器人开发模板任务三

215

（1）在左边搜索框中输入"条件"，然后单击放大镜或者回车确认，双击"开始条件"，在弹出的"添加新命令"界面编写判断条件，单击"确定"，如图4-126所示。

添加判断条件后，条件在脚本的最下面显示，如图4-127所示。

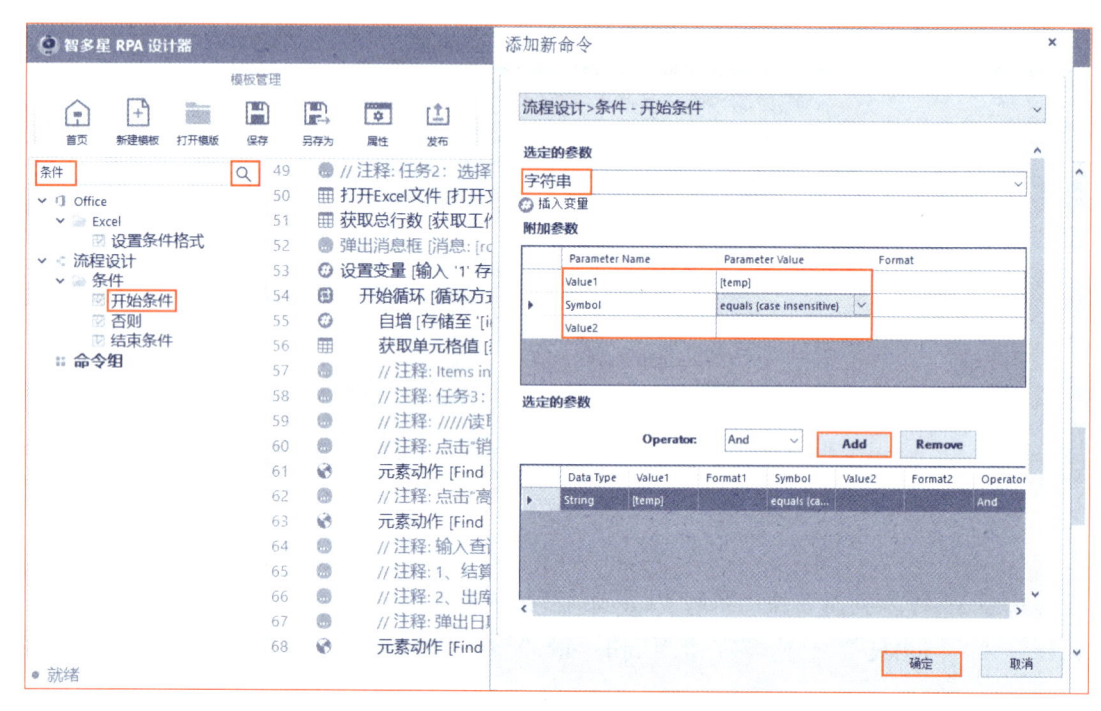

图4-126　增加判断条件脚本

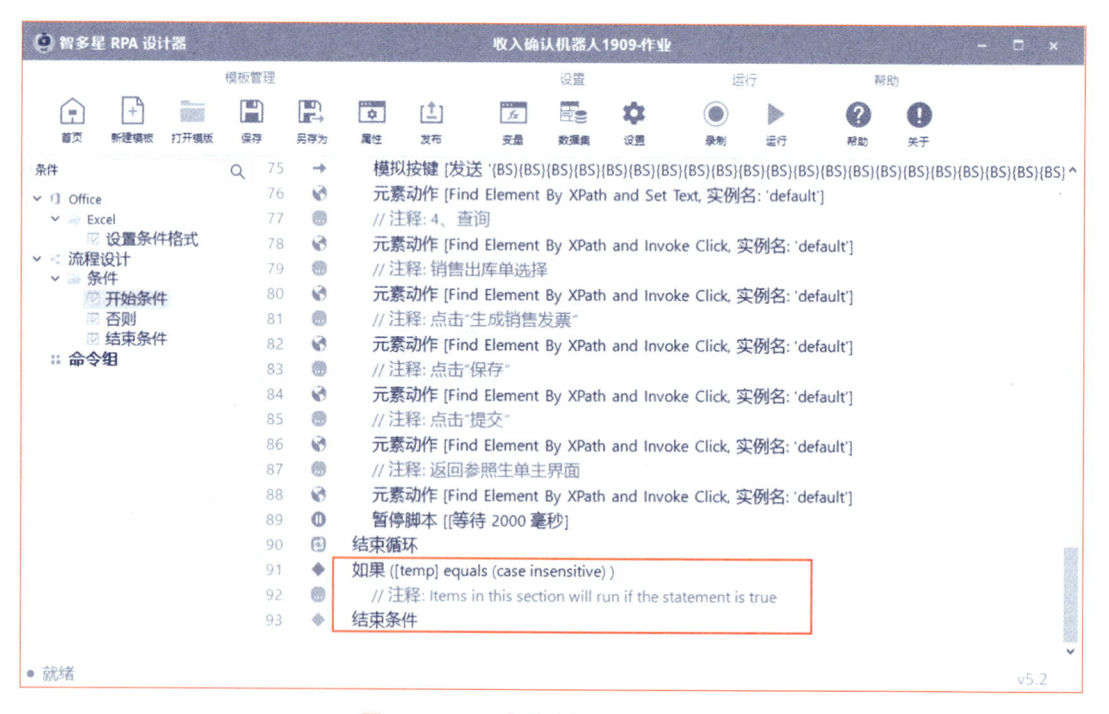

图4-127　添加完判断条件后的脚本

（2）双击左边的"否则"命令，在"添加新命令"中单击"确定"，如图4-128所示。

图4-128 添加否则命令

添加"否则"命令后，脚本如图4-129所示。

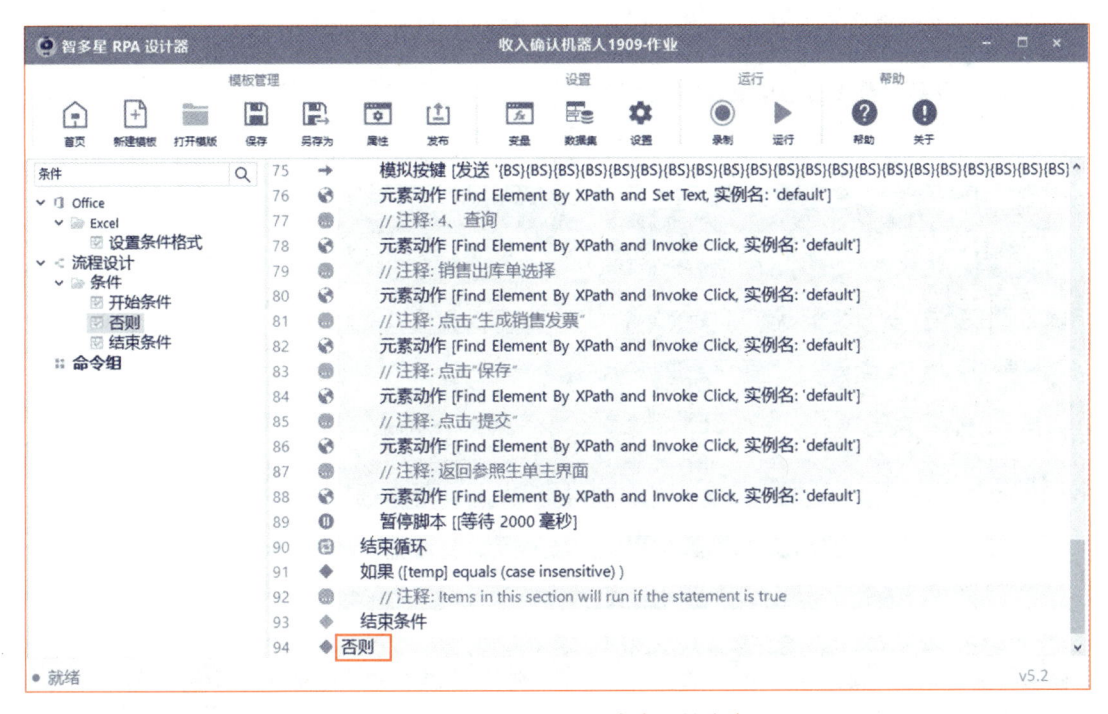

图4-129 添加完否则命令后的脚本

（3）用鼠标选中"否则"命令，将其拖到"结束条件"上一行，拖动完成后的界面显示，如图4-130所示。

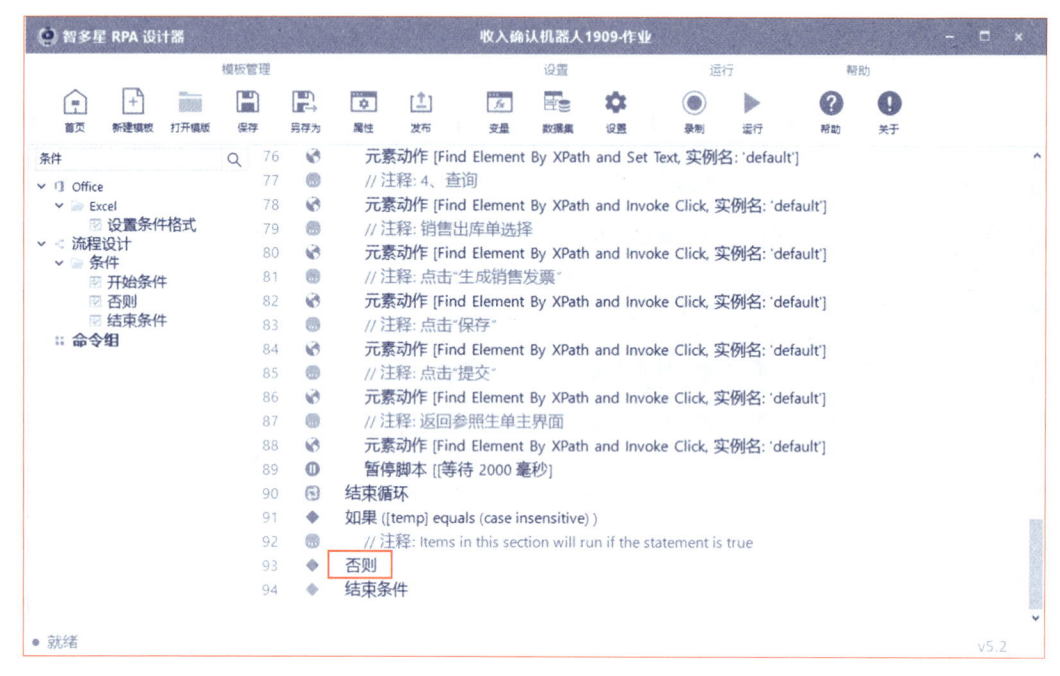

图4-130　移动否则命令位置后的脚本

（4）在左边的搜索框中输入"循环"，单击放大镜或者回车确认，双击"中断循环"命令，在"添加新命令"界面单击"确定"，如图4-131所示。

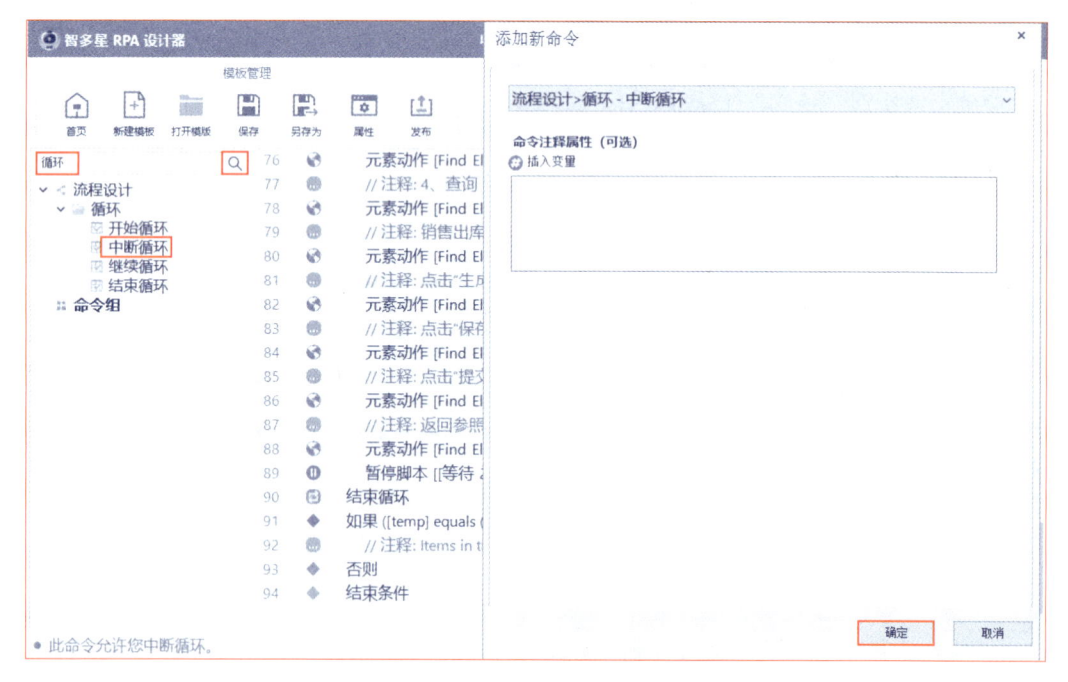

图4-131　添加中断循环命令

添加完"中断循环"命令后的界面显示，如图4-132所示。

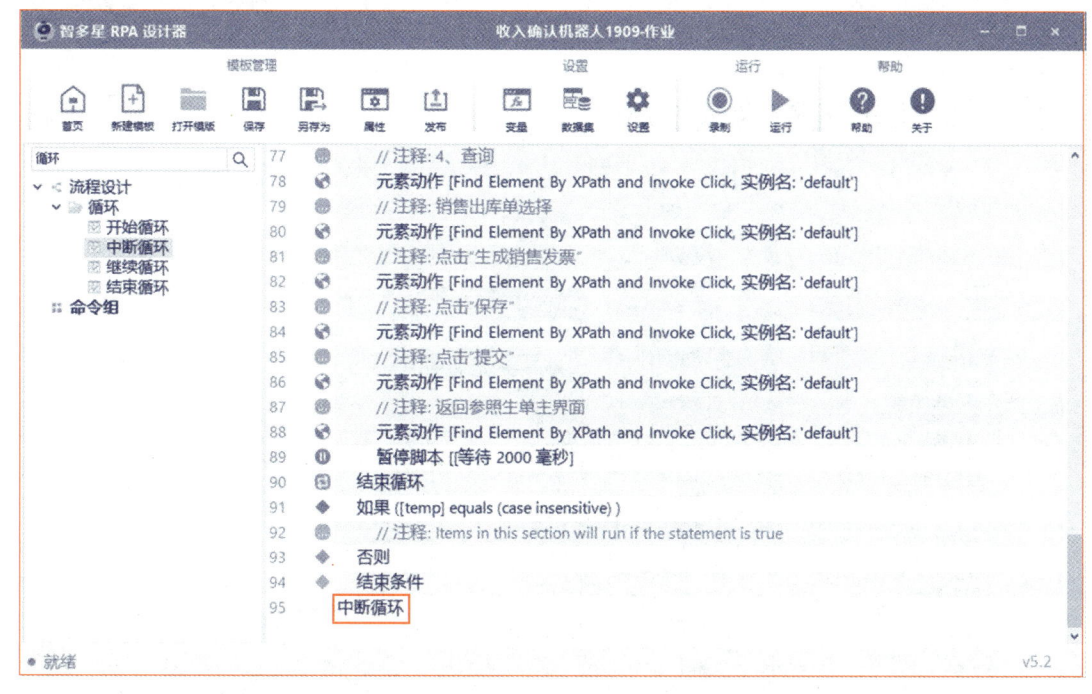

图4-132　添加完中断循环命令后的脚本

（5）将"中断循环"命令拖到"否则"命令上一行，如图4-133所示。

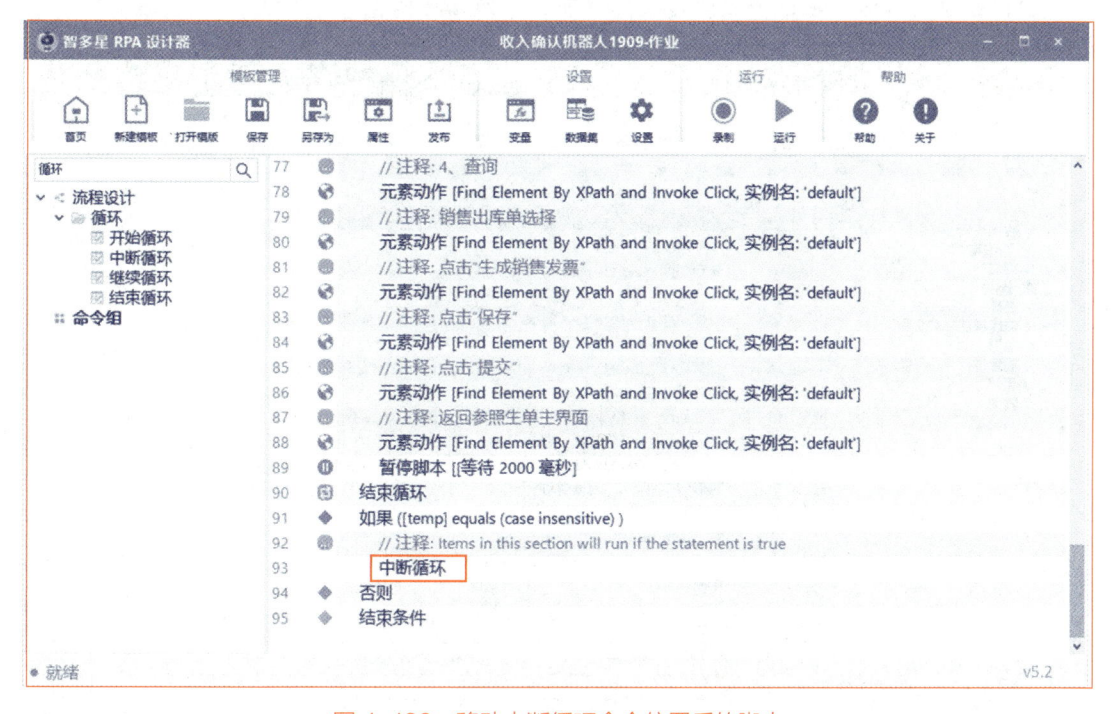

图4-133　移动中断循环命令位置后的脚本

（6）读取"A［index］"的值存到"［orderNo］"中。在左边选择"office"-"Excel"-"获取单元格值"，双击"获取单元格值"，在"添加新命令"界面进行脚本配置，如图4-134所示。

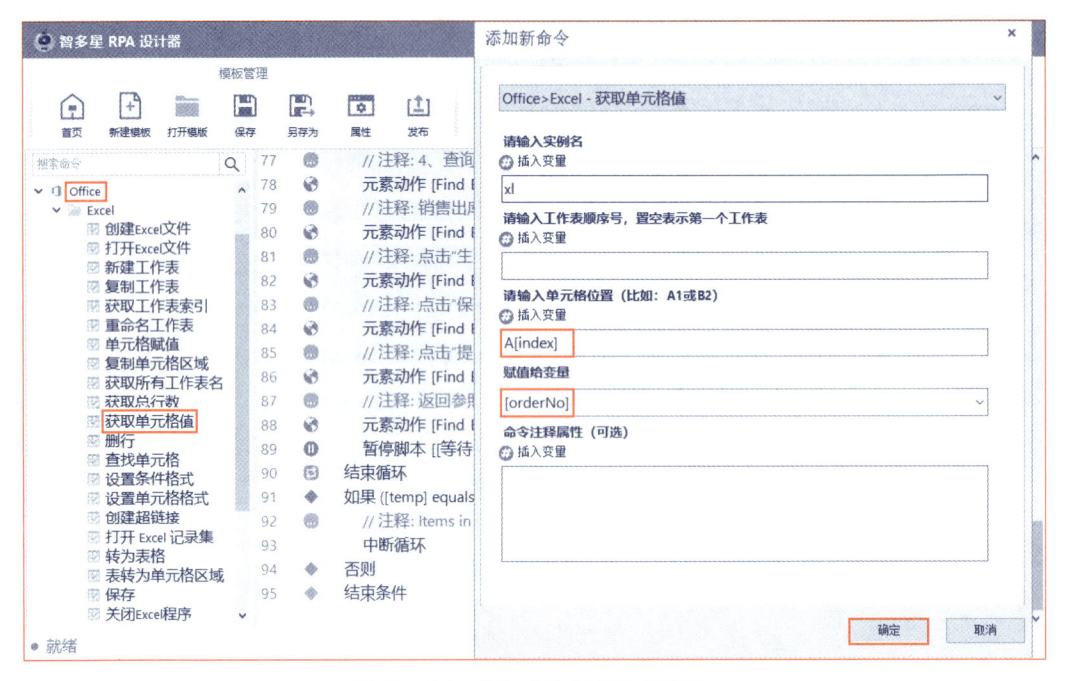

图4-134 添加获取单元格值脚本

"获取单元格值"脚本配置完成后的界面，如图4-135所示。

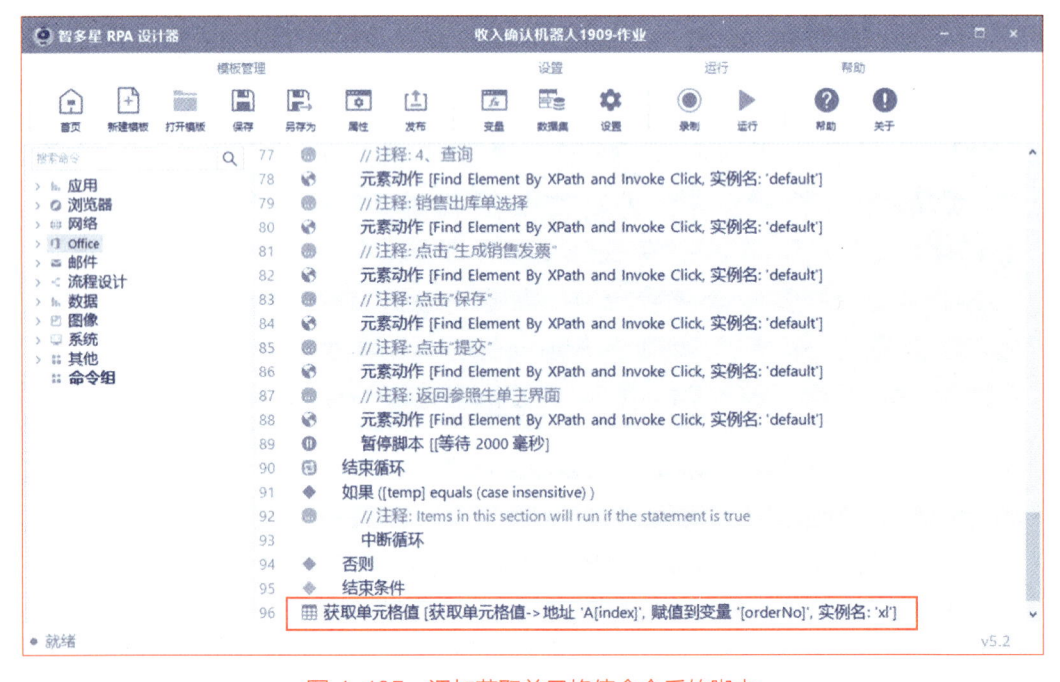

图4-135 添加获取单元格值命令后的脚本

（7）将"获取单元格值"脚本拖动到"否则"脚本下面一行，如图4-136所示。

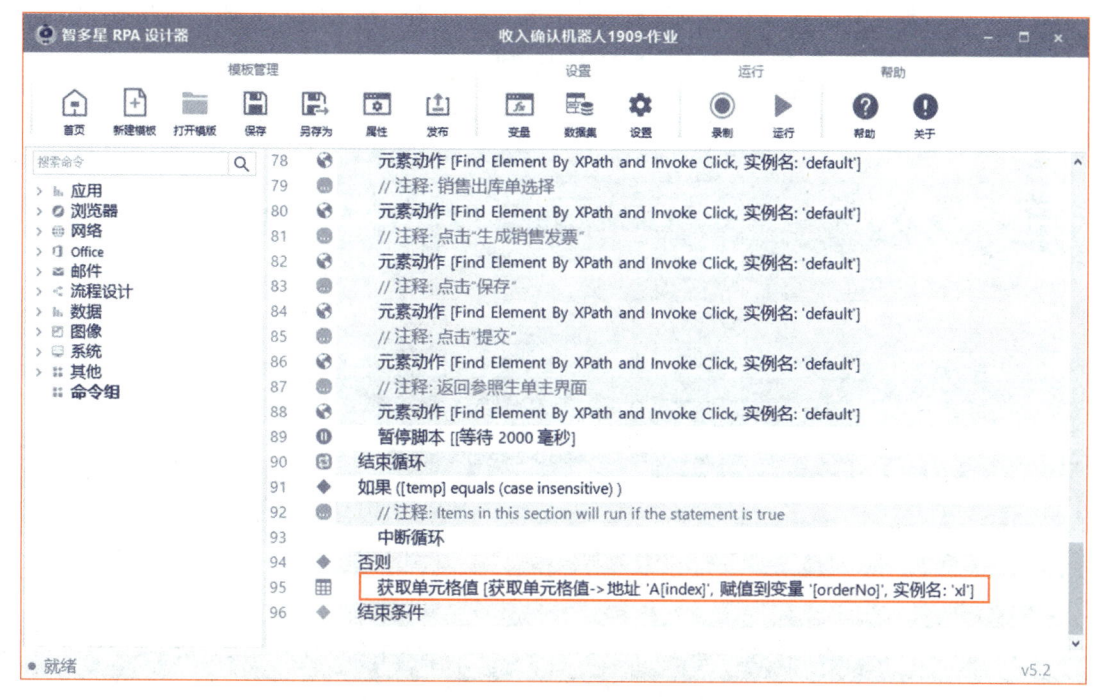

图4-136　移动获取单元格值命令位置后的脚本

（8）将整个判断条件复制粘贴到"任务3"下面，如图4-137、图4-138、图4-139所示。

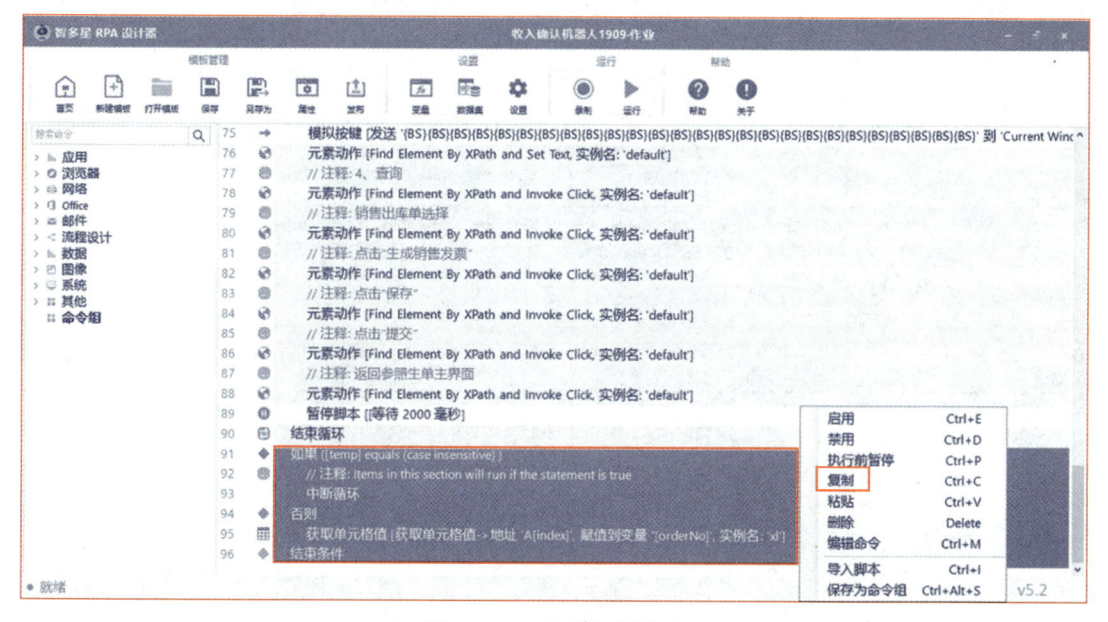

图4-137　复制新增脚本

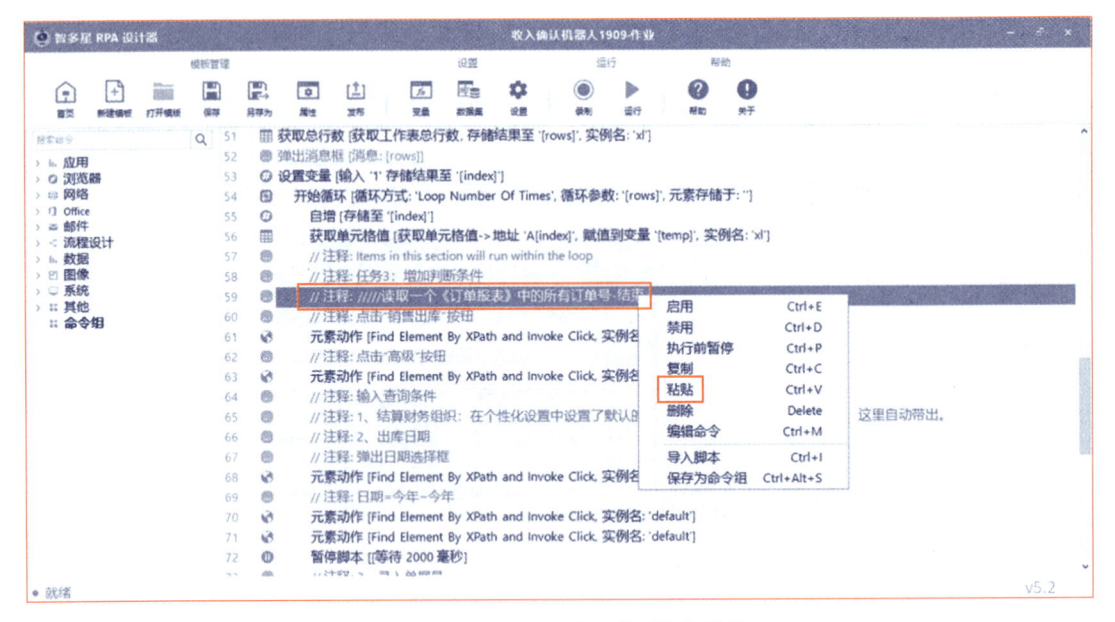

图 4-138 粘贴新增脚本到指定位置

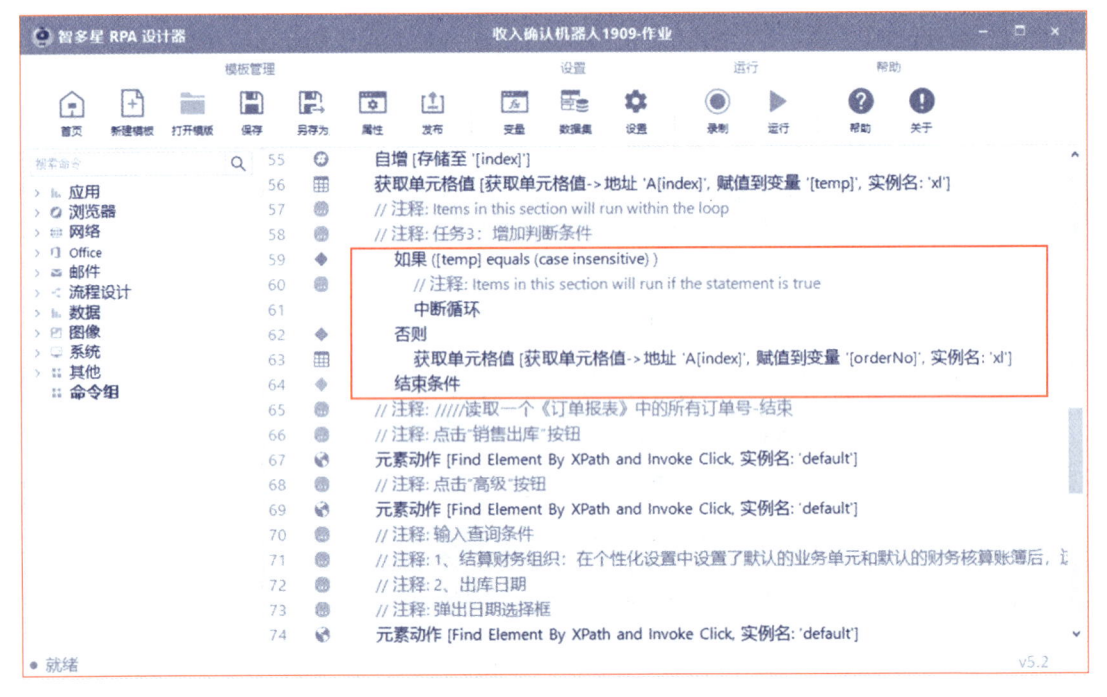

图 4-139 粘贴后的脚本效果

（9）删除最下面脚本行，如图 4-140 所示。

222

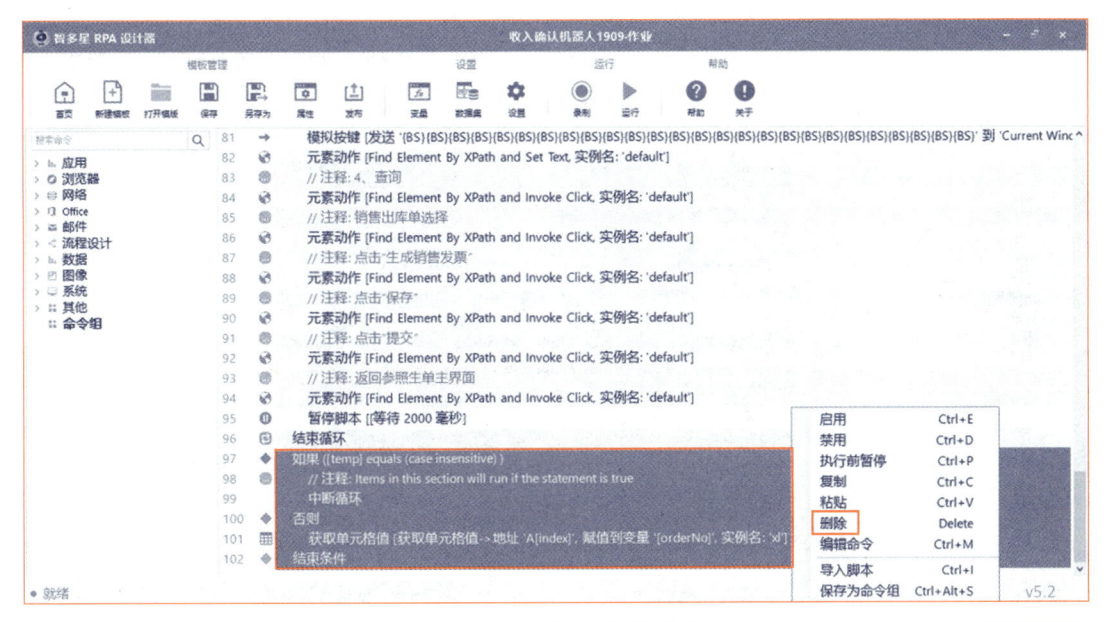

图 4-140　删除原新增脚本

3. 保存运行程序

（1）单击"保存"，保存配置完成的 RPA 脚本，如图 4-141 所示。

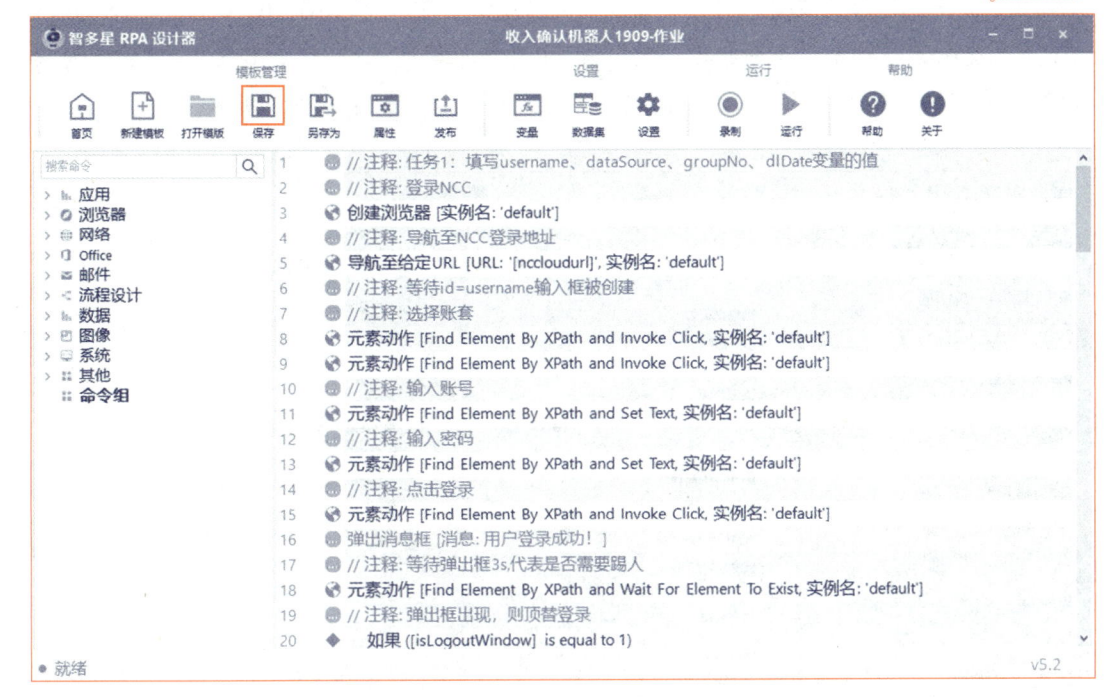

图 4-141　保存配置完成的 RPA 脚本

（2）单击"运行"，运行程序，如图 4-142 所示。注意：在运行前准备好录屏软件，以便将运行过程录屏提交作业。

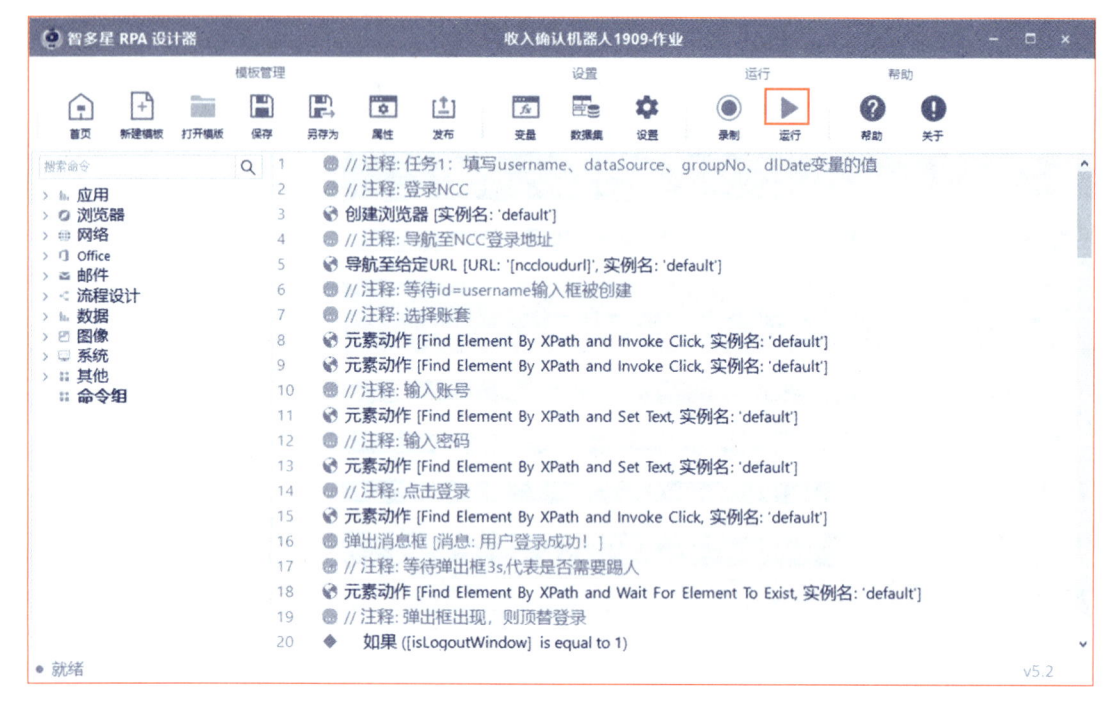

图4-142 运行配置完成的RPA脚本

（3）机器人运行完成后，可在"首页"-"工作应用"-"ERP-RPA"路径下，登录ERP系统查看运行结果。查询路径"供应链"-"销售管理"-"销售发票"-"销售发票维护"，打开查询界面后，输入相应的查询条件进行查询，如图4-143所示。

图4-143 收入确认机器人运行结果查询路径

四、收款单批量导入 ERP 系统

在"销售业务流程改进需求分析"阶段,明确需要按照支付宝账单明细在 ERP 系统中录入收款单的这项工作重复性强、工作量大,改进后的工作流程设计为通过开发 RPA 程序来实现自动化录入。在本案例环境下,使用的是用友 NC Cloud 的 ERP 系统,该系统提供了收款单按照模板批量导入的功能,这项功能为已定制开发的 RPA 程序,我们可以直接应用。

这一应用主要分为两个大的步骤,首先要制作模板,把生成收款单的业务数据放到模板中,然后将模板业务数据导入到 ERP 系统中。

(一)收款单导入模板制作

【实训任务 4-8】

请在教学实践平台上完成收款单导入模板的制作。请在"实训任务 -030 收款单导入模板制作"界面,单击"本期作业参考资料",下载"收款单导入模板制作",按照自己的 RPA 账号选择相应的数据,完成收款单导入模板的制作,请将完成后的收款单导入模板上传至教学系统。

【业务流程】

收款单导入模板制作流程如表 4-11 所示。

表 4-11　收款单导入模板制作流程

操作步骤	操作系统	操作岗位	操作业务
1	Excel 文档	RPA 开发岗	打开模板
2	Excel 文档	RPA 开发岗	填写模板业务数据
3	Excel 文档	RPA 开发岗	保存模板

【操作步骤】

1. 打开模板

解压下载的"收款单导入模板制作 .zip"文件,双击打开其中的"教学资源 -030 收款单导入模板 .xlsx"文件,阅读 A1 单元格的导入须知,不要随意删除列、增加列,保持全文单元格文本格式,如图 4-144 所示。

2. 填写模板业务数据

模板中预置的数据为示例,在填写时需将其替换为自己 RPA 账号对应的业务数据。收款单导入模板包含收款单表头信息和表体信息,如图 4-145 所示。

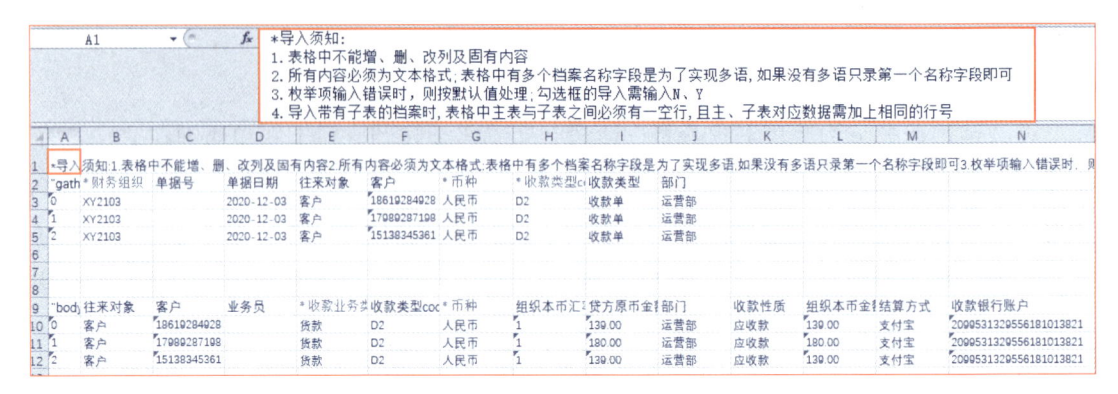

图 4-144　收款单导入模板导入须知

图 4-145　收款单导入模板表头行及表体行

采用相同序号的方式对应同一张收款单的表头和表体。例如，"0"行表头信息和"0"行表体信息对应一张收款单，如图 4-146 所示。

图 4-146　收款单导入模板表头行和表体行的关系

本案例中模板各字段信息的填写规则如表 4-12 所示。

表 4-12　收款单导入模板字段信息填写规则

字段名称	字段值填写说明
财务组织	根据实际情况填写，举例：本实训任务是所有同学都在实训 21 组进行数据导入，财务组织为"XY2103"
单据号	为空，系统自动生成
单据日期	填写要导入数据的业务日期，本任务参照作业参考资料所给的业务数据中的"入账时间"填写，例如：2020-12-13

续表

字段名称	字段值填写说明
往来对象	全部为"客户"
客户	复制作业参考资料所给的业务数据中的"对方账户"
*币种	全部为"人民币"
*收款类型code	全部为"D2"
收款类型	全部为"收款单"
部门	全部为"运营部"
往来对象	全部为"客户"
客户	复制作业参考资料所给的业务数据中的"对方账户"数据
业务员	全部为空
*收款业务类型	全部为"货款"
收款类型code	全部为"D2"
*币种	全部为"人民币"
组织本币汇率	全部为"1"
贷方原币金额	复制作业参考资料所给的业务数据中的"收入（+元）"数据
部门	全部为"运营部"
收款性质	全部为"应收款"
组织本币金额（贷方）	复制作业参考资料所给的业务数据中的"收入（+元）"数据
结算方式	全部为"支付宝"
收款银行账户	全部为"2099531329556181013821"
收款类型	全部为"收款单"
起算日期	同"单据日期"
订单号	复制作业参考资料所给的业务数据中的"商户订单号"

收款单导入模板制作过程中，来源于作业参考资料"教学资源-030收款单导入业务数据.xls"中的字段信息如图4-147所示。

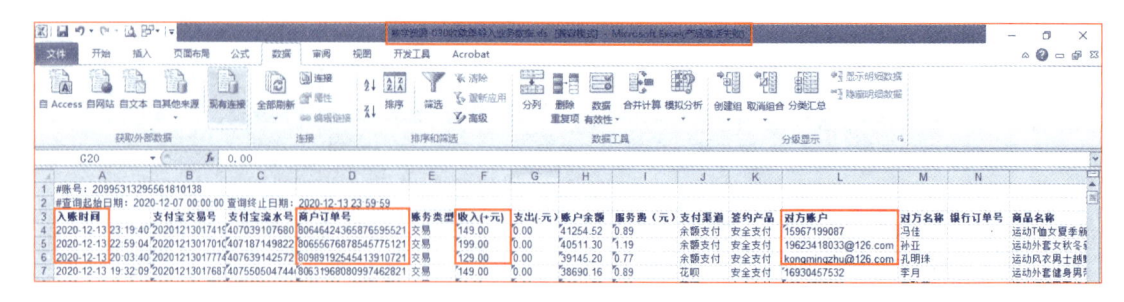

图 4-147 收款单导入模板业务数据信息来源

3. 保存模板

模板中所有字段的业务数据信息填写完毕后,单击"保存"按钮,然后关闭文件即可,如图 4-148 所示。

图 4-148 保存收款单导入模板

(二)收款单业务数据导入及提交

【实训任务 4-9】

请在教学实践平台上将已完成的"收款单导入模板"中的业务数据导入到 ERP 系统中,并完成导入收款单的"提交"操作。

【业务流程】

收款单业务数据导入及收款单提交流程如表 4-13 所示。

表 4-13 收款单业务数据导入及收款单提交流程

操作步骤	操作系统	操作岗位	操作业务
1	ERP 系统	RPA 开发岗	收款单业务数据导入 ERP 系统
2	ERP 系统	RPA 开发岗	收款单提交

【操作步骤】

1. 收款单业务数据导入 ERP 系统

（1）登录 ERP 系统，在"财务会计"－"应收管理"－"收款日常业务"－"收款单管理"路径下，打开"收款单管理"菜单。

（2）在打开的收款单管理界面中，单击"更多"－"导入"按钮，如图 4-149 所示。

图 4-149　收款单模板导入路径

（3）选择收款单导入模板，单击"打开"，如图 4-150 所示。

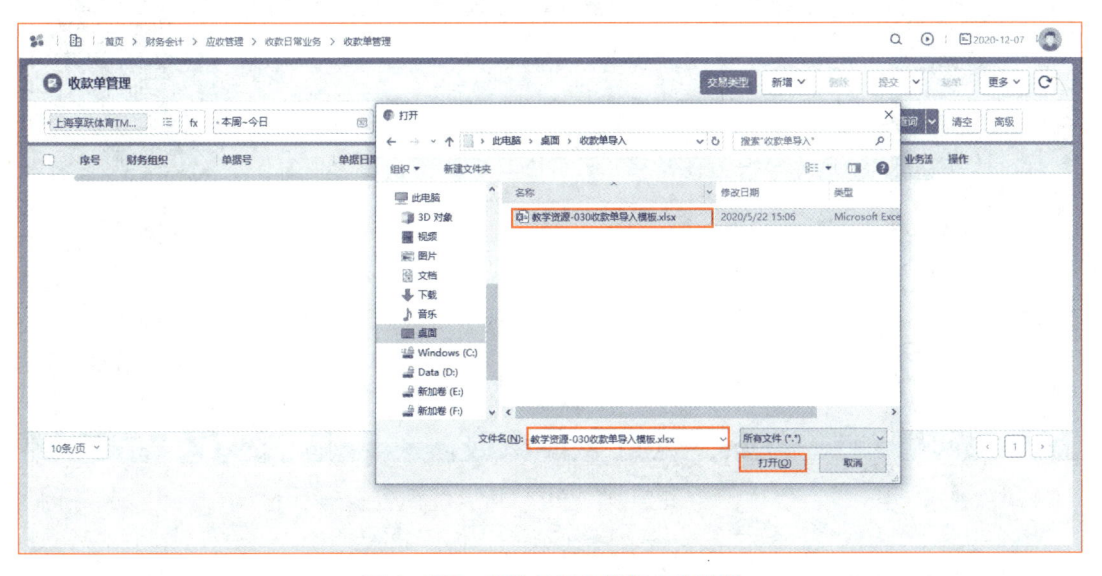

图 4-150　收款单导入模板文件选择

（4）系统开始导入数据，导入成功后系统提示处理完成，单击"关闭"按钮关闭提示消息，如图4-151所示。

图4-151　收款单导入处理完成提示

2．收款单提交

（1）在收款单管理界面，单击"高级"按钮，在弹出的"查询条件"界面，输入查询条件，如图4-152所示。

图4-152　收款单查询条件维护界面

（2）单击"查询"后可显示已导入的收款单数据，如图4-153所示。
（3）勾选全部单据，单击"提交"，完成收款单的提交，如图4-154所示。

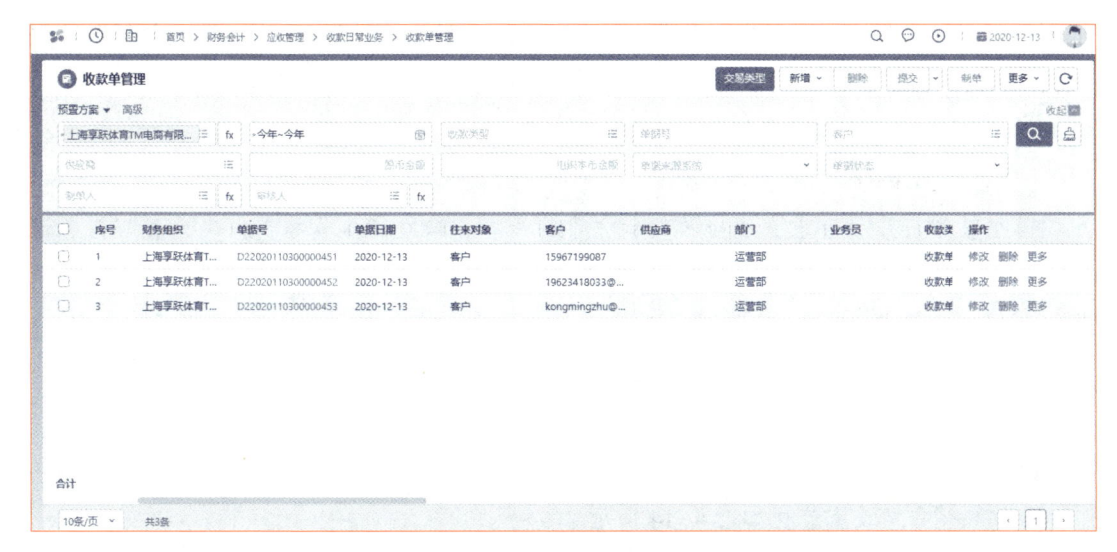

图4-153　收款单数据查询结果

图4-154　收款单提交

五、应收核销机器人

（一）应收核销方案设置

在"销售收款确认流程"实操体验中，"应收单"与"收款单"是按照时间顺序手工核销的，经过流程优化设计后，"应收单"和"收款单"都是按照订单明细录入的，为适应精细化管理要求，需按照订单号进行二者的核销，这无疑给销售会计带来巨大的工作量，耗费大量的时间和精力，因此优化方案设计为通过开发RPA程序来实现自动化核销。

NC Cloud ERP系统提供了应收核销方案设置功能，财务人员可以在此功能菜单下，

231

依据具体管理需求,进行个性化的核销方案设置,从而实现"应收单"与"收款单"按照该核销方案自动核销,此功能为已定制开发的 RPA 程序,我们可以直接应用。

【实训任务 4-10】

请在教学实践平台上完成应收核销方案的设置。请在"应收核销方案设置"任务界面,单击左侧"任务资料",下载"任务资料"中的压缩文件"教学资源-029 应收核销规则配置业务数据.zip",解压该文件后,在"教学资源-029 应收核销规则配置业务数据.xlsx"中筛选出自己 RPA 账号对应的客户信息,在 ERP 系统中完成该客户的应收核销方案设置(按订单号核销)。

【业务流程】

应收核销方案设置流程如表 4-14 所示。

表 4-14 应收核销方案设置流程

操作系统	操作岗位	操作业务
ERP 系统	RPA 开发岗	应收核销方案设置

【操作步骤】

(1)在"财务会计"-"应收管理"-"核销处理"-"应收核销方案设置"路径下,打开"应收核销方案设置"菜单。

(2)在打开的"应收核销方案设置"界面中,单击"新增"按钮,如图 4-155 所示。

(3)在"常用条件"页签下维护相关信息,如图 4-156 所示。

图 4-155 应收核销方案新增界面

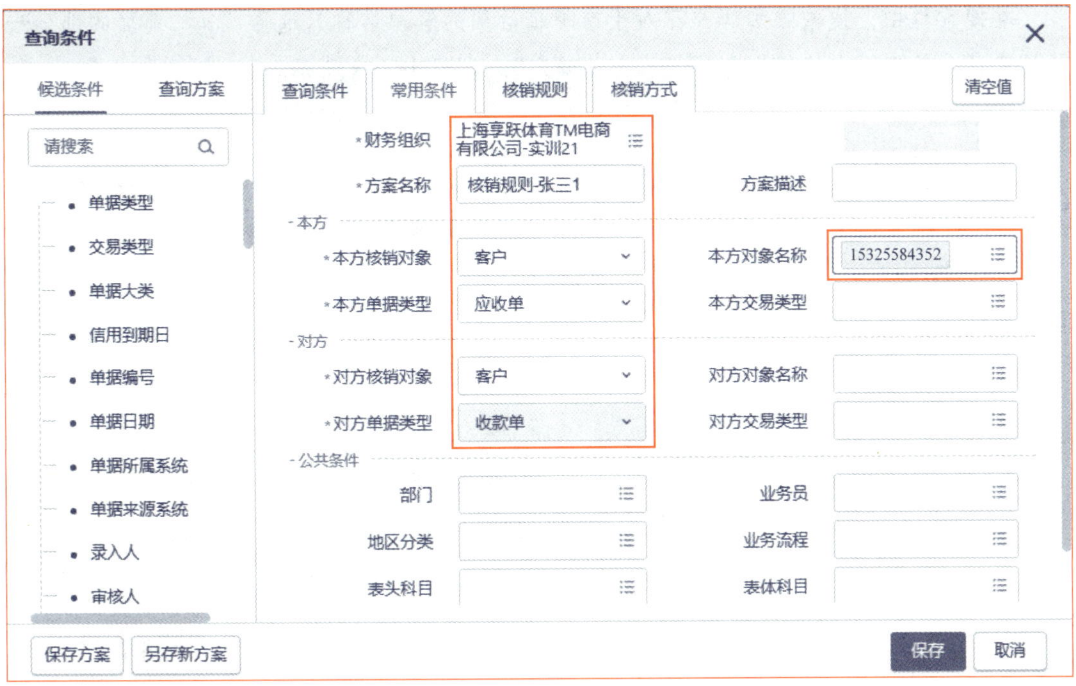

图 4-156　应收核销方案常用条件维护

财务组织：选择“上海享跃体育 TM 电商有限公司－实训 21”；

方案名称：填写“核算规则－学生自己的姓名及序号”（为后面配置及运行应收核销机器人，在此可以同时执行多个核销方案，这里每个同学按照客户建立 3 个核销方案，如：“核销规则－张三 1”“核销规则－张三 2”“核销规则－张三 3”）；

本方核销对象：选择“客户”；

本方对象名称：选择要设置核销方案的客户名称，参照下载文件“教学资源 –029 应收核销规则配置业务数据”，选择自己的 RPA 账号对应的客户名称，每个客户名称单独建立一个核销方案，如图 4–157 所示。

	A	B	C
1	客户名称	应用开发账号	
2	15967199087	RPA001	
3	19623418033@126.com	RPA001	
4	kongmingzhu@126.com	RPA001	
5	16930457532	RPA002	
6	15516787266	RPA002	
7	17048774242	RPA002	
8	16362708389	RPA003	
9	19118409812	RPA003	
10	fuefuw2@163.com	RPA003	
11	18410787224	RPA004	
12	19141043841	RPA004	
13	13456670105@163.com	RPA004	

图 4–157　按 RPA 账号选择业务数据

在搜索框中，搜索添加客户，对于有邮箱后缀的客户名称只选择"@"前面的部分进行搜索，勾选筛选出的客户名称，单击"确定"，如图4-158所示。

图4-158　选择核销客户

本方单据类型：选择"应收单"；
对方核销对象：选择"客户"；
对方单据类型：选择"收款单"。

（4）在"核销方式"页签下，选择"按订单号核销"，单击"保存"按钮，完成该核销方案的设置，如图4-159所示。

图4-159　应收核销方案核销方式维护

（5）单击"新增"按钮，按照上面操作步骤，完成剩余两条客户信息的核销方案设置，如图 4-160 所示。

序号	财务组织	方案名称	方案描述	默认自动核销方案	操作
1	上海享跃体育TM电商有限公司-实训21	核销规则-张三1			修改 删除 设置默认
2	上海享跃体育TM电商有限公司-实训21	核销规则-张三2			修改 删除 设置默认
3	上海享跃体育TM电商有限公司-实训21	核销规则-张三3			修改 删除 设置默认

图 4-160　应收核销方案设置完成界面

【温馨提示】按照案例业务场景需求，所有客户都是按照订单号核销的，即所有客户的核销规则一致，只需要设置一个核销方案就可以了，无须按照客户设置多个核销方案，此处可以让每个学生按照客户设置三个核销方案，一是让学生熟悉应收核销方案设置的过程，二是为了让学生在后续实训任务中可以体验通过"应收核销机器人"同时执行多个核销方案的过程。

（二）应收核销机器人配置及运行

对于有多种业务模式的集团型企业来讲，每种业务模式的应收核销规则可能完全不同，同一业务模式下不同组织、不同客户的核销规则也可能不同，那么就要设置多个应收核销方案。

如在共享服务中心的应用场景下，可能一个销售会计岗要同时管理多个组织的多个核销方案，那么逐个执行核销方案也将耗费大量时间，如何来提高这一工作的效率呢？

小友 RPA"应收核销机器人"就可以实现同时执行多个组织的多个核销方案，并自动生成各核销方案的核销报告。

应收核销机器人配置及运行的主要步骤，如图 4-161 所示。

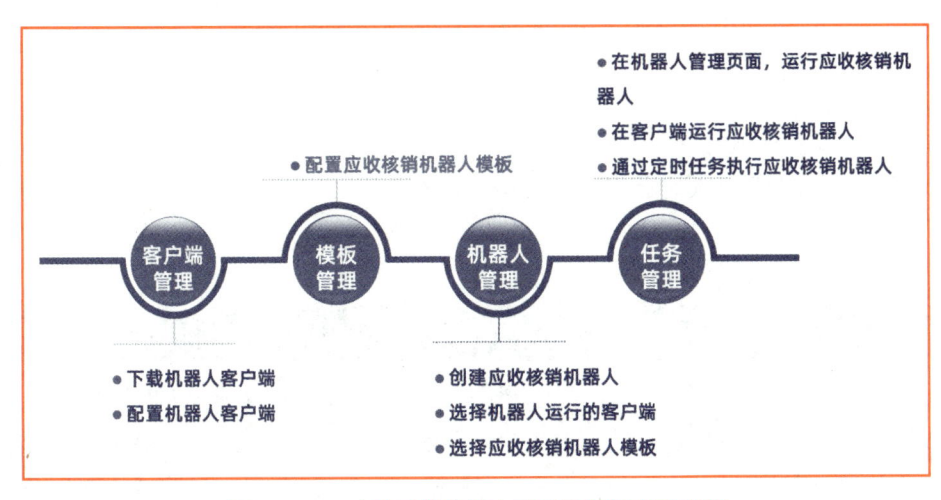

图 4-161　应收核销机器人配置及运行主要步骤

本案例中是在同一个组织下，按照不同的客户设置了多个应收核销方案，让学生体验通过"应收核销机器人"同时执行多个应收核销方案的过程。

【实训任务 4-11】

请在教学实践平台上完成应收核销机器人的配置及运行。请在"实训任务-029 应收核销机器人配置及运行"界面，单击"本期作业参考资料"，下载作业参考资料中的"应收核销机器人输入 .xlsx"，用于应收核销机器人配置，请将应收核销机器人运行后生成的报告文件上传至教学系统。

【温馨提示】在开始该任务前，需要学生先下载、安装并配置"小友 RPA"。具体安装及配置参见"小友 RPA 客户端安装及登录"任务中的任务资料"小友 RPA 安装及初始化设置 .zip"，如图 4-162 所示。

图 4-162　下载安装并配置"小友 RPA"

【业务流程】

应收核销机器人配置及运行流程如表 4-15 所示。

表 4-15　应收核销机器人配置及运行流程

操作步骤	操作系统	操作岗位	操作业务
1	小友 RPA	RPA 开发岗	登录小友 RPA
2	ERP 系统	RPA 开发岗	配置"应收核销机器人"
3	ERP 系统	RPA 开发岗	运行"应收核销机器人"

【操作步骤】

1. 登录小友 RPA

单击"开始任务",打开小友 RPA 客户端登录页面,选择自己班级的数据源,输入用户名、密码,单击"登录"。班级数据源在"首页"右上角的"数据源查看"图标下查看。用户名为自己的 RPA 账号,单击"首页"-"工作应用"-"ERP-RPA",可以在 ERP 系统中查看自己的 RPA 账号,密码统一为"123qwe"。

登录完成后,在电脑右下角的运行程序中可以看到"机器人客户端"的图标,如图 4-163 所示。

图 4-163　机器人客户端运行程序图标

2. 配置"应收核销机器人"

(1)打开从作业参考资料中下载的"应收核销机器人输入.xlsx",其中"自动核销财务组织编码""自动核销财务组织名称"已预置为需要运行"应收核销机器人"的组织信息,其中"开始单据日期""结束单据日期"已预置为需要运行"应收核销机器人"的单据日期范围,其中"核销方案名称"需要学生修改为自己在 ERP 系统中配置的应收核销方案名称,如图 4-164 所示。

	A	B	C	D	E	F	G	H	I
1	核销模块	自动核销财务组织编码	自动核销财务组织名称	核销方案编码	核算方案名称	开始单据日期	开始单据日期说明	结束单据日期	结束单据日期说明
2	应收管理	XY2103	上海享跃体育TM电商有限公司-实训21		核销规则-张三1	2020/11/1	2020/11/1	2020/12/31	2020/12/31
3	应收管理	XY2103	上海享跃体育TM电商有限公司-实训21		核销规则-张三2	2020/11/1	2020/11/1	2020/12/31	2020/12/31
4	应收管理	XY2103	上海享跃体育TM电商有限公司-实训21		核销规则-张三3	2020/11/1	2020/11/1	2020/12/31	2020/12/31

图 4-164　应收核销机器人输入信息配置

（2）单击"开始任务"，登录 ERP 系统。

（3）单击左上角"四叶草"，打开"RPA 智能引擎"-"自动化机器人"-"自动化机器人设置"-"机器人管理"菜单，如图 4-165 所示。

图 4-165　机器人管理导航路径

（4）单击"创建机器人"，如图 4-166 所示。

图 4-166　创建机器人界面

（5）录入机器人名称和描述，下拉选择机器人运行的"客户端"，单击"下一步"，如图 4-167 所示。

图 4-167 应收核销机器人基本信息维护

【温馨提示】只有在同一数据源下，同一用户"小友 RPA 客户端"处于登录状态时，才能选择到"客户端"。

（6）选择"应收核销机器人"模板，单击"下一步"，如图 4-168 所示。

图 4-168 应收核销机器人模板选择

（7）设置机器人运行的变量值。

NC Cloud 地址：即服务器地址，该地址由老师告知；

用户名和密码：用户名为自己的 RPA 账号，密码统一为"123qwe"；

核销结果报告路径：选择自己希望将核销结果报告存储的文件位置（必须为本地已有文件夹路径）；

NCC 数据源名称：在教学实践平台首页，单击"数据源查看"图标查看并复制。

全部变量值设置完成后，单击"下一步"，如图 4-169 所示。

图 4-169　应收核销机器人变量设置

（8）单击"选择文件"，选择已修改完成的"应收核销机器人输入.xlsx"文件后，单击"下一步"，如图 4-170 所示。

图 4-170　选择修改完成的输入文件

（9）维护收件人姓名和邮箱，单击"是否启用"按钮启用报告接收功能，如图 4-171 所示。

（10）单击"完成"，应收核销机器人创建完成。

图 4-171　报告接收人信息维护及启用

3. 运行"应收核销机器人"

单击"待机",下拉选择"运行",机器人开始自动执行应收核销操作,如图 4-172 所示。

图 4-172　运行应收核销机器人

机器人运行结束后,邮箱可收到运行结果报告,如图 4-173 所示。

在应收核销结果报告存储路径下也可以查看运行结果报告,如图 4-174、图 4-175 所示。

图 4-173 邮箱接收的机器人运行结果报告

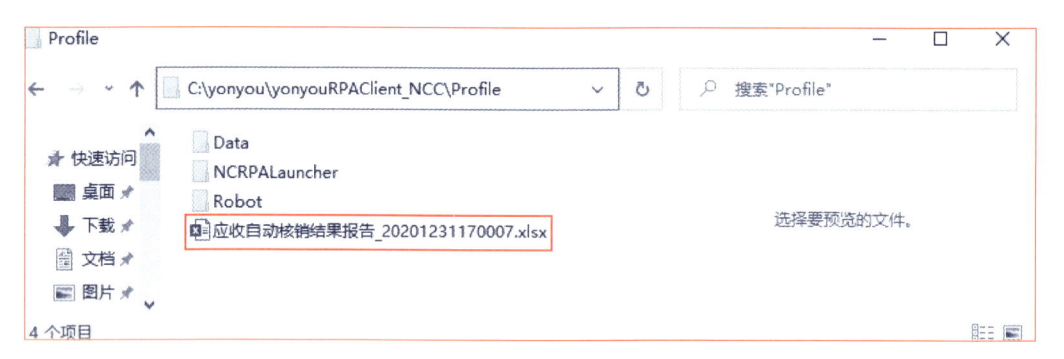

图 4-174 指定存储路径下生成的机器人运行结果报告

图 4-175 机器人运行结果报告详细信息

📝 项目小结

销售业务是企业价值实现的关键环节，稳定和持续增长的销售额对于企业的盈利至关重要。案例企业从传统的卖场销售到电商销售，再到出口销售，销售渠道不断拓宽，业务规模不断增长，每种渠道都有各自的业务特点。我们选取了电商销售业务这一个比较具有代表性的渠道，进行了深度剖析，体验了其业务处理从信息化到智能化的全流程。在这一过程中，我们体验了销售业务基于ERP系统的业财一体化处理流程，基于销售订单生成销售出库单，基于销售出库单生成销售发票，基于销售发票生成销售应收单，进而生成收入确认的总账凭证，而不是以财务人员直接在核算系统录入借贷凭证为起点，让学生了解信息时代业财深度融合场景下的财务工作。基于此，我们分析了案例企业销售业务流程中存在的问题，从财务的视角发现风险，规范业务，应用先进的智能技术提升效率，降低成本，使财务从记录价值、守护价值向创造价值转变，从而提升学生分析问题、解决问题的能力。通过RPA机器人的开发与应用，让学生感受到智能技术的应用价值，并不断挑战自我、突破自我，不断学习新技术，让智能技术成为我们的有利助手，使我们的工作更加高效，适应数字化、智能化时代下的工作环境。

项目五　采购业务处理的 RPA 机器人应用

学习目标

知识目标
- 了解企业采购业务流程
- 了解企业采购业务涉及的信息系统及岗位
- 了解企业采购业务信息化处理流程
- 掌握财务机器人在采购业务中的应用原理

技能目标
- 掌握企业采购业务信息化处理技能
- 能对企业采购业务流程问题进行梳理并提出改进意见
- 能利用 RPA 技术对企业采购业务流程进行优化

素养目标
- 遵循国家相关法律法规和企业内部控制制度
- 遵守诚实守信的职业道德
- 具备发展和创新意识
- 具备团队协作精神和良好的职业习惯

思维导图

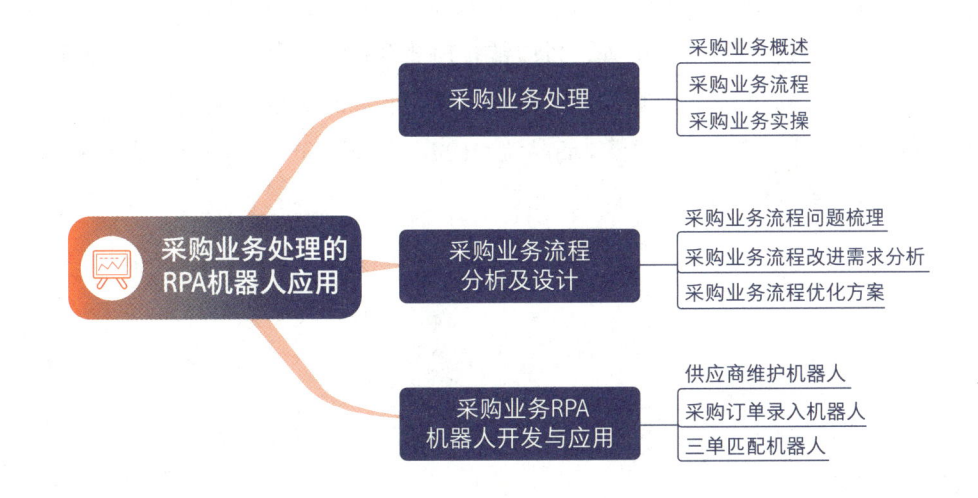

采购业务处理的 RPA 机器人应用
- 采购业务处理
  - 采购业务概述
  - 采购业务流程
  - 采购业务实操
- 采购业务流程分析及设计
  - 采购业务流程问题梳理
  - 采购业务流程改进需求分析
  - 采购业务流程优化方案
- 采购业务 RPA 机器人开发与应用
  - 供应商维护机器人
  - 采购订单录入机器人
  - 三单匹配机器人

项目引例

享跃体育集团的采购业务主要有两种模式,一种是内部采购,一种是外部采购。内部采购主要是指电商管理部、卖场管理部、出口管理部所售商品均从集团内的供应链管理部进行采购;外部采购主要指供应链管理部从 OEM 厂商进行的商品采购及集团各部门对外的其他采购等,如图 5-1 所示。

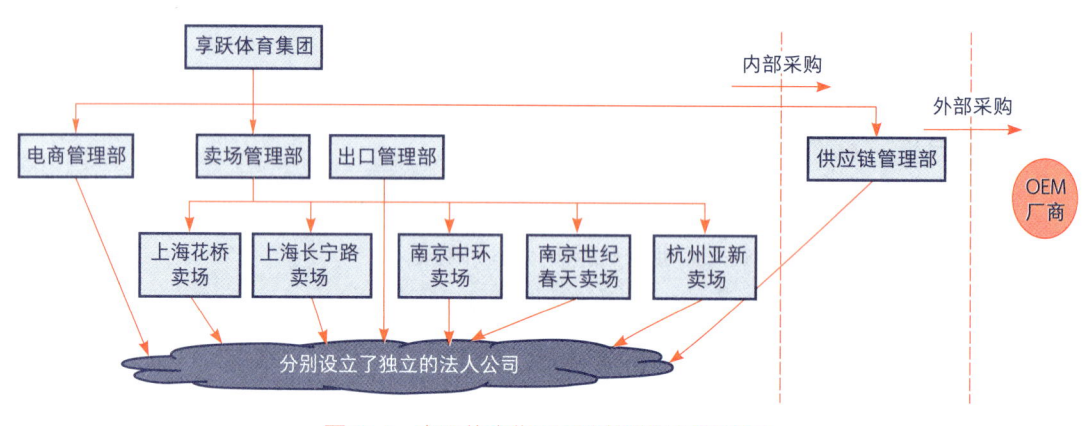

图 5-1 享跃体育集团采购管理组织结构图

享跃体育集团主营业务的采购需求,主要由卖场管理部、电商管理部、出口管理部三个部门发起。

供应链管理部设有独立的法人公司"无锡享跃供应链管理有限公司",由"享跃体育集团有限公司"100%出资设立。供应链管理部除承担集团的主营商品外部采购的职能外,还负责集团内的仓储和配送工作,以及对 OEM 厂商的生产管理工作,对应的管理组织架构如图 5-2 所示。

供应链管理部在无锡设有中心仓库,用于存储供应链管理部从 OEM 厂商采购的商品及为电商管理部提供仓储服务。另外,供应链管理部设有配送中心,门店零售业务及出口业务的商品由配送中心配送至门店及指定港口,电商业务的商品则由配送中心配送至电商管理部在中心仓租赁的"天猫库位"。商品从 OEM 厂商到中心仓的物流是由 OEM 厂商完成的,图 5-3 所示。

图 5-2 享跃体育集团组织机构图

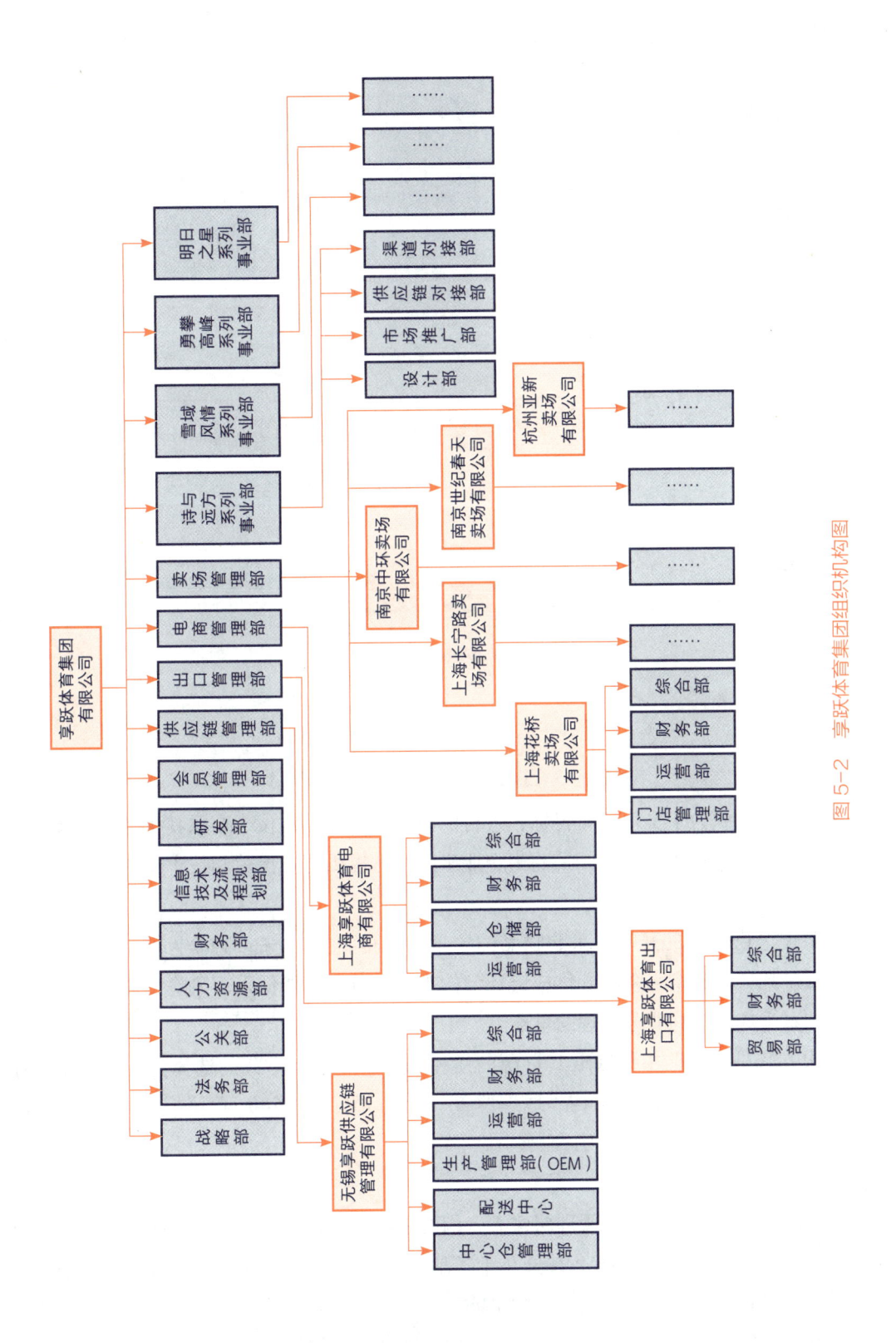

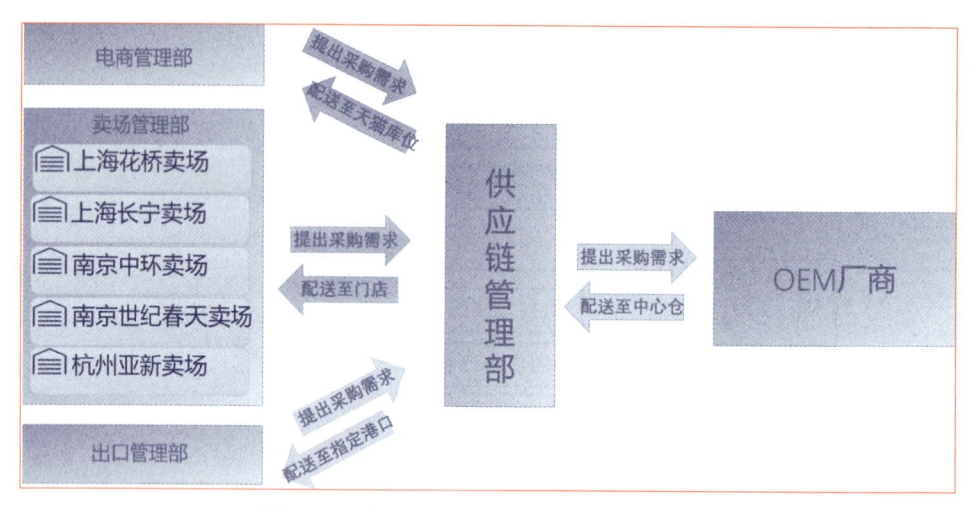

图 5-3　享跃体育集团商品采购业务示意图

模块一　采购业务处理

一、采购业务概述

（一）采购业务介绍

采购是指组织为了实现战略目标，进行的识别、采办、定位、获取其生产经营所需要或潜在需要的所有资源的活动。采购为企业生产经营提供物资保障和技术支持，是企业生产经营的源动力。

采购作为供应链的开端，采购物品的质量和价格直接影响企业的生产过程和经营业绩。降低采购成本，增强采购和供应链环节的市场竞争力，降低采购风险，提高企业供应链管理的水平成为采购业务管理的重点。

采购方式是指采购主体获取其资源的途径和方法。采购方式的选择主要取决于企业制度、需求状况、供应市场结构、地理位置、专业水准、资金状况、储运水平、价格波动等。

1. 集中采购与分散采购

集中采购是指企业在核心管理层建立专门的采购组织，统一组织企业的采购任务，以组建内部采购部门的方式来统一其分布于各地的分支机构的采购业务，从而统一采购渠道，通过批量采购获得价格优惠。集中采购适用于大宗货物、物品价值量高或总价高的物品、关键零部件、原材料或其他战略物资、保密性高、产权约束多的物品。

分散采购是指企业下属各单位自行采购满足自身生产经营需要的物资和服务等，是集中采购的完善和补充。分散采购有利于采购环节与库存、供料等环节的协调配合，有利于增强基层工作责任心，使基层工作富有弹性和成效，适用于小批量、单位价值较低的物品。

2. 现货采购与远期合同采购

现货采购是指采购企业与供应企业协商后，即时交割采购资源或物品的采购方式。通常适用于采购企业有充足的资金支付货款，供应企业的资源或物品充足，资源或物品能及时办理交割的情况。远期合同采购是指供需双方签订远期合同实现资源或物品的均衡供应，建立稳定的供需关系。适用于具有法律保障且经济秩序环境良好，大宗和批量采购，双方交易信誉和履约能力较强的情况。

3. 招标采购

招标采购是指招标人（采购方）发出采购招标公告或通知，邀请投标人（潜在供应商）前来投标，最后由招标人通过对投标人所提出的价格、质量、交期、技术、生产能力和财务状况等各种因素进行综合比较分析，确定其中最合适的投标人作为中标人，并与其签订供货合同的采购方式。适用于具有足够的供货渠道，良好的专业技术及业务能力的招投标、评标队伍的企业。

4. 其他采购方式分类

采购还可以根据是否需要中间商的参与，分为直接采购与间接采购。根据采购依赖的技术手段，分为线上采购和线下采购。企业可以根据市场情况、采购目标、具备的资源等，选择合适的采购方式。

【引例分析 5-1】

享跃体育集团的外部采购业务采用集中采购和分散采购两种方式。集团主营业务所售商品的采购采用集中采购方式，统一通过无锡享跃供应链管理有限公司完成对外部供应商（OEM 厂商）的采购。享跃体育集团对 OEM 厂商的引入有严格的管理规定，对集中采购供应商档案进行统一管理，由集团财务部完成 ERP 系统的供应商档案维护。集团其他采购业务采用分散采购方式，如固定资产、办公用品、咨询服务等采购，由各公司自行完成。如图 5-4 所示。

享跃体育集团主营商品的采购采用集中采购模式（以下简称"集采"），具有如下特点：

（1）全集团的主要采购业务集中在无锡享跃供应链管理有限公司，采购业务量大；

（2）各子公司或部门需要采购时，应先将采购需要上报到无锡享跃供应链管理有限公司，采购过程相对较长，手续较多；

（3）集采业务的集中度高，决策层次高，供应商引进较谨慎；

（4）集采部门的专业性强，责任重大。

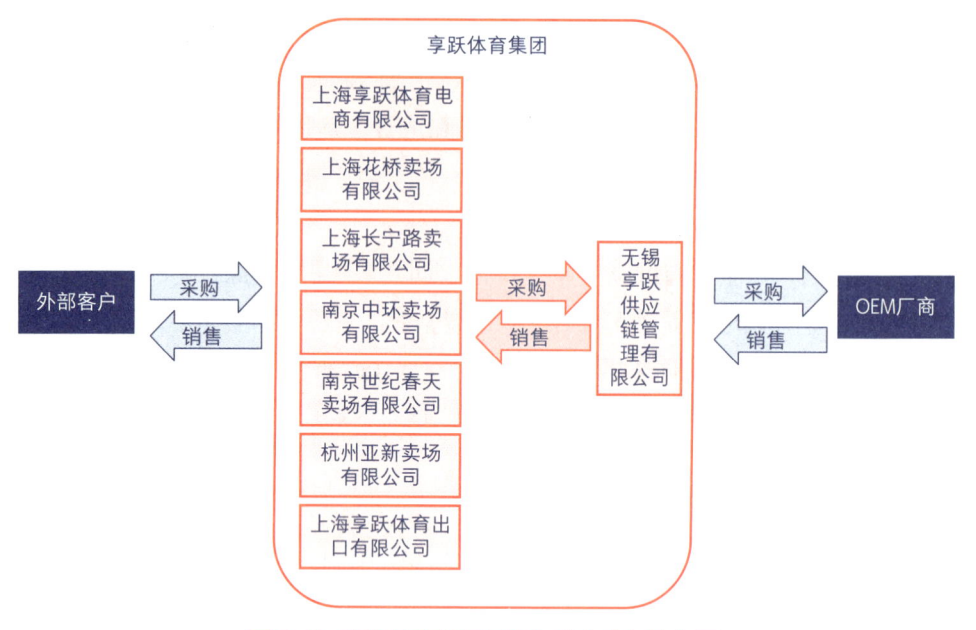

图 5-4 享跃体育集团采购与销售业务结构图

【想一想】

根据享跃体育集团集中采购业务的特点，分析集中采购方式的优势。

（二）采购业务信息系统应用

1. 采购业务涉及的信息系统

企业采购业务过程中，通常会应用多个系统平台对采购业务进行处理与信息管理。以案例企业为例，享跃体育集团采购业务主要涉及的企业信息系统有：仓储管理系统（Warehouse Management System，以下简称 WMS 系统）、ERP 系统、网银系统等，如图 5-5 所示。

图 5-5 采购业务信息系统

2. 采购业务信息系统数据关系

（1）WMS 系统。库存管理员根据 WMS 系统中库存情况，确认采购需求；货物验收合格到库后，在 WMS 系统中填制入库单，记录到库情况。

（2）ERP 系统。采购人员或运营人员根据 WMS 系统传递过来的采购需求数据，在 ERP 系统中编制采购订单；货物到库后，采购会计根据 WMS 系统中的入库数据，在 ERP 系统中生成入库单，补充采购发票生成信息，采购发票审核后，系统自动生成采购应付单及应付凭证，记录采购业务；支付货款后，根据网银系统的付款凭证，核销负债。

（3）网银系统。资金专员核实付款条件，根据 ERP 系统中应付凭证，在网银系统中支付相应款项。

采购业务信息系统不仅可以独立完成各自系统功能，还可以通过业务相关数据的交互，实现系统之间的联系。

3. 采购业务涉及岗位

享跃体育集团采购业务涉及的岗位如表 5-1 所示。

表 5-1　采购业务涉及岗位表

业务部门	岗位名称
运营部	运营专员 / 采购专员
仓储管理部	库存管理员
财务部	采购会计
财务部	总账会计
财务部	资金专员

【随堂练习 5-1】

请在教学实践平台上完成采购业务信息系统关系图的绘制。

随堂练习 5-1
参考答案

二、采购业务流程

（一）一般采购业务流程

企业采购货物，通常会经过请购、采购、验收、储存、编制应付凭单并记录负债、付款并记录支出等几个环节。

1. 请购

企业采购货物，一般应首先提出请购申请，即填写请购单。普通物资的请购单由仓库或者资产使用部门填写，经申请部门的负责人审批后交给采购部门。对于固定资产等资本支出和其他超常购买,需要特殊授权,由指定的人员采购。

2. 采购

采购部门根据经审批的请购单编制订购单。每次订货,应选择最佳的供货源。建立供应商档案,及时更新供应商信息。订购单编制完成后,经被授权的采购人员签字,分别送达请购部门、验收部门、仓储部门和付款部门。

3. 验收

企业收到采购物资后,需进行严格的检验,并填制验收单,以确保收到的货物符合要求。验收完毕后,把货物移交给仓储部门,把验收单送交付款部门。

4. 储存

仓储部门对收到的货物进行检查后,签收保管,确保存货的安全完整。

5. 编制应付凭单并记录负债

收到发票后,编制应付凭单前,需核对购货发票、验收单和订购单的内容是否一致,验证购货发票金额的正确性,记录购货业务。

6. 付款并记录支出

根据付款条件,向供货单位支付货款。同时,登记银行存款等相关账户。

【引例分析5-2】

享跃体育集团商品集中采购业务流程为各大零售卖场、上海享跃体育电商有限公司和上海享跃体育出口有限公司销售所需的商品,向无锡享跃供应链管理有限公司申请采购,无锡享跃供应链管理有限公司再向外部供应商(OEM厂商)进行采购。采购业务过程信息记录与处理过程如图5-6所示。

图5-6 享跃体育集团采购业务过程信息记录与处理过程

【随堂练习5-2】

请在教学实践平台上完成案例企业采购业务各环节会计分录的填写。

（二）集中采购业务流程

集中采购业务处理流程与一般采购业务流程基本一致，但由于集中采购业务量大、集中度高的特点，通常负责集中采购的组织会进行库存与需求的平衡，使用专业的系统工具对采购和库存进行管理。

【引例分析 5-3】

以下分别从系统维度和岗位维度两个角度，详细介绍案例企业的集中采购业务流程。

1. 集中采购业务系统维度流程

在 WMS 系统中，根据库存情况确认采购需求；货物验收合格到库后，填制入库单，记录到库情况。在 ERP 系统中，根据 WMS 系统传递过来的采购需求数据，编制采购订单；货物到库后，自动生成入库单；根据采购发票、入库单，生成采购应付单及应付凭证，记录采购业务。在网银系统中，支付货款，生成付款凭证。如图 5-7 所示。

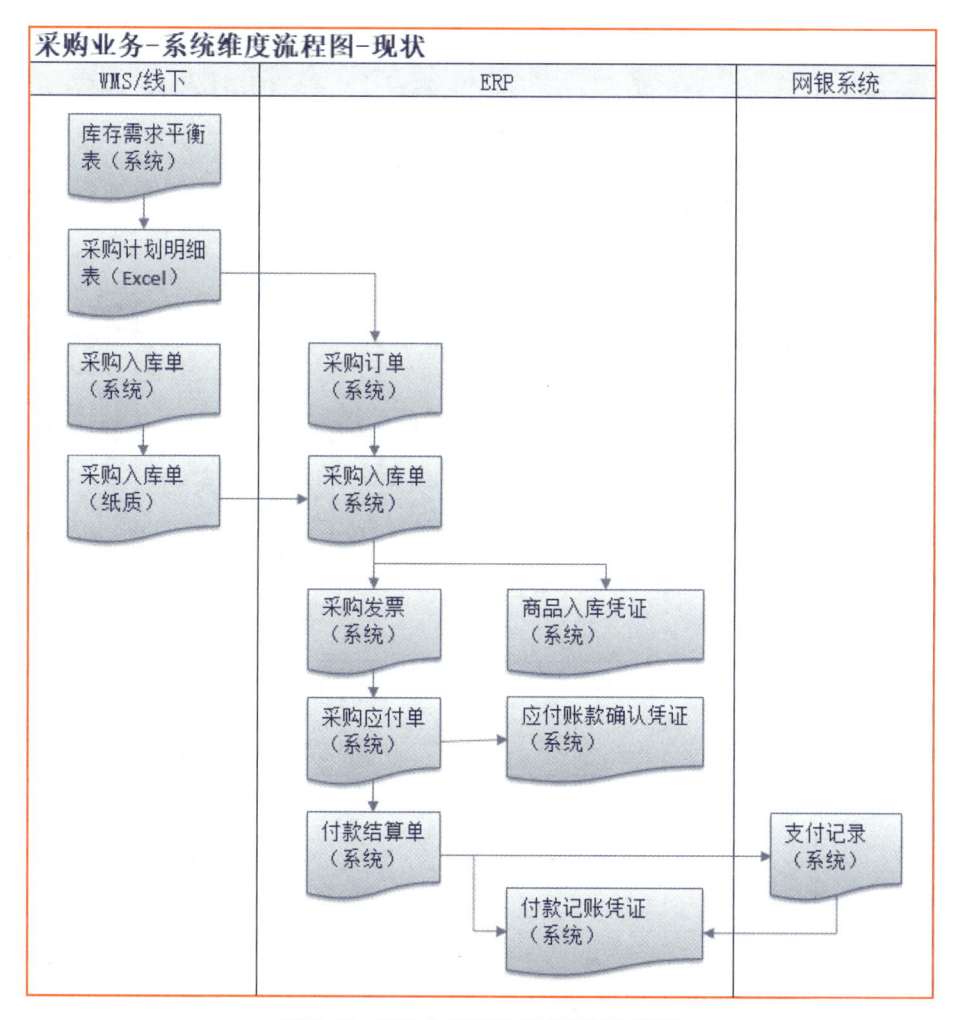

图 5-7 采购业务系统维度现状流程图

2. 集中采购业务岗位维度流程

采购业务中，运营部运营专员在 ERP 系统中录入采购订单，向 OEM 厂商发送采购邮件；到货后，库存管理员验收商品并入库，在 WMS 系统中填制入库单，向运营专员传递入库单，向财务部采购会计传递采购发票；运营专员参照 ERP 系统中的采购订单生成采购入库单，系统自动生成商品入库凭证；财务部采购会计依据线下采购发票，参照 ERP 系统中的采购入库单生成采购发票，系统自动生成采购应付单及应付凭证，依据付款条件生成付款结算单；财务部资金专员通过银企直联下达支付指令完成付款，系统自动生成付款凭证，如图 5-8 所示。

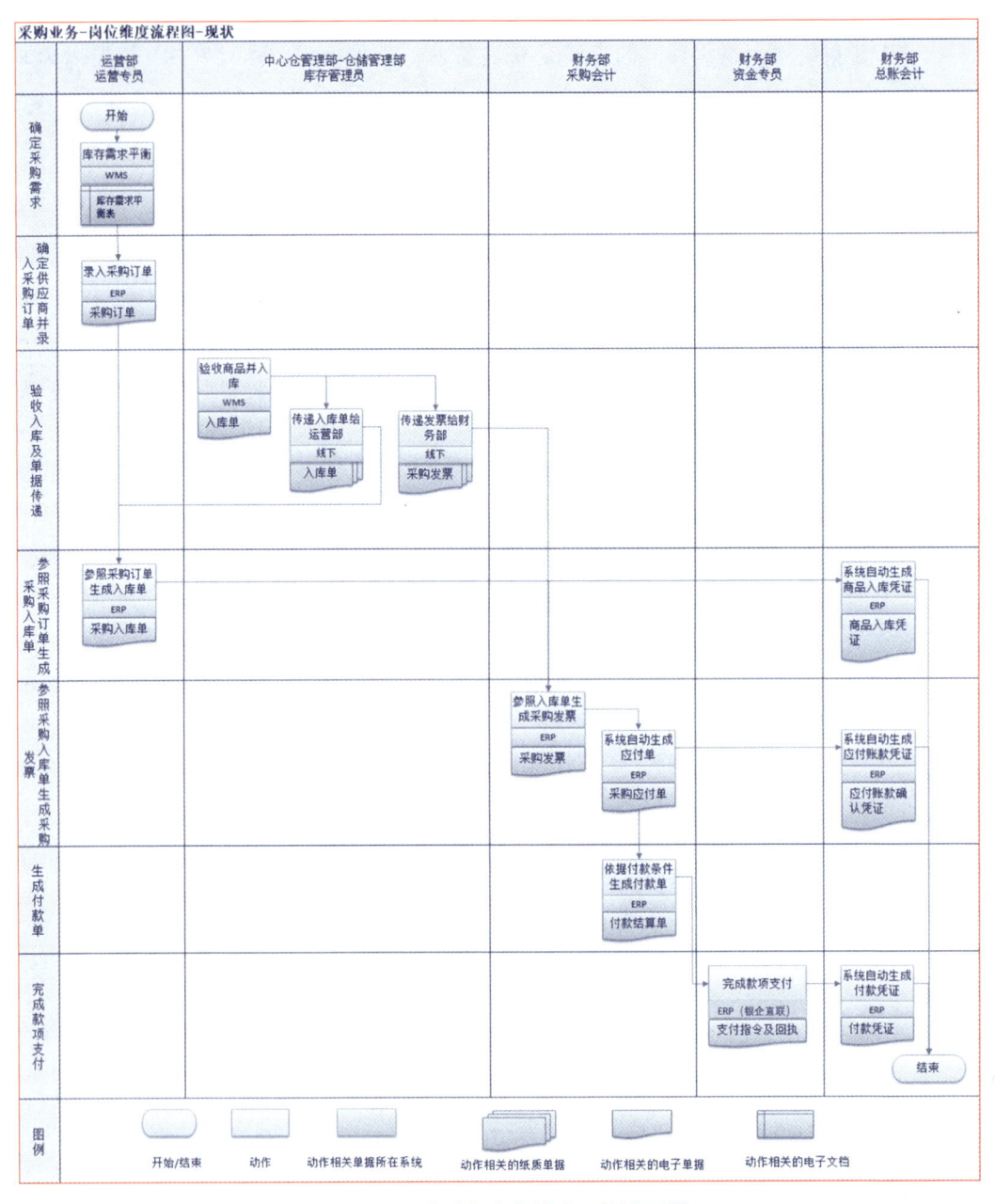

图 5-8 采购业务岗位维度现状流程图

【随堂练习 5-3】

请在教学实践平台上完成采购业务相关的客观题。

✎ 革故鼎新

"新基建"下的新采购

"新基建"是指进行具有较高科技水平的基础设施建设，强调新技术、新需求、新机制，如 5G 网络、数据中心、人工智能、工业互联网、物联网等。"新基建"中的信息基础设施也被称为"数字新基建"，是数字经济的基座，是推动企业全面数字化转型的基础保障。其中工业物联网和大数据对采购业务的数字化有相对显著的影响。随着人工智能和云计算等技术的普及，采购环节的技术变革成为可能，也赋能产业进一步提升其商业价值。数字经济规模的不断增加将推进产业的数字化升级，而数字新基建带来的大数据优势、更加丰富的商城品类，以及 AI 赋能的自动化采购，都为数字化新采购的实现贡献了更多可能性。

（资料来源：搜狐网）

思考：

数字化新采购如何实现？有哪些应用场景？

启示：

企业应综合运用数字化手段，通过引入人工智能、物联网、机器人流程自动化、云端协作等技术升级采购管理系统，实现企业从寻源到支付全流程的可视化管理，包括企业与供应商在线进行合同洽谈、无纸化交易协同、物流跟踪及签收确认、发票处理和支付等商业活动的数字化应用，全面提升企业采购全流程的效率，降低企业运营成本，为企业及社会创造更大的商业价值。

三、采购业务实操

完成供应商新增及采购业务流程中从业务系统到 ERP 系统的信息采集及信息处理，并统计每个岗位的工作时间，以便与 RPA 改进阶段的效率对比，体现 RPA 降低人工成本的价值。

【实训任务 5-1】

请在教学实践平台上完成在 ERP 系统中新增供应商及启用银行账户的相关操作。

255

【业务流程】

新增供应商档案业务流程如表 5-2 所示。

表 5-2 新增供应商档案业务流程

操作步骤	操作系统	操作岗位	操作业务
1	邮箱系统	集团公司－财务部－基础档案管理专员	下载新增供应商申请
2	线下	集团公司－财务部－基础档案管理专员	ERP 系统新增供应商档案
3	ERP 系统	集团公司－财务部－财务经理	启用供应商银行账户

【操作步骤】

1. 通过邮箱下载新增供应商申请

集团公司财务部基础档案管理专员通过邮箱下载采购需求公司发来的新增供应商申请表。

2. ERP 系统新增供应商档案

集团公司财务部基础档案管理专员在 ERP 系统中增加供应商档案。下面以"案例开发－业务数据－新增供应商－1供应链管理部"为例说明系统操作。

（1）新增供应商基本信息

在"动态建模平台"－"基础数据"－"供应商信息"路径下，打开"供应商－集团"菜单，单击"新增"按钮，增加供应商编码。

打开"案例开发－业务数据－新增供应商－1供应链管理部"文件，查看供应商基本信息，如图 5-9 所示。

图 5-9 供应链管理部新增供应商申请表

【温馨提示】集中采购要求对集采供应商统一管理，供应商的编码与名称是唯一的。各组进行教学任务时，若想维护同一个供应商，可在供应商编码和名称后加组号以做区别。举例说明：申请表中供应商编码为"GYSW011"，2组的同学可将供应商编码写为"GYSW01102"，如图5-10所示。供应商名称也可按照该种方法进行区别。

图5-10 录入供应商信息

参照供应商申请表信息，录入供应商名称、供应商基本分类、增加供应商类型、国家/地区、时区、数据格式（系统自动带出"供应商类型、国家/地区、时区、数据格式"）、企业地址、联系人姓名（单击"增行"按钮进行填写）等信息。

完成信息录入后，单击"保存"按钮，保存供应商信息。

（2）新增供应商银行账户

在供应商增加界面，单击"更多-银行账户"，如图5-11所示。

图5-11 新增银行账户

单击"新增"按钮，增加银行账号。增加完账号后，系统自动带出户名。

继续增加"开户银行"，先选择左边的开户银行类别，然后在搜索框中填写具体的开户银行，单击搜索结果，单击"确定"。

继续增加"账户性质"，单击"保存"按钮，保存供应商银行账号。单击"返回"按钮，返回供应商银行账户列表界面。

单击"关闭"按钮，可关闭供应商银行账户维护页面。

（3）供应商查询

在"动态建模平台"-"基础数据"-"供应商信息"路径下，打开"供应商-集团"，如图5-12所示。

在打开的"供应商-集团"页面中，单击"高级"按钮，在弹出的"查询条件"页面输入查询条件后，单击"查询"，如图5-13所示。

图 5-12 供应商－集团

图 5-13 供应商查询

3. 启用供应商银行账户

在"动态建模平台"－"基础数据"－"供应商信息"下，打开"供应商银行账户启用"，如图 5-14 所示。

图 5-14 供应商银行账户启用

在打开的界面中，启用状态选择"未启用"。单击"查询"按钮。选择需要启用的银行账户，单击"启用"按钮。

【温馨提示】新增供应商银行账户的人员与启用供应商银行账户的人员不能相同。

【实训任务 5-2】
请在教学实践平台上完成 WMS 系统中采购需求确认的操作。
【业务流程】
采购需求确认流程如表 5-3 所示。

表 5-3　采购需求确认流程

操作步骤	操作系统	操作岗位	操作业务
1	邮箱系统	供应链公司–运营部–运营专员	内部采购订单下载
2	WMS 系统	集团公司–财务部–基础档案管理专员	采购需求平衡

【操作步骤】
1. 内部采购订单下载
运营专员通过邮箱下载各公司发来的采购订单邮件。
2. 采购需求平衡
（1）单击"开始任务"，系统自动登录 WMS 系统，默认打开"库存需求平衡表"节点，如图 5-15 所示。

图 5-15　库存需求平衡表

（2）单击"新增"按钮，新建一张库存需求平衡表。
系统默认选择中心仓总仓"ZXC01"，并列示所有商品的"期初库存"（即建表时点的剩余库存量）。

（3）单击"编辑"按钮，参照各采购需求方发来的采购订单，依次找到对应编号的商品，录入采购需求量（本案例已预置数据，无须录入，仅须核对），如图5-16所示。

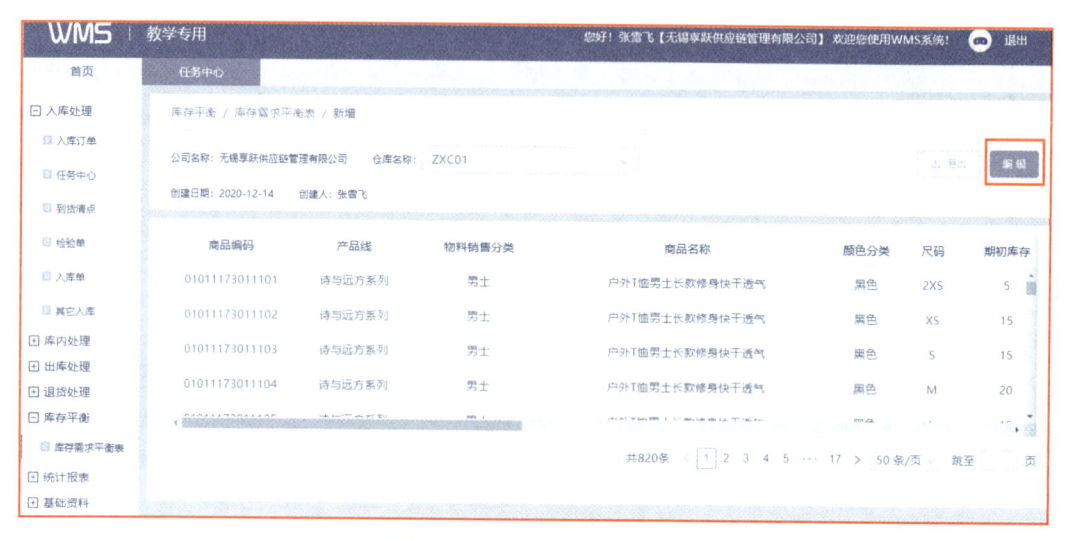

图 5-16 采购需求量录入

（4）在全部录入完毕后（本案例为核对后），单击"保存"按钮，系统返回列表页。

（5）单击列表页的信息条，打开数据表，可以看到系统已依据"期末安全库存"要求及需求数量，自动计算出"采购需求"，如图5-17所示。

图 5-17 采购需求计算

（6）单击"导出"按钮，系统提示"下载成功"，可以在左下角打开下载文件（文件下载默认路径：此电脑/我的电脑＞下载）。

【实训任务 5-3】

请在教学实践平台上完成采购订单的编制及录入的操作（只需要完成"常熟森派鞋业有限公司"的一个采购订单即可）。

【业务流程】

采购订单录入流程如表 5-4 所示。

表 5-4　采购订单录入流程

操作步骤	操作系统	操作岗位	操作业务
1	线下	供应链公司 – 运营部 – 运营专员	采购订单编制
2	ERP 系统	供应链公司 – 运营部 – 运营专员	采购订单录入

【操作步骤】

1. 采购订单编制

（1）单击"任务资料"，下载压缩文件"043 组件 – 采购需求确认及订单录入流程"到本地（默认路径为"此电脑/我的电脑＞下载"），并解压。里面有两个文件"教学资源 –04302 供应链管理部采购订单 –XX 供应商（模板）"和"教学资源 –04302 供应商产品价格参照表"，供应商产品价格参照表如图 5-18 所示。

A	B	C
商品名称	供货OEM厂商	采购价格（含税）
攀岩鞋男女室内室外攀岩抱石运动初学	常熟森派鞋业有限公司	187.80

图 5-18　供应商产品价格参照表

（2）依据"供应商产品价格参照表"中的商品及供应商名称，在上一任务中导出的"库存需求平衡表"中确定各商品采购的供应商，即形成"采购计划明细表"，如图 5-19 所示。

	A	B	C	D	E	F	G
1	供应商:	常熟森派鞋业有限公司		订单日期:	2020/12/14		
2	商品编码	商品名称	颜色分类	尺码	采购数量	采购单价	采购金额
3	03037609018209	攀岩鞋男女室内室外攀岩抱石运动初学	黄色	36	15	187.80	2,817.00
4	03037609018210	攀岩鞋男女室内室外攀岩抱石运动初学	黄色	37	35	187.80	6,573.00
5	03037609018211	攀岩鞋男女室内室外攀岩抱石运动初学	黄色	38	5	187.80	939.00
6	03037609018212	攀岩鞋男女室内室外攀岩抱石运动初学	黄色	39	25	187.80	4,695.00
7	03037609018213	攀岩鞋男女室内室外攀岩抱石运动初学	黄色	40	15	187.80	2,817.00
8	03037609018214	攀岩鞋男女室内室外攀岩抱石运动初学	黄色	41	5	187.80	939.00
9	03037609018215	攀岩鞋男女室内室外攀岩抱石运动初学	黄色	42	35	187.80	6,573.00

图 5-19　采购计划明细表

（3）参照"供应链管理部采购订单－供应商简称（模板）"及"供应商产品价格参照表"中的采购价格，完成对外部各个供应商的采购订单编制。

2. 采购订单录入

（1）运营员在"供应链"－"采购管理"－"采购订单"路径下，打开"采购订单维护"菜单，如图5-20所示。

图5-20 采购订单维护

单击"新增－自制"按钮，新增"采购组织"，打开采购组织填写框，填写采购组织（以实训1组为例，填写XY0102），然后选择采购组织，单击"确定"按钮，如图5-21所示。

图5-21 采购组织选择

同样的方法，继续新增"订单类型""订单日期""供应商""采购部门""物料编码""数量""含税单价"。单击"增行"按钮，继续根据案例资料填写物料信息。单击"保存"按钮，保存单据。单击"提交"按钮，提交单据。

（2）采购订单查询。

在"供应链"-"采购管理"-"采购订单"路径下，打开"采购订单维护"，输入查询条件，然后单击 🔍 进行查询。

查询结果可能在待提交、审批中、执行中和全部状态下。需要在对应的状态下找到对应的单据，如图 5-22 所示。

图 5-22 采购订单维护

单击订单号，可进入采购订单详细界面。

【实训任务 5-4】

请在教学实践平台上完成 WMS 系统采购入库及 ERP 系统入库的相关操作。

【业务流程】

采购入库业务现状流程如表 5-5 所示。

表 5-5 采购入库业务现状流程

操作步骤	操作系统	操作岗位	操作业务
1	WMS 系统	供应链公司-仓储管理部-仓库管理员	录入 WMS 采购入库单
2	ERP 系统	供应链公司-运营部-运营专员	ERP 系统采购入库单生成

【操作步骤】

1. 在 WMS 系统录入采购入库单

仓储管理员核验 OEM 厂商发来的货物，在 WMS 系统中填制入库单，并将 WMS 系统中的入库单打印后传给运营专员，将 OEM 厂商邮寄过来的纸质增值税专用发票传给采购会计。

单击"开始任务"，系统自动登录到 WMS 系统中。单击左侧导航栏的"入库单"，打开入库单功能界面。单击"新增"按钮，新建一张入库单，如图 5-23 所示。

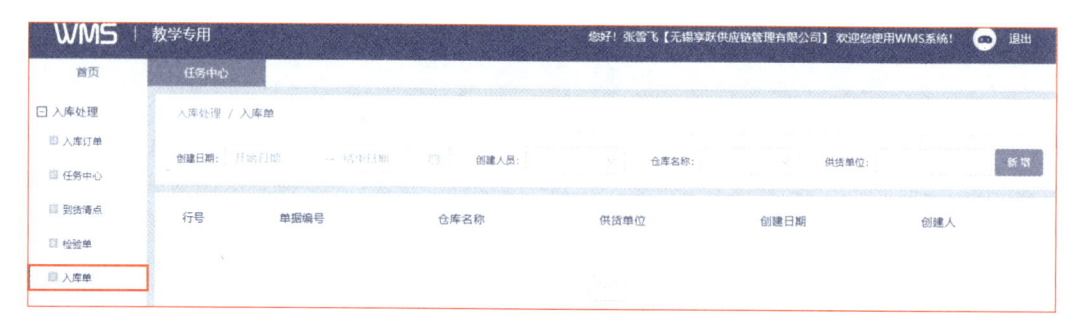

图 5-23 新增入库单

单击"编辑"按钮后，选择要入库商品的"供货单位"。单击"增行"，录入"仓库名称""商品编码"。"商品编码"可通过单击笔形图标进入商品查询页面，逐级点开左侧的商品明细，在右侧勾选要入库的商品，单击"确定"即可。继续输入"入库数量"，并通过"增行"继续录入其他入库商品信息，直至录入完毕，单击"保存"，如图 5-24 所示。

图 5-24 入库信息录入

采购入库单系统操作视频

2. ERP 系统采购入库单生成

运营专员收到库存管理员传来的 WMS 系统入库单，在 ERP 系统中参照采购订单生成采购入库单。在"供应链"-"库存管理"-"入库业务"路径下，打开"采购入库"，如图 5-25 所示。

图 5-25 采购入库路径

在"采购入库"界面,单击"新增－采购业务入库"按钮,单击"采购订单",在快速查询下输入查询条件,然后单击 🔍 ,进行查询。选择符合条件的采购订单,单击"生成入库单"按钮,生成入库单,如图 5-26 所示。

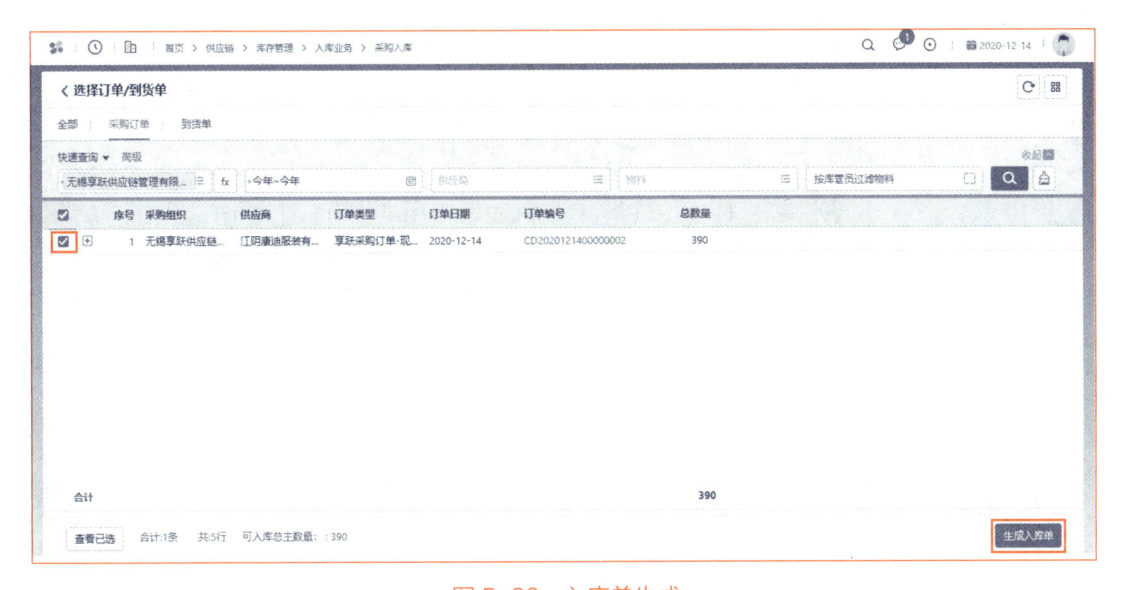

图 5-26 入库单生成

在生成的入库单页面,选择仓库,单击仓库档案选择框,根据库存采购入库单明细选择对应的仓库,然后单击"确定"按钮。选择出入库类型,选择"普通采购入库",然后单击"确定"。

单击"自动取数",系统根据应收数量自动填写实收数量,如果实际收到的数量小于

265

应收数量，可以手工修改实收数量，如图 5-27 所示。

图 5-27 录入实收数量

单击"保存"按钮，保存单据。单击"签字"按钮，进行单据审核签字，如图 5-28 所示。

图 5-28 采购入库单签字

【实训任务 5-5】

请在教学实践平台上完成 ERP 系统中生成采购发票及生成总账凭证的相关操作。

【业务流程】

采购发票生成现状流程如表 5-6 所示。

表 5-6　采购发票生成现状流程

操作步骤	操作系统	操作岗位	操作业务
1	ERP 系统	供应链公司－财务部－采购会计	采购发票生成
2	ERP 系统	供应链公司－财务部－总账会计	总账凭证生成

【操作步骤】

1. 采购发票生成

（1）在"供应链"－"采购管理"－"采购发票"路径下，进入"采购发票维护"菜单，如图 5-29 所示。

图 5-29　采购发票维护

单击"新增－采购收票"按钮，单击"采购入库单"，在快速查询下输入查询条件，然后单击 🔍 进行查询。

选择符合条件的采购入库单，单击"生成发票"按钮，生成采购发票，如图 5-30 所示。

参照采购入库单生成采购发票，确认采购发票的信息后单击"保存"按钮，保存单据信息。单击"提交"按钮，提交审核单据。采购发票审核后，系统自动生成应付单和采购入库单（结算成本），自动生成应付凭证。

（2）在"供应链"－"采购管理"－"采购发票"路径下，打开"采购发票维护"。输入查询条件，然后单击 🔍 进行查询。

查询结果按照"待提交""审批中""执行中"和"全部状态"显示在对应的状态列表中，需要在对应的状态下找到对应的单据。单击发票号，可进入采购发票详细界面。

财务机器人应用与开发

图 5-30　生成发票

（3）采购会计在"财务会计"-"应付管理"-"应付日常业务"路径下,打开"应付单管理",如图 5-31 所示。

图 5-31　应付单管理

在快速查询下输入查询条件,单击 🔍 进行查询。单击单据号,进入应付单详细界面。

2. 总账凭证生成

（1）应付凭证查询。采购发票审核完成后,系统自动生成对应的应付单及凭证,在"财务会计"-"总账"-"凭证管理"路径下,打开"凭证查询",如图 5-32 所示。

图 5-32　凭证查询

在凭证查询界面，单击"高级"按钮，然后输入查询条件后单击"查询"，即可查询到对应的总账凭证。双击凭证，即可进入凭证详情页面查询凭证详细信息。

（2）采购入库成本计算。在"财务会计"－"存货核算"－"账务处理"路径下，打开"成本计算"，如图 5-33 所示。

图 5-33　成本计算

在快速查询下，输入查询条件，然后单击 🔍 进行查询，系统自动显示查询结果。勾选需要进行成本计算的采购入库单，然后单击"成本计算"按钮，如图 5-34 所示。

财务机器人应用与开发

图 5-34 选择入库单进行成本计算

采购入库单成本计算完成后，系统自动生成采购入库成本凭证。案例企业采用的成本计算方法是移动平均法。

（3）采购入库凭证查询。在"财务会计"-"总账"-"凭证管理"路径下，打开"凭证查询"，如图 5-35 所示。

图 5-35 凭证查询

在凭证查询界面，单击"高级"按钮，然后输入查询条件后单击"查询"，即可查询到对应的总账凭证。双击凭证，即可进入凭证详情页面，查询凭证详细信息。

模块二 采购业务流程分析及设计

一、采购业务流程问题梳理

通过前面案例企业的实训操作，我们发现采购业务流程中数据繁多，相关信息系统的数据交互频繁，运用传统的信息技术手段，无法满足企业提高效率和改进管理的需求。因此，我们需要对案例企业采购业务流程问题进行梳理，从而分析问题原因以探索解决方案。

【随堂练习 5-4】

请在教学实践平台上完成对采购业务流程问题的梳理。可依据享跃体育集团的流程评价标准，从周期时间、通过率、成本及服务效果四个方面进行评价。

随堂练习 5-4 参考答案

二、采购业务流程改进需求分析

流程优化是一项企业策略，在企业运营过程中，通过不断发展、完善、调整、优化企业业务流程，保持核心竞争优势。在企业的发展过程中，不断面临着挑战，通过分析企业面临的新环境，识别现有流程产生的问题，对业务流程进行重整，进而重新设计，以取得企业业绩关键节点（如质量、成本、速度、服务）上的突破性进展。

根据上述对案例企业的采购业务流程问题分析，传统信息化条件下，企业的采购业务周期时间只能满足基本需要，差错多、成本高、服务效果不佳，已经无法满足企业快速发展的需要。结合采购业务的特点，业务流程改进需求可从以下几方面考虑。

（1）市场导向，提高服务水平。

企业的经营活动最终面向市场，采购应坚持市场导向原则，即公司的采购项目，必须符合市场、供应商和客户的认可。优化企业的采购业务，以客户的需求作为出发点，及时建立和修正供应商信息，维护供应商关系，提升企业的市场竞争力。

（2）缩短采购周期，降低差错率。

采购需要符合企业的实际库存和物资的实际需求量。企业可以通过信息技术，建立科学的采购订货模型，再通过相关的数据模型，对具体的采购量进行科学的测定，减少数据差错率。根据企业的实际物资的需求情况，合理安排采购时间，缩短采购周期，优化企业的采购业务。

（3）降低成本，提高经济效益。

利用信息技术，遵循最优库存原则，避免在采购阶段没有根据实际的物资使用情况和库存量提出采购需求，降低采购物资的资金占用和储存成本。同时，也可以利用信息技术，减少库存管理人员和会计核算人员等，减少人力成本。

前面已经学习过了流程分析、优化框架和方法，比较常见的流程优化手段有以下几种：优化流程的顺序、剔除流程中的非增值环节、重新配置资源、减少流程运行中的一些不必要环节、使企业流程模块化、自动化和信息化等。

参照之前学习的"ESIAB"模型，对"新增供应商档案流程"进行优化需求分析，如表 5-7 所示。

表 5-7 新增供应商档案流程问题及优化需求分析表

流程名称	识别的问题	是否急需优化	优化方向	何种方式改进
新增供应商档案流程	周期时间角度：供应商档案增加耗时较长，流程时间有待进一步压缩	否	提高录入效率	自动化
	成本角度：供应商档案涉及的基础信息多，录入工作量大，耗时长，人工成本较高	是	提高录入效率，降低人工成本	自动化
	服务效果角度：由于供应商档案信息庞杂，容易录入错误或漏录信息，可能对后续供应商档案业务应用和管理分析造成不利影响，影响流程效果	是	降低录入错误率	自动化

【温馨提示】流程优化方法没有唯一正确的答案，上述内容仅提供思路。

【随堂练习 5-5】

请参照上面的思路及已学习的"ESIAB"模型，在教学实践平台上完成对"采购订单录入流程"及"采购到货入库流程"的改进需求分析。

三、采购业务流程优化方案

（一）采购业务流程应用 RPA 优化分析

针对梳理出的问题，结合优化思路，分析是否需要应用 RPA 进行采购业务流程的改进，如表 5-8 所示。

表5-8　采购业务流程应用RPA优化分析

流程名称	流程优化内容	是否需要应用RPA	分析说明
新增供应商档案流程	按供应商申请表明细在ERP系统中录入供应商档案	是	供应商档案涉及的基础信息多，处理量大、规则明确，应用RPA可提高工作效率
采购订单录入流程	按WMS系统中的订单明细在ERP系统中录入采购订单	是	采购订单数量增加，录入工作重复性强、处理量大、规则明确，应用RPA可提高工作效率
采购订单录入流程	ERP系统采购订单录入商品品类繁多，降低错误率	是	采购订单录入过程重复性强、处理量大、规则明确，应用RPA可避免错误及提高工作效率
三单匹配流程	收到发票与ERP系统采购入库单匹配核对	是	发票与入库单数量多，核对规则明确，工作重复性强、处理量大，应用RPA可以提高工作效率

（二）采购业务流程应用RPA优化方案设计

在标准化流程的基础上，应用RPA，根据既定规则可以实现跨系统大批量数据的自动化处理，大大提高工作的准确性和效率。采购业务流程中随着单量增加，不少环节的工作都存在处理量大、重复性强、规则明确的特点，可以利用RPA技术优势进行改进。

（1）应用RPA，自动录入集采和分采的供应商档案，如图5-36、图5-37所示。

（2）应用RPA，实现ERP系统中的采购订单按WMS系统订单明细自动录入，如图5-38所示。

（3）采购到货入库流程，可通过扫码枪实现WMS系统入库单自动录入，通过数据集成实现WMS系统与ERP系统入库单数据同步，本课程中不做体验。

（4）应用RPA程序，自动完成采购业务的三单匹配检查工作，进一步完善采购业务流程管理。

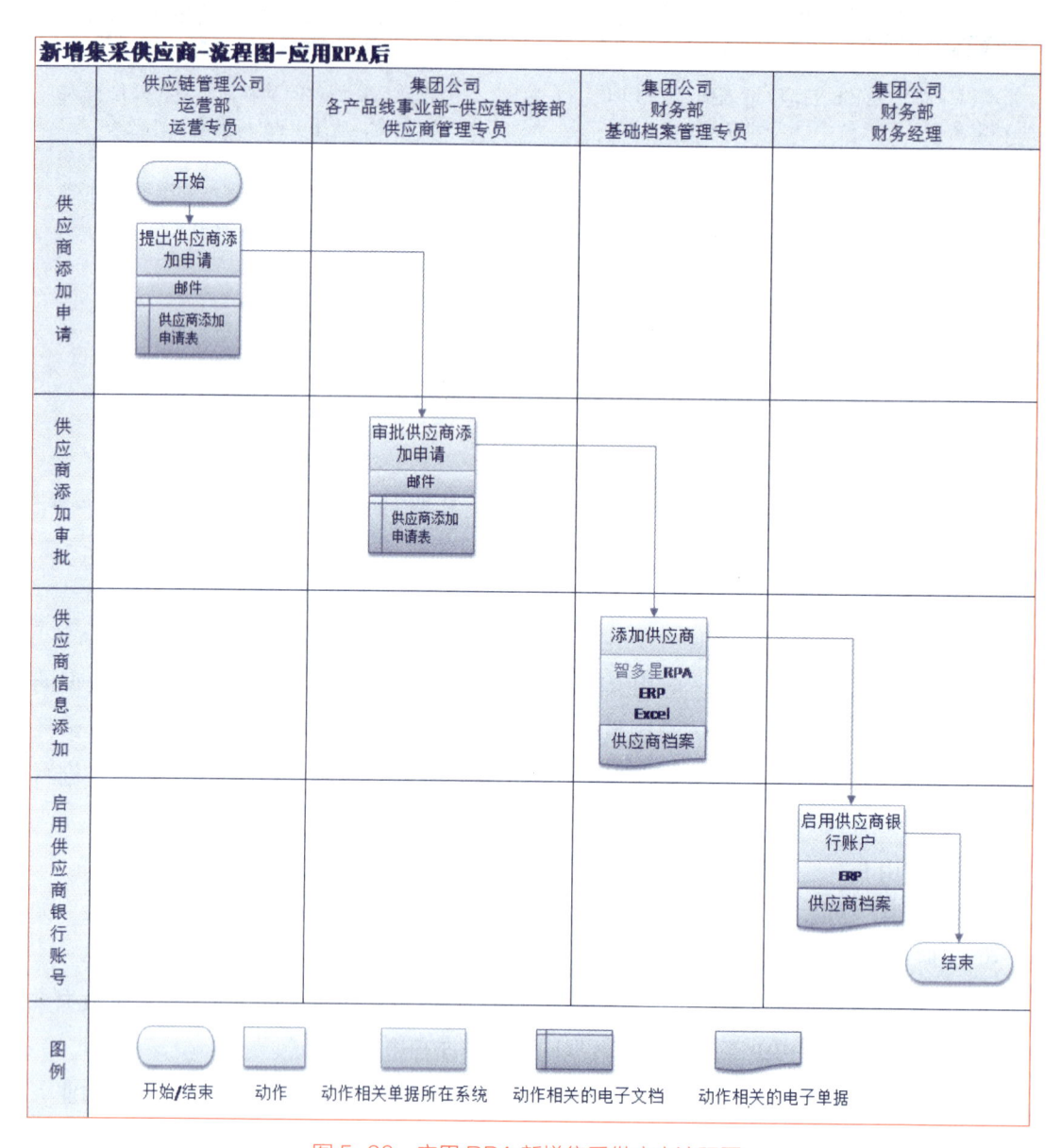

图 5-36　应用 RPA 新增集采供应商流程图

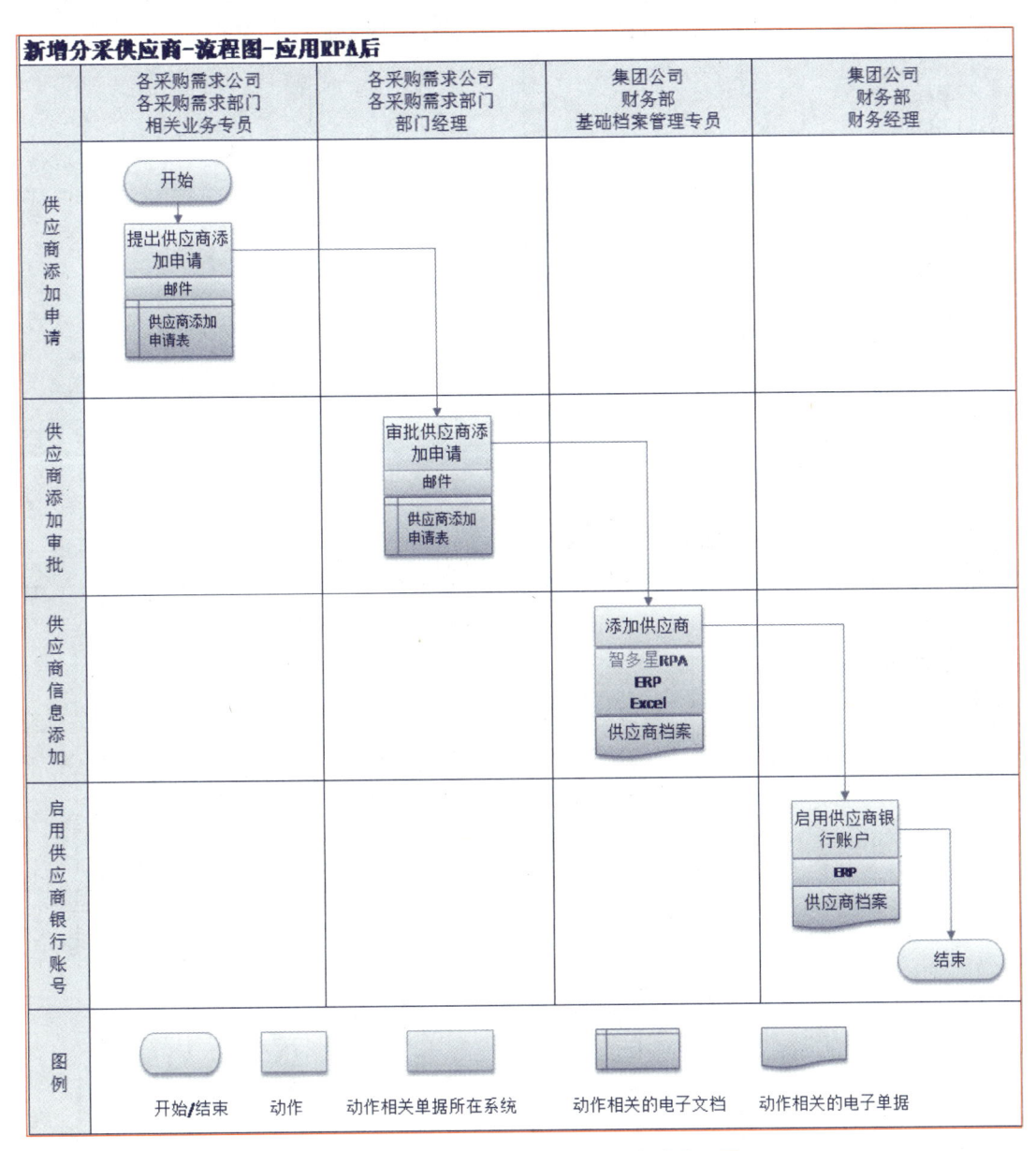

图 5-37 应用 RPA 新增分采供应商流程图

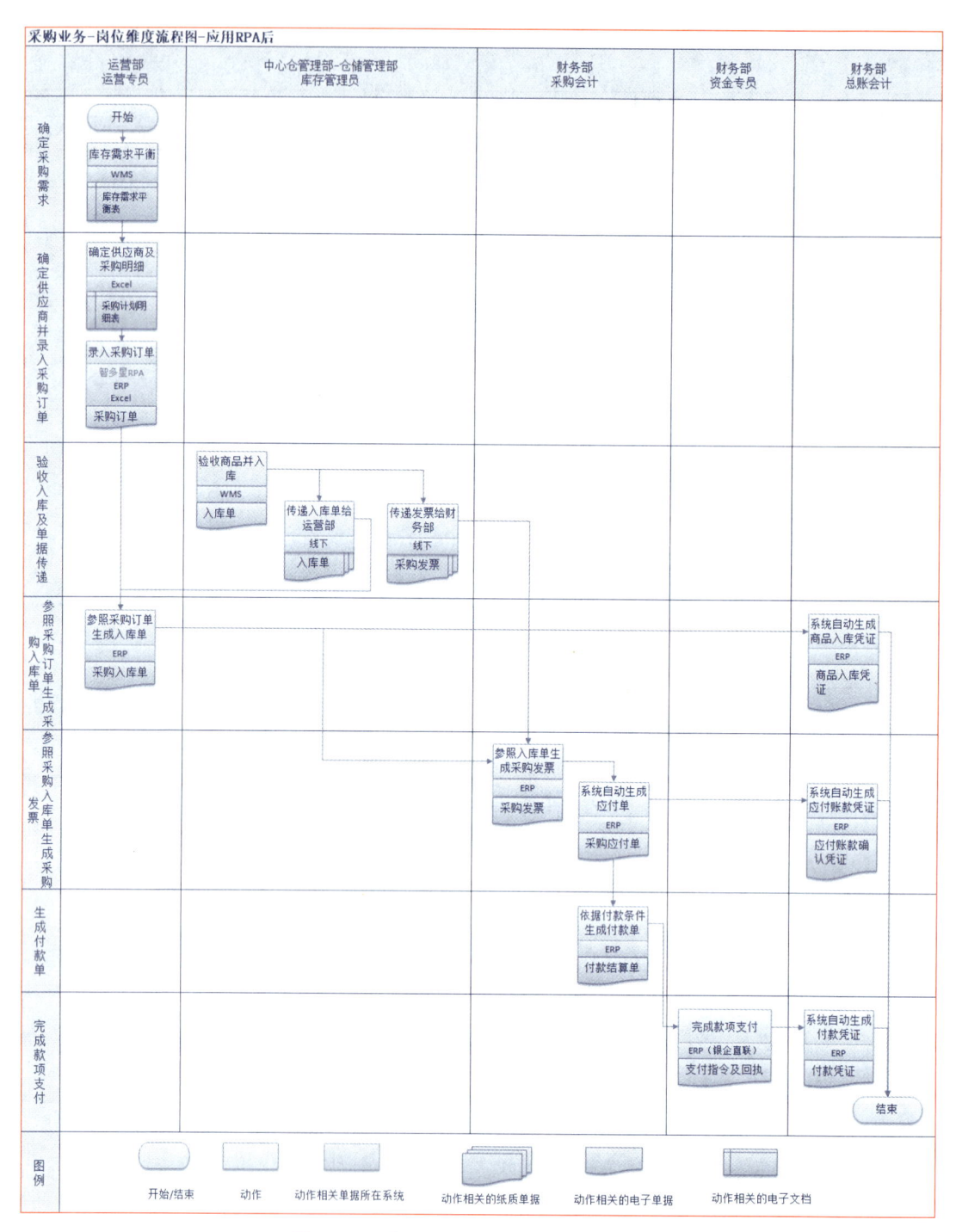

图 5-38 应用 RPA 采购业务处理流程图

模块三 采购业务 RPA 机器人开发与应用

一、供应商维护机器人

（一）供应商维护机器人制作思路

RPA 机器人模拟手工操作，通过自动化的运行，提高操作的效率及准确性。

1. 梳理手工维护供应商档案操作步骤

（1）打开并登录 ERP 系统；

（2）打开供应商档案增加界面；

（3）根据供应商申请信息增加供应商档案。

2. 供应商维护机器人开发思路

依据手工维护供应商档案的操作步骤，供应商维护机器人开发的思路如图 5-39 所示。

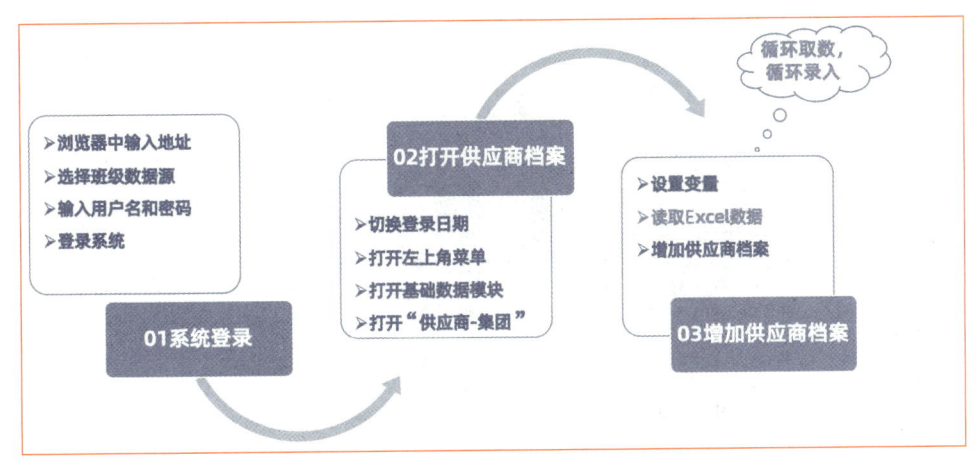

图 5-39 供应商维护机器人开发思路

除了自动登录系统并打开相应的菜单，该场景中 RPA 机器人主要工作是循环读取 Excel 文件中的数据，将对应的内容录入到 ERP 系统供应商档案中，具体的开发思路如图 5-40 所示。

3. 供应商维护机器人开发主要脚本

供应商维护机器人开发的重点为在指定文件目录中打开相应的文件，读取供应商申请文件信息，并据此录入到 ERP 系统供应商档案中，并设置循环。对应的主要脚本如图 5-41 所示。

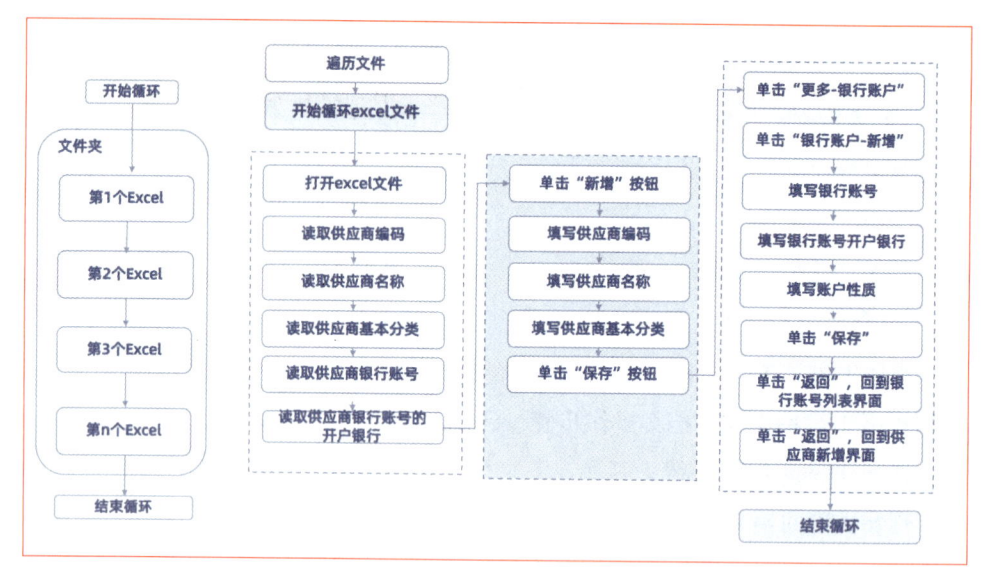

图 5-40 循环读取文件录入供应商信息开发思路

图 5-41 获取单元格值脚本

（二）供应商维护机器人开发及运行

【实训任务 5-6】

请在教学实践平台上完成供应商维护机器人的开发及运行。请在"实训任务-047供应商维护机器人制作及录屏"界面，单击"本期作业参考资料"，下载作业参考资料附件中的业务数据，按照自己的 RPA 账号选择相应的数据，用于开发供应商维护机器人。完成机器人开发后，将机器人运行过程录屏，并上传至教学系统。

【业务流程】

供应商维护机器人开发及运行流程如表 5-9 所示。

表 5-9　供应商维护机器人开发及运行流程

操作步骤	操作系统	操作岗位	操作业务
1	智多星 RPA 设计器	RPA 开发岗	打开程序
2	智多星 RPA 设计器	RPA 开发岗	开发配置
3	智多星 RPA 设计器	RPA 开发岗	保存运行程序

【操作步骤】

1. 打开程序

（1）单击"任务资料"，将资料中的压缩包即 RPA 模板下载到本地。

（2）将下载的 RPA 模板放到指定目录下：C:\yonyou\yonyouRPA\Scripts，如图 5-42 所示。

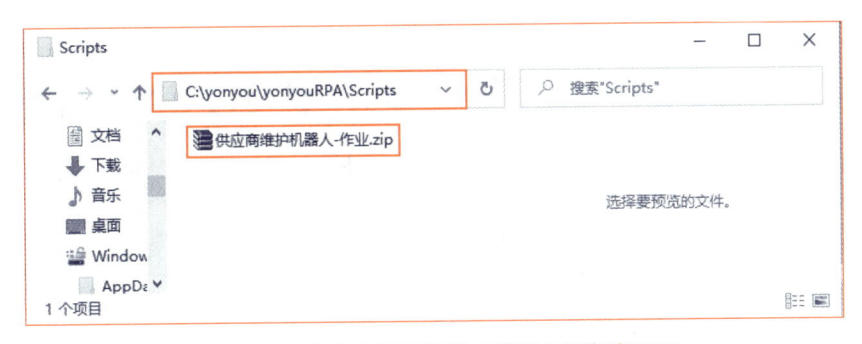

图 5-42　供应商维护机器人模板文件指定目录

（3）单击"开始任务"，输入用户名、密码，登录"智多星 RPA 设计器"。

（4）单击"打开模板"，选择模板，单击"确定"，如图 5-43 所示。

2. 开发配置

在已经打开的 RPA 模板中，已经预置了大部分脚本，在开发配置的过程中，只需要按照注释完成指定任务即可。

任务 1：填写 username、dataSource 变量的值，如图 5-44 所示。

单击"变量"，填写 username、dataSource 的值，如图 5-45 所示。

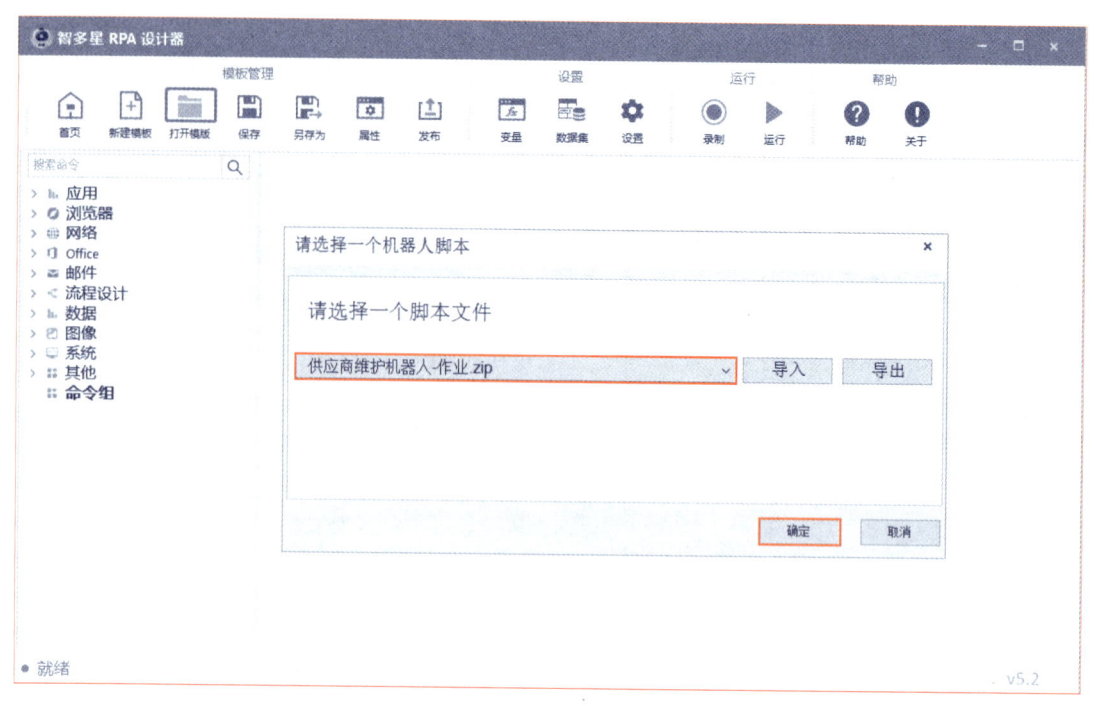

图 5-43　打开供应商维护机器人模板

图 5-44　供应商维护机器人开发模板任务一

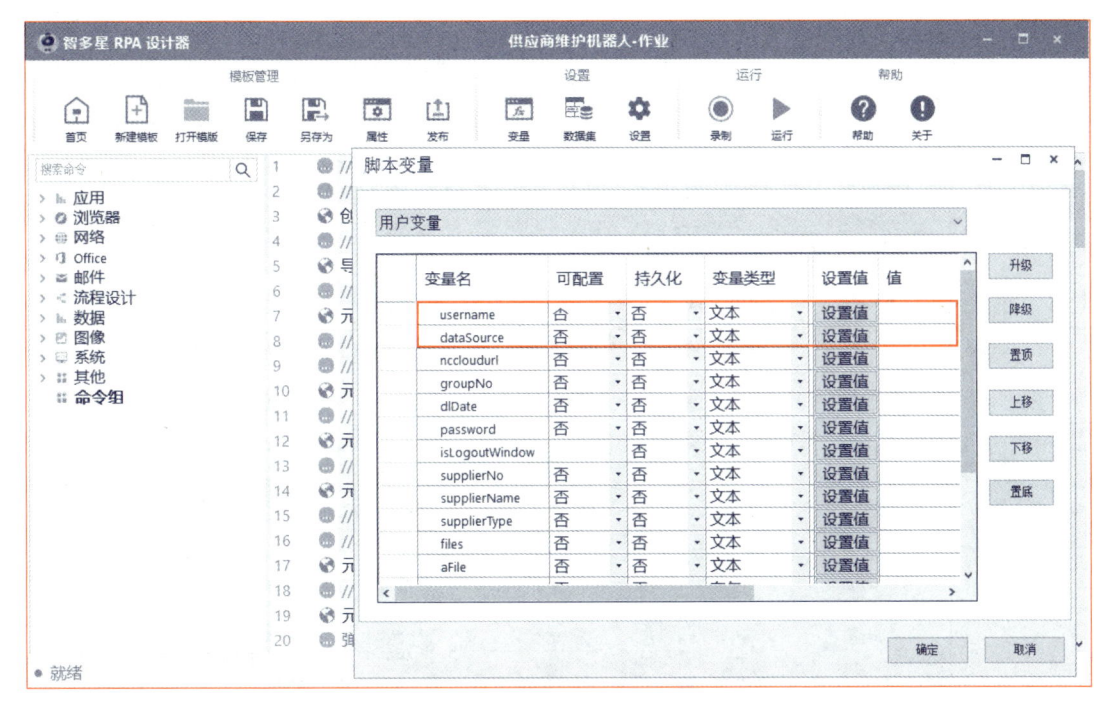

图 5-45　供应商维护机器人变量维护

（1）username 填写。RPA 开发时的用户名来源于 ERP 系统中的用户编码。单击"首页"－"工作应用"－"ERP-RPA"，可以在 ERP 系统中单击右上角用户头像图标，在弹出的页面中查看自己的用户编码，如图 5-46 所示。

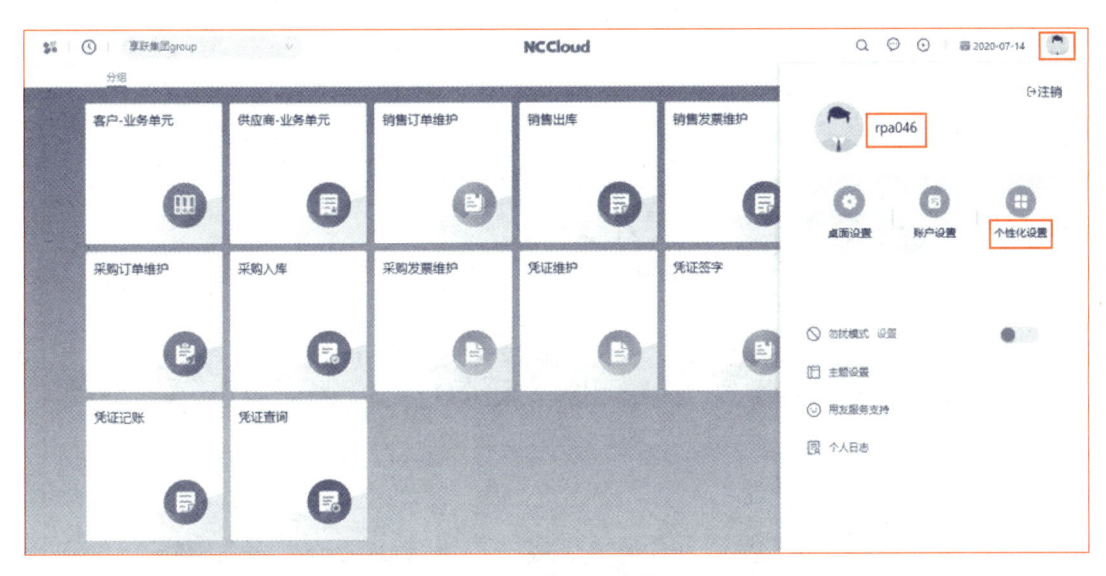

图 5-46　查看用户编码

单击变量页面的"设置值",将用户编码填写到 username 变量对应的值中,如图 5-47 所示。

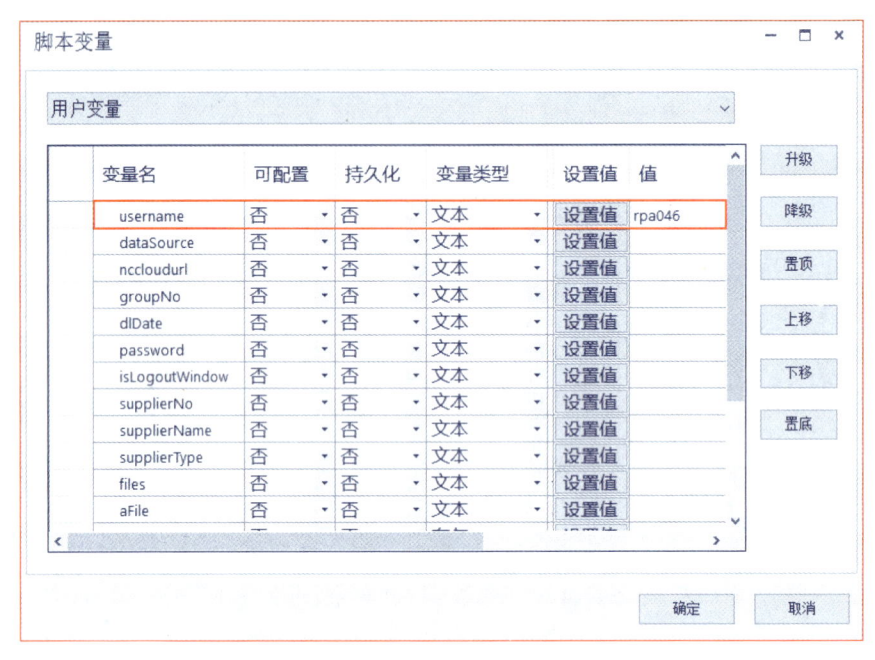

图 5-47　username 变量值设置

(2) dataSource 填写。在教学实践平台中查询数据源信息,单击"一键复制",如图 5-48、图 5-49 所示。

图 5-48　数据源查看

图5-49 复制数据源编码

将数据源编码填写在dataSource变量中，如图5-50所示。

图5-50 dataSource变量值设置

任务2：截取username的后三位数字。

在任务2注释下，编写脚本实现截取username的后三位数字，如图5-51所示。

在搜索框中输入"截取"，然后点击查询出来的"截取字符串"，在"请选择要修改的变量"下选择"[username]"变量，在"开始位置"下输入"3"，在"长度"下输入"3"，在"请选择接收结果的变量"中选择"[username]"，如图5-52所示。

283

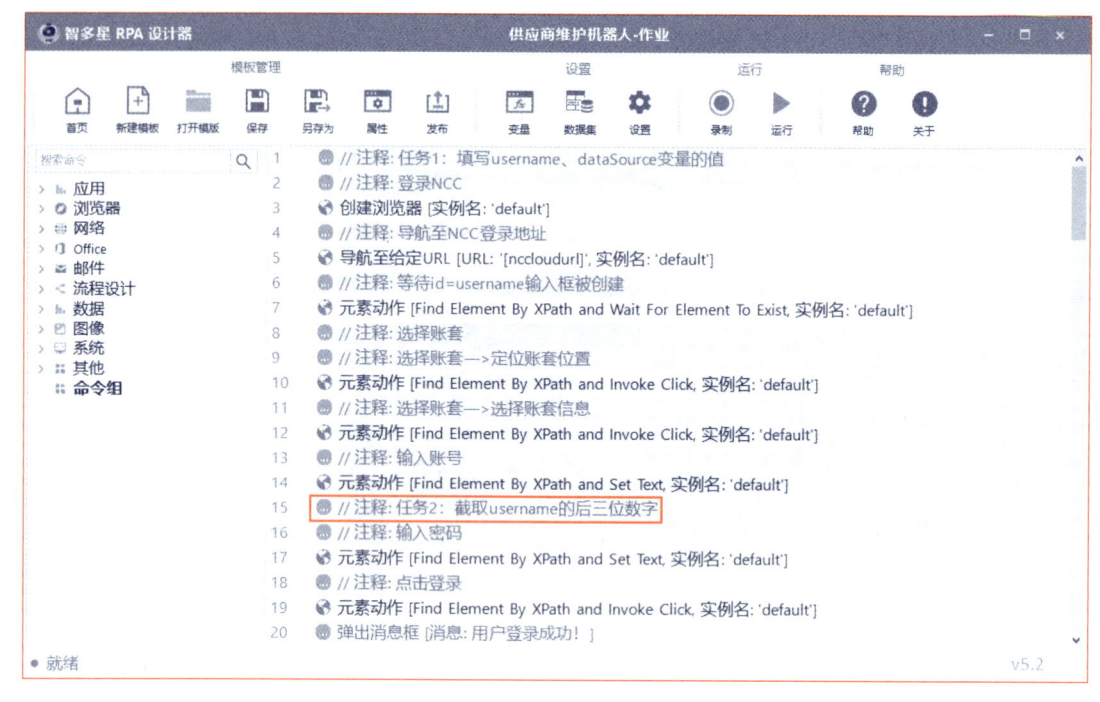

图 5-51　供应商维护机器人开发模板任务二

图 5-52　截取字符串

上述操作代表是从"[username]"变量第三个位置开始截取，截取三位数字，然后将结果存在"[username]"中，如rpa046截取完成后为046。

任务3：选择供应商申请Excel所在的文件夹。

修改任务3注释行下面的遍历文件信息，"遍历文件脚本行中，选择供应商申请Excel所在的文件夹"，如图5-53所示。

图5-53　供应商维护机器人开发模板任务三

双击"遍历文件[存储至'[files]']"行脚本，单击"选择文件夹"，按照文件路径选择供应商申请信息存储的文件夹位置（按照实际保存文件路径即可），如图5-54所示。

3. 保存运行程序

（1）单击"保存"，保存配置完成的RPA脚本，如图5-55所示。

（2）单击"运行"，运行程序，如图5-56所示。注意：在运行前准备好录屏软件，以便将运行过程录屏提交作业。

供应商维护机器人运行视频

图 5-54　选择遍历文件所在文件夹

图 5-55　保存配置完成的 RPA 脚本

项目五　采购业务处理的 RPA 机器人应用

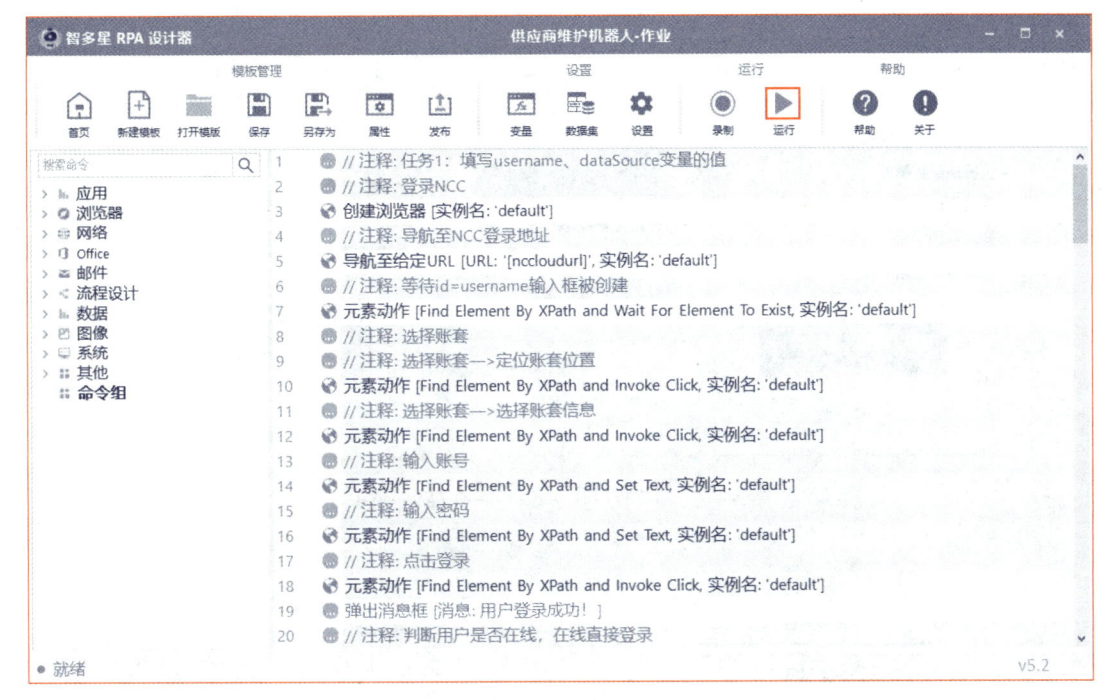

图 5-56　运行配置完成的 RPA 脚本

（3）机器人运行完成后，可在"首页"－"工作应用"－"ERP-RPA"，登录 ERP 系统查看运行结果。查询路径"动态建模平台"－"基础数据"－"供应商信息"－"供应商－集团"，打开查询界面后，输入对应的查询条件进行查询。

二、采购订单录入机器人

（一）采购订单录入机器人制作思路

RPA 机器人模拟手工操作，通过自动化的运行，提高操作的效率及准确性。

1. 梳理手工录入采购订单操作步骤

（1）打开并登录 ERP 系统；

（2）打开采购订单新增界面；

（3）根据 Excel 订单信息增加采购订单。

2. 采购订单录入机器人开发思路

依据手工录入采购订单的操作步骤，采购订单录入机器人的开发思路如图 5-57 所示。

该场景中 RPA 开发的主要内容是自动登录系统、打开相应的菜单、循环读取 Excel 文件中的数据，并将对应的内容录入到 ERP 系统采购订单中。具体的开发思路如图 5-58 所示。

287

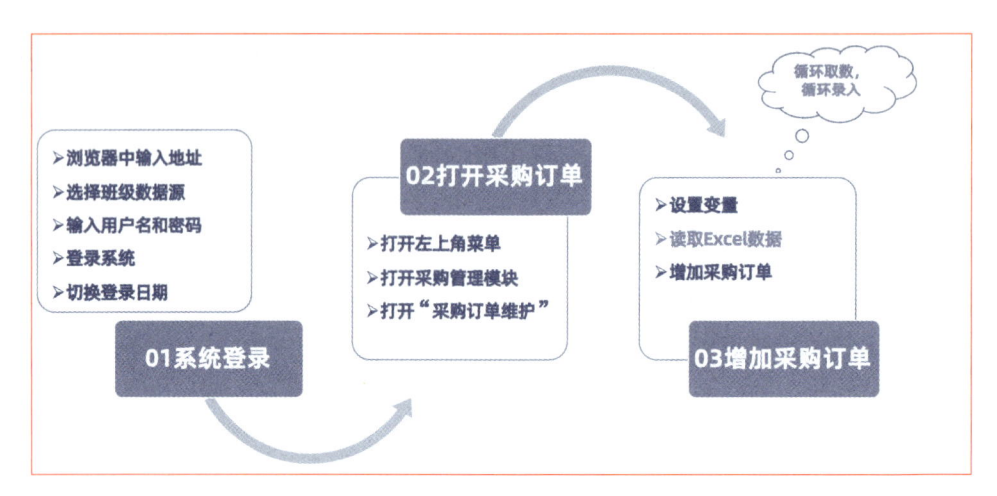

图 5-57 采购订单录入机器人开发思路

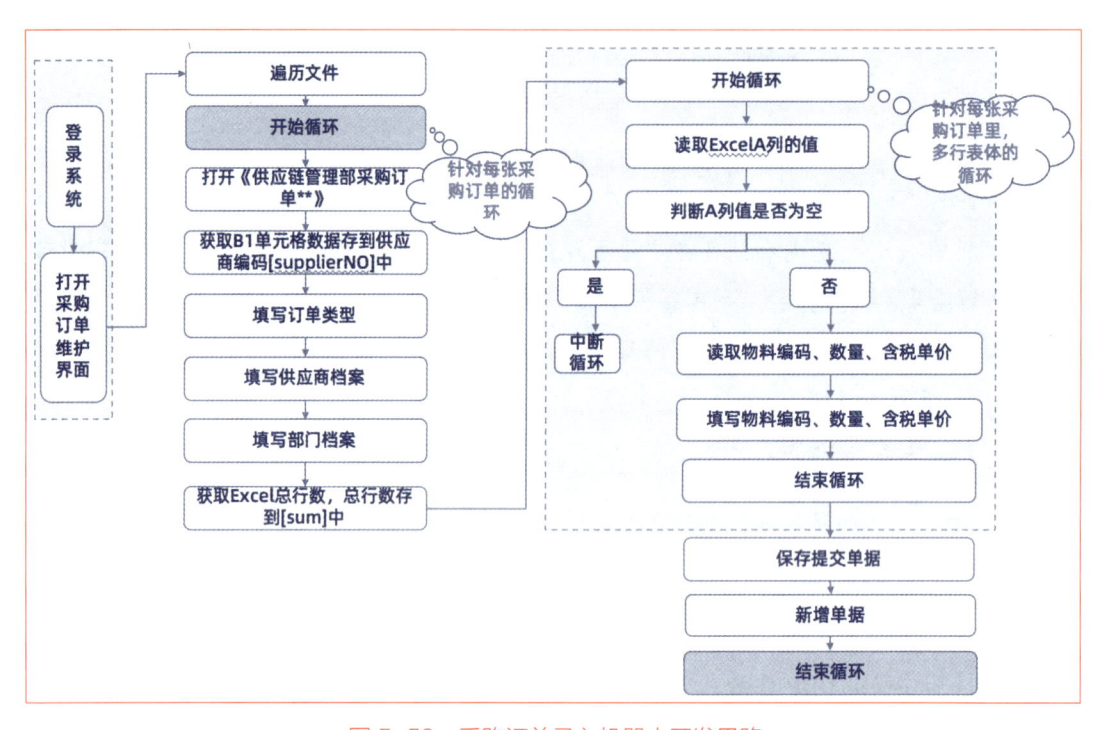

图 5-58 采购订单录入机器人开发思路

（二）采购订单录入机器人开发及运行

【实训任务 5-7】

请在教学实践平台上完成采购订单录入机器人的开发及运行。请在"实训任务-048 采购订单录入机器人制作及录屏"界面，单击"本期作业参考资料"，下载作业参考资料附件中的业务数据，按照自己的 RPA 账号选择相应的数据，用于开发采购订单录入机器人。完成机器人开发后，将机器人运行过程录屏，并上传至教学系统。

【业务流程】

采购订单录入机器人开发及运行流程如表 5-10 所示。

表 5-10　采购订单录入机器人开发及运行流程

操作步骤	操作系统	操作岗位	操作业务
1	ERP 系统	业务财务	个性化设置
2	智多星 RPA 设计器	RPA 开发岗	打开程序
3	智多星 RPA 设计器	RPA 开发岗	开发配置
4	智多星 RPA 设计器	RPA 开发岗	保存运行程序

【操作步骤】

1. 个性化设置

享跃体育集团的集中采购主要由无锡享跃供应链管理有限公司完成，因此，为了方便 RPA 录入数据的时候不重复选择采购组织，可在 ERP 系统中的个性化设置中，将业务单元和财务核算账簿默认设置为"无锡享跃供应链管理有限公司"。

（1）单击右上角用户图标，查看并记录用户编码（如 rpa046），供后面程序使用，如图 5-59 所示。

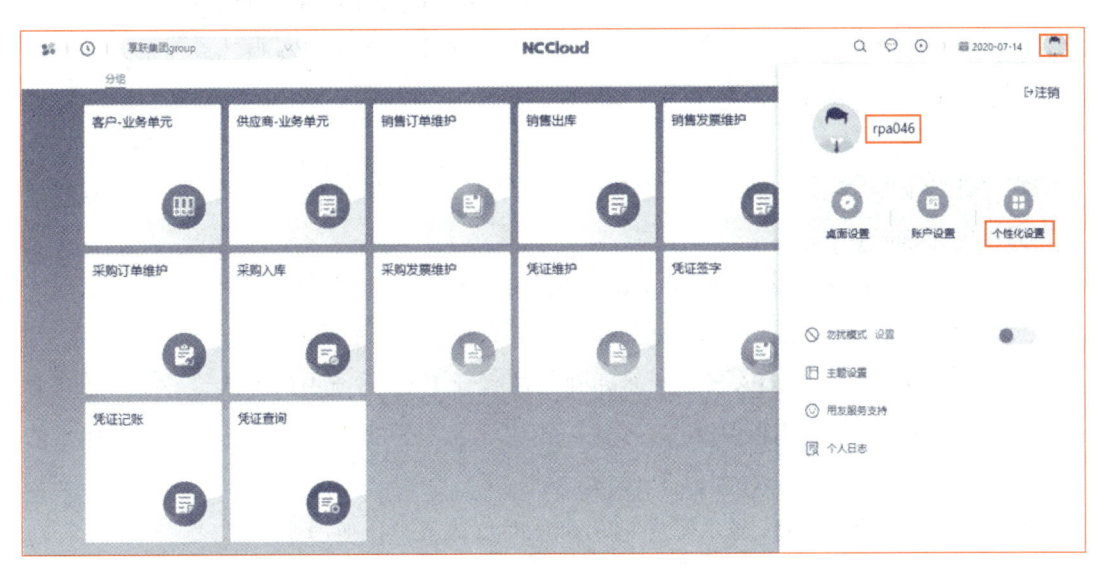

图 5-59　查看用户信息

（2）单击个性化设置，设置默认业务单元为"无锡享跃供应链管理有限公司－实训21"，默认财务核算账簿为"无锡享跃供应链管理有限公司－实训21"，如图5-60所示。

图 5-60 设置默认组织

2. 打开程序

（1）单击"任务资料"，将资料中的压缩包，即 RPA 模板下载到本地。

（2）将下载的 RPA 模板放到指定目录下：C:\yonyou\yonyouRPA\Scripts。

（3）单击"开始任务"，输入用户名、密码，登录"智多星 RPA 设计器"。

（4）单击"打开模板"，选择模板，单击"确定"。

3. 开发配置

在打开的 RPA 模板中，已经预置了大部分脚本，开发配置的过程中，只需要按照注释完成指定任务即可。

任务 1：填写 username、dataSource 变量的值，如图 5-61 所示。

单击"变量"，填写 username、dataSource 变量的值，如图 5-62 所示。

（1）username 填写。RPA 开发时的用户名来源于 ERP 系统中的用户编码。单击"首页"－"工作应用"－"ERP-RPA"，可以在 ERP 系统中单击右上角用户图标，在弹出的页面中查看自己的用户编码，如图 5-63 所示。

将用户编码填写到 RPA 脚本变量 username 对应的值中，如图 5-64 所示。

图 5-61　采购订单录入机器人开发模板任务一

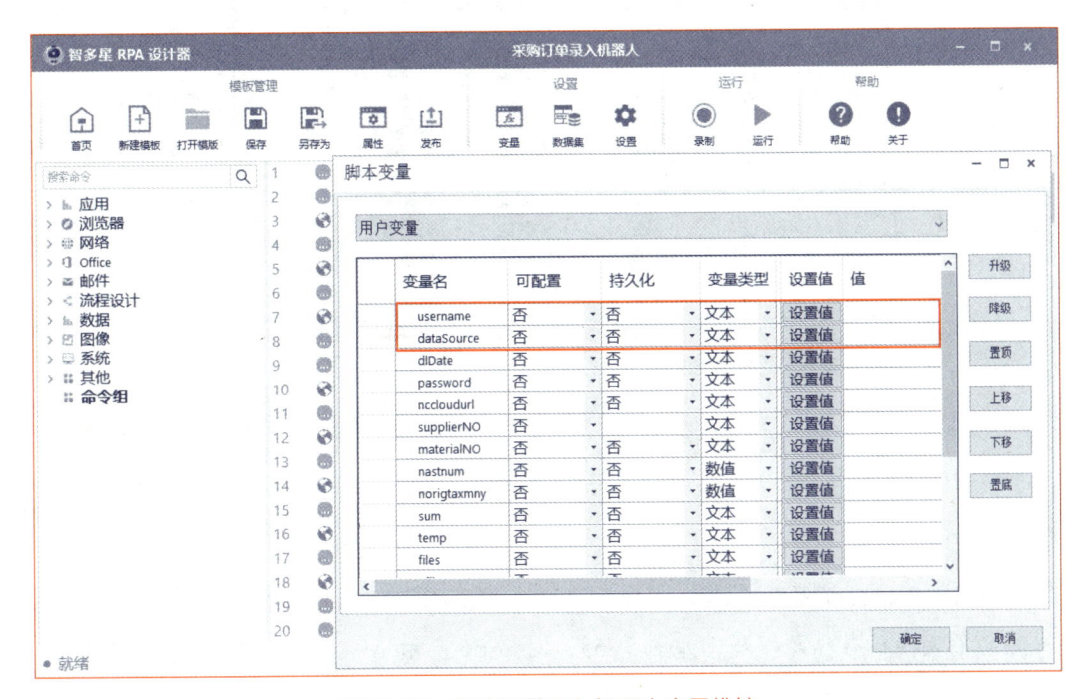

图 5-62　采购订单录入机器人变量维护

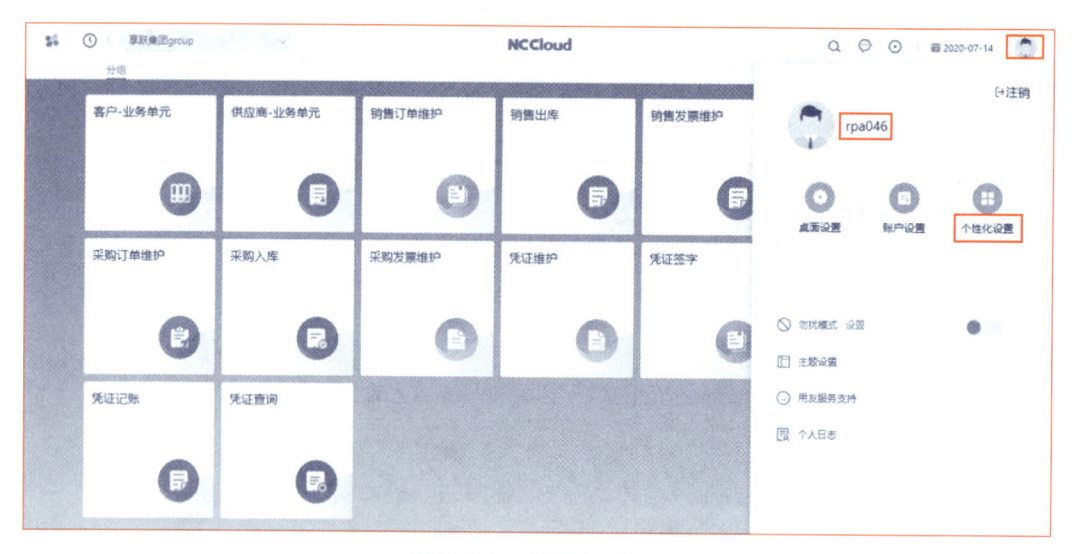

图 5-63　查看用户编码

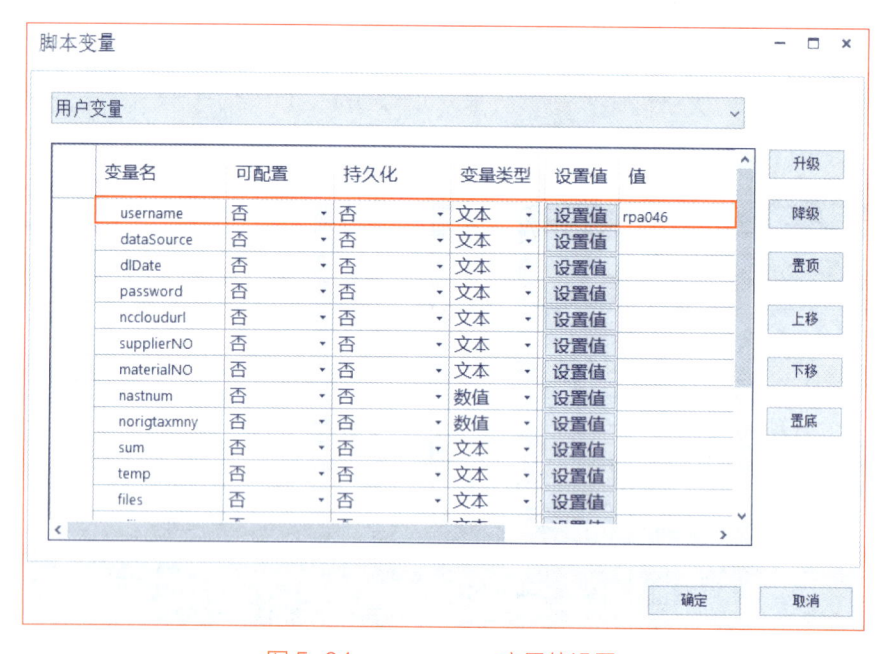

图 5-64　username 变量值设置

（2）dataSource 填写。在教学实践平台中查询数据源信息，单击"一键复制"，可复制当前班级对应的数据源编码，如图 5-65、图 5-66 所示。

将数据源编码填写在 dataSource 变量中，如图 5-67 所示。

图 5-65　数据源查看

图 5-66　复制数据源编码

图 5-67　dataSource 变量值设置

任务2：选择遍历文件脚本行中的文件。

（1）双击"遍历文件［存储至'［files］'］"行脚本，如图5-68所示。

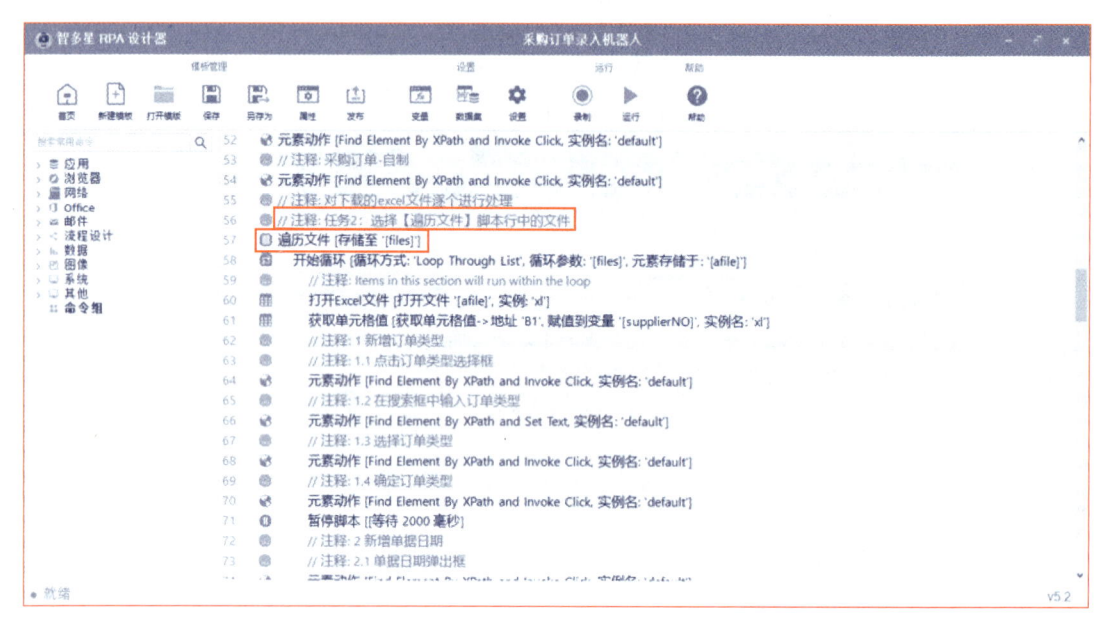

图5-68　采购订单录入机器人开发模板任务二

（2）单击"选择文件夹"，按照文件路径选择自己从教学实践平台任务中下载数据的文件夹。在"遍历文件"脚本行中，选择采购订单Excel所在的文件夹，如图5-69所示。

图5-69　遍历文件选择对应文件夹

任务3：编写一行脚本，计算出录入到采购订单中的物料行数，然后存储到"[sum]"中，实现"[sum]=[sum]−2"，如图5-70所示。

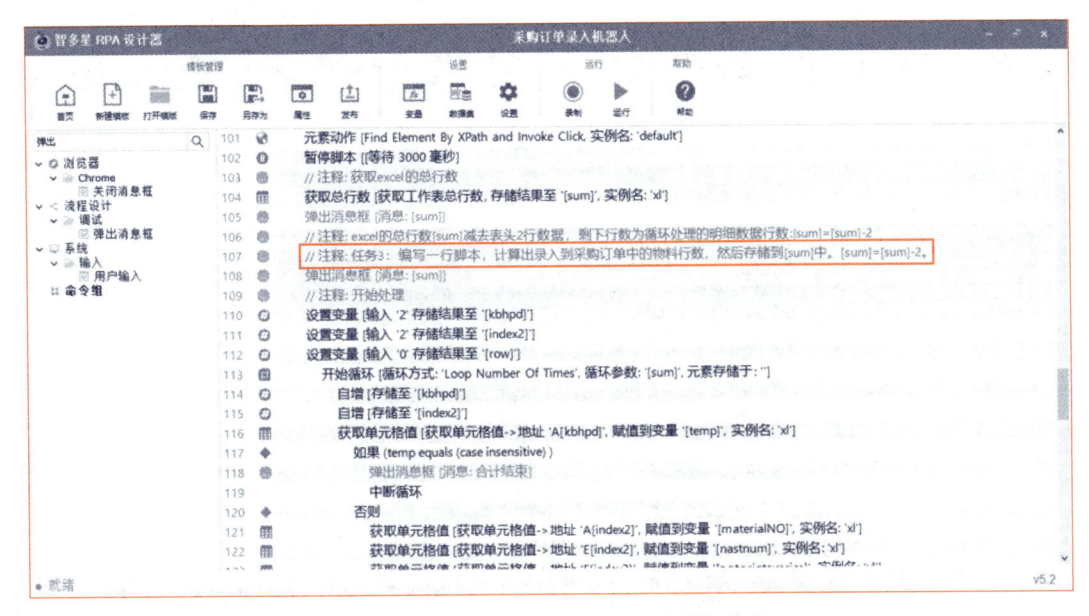

图5-70　采购订单录入机器人开发模板任务三

任务3的内容对应的是RPA读取文件录入信息的循环次数，由于Excel文件标题占2行，循环次数等于Excel文件总行数"[sum]"减去2。

将光标放置任务3注释行前面，在该位置进行脚本编辑。在左边搜索框中输入"减法"，然后单击放大镜按钮或者回车，系统弹出减法命令，双击减法命令，在弹出的"编辑命令"界面进行配置，如图5-71所示。

图5-71　减法编辑命令

295

【温馨提示】若编辑命令前未将光标放置在任务 3 的位置，则配置完成后，脚本会显示在程序的最下面，需要复制粘贴到任务 3 下面，如图 5-72、图 5-73、图 5-74 所示。

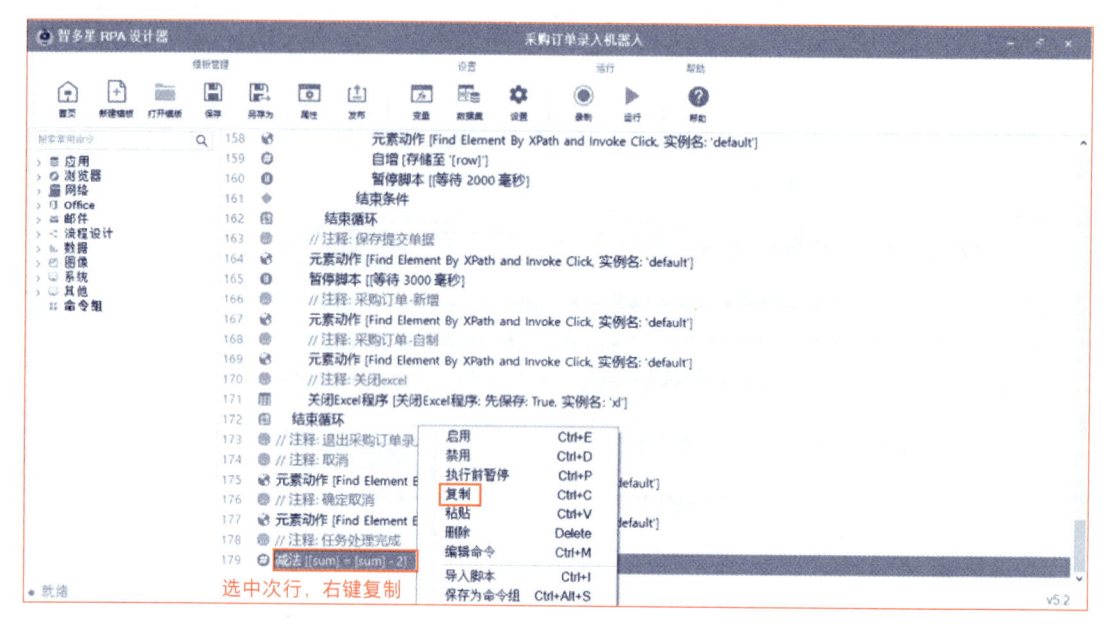

图 5-72 复制脚本

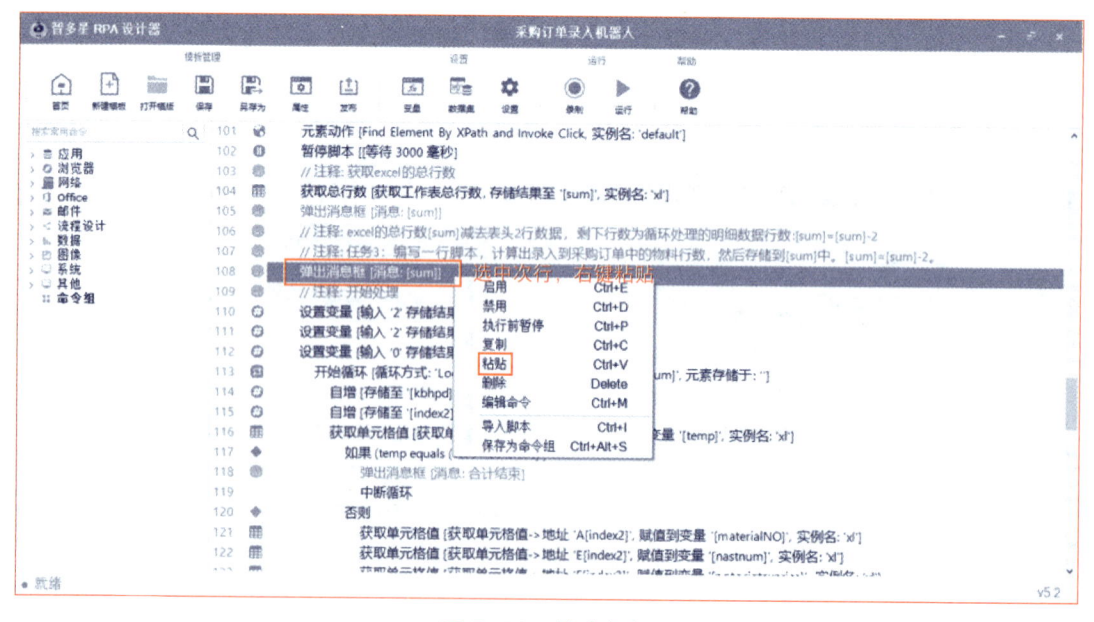

图 5-73 粘贴脚本

项目五　采购业务处理的 RPA 机器人应用

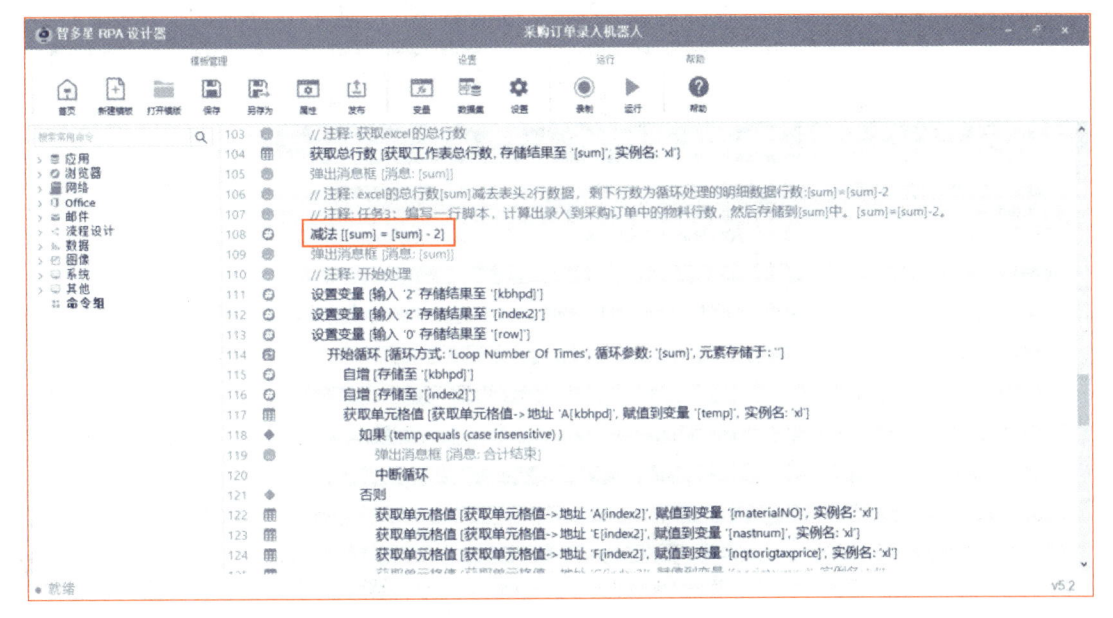

图 5-74　复制粘贴后脚本

【温馨提示】复制粘贴脚本后，需将原位置的脚本删除，如图 5-75 所示。

采购订单录入机器人运行视频

4. 保存运行程序

（1）单击"保存"，保存配置完成的 RPA 脚本，如图 5-76 所示。

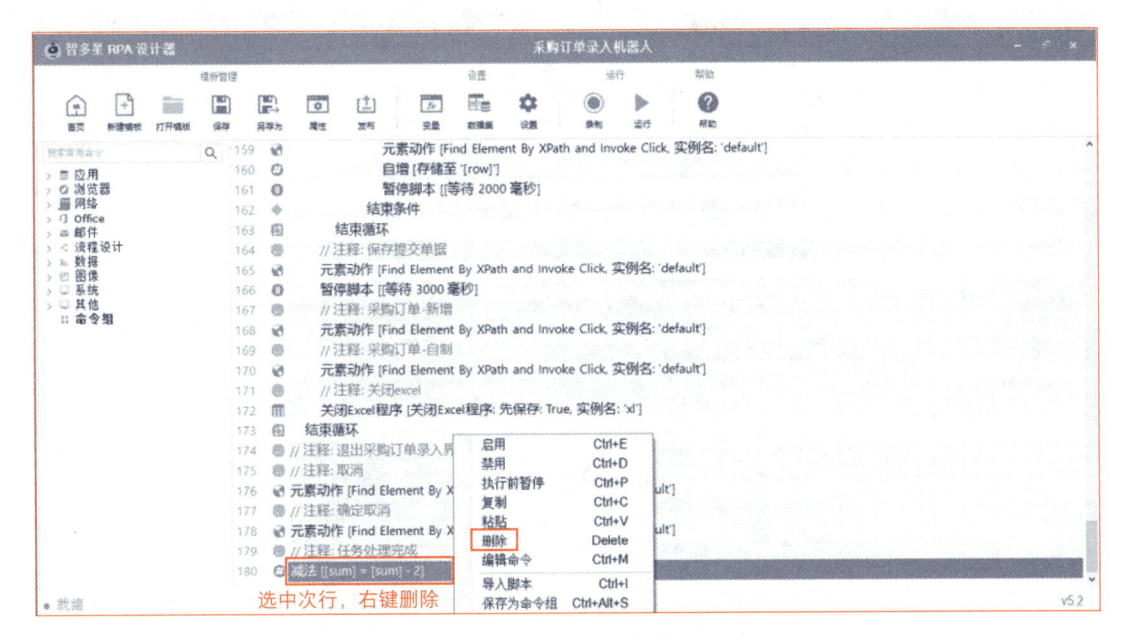

图 5-75　删除脚本

297

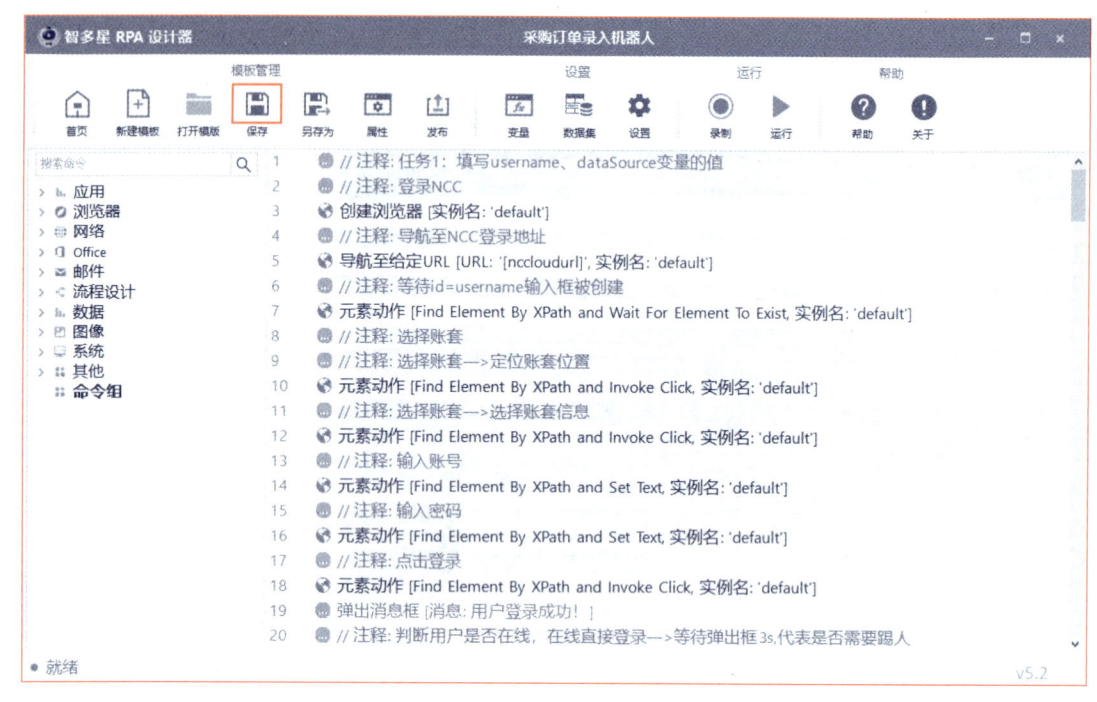

图 5-76　保存配置完成的 RPA 脚本

（2）单击"运行"，运行程序，如图 5-77 所示。注意：在运行前准备好录屏软件，以便将运行过程录屏提交作业。

图 5-77　运行配置完成的 RPA 脚本

（3）机器人运行完成后，可在"首页"–"工作应用"–"ERP-RPA"，登录ERP系统查看运行结果。查询路径"供应链"–"采购管理"–"采购订单管理"–"采购订单维护"，打开查询界面后，输入对应的查询条件进行查询。

三、三单匹配机器人

（一）三单匹配机器人介绍

采购业务处理的过程中，企业根据需求给供应商下订单，即采购订单。供应商根据采购订单的要求发货，然后开出发票。企业收到货物确认无误后，仓库做收货（入库）处理。会计将供应商开具的发票与采购订单、入库单进行核对，三者的信息无误时，根据发票信息付款给供应商。"采购订单–入库单–发票"的匹配即为采购业务的三单匹配。

我们在采购业务现状体验的过程中，在最后一步，财务部采购会计在收到库存管理员传递过来的采购发票后，参照ERP系统中的"采购入库单"生成ERP系统中的"采购发票"，ERP系统采购发票审核通过后（可手动审核或设置自动审核），系统自动生成应付单及应付账款确认凭证。在这个过程中，ERP系统中的一张"采购发票"可能对应多张纸质的增值税专用发票，且每张发票都有多行信息。按照税务监管及财务管理要求，采购会计需要逐条核对系统中的商品信息与纸质发票的信息是否一致，比如商品名称、规格型号、数量、价格、税率等。这将耗费采购会计大量的精力，而且容易出错，造成税务风险。

为了减少会计人员繁重的核对工作，针对三单匹配场景，通过小友三单匹配机器人，用户仅需简单配置即可实现三单匹配自动化。三单匹配机器人对验伪通过的发票，与ERP系统中的采购入库单进行智能匹配，匹配成功后自动生成ERP系统中的采购发票，自动进行采购结算，并可以自动生成应付单，确认应付。

（二）三单匹配机器人配置及运行

在企业实际应用中，往往会将RPA模板设计开发完成，业务人员简单配置参数即可快速应用RPA机器人。本案例介绍三单匹配机器人就是一个成熟的业务场景，无须开发RPA脚本或模板，业务人员直接登录小友RPA客户端（RPA的应用客户端）即可进行配置和应用。

【实训任务5-8】

请在教学实践平台上完成三单匹配机器人的配置及运行，并将三单匹配机器人运行后生成的报告文件上传至教学系统。

【温馨提示】在开始该任务前，需要学生先下载安装并配置"小友RPA"。具体安装及配置参见"小友 RPA 客户端安装及登录"任务中的任务资料"小友 RPA 安装及初始化设置.zip"。

【业务流程】

三单匹配机器人配置及运行流程如表 5-11 所示。

表 5-11　三单匹配机器人配置及运行流程

操作步骤	操作系统	操作岗位	操作业务
1	小友 RPA	采购会计	登录小友 RPA
2	ERP 系统	采购会计	配置"三单匹配机器人"
3	ERP 系统	采购会计	运行"三单匹配机器人"

【操作步骤】

1. 登录小友 RPA

单击"开始任务",打开小友 RPA 客户端登录页面,选择当前班级课程对应的数据源,输入用户名、密码,单击"登录"。班级数据源在教学实践平台"首页"右上角的"数据源查看"图标下查看,用户名为自己的 RPA 账号,单击"首页"-"工作应用"-"ERP-RPA",可以在 ERP 系统中查看自己的 RPA 账号,密码统一为"123qwe"。

登录完成后,在电脑右下角的运行程序中可以看到"机器人客户端"的图标。

2. 创建机器人

(1)从作业参考资料中下载 Excel 文档"组织列表"到指定文件夹下,打开文件,将组织编码及名称修改为需要运行三单匹配机器人的组织信息,并保存文档,如图 5-78 所示。

图 5-78　编辑组织列表信息

（2）登录 ERP 系统，单击左上角四叶草图标，打开"自动化机器人"模块下的"机器人管理"菜单，如图 5-79 所示。

图 5-79　机器人管理导航路径

（3）单击"创建机器人"，如图 5-80 所示。

图 5-80　创建机器人界面

（4）录入机器人名称和描述，选择机器人运行的客户端，单击"下一步"，如图 5-81 所示。

301

图 5-81　三单匹配机器人基本信息维护

【温馨提示】只有在同一数据源下，同一用户"小友 RPA 客户端"处于登录状态时，才能选择到"客户端"。

（5）选择"三单匹配机器人"模板，单击"下一步"，如图 5-82 所示。

图 5-82　三单匹配机器人模板选择

（6）修改变量"组织列表"文件所在路径信息，如图 5-83 所示。

图 5-83　三单匹配机器人 inputDir 变量设置

（7）修改"loginUrl"（NCC 环境地址信息），该地址由老师告知，如图 5-84 所示。

图 5-84　三单匹配机器人 loginUrl 变量设置

（8）录入自己的用户名和密码，如图 5-85 所示。

303

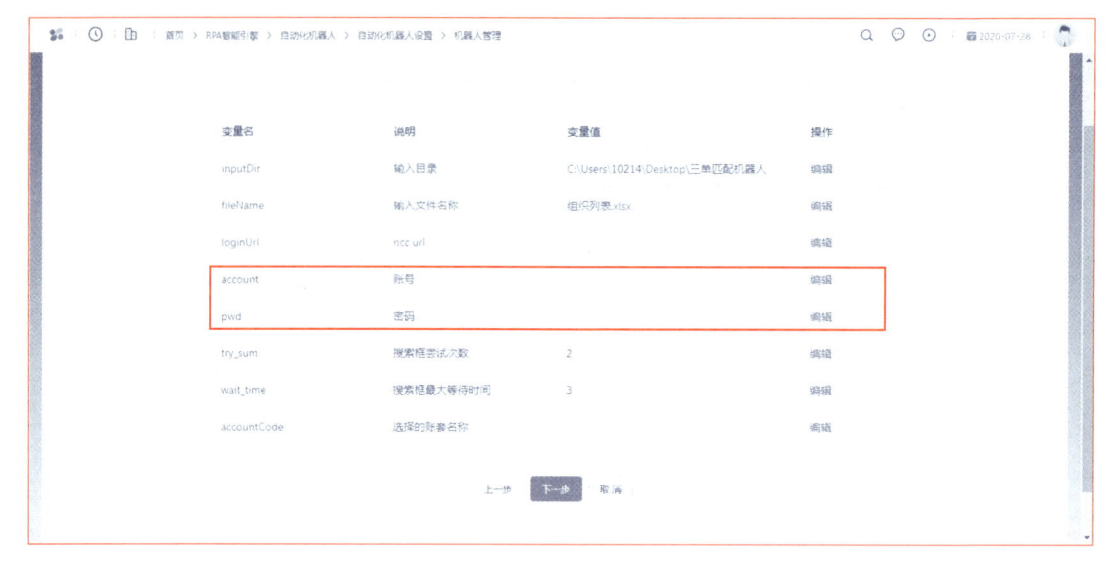

图 5-85 三单匹配机器人 account、pwd 变量设置

【温馨提示】在 ERP 系统首页获取自己的用户名，如图 5-86 所示，密码统一为 123qwe。

图 5-86 查看用户名信息

（9）查询数据源信息。在教学实践平台课程首页，单击查看图标查看 ERP 数据源名称，如图 5-87、图 5-88 所示。

图 5-87　查看数据源

图 5-88　复制数据源信息

（10）根据查询结果，修改变量 NCC 数据源名称，单击"下一步"，如图 5-89 所示。

（11）数据集无须设置，单击"下一步"，维护收件人姓名和邮箱，单击"是否启用"按钮启用报告接收，如图 5-90 所示。

（12）单击"完成"，三单匹配机器人创建完成。设置完成后，任务栏会出现创建好的机器人。

图 5-89 三单匹配机器人 dataSource 变量设置

图 5-90 报告接收人信息维护及启用

3. 运行三单匹配机器人

单击"待机",下拉选择"运行",机器人开始自动执行三单匹配操作,如图 5-91 所示。

【温馨提示】机器人需要在"小友 RPA 客户端"为登录的状态下运行。

机器人运行结束后邮箱会收到运行结果报告,如图 5-92 所示。

图 5-91 运行三单匹配机器人

图 5-92 邮箱接收的机器人运行结果报告

在文档"组织列表"相同的路径下也可以查看运行报告，如图 5-93 所示。
报告中显示匹配发票相关信息以及匹配结果是否成功，如图 5-94 所示。

307

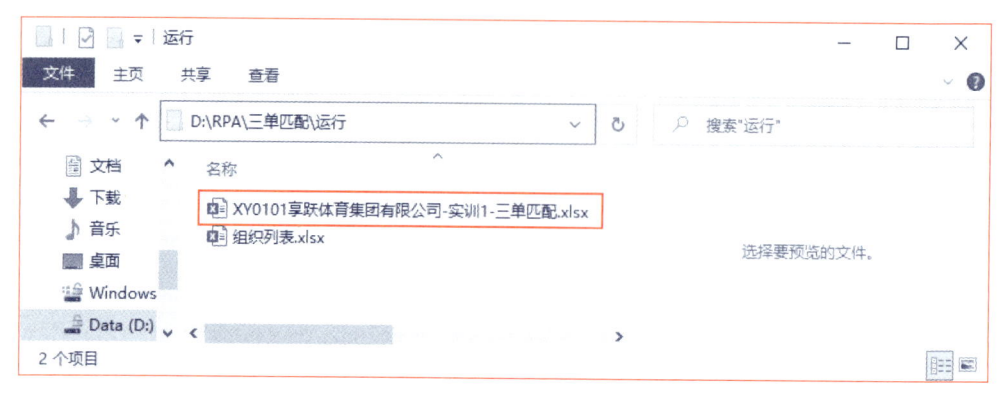

图 5-93　指定存储路径下生成的机器人运行结果报告

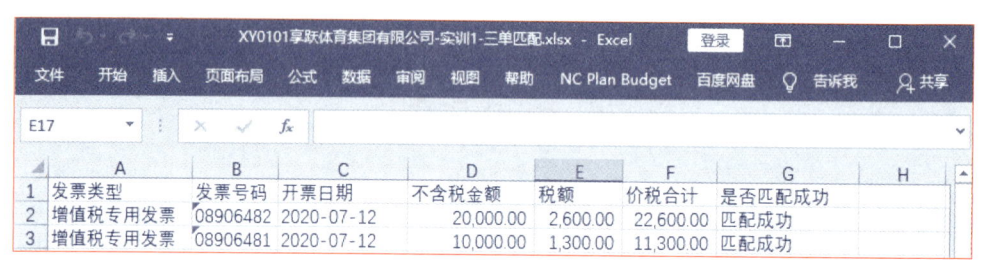

图 5-94　机器人运行结果报告详细信息

项目小结

采购业务是企业经营生产不可或缺的重要组成部分，扮演着保持持续竞争力和增加价值的战略角色。控制采购成本、防范采购风险成为提升企业管理、参与市场竞争的新引擎。企业现代化管理制度的逐步建立和信息化技术的广泛应用，为采购业务的现代化和信息化提供制度保障和技术支持。利用 RPA 技术开发的机器人，替代采购业务中重复性、低价值、无须人工决策等固定性流程化操作，可以有效提升工作效率，减少错误。

项目六　更多财务机器人应用

学习目标

知识目标
- 了解VPA机器人的应用场景
- 了解税务、财资、报表机器人的执行流程
- 了解其他机器人的执行流程

技能目标
- 掌握财务机器人应用标准化规则操作
- 能应用RPA技术，实现业务流程、财务流程的智能化

素养目标
- 养成细心、严谨的工作态度
- 具备良好的职业素养和创新意识

思维导图

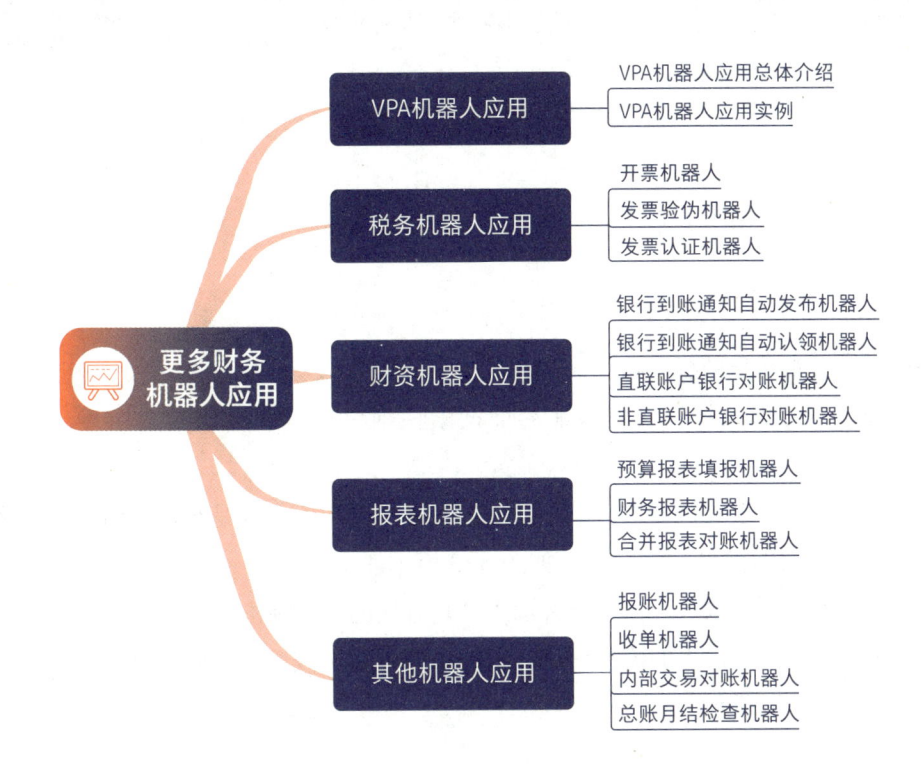

```
                            ┌─ VPA机器人应用总体介绍
            ┌─ VPA机器人应用 ─┤
            │               └─ VPA机器人应用实例
            │
            │               ┌─ 开票机器人
            ├─ 税务机器人应用 ┼─ 发票验伪机器人
            │               └─ 发票认证机器人
            │
            │               ┌─ 银行到账通知自动发布机器人
更多财务     │               ├─ 银行到账通知自动认领机器人
机器人应用 ─┤─ 财资机器人应用 ┼─ 直联账户银行对账机器人
            │               └─ 非直联账户银行对账机器人
            │
            │               ┌─ 预算报表填报机器人
            ├─ 报表机器人应用 ┼─ 财务报表机器人
            │               └─ 合并报表对账机器人
            │
            │               ┌─ 报账机器人
            │               ├─ 收单机器人
            └─ 其他机器人应用 ┼─ 内部交易对账机器人
                            └─ 总账月结检查机器人
```

模块一　VPA 机器人应用

一、VPA 机器人应用总体介绍

虚拟个人助理（Virtual Personal Assistant，简称 VPA），通过对话感知方式完成工作，VPA 可能逐步取代键盘、鼠标等操作，给用户带来全新的工作体验。小友机器人（简称"小友"）是以人工智能技术驱动，以自然语音对话作为主要交互方式，能够帮助使用者完成任务的机器人，能面向企业管理者、业务人员和员工通过智能对话交互界面，提供随时随地、自然灵动、精准高效的工作助理服务。小友机器人应用框架如图 6-1 所示。

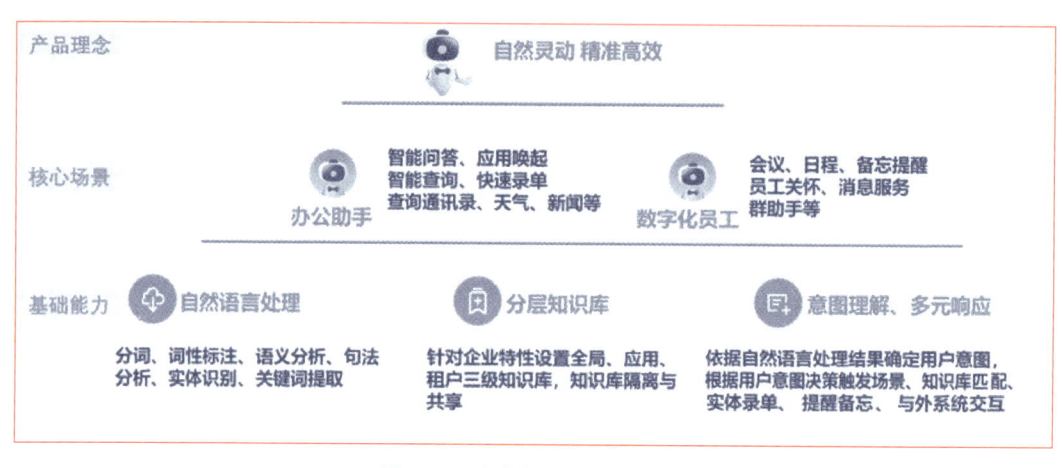

图 6-1　小友机器人应用框架

二、VPA 机器人应用实例

（一）VPA 机器人查看报销标准

VPA 机器人查看报销标准执行流程：

（1）登录友报账系统，在友报账界面搜索栏中单击小友机器人图标，如图 6-2 所示。

（2）打开友报账小友机器人，小友自动语音提示"你好，我是小友，请问有什么可以帮到您？或者您可以这样问我……"，如图 6-3 所示。

（3）用户单击语音输入按钮，语音输入"查看我的报销标准"，如图 6-4 所示。

（4）小友根据用户输入的语音信息，自动查询、输出该用户对应的报销标准，并进行语音播放，如图 6-5 所示。

图 6-2 启动小友机器人

图 6-3 小友机器人主界面

图 6-4 小友机器人聆听语音输入

图 6-5 小友机器人播报报销标准

（二）用 VPA 灵活查询天气、新闻

用 VPA 灵活查询天气、新闻执行流程：

（1）打开小友，语音输入"今天天气"，小友会通过 GPS 直接获取当前位置的天气信息，并进行推送与播报，如图 6-6 所示。

（2）可以灵活地询问小友其他地区当天或者明后天的天气等。如"上海明天天气"，如图 6-7 所示。

图 6-6　小友机器人查询今天天气　　　　图 6-7　小友机器人查询异地天气

（3）想要看新闻，可以直接对小友说"我想看新闻"。小友会查询出新闻链接并进行推送与播报，如图 6-8 所示。

（4）单击"亲，已帮您找到新闻信息"链接，自动进入新闻页面，如图 6-9 所示。

（5）可以对小友说查询指定类别的新闻，如"我想看体育新闻"，小友可以查询出对应的新闻，如图 6-10、图 6-11 所示。

项目六 更多财务机器人应用

图 6-8 小友机器人推送新闻链接

图 6-9 小友机器人查询到的新闻

图 6-10 小友推送指定类别的新闻连接

图 6-11 小友机查询到的指定类别的新闻

313

（三）用 VPA 工作陪伴

除定制化工作场景，VPA 还具有快递查询、列车查询、汽油价格查询、英汉互译、生活百科、成语接龙、星座、故事、笑话、绕口令、歇后语、顺口溜和脑筋急转弯等多项通用技能，为员工提供便利。如对小友说"查询明天北京到广州的车票信息"，小友会查询出相关内容并自动推送链接与播报，如图 6-12 所示。

单击"亲，已帮您找到列车信息"，打开详细内容，如图 6-13 所示。

图 6-12　小友机器人推送列车信息链接　　　图 6-13　小友机器人查询到的列车信息

（四）用 VPA 记账

打开友报账小友机器人，对小友说"我要记账"，小友询问记事类型，选择其中一个记事类型，如选择"交通"类型，即可跳转到相应的记账主页面，在记账界面进行事项记录，如图 6-14、图 6-15 所示。

（五）VPA 唤起友报账应用

VPA 可通过语音输入信息自动唤醒系统中的功能应用，如通过和友报账小友机器人对话，可自动打开友报账系统中的待审批单据。打开友报账小友机器人，和小友对话，语音输入"打开审批"或者单击主界面的"打开审批"，小友机器人自动打开报账系统的待审批单据列表，供审批者审批，如图 6-16、图 6-17 所示。

项目六　更多财务机器人应用

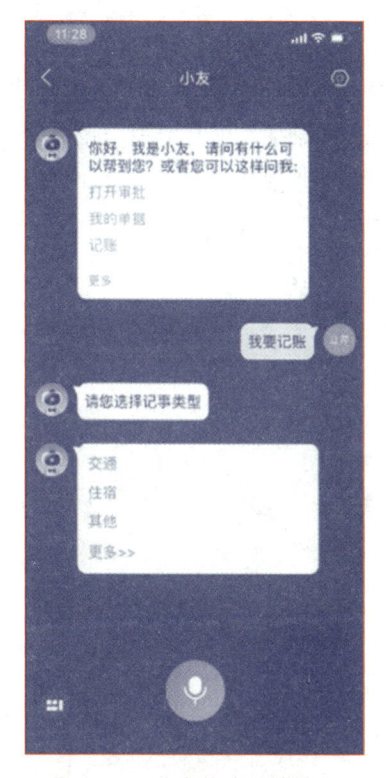

图 6-14　小友推送记事类型

图 6-15　小友打开的记账主界面

图 6-16　小友唤醒打开审批

图 6-17　小友打开我的审批

315

（六）用 VPA 填写单据

VPA 可通过语音输入信息自动唤醒系统中的功能应用，如通过和友报账小友机器人对话，可自动打开对应类型的报销单填写单据。和小友说"我要填写报销单"，小友推送并播报"请选择哪种类型的单据"，可选择其中一种类型的单据，例如选择"费用报销单"，小友自动打开费用报销单的填单界面，如图 6-18、图 6-19 所示。

图 6-18　小友唤醒报销单　　　　图 6-19　小友打开报销单

（七）用 VPA 打印单据

VPA 可通过语音输入信息自动唤醒系统中的功能应用，如通过和友报账小友机器人对话，可自动查询需要打印的报销单进行打印。和小友说"我想打印这个月的单据"，小友推送并播报"您想打印哪种类型的单据"，可选择其中一种类型的单据，例如选择"报销单"，小友自动查询并推送查询结果，选择需要打印的单据完成打印操作，如图 6-20 所示。

（八）VPA 的智慧问答

通过将 QA 问答在知识库中进行维护，能够使 VPA 回复特定的问题。例如，和小友对话"怎么将单据发到邮箱"，小友自动答复，如图 6-21 所示。如果和小友对话询问一个比较模糊的问题，小友会自动推送可能和用户问题相关的问题，用户选择一个问题后小友回复对应的答案。

图 6-20　小友打印单据　　　　　　　　图 6-21　小友智慧问答

模块二　税务机器人应用

一、开票机器人

开票机器人实现了一站式发票服务及全流程自动化处理，如图 6-22 所示。

317

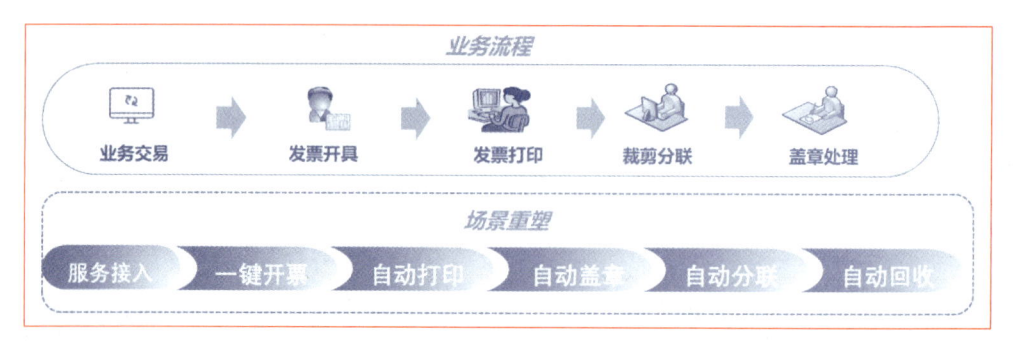

图 6-22　全流程自动化

开票机器人集发票打印、分联、盖章和存档四大功能于一体。开票机器人可实现一键开票、批量打印、连续进纸、不卡纸、不错位、全自动盖章、清晰准确、自动切边分联等功能。应用开票机器人省时省力、自动存档、全流程自动处理，每天可处理 3 000 张以上发票，每张发票处理时间不到 12 秒，帮助企业提高流程效率。开票机器人整体应用场景如图 6-23 所示。

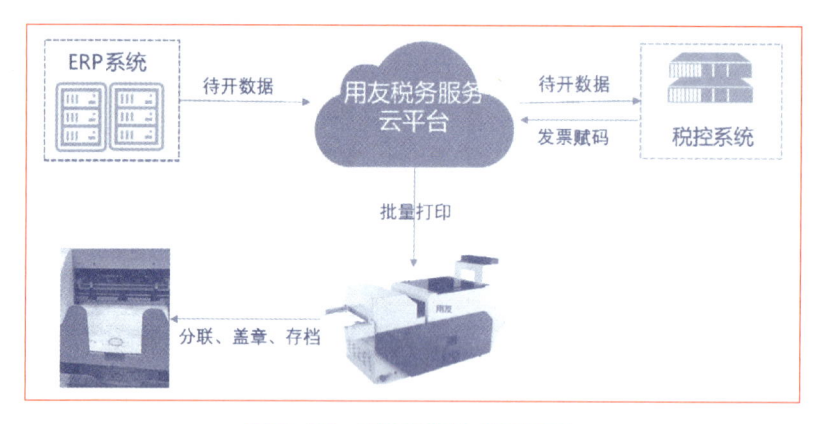

图 6-23　开票机器人应用场景

二、发票验伪机器人

发票验伪机器人自动识别发票票面信息，在增值税发票查验平台完成增值税专用发票或增值税普通发票真伪查验操作。

发票验伪机器人执行流程：

（1）业务员收到纸质发票后进行拍照，然后将发票扫描件存储在文件夹中，如图 6-24 所示。

图 6-24 发票扫描件

（2）发票验伪机器人自动调用 OCR，识别文件夹中的发票扫描件，并自动生成收票清单。发票验伪机器人建立新的文件夹，将已识别的发票照片移动到新的文件夹中，如图 6-25、图 6-26 所示。

图 6-25 运行发票验伪机器人

图 6-26 收票清单

（3）发票验伪机器人自动登录到 ERP 系统中，自动打开"收票"界面，如图 6-27 所示。

319

图 6-27 收票主界面

（4）发票验伪机器人在"收票"界面自动选择"收票组织"，单击"新增"，发票验伪机器人依据收票清单文件中的信息自动填写"发票类型、发票代码、发票号码、开票日期、不含税合计金额、校验码（后六位）"等信息，单击"确定"后进行发票验伪，如图 6-28 所示。

图 6-28 收票信息增加界面

（5）发票验伪机器人依据发票号逐条查询发票验伪的状态，并且将校验信息录入到收票清单中，如图 6-29 所示。

图 6-29 发票验伪结果记录

（6）发票验伪机器人运行完成后，用户会收到机器人运行成功的邮件通知，如图 6-30 所示。

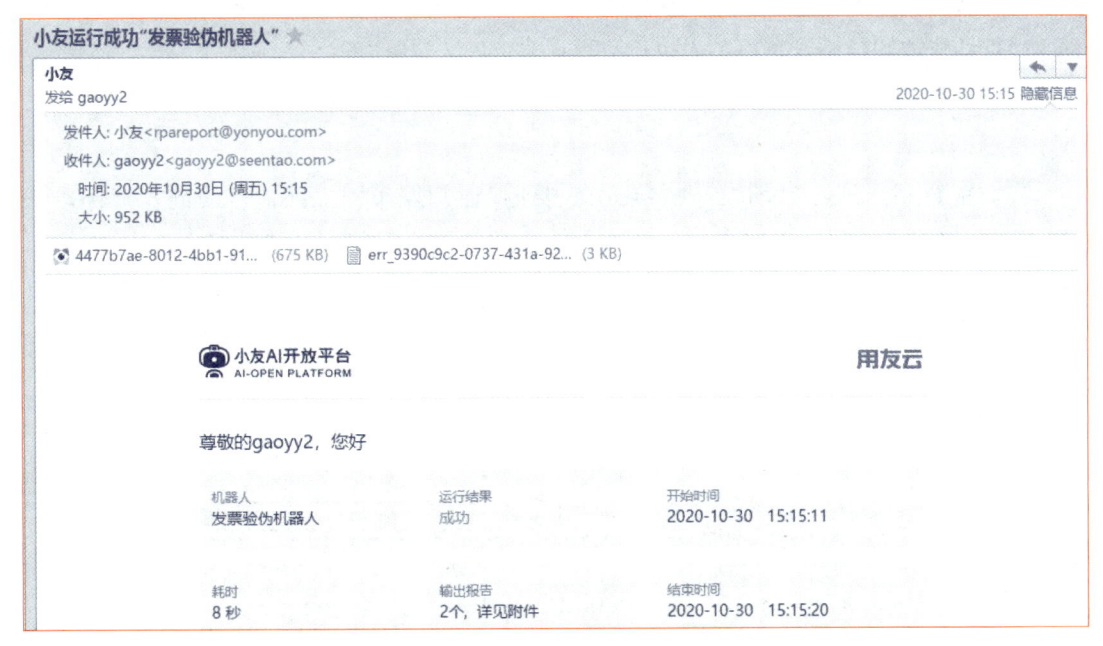

图 6-30　发票验伪邮件通知

三、发票认证机器人

发票认证机器人依据发票票面信息，在 ERP 系统中完成增值税专用发票认证操作。
发票认证机器人执行流程：
（1）发票认证机器人自动登录 ERP 系统；
（2）发票认证机器人自动对进项税进行认证；
（3）将认证结果生成报告。

模块三　财资机器人应用

一、银行到账通知自动发布机器人

应用 ERP 系统银企直联模块的企业，银行账户收支变动明细会反映在银企直联模块下的银行对账单中，若想要对明细款项的业务内容进行确认匹配并生成相应的业务单据，

321

一般资金结算专员会应用银企直联的对账单发布到账通知，以便对应的业务人员进行到账通知认领。由于发布到账通知的操作具有一定的规则，所以可应用银行到账通知自动发布机器人自动完成到账通知的发布操作。

银行到账通知自动发布机器人执行流程：

（1）银行到账通知自动发布机器人自动登录到 ERP 系统中，自动打开"到账通知发布"界面；

（2）银行到账通知自动发布机器人在"到账通知发布"界面，自动输入查询条件（如：财务组织、本方账户对应的子账户、对方单位、时间范围及状态等内容），查询出结果后，在左侧复选框中选中数据，然后在上面功能区单击"单位内发布"，如图 6-31 所示。

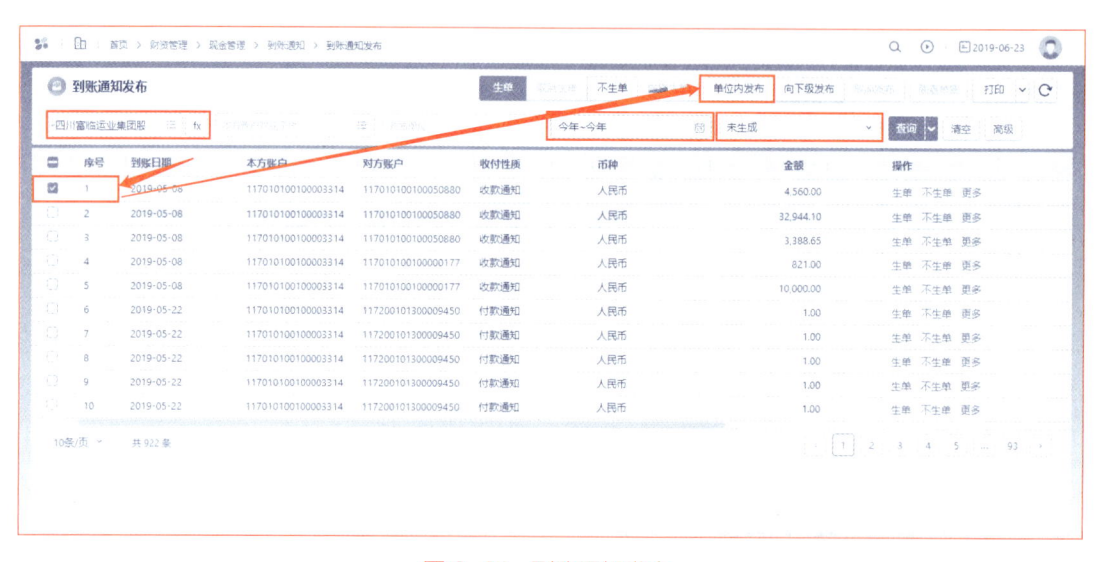

图 6-31 到账通知发布

二、银行到账通知自动认领机器人

银行到账通知自动认领机器人可根据定义的到账通知认领的条件，自动进行认领。

银行到账通知自动认领机器人执行流程：

（1）银行到账通知自动认领机器人自动登录 ERP 系统，自动打开"到账通知认领"界面；

（2）银行到账通知自动认领机器人在"到账通知认领"界面输入查询条件（如：财务组织、时间范围、币种、对方单位及金额等内容），单击"查询"按钮，查询出结果后，逐条单击"我要认领"，进行认领操作，如图 6-32 所示。

图 6-32　到账通知认领

三、直联账户银行对账机器人

企业银行存款日记账和银行对账单记载的账户交易情况，需要定期进行核对，以确定是否存在未达账项，或者记录错误，并编制银行存款余额调节表，以便掌握银行存款的准确余额。对于银企直联的银行账户（简称"直联账户"），在银企直联模块中有对应的银行对账单。应用机器人可根据设置对账的组织、银行账户等条件，完成直联账户的自动对账。

直联账户银行对账机器人执行流程：

（1）直联账户银行对账机器人自动登录 ERP 系统；

（2）直联账户银行对账机器人根据预置条件进行自动对账；

（3）直联账户银行对账机器人将对账结果生成报告并进行邮件通知。

四、非直联账户银行对账机器人

对于未进行银企直联的银行账户（简称"非直联账户"），与直联账户的区别主要在于非直连账户的对账单来源于外部的银行对账单。因此，对于非直联账户，可以使用机器人辅助将银行对账单格式自动转换成 ERP 系统中的对账单格式并导入系统，再根据对账参数文件中的内容进行非直联账户自动对账，并生成对账报告。

非直联账户银行对账机器人执行流程：

（1）非直联账户银行对账机器人自动登录 ERP 系统；

（2）非直联账户银行对账机器人根据预置条件进行自动对账；

（3）非直联账户银行对账机器人将对账结果生成报告并进行邮件通知。

模块四　报表机器人应用

一、预算报表填报机器人

企业一般通过 ERP 系统中的预算模块进行预算的编制、填报、审核、控制、分析等操作，并可将对应的预算报表导出到 Excel 中。对于国资委下属企业预算报表一般会在单独的系统中进行上报，这就需要将 ERP 系统中导出的 Excel 格式预算报表导入到指定的预算报表填报系统中。应用预算报表填报机器人可以将多个单位多张报表进行批量导入，自动捕获异常信息并生成报告。

以表 6-1 所示内容为例，预算报表填报机器人执行流程如下：

表 6-1　预算报表填报内容

单位名称	Excel 名称	Sheet 页签
AA 单位	AA 预算填报表	主要业务经营预算表
		固定资产投资预算表
BB 单位	BB 预算填报表	主要业务损益预算表

（1）预算报表填报机器人自动登录预算报表系统，选择需要填报数据的单位（如：AA 单位）。

（2）预算报表填报机器人依据所选单位（如：AA 单位），在指定文件夹中打开该单位对应的 Excel 文件（如："AA 预算填报表"），打开 Sheet 页签然后复制表单数据（如：打开"主要业务经营预算表"并复制数据）。

（3）预算报表填报机器人打开预算报表系统，依据 Sheet 页签名称打开对应的报表，将从 Excel 中粘贴的数据复制到系统报表中。

（4）每个表单内容复制粘贴完成后，机器人保存系统报表，保存时系统自动执行审核公式，并将审核公式返回的结果保存在一个 Excel 文件中，存储在源数据文件所在的文件夹中。

（5）预算报表填报机器人填写完成一个单位的预算报表后，自动切换单位，继续填写切换单位的报表数据。

（6）全部数据录入完成后，退出预算报表系统。

二、财务报表机器人

企业财务报表多种多样，当企业财务信息化系统建立比较完善时，可通过信息化系统自动出具财务报表。如企业应用 ERP 系统中的财务报表时，可在 ERP 系统中设置报表取数规则，系统自动采集数据生成财务报表。当其他系统需使用 ERP 系统中的财务报表数据进行进一步加工时，可应用财务报表机器人加工财务报表数据并导出 Excel，从而提高财务报表相关工作的效率。

财务报表机器人执行流程：

（1）财务报表机器人自动登录到 ERP 系统中。

（2）财务报表机器人自动打开报表数据中心界面，自动选择"报表主组织"和"报表组织体系"，在报表数据中心自动选择任务。

（3）财务报表机器人依据规则自动录入报表数据，录入完成后自动保存数据并导出 Excel。

三、合并报表对账机器人

合并报表是以母公司和子公司组成的企业集团为一会计主体，依赖单体企业报表数据采集的能力进行数据采集，以母公司和子公司单独编制的个别会计报表为基础，抵销企业集团内部交易对合并报表的影响，编制真实反映企业集团的经营成果、财务状况及所有者权益变动情况的会计报表。在编制合并报表时，需要按照抵销模板进行抵销、对账并生成抵销分录，其中对账操作可以使用合并报表对账机器人来自动执行。

合并报表对账机器人根据用户名和密码自动登录到系统中，自动打开"对账及对账数据查询"界面，按照抵销模板进行查询，根据查询条件（如：合并方案、单位、会计月等）进行查询，查询出对账未相符的数据并导出，然后将导出结果发送给本方单位的邮箱和对方单位的邮箱。

模块五　其他机器人应用

一、报账机器人

报账机器人可实现票据的自动采集，票据采集支持纸票拍照、二维码扫描电子发票、

PDF 上传、收票邮箱上传等方式。采集后自动归入票夹，勾选票夹中的发票后自动生成报销单。

报账机器人执行流程：

（1）报账机器人自动打开友报账系统，单击"票据采集"，如图 6-33 所示。

（2）在票据采集界面选择"票据识别"，如图 6-34 所示。

图 6-33　票据采集

图 6-34　票据识别

（3）在连拍模式下进行发票拍照，支持增值税专票、增值税普票、定额发票、机票行程单、火车票、过路费发票、卷式发票等全票种识别，支持增值税专票、增值税普票直接查验真伪。重复拍照时系统自动给出提示，避免误报销，如图 6-35 所示。

票据扫描完成后，如果有信息不完整的票据存在，系统也会给出提示，如图 6-36 所示。

（4）发票上传完成后自动存入票夹，如图 6-37 所示。

326

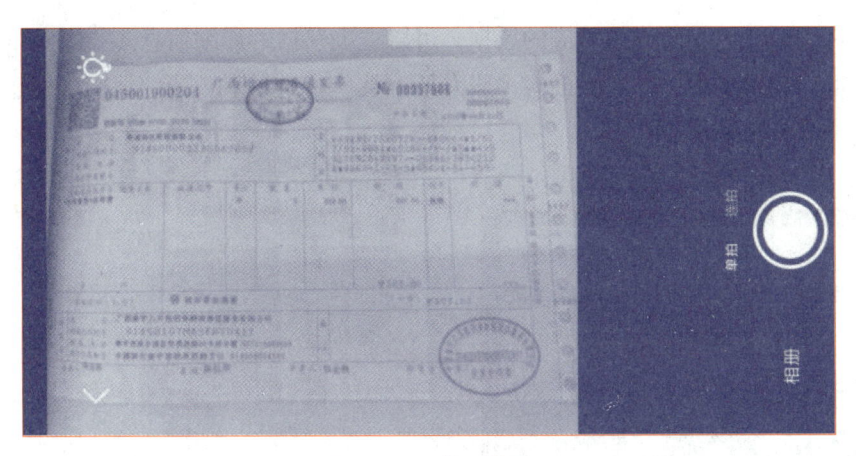

图 6-35　发票拍照

图 6-36　发票识别结果提示　　　　图 6-37　发票自动存入票夹

327

（5）在"票夹"界面选择对应的票据，可以查询票据的详细信息，如图 6-38 所示。

（6）可以在票夹中选择一张或者多张发票，然后单击右下角的"报销"按钮，一键自动生成报销单，如图 6-39 所示。

图 6-38　票据信息查询　　　　　　　图 6-39　选择票据自动生单

二、收单机器人

收单机器人全面融合智能化、物联网新技术，聚焦财务费用报销环节的票据核对难题，为企业提供自动化票据扫描、信息识别、合规校验以及发票真伪查验服务，通过与业务系统关联，打通了企业信息流、影像流与实物流，大幅度提高工作效率，加速企业报账业务自动化、智能化转变。

应用收单机器人，可实现发票一投即拍、快速分拣、自动签收、智能单据初审、自动归档、全程监控。收单机器人的功能特性，如图 6-40 所示。

收单机器人报销单纸质单据验符界面如图 6-41 所示。

图 6-40 收单机器人功能特性

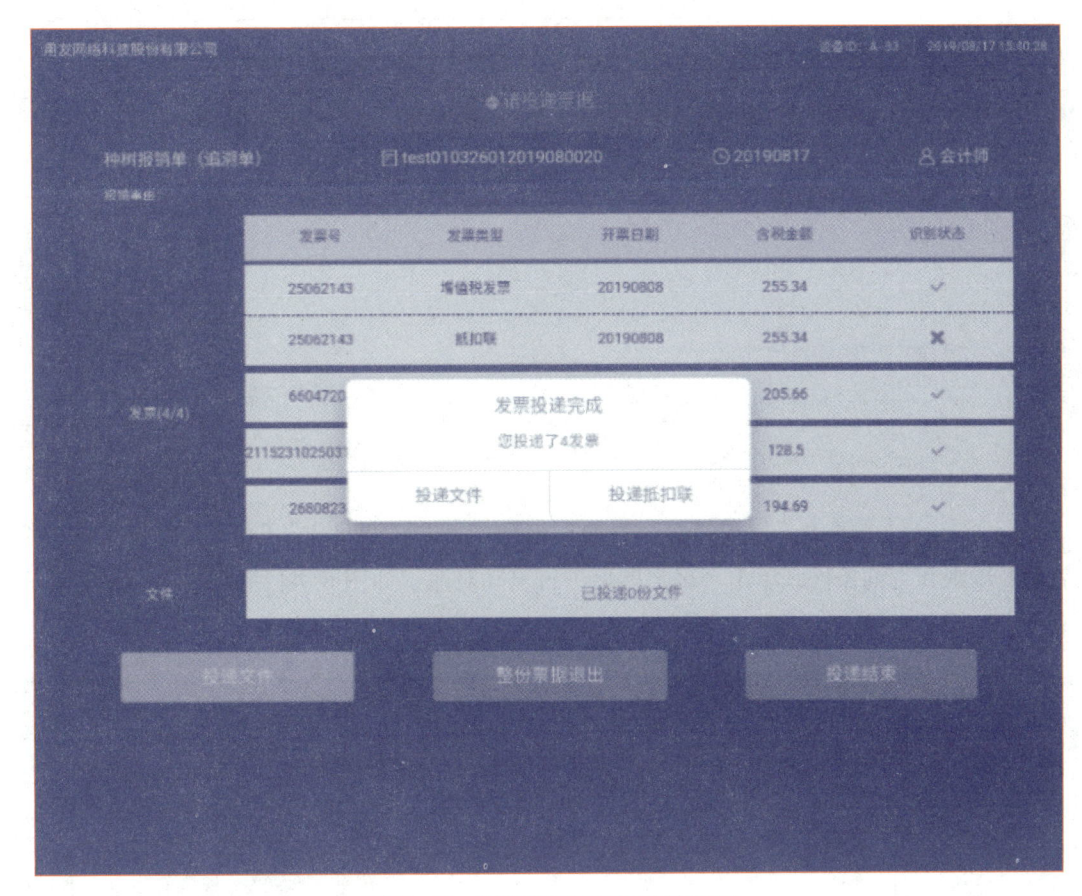

图 6-41 报销单纸质单据验符界面

三、内部交易对账机器人

内部交易对账机器人可根据查询条件自动进行查询并进行对账，同时记录对账结果。

内部交易对账机器人执行流程：

（1）编写"自动对账报告"Excel 文件，文件格式如图 6-42 所示。

图 6-42 对账报告

（2）内部交易对账机器人自动登录 ERP 系统，自动打开"内部交易明细对账"界面，在该界面单击"自动勾对"按钮，如图 6-43 所示。

图 6-43 内部交易明细对账主界面

（3）系统自动弹出"自动勾对"界面，根据"自动对账报告"Excel 文件设置内部交易对账规则和查询条件，单击"确定"后进行自动对账，如图 6-44 所示。

图 6-44 自动勾对主界面

（4）机器人对账完成后，系统弹出"对账成功"的提示，并且将结果返回到对账报告中，如图6-45所示。

图6-45　对账结果

四、总账月结检查机器人

总账月结检查机器人可依据指定账簿以及会计期间信息自动检查人工检查项的完结情况，并可以进行自动结账并生成结账报告。

总账月结检查机器人执行流程：

（1）总账月结检查机器人自动登录ERP系统，自动打开"月结协作工作台"界面。

（2）总账月结检查机器人依据"月结账簿列表"，在"月结协作工作台"界面，自动输入财务核算账簿、期间和结账状态等查询条件，然后单击"查询"按钮，系统自动查询出需要结账的账簿明细，如图6-46所示。

图6-46　月结协作工作台

（3）总账月结检查机器人双击账簿明细，进入月结协作工作台页面，在月结协作工作台页面中点击"修改"按钮，依据"预置检查项"进行结账检查，检查完毕后修改预置检查项的"是否完成"状态，点击"保存"按钮，保存月结报告明细结果，如图6-47所示。

（4）总账月结检查机器人点击"结账"按钮，将结账结果自动写入Excel中并自动向用户发送邮件报告。

图6-47 结账

✎ 革故鼎新

我国人工智能发展带来的新机遇和新挑战

人工智能发展进入新阶段。经过60多年的演进，特别是在移动互联网、大数据、超级计算、传感网、脑科学等新理论新技术以及经济社会发展强烈需求的共同驱动下，人工智能加速发展。人工智能在便利人们生活的同时，也存在着诸多风险挑战。2017年国务院印发的《新一代人工智能发展规划》中，指出了人工智能发展的新机遇和新挑战。

1. 人工智能带来社会建设的新机遇

我国正处于全面建成小康社会的决胜阶段，人口老龄化、资源环境约束等挑战依然严峻，人工智能在教育、医疗、养老、环境保护、城市运行、司法服务等领域广泛应用，将极大提高公共服务精准化水平，全面提升人民生活品质。人工智能技术可准确感知、预测、预警基础设施和社会安全运行的重大态势，及时把握群体认知及心理变化，主动决策反应，将显著提高社会治理的能力和水平，对有效维护社会稳定具有不可替代的作用。

2. 人工智能发展的不确定性带来新挑战

人工智能是影响面广的颠覆性技术，可能带来改变就业结构、冲击法律与社会伦理、侵犯个人隐私、挑战国际关系准则等问题，将对政府管理、经济安全和社会稳定乃至全球治理产生深远影响。在大力发展人工智能的同时，必须高度重视可能带来的安全风险挑战,加强前瞻预防与约束引导,最大限度降低风险,确保人工智能安全、可靠、可控发展。

(资料来源:中华人民共和国中央人民政府网)

思考:

面对人工智能带来的新机遇和新挑战,人工智能应如何发展?有哪些保障措施应对新挑战?

启示:

面对人工智能带来的新机遇和新挑战,我们必须主动求变应变,牢牢把握人工智能发展的重大历史机遇,紧扣发展、研判大势、主动谋划、把握方向、抢占先机,引领世界人工智能发展新潮流,服务经济社会发展和支撑国家安全。

围绕推动我国人工智能健康快速发展的现实要求,我们可以建立一系列的保障措施来面对人工智能带来的新挑战。我们可以在以下几方面建立人工智能发展的保障措施:制定促进人工智能发展的法律法规和伦理规范、完善支持人工智能发展的重点政策、建立人工智能技术标准和知识产权体系、建立人工智能安全监管和评估体系、大力加强人工智能劳动力培训、广泛开展人工智能科普活动。

项目小结

数智化时代,企业需要从效率、风险、安全、IT建设周期等维度来判断一个流程是否适合应用机器人来实现流程自动化。本节介绍了更多机器人的应用,包括VPA机器人、税务机器人,财资机器人、报表机器人和其他机器人的应用。应用这些机器人可以提高工作效率、为企业带来更多收益。

附录　1 + X 书证融通对照表

本教材内容			1 + X 证书职业技能等级标准			
项目	模块	节次	证书（等级）	工作领域	工作任务	职业技能要求
项目一　智能财务认知	模块二　智能技术与财务结合	二、智能财务应用	财务数字化应用（高级）	1. 财务共享服务典型流程设计	1.1　费用共享流程设计	1.1.1　能根据案例企业资料信息，使用流程图工具绘制出企业实施财务共享模式前费用报销业务的流程图，包括报销单类型、审核节点、审批权限等全部要素
		三、重塑财务流程				1.1.2　能根据案例企业财务共享中心费用业务的设计方案，确定实施财务共享模式后费用报销业务处理流程，并能使用流程图工具绘制出企业实施财务共享模式后的费用报销流程图，包括报销单类型、审核节点、审批权限等全部要素
					1.2　应付共享流程设计	1.2.1　能根据案例企业资料信息，使用流程图工具绘制出企业实施财务共享模式前采购与应付业务流程图，包括采购业务类型、应付确认时点和付款结算方式等全部要素
						1.2.2　能根据案例企业财务共享中心应付与付款业务设计方案，确定实施财务共享模式后采购与应付业务处理流程，并能使用流程图工具绘制出企业实施财务共享模式后的采购与应付业务流程图，包括采购业务类型、应付确认时点和付款结算方式等全部要素

续表

本教材内容			1+X证书职业技能等级标准			
项目	模块	节次	证书(等级)	工作领域	工作任务	职业技能要求
项目一 智能财务认知	模块二 智能技术与财务结合	三、重塑财务流程	财务数字化应用（高级）	1. 财务共享服务典型流程设计	1.3 应收共享流程设计	1.3.1 能根据案例企业资料信息，使用流程图工具绘制出企业实施财务共享中心应收与收款业务的流程图，包括销售业务类型，应收确认时点，收款结算方式等全部要素 1.3.2 能根据案例企业财务共享中心应收与收款业务设计方案，确定实施财务共享模式销售与应收收款业务处理流程，并能使用流程图工具绘制出企业实施财务共享模式后的销售与应收业务流程图，包括销售业务类型，应收确认时点，收款结算方式等全部要素
项目二 RPA技术应用	模块一 RPA应用概述	三、RPA的应用领域及财务RPA应用场景	财务数字化应用（初级）	2. 财务数字化财务业务处理	2.5 其他业务智能处理	2.5.8 能在财务数字化平台上应用"月结机器人"，按待结账单位清单自动结账，结账过程中的问题自动生成结账报告，完成自动月结工作，提升月结工作效率
项目三 费用报销业务处理的RPA机器人应用	模块一 费用报销业务处理	二、费用报销业务流程	财务数字化应用（高级）	1. 财务共享服务典型流程设计	1.1 费用共享流程设计	1.1.1 能根据案例企业资料信息，使用流程图工具绘制出企业实施财务共享模式前费用报销业务的流程图，包括报销单类型，审核节点，审批权限等全部要素
		三、费用报销业务实操	财务数字化应用（初级）	2. 财务数字化财务业务处理	2.3 费控业务智能处理	2.3.1 能依据企业财务报销管理要求，在财务数字化平台上处理员工先垫资后报销的业务，进行费用核算并生成记账凭证

336

续表

附录 1+X书证融通对照表

本教材内容			1+X证书职业技能等级标准			
项目	模块	节次	证书（等级）	工作领域	工作任务	职业技能要求
项目三 费用报销业务处理的RPA机器人应用	模块二 差旅费报销业务流程分析及设计	三、商旅平台应用优化方案	财务数字化应用（中级）	2. 财务数字化平台财务业务管理	2.2 智能商旅服务与费用管理	2.2.2 能依据企业注册时所填写的账号密码信息，登录财务数字化平台上企业差旅平台模块，设置企业的基本信息，和智能商旅服务提供商进行定期对账结算，以便企业员工能享受商旅服务 2.2.3 能根据企业的差旅费用报销制度，在财务数字化平台上企业差旅平台模块中设置机票销售规则、火车差旅标准、酒店规则等预订规则，确保企业差旅费控制度能前置到商旅平台上
	模块三 差旅费报销RPA机器人开发与应用	一、商旅平台月结单对账机器人				
		二、商旅平台报销单填报机器人				2.2.2 能依据企业注册时所填写的账号密码信息，登录财务数字化平台上企业差旅平台模块，设置企业的基本信息，和智能商旅服务提供商进行定期对账结算，以便企业员工能享受商旅服务
项目四 销售业务处理的RPA机器人应用	模块一 售业务处理	一、销售业务流程	财务数字化应用（高级）	1. 财务共享服务典型流程设计	1.3 应收共享流程设计	1.3.1 能根据案例企业资料信息，使用流程图工具绘制出企业实施财务共享模式前销售与收款业务的流程图，包括销售业务类型、应收确认时点、收款结算方式等全部要素
		二、销售单填报机器人				

337

续表

本教材内容			1+X证书职业技能等级标准			
项目	模块	节次	证书（等级）	工作领域	工作任务	职业技能要求
项目四 销售业务处理的RPA机器人应用	模块一 销售业务处理	三、销售业务实操	财务数字化应用（初级）	2. 财务数字化平台财务业务处理	2.2 销售与应收业务智能处理	2.2.1 能依据业务系统生成的销售订单和销售出库单，在财务数字化平台上准确登记销售发票信息，并能够连接税控机开票进行开票
						2.2.2 能在财务数字化平台上处理业务系统自动生成的业务员自制提交的各种应收类业务单据，完成应收类业务单据的审核，并自动生成相应的记账凭证
						2.2.3 能在财务数字化平台上依据合同约定收取货款，并准确生成收款类业务的记账凭证
			财务数字化应用（中级）		2.1 存货业务管理	2.1.3 能根据企业会计核算规范，在财务数字化平台上依据企业的存货核算，确保企业的存货明细账数据准确无误
	模块三 销售业务RPA机器人开发与应用	一、客户维护机器人	财务数字化应用（初级）	1. 财务数字化平台基础数据维护及档案管理	1.2 企业基础档案维护	1.2.1 能在财务数字化平台上进行总账业务的基本信息维护，包括依据企业组织结构及经营信息，人员、客户、供应商、物料、会计科目等基础档案信息
		三、收入确认机器人		2. 财务数字化平台财务业务处理	2.2 销售与应收业务智能处理	2.2.1 能依据业务系统生成的销售订单和销售出库单，在财务数字化平台上准确登记销售发票信息，并能够连接税控机开票进行开票

续表

附录 1+X书证融通对照表

本教材内容			1+X证书职业技能等级标准			
项目	模块	节次	证书（等级）	工作领域	工作任务	职业技能要求
项目四 销售业务处理的RPA机器人应用	模块三 销售业务RPA机器人开发与应用	三、收入确认机器人	财务数字化应用（初级）	2. 财务数字化平台财务业务处理	2.2 销售与应收业务智能处理	2.2.2 能在财务数字化平台上处理业务系统自动生成的业务员自制提交的各种应收类业务单据，完成应收类业务单据的审核，并自动生成相应的记账登记凭证
		四、收款单批量导入ERP系统				2.2.3 能在财务数字化平台上依据合同约定收取货款，并准确生成应收款业务的记账凭证
		五、应收核销机器人				2.2.4 能在财务数字化平台上正确处理应收账款及预收账款的核销业务，应用"应收核销机器人"自动完成相关单据的核销操作并输出结果报告，提供应收账龄分析表和往来对账单等
		二、采购业务流程	财务数字化应用（高级）	1. 财务共享服务典型流程设计	1.2 应付共享流程设计	1.2.1 能根据案例企业资料信息，使用流程图工具绘制出企业实施财务共享模式前采购业务流程图，包括采购业务类型、应付款确认时点和付款结算方式等全部要素
项目五 采购业务处理的RPA机器人应用	模块一 采购业务处理	三、采购业务实操	财务数字化应用（初级）	2. 财务数字化平台财务业务处理	2.1 采购与应付业务智能处理	2.1.1 能依据采购部门提交的采购发票原始凭证和对应的业务系统生成的采购订单，在财务数字化平台上准确登记发票信息，确保后续的应付确认信息准确无误

339

续表

本教材内容			1+X证书职业技能等级标准			
项目	模块	节次	证书（等级）	工作领域	工作任务	职业技能要求
项目五 采购业务处理的RPA机器人应用	模块一 采购业务处理实操	三、采购业务实操	财务数字化应用（中级）	2. 财务数字化平台财务业务管理	2.1 存货业务管理	2.1.1 能根据企业会计核算规范，在财务数字化平台上完成企业采购入库的存货核算，确保企业采购入库的存货明细账数据准确无误
						2.1.2 能根据企业会计核算规范，在财务数字化平台上对尚未收到发票的采购入库业务完成暂估核算，确保企业存货明细数据准确无误
	模块三 采购业务RPA机器人开发与应用	一、供应商维护机器人	财务数字化应用（初级）	1. 财务数字化平台基础数据维护及档案管理	1.2 企业基础档案维护	1.2.1 能在财务数字化平台上进行总账业务的基本信息维护，包括依据企业组织结构及经营信息，人员、客户、供应商、物料、会计科目等基础档案信息
		三、三单匹配机器人		2. 财务数字化平台业务处理	2.1 采购与应付业务智能处理	2.1.2 能在财务数字化平台上处理业务系统自动生成的业务员自制提交的各种应付类业务单据，完成应付类业务单据的审核，并自动生成相应的记账凭证
项目六 更多财务机器人应用	模块三 财资业务RPA机器人应用	一、银行到账通知账通知发布机器人		4. 资金结算业务智能处理	4.2 银企直连智能结算	4.2.5 能依据企业到账通知发布的要求，在财务数字化平台上应用"到账通知发布机器人"自动发布到账通知，以便供业务人员在系统中完成到账通知认领操作

340

续表

附录 1+X书证融通对照表

<table>
<tr><th colspan="3">本教材内容</th><th colspan="4">1+X证书职业技能等级标准</th></tr>
<tr><th>项目</th><th>模块</th><th>节次</th><th>证书（等级）</th><th>工作领域</th><th>工作任务</th><th>职业技能要求</th></tr>
<tr><td rowspan="4">项目六 更多财务机器人应用</td><td rowspan="3">模块三 财资机器人应用</td><td>二、银行到账通知自动认领机器人</td><td rowspan="4">财务数字化应用（初级）</td><td rowspan="3">4. 资金结算业务处理</td><td>4.2 银企直连智能结算</td><td>4.2.6 能依据到账通知认领的要求，在财务数字化平台上应用"到账通知认领机器人"自动认领到账通知，并生成相应的单据和凭证</td></tr>
<tr><td>三、直联账户银行对账机器人</td><td rowspan="2">4.3 银企直连智能对账</td><td>4.3.3 能在财务数字化平台上设置对账参数文件，使用"直连账户对账机器人"完成直连账户的批量自动对账，并生成对账结果报告。</td></tr>
<tr><td>四、非直联账户银行对账机器人</td><td>4.3.4 能在财务数字化平台上设置对账参数文件，使用"非直连账户对账机器人"完成非直连账户的批量自动对账，并生成对账结果报告</td></tr>
<tr><td>模块五 其他业务机器人应用</td><td>四、总账月结检查机器人</td><td>2. 财务数字化平台财务处理</td><td>2.5 其他业务智能处理</td><td>2.5.7 能在财务数字化平台上应用"总账月结检查机器人"，依据月结检查项编制检查清单，启动"总账月结检查机器人"进行月结检查，并输出检查报告文件，完成月结自动检查工作，提升月结检查工作效率</td></tr>
</table>

341

参考文献 References

[1] 水藏玺, 吴平新等. 流程优化与再造（第三版）[M]. 北京: 中国经济出版社, 2013.

[2] 水藏玺, 昝鹏. 企业流程优化与再造实例解读[M]. 北京: 中国经济出版社, 2008.

[3] 郭奕, 赵旖旎. 财税RPA: 财税智能化转型实战[M]. 北京: 机械工业出版社, 2020.

[4] 王言. RPA: 流程自动化引领数字劳动力革命[M]. 北京: 机械工业出版社, 2020.

[5] 谭铁牛. AI的历史、现状和未来[N]. 求是手机报, 2019.

[6] 长铗, 韩锋, 等. 区块链: 从数字货币到信用社会[M]. 北京: 中信出版社, 2016.

[7] 董皓. 智能时代财务管理[M]. 北京: 电子工业出版社, 2018.

[8] 用友网络股份有限公司. 企业数字化: 目标、路径与实践[M]. 北京: 中信出版社, 2019.

[9] 新道科技股份有限公司. 财务数字化应用（初级）[M]. 北京: 高等教育出版社, 2020.

[10] 新道科技股份有限公司. 财务数字化应用（中级）[M]. 北京: 高等教育出版社, 2020.

[11] 新道科技股份有限公司. 业财一体信息化应用（初级）[M]. 北京: 高等教育出版社, 2020.

[12] 新道科技股份有限公司. 业财一体信息化应用（中级）[M]. 北京: 高等教育出版社, 2020.

主编简介 Editor's Introduction

李俊峰，江西财经职业学院数字经济学院副院长，副教授，中国注册会计师，江西财经大学会计专业硕士。长期从事会计、会计信息化、审计等专业的教学与研究。主持省级课题4项，公开发表论文30余篇，参编教材3部，主持省级精品资源共享课程和省级精品在线开放课程各一门，获江西省教学成果一等奖1项。指导学生参加全国职业院校会计技能大赛，荣获一等奖1次；指导学生参加江西省职业院校会计技能竞赛，荣获一等奖2次。

王琳，新道科技股份有限公司智能财务教研总监，信息系统项目管理师，系统集成项目经理。从事财务信息化领域相关工作十余年，拥有丰富的集团财务管控、财务共享服务中心方案规划实施及财务数智化专业知识及实战经验；多次在北京国家会计学院及多家大型集团企业进行授课培训；主导研发了财务共享服务实践教学平台、财务共享服务中心规划运营沙盘、智能财务实践教学平台等多个数智化教学产品；参与编写财务数字化应用1+X证书制度系列教材、《财务共享服务业务处理》等教材。

郑重声明

高等教育出版社依法对本书享有专有出版权。任何未经许可的复制、销售行为均违反《中华人民共和国著作权法》，其行为人将承担相应的民事责任和行政责任；构成犯罪的，将被依法追究刑事责任。为了维护市场秩序，保护读者的合法权益，避免读者误用盗版书造成不良后果，我社将配合行政执法部门和司法机关对违法犯罪的单位和个人进行严厉打击。社会各界人士如发现上述侵权行为，希望及时举报，我社将奖励举报有功人员。

反盗版举报电话　　（010）58581999　58582371
反盗版举报邮箱　　dd@hep.com.cn
通信地址　　北京市西城区德外大街4号
　　　　　　高等教育出版社法律事务部
邮政编码　　100120

读者意见反馈

为收集对教材的意见建议，进一步完善教材编写并做好服务工作，读者可将对本教材的意见建议通过如下渠道反馈至我社。

咨询电话　400-810-0598
反馈邮箱　gjdzfwb@pub.hep.cn
通信地址　北京市朝阳区惠新东街4号富盛大厦1座
　　　　　高等教育出版社总编辑办公室
邮政编码　100029

防伪查询说明

用户购书后刮开封底防伪涂层，使用手机微信等软件扫描二维码，会跳转至防伪查询网页，获得所购图书详细信息。

防伪客服电话　　（010）58582300

网络增值服务使用说明

授课教师如需获取本书配套教辅资源，请登录"高等教育出版社产品信息检索系统"（http://xuanshu.hep.com.cn/），搜索本书并下载资源。首次使用本系统的用户，请先注册并进行教师资格认证。

高教社高职会计教师交流及资源服务QQ群（在其中之一即可，请勿重复加入）：
QQ3群：675544928　QQ2群：708994051（已满）　QQ1群：229393181（已满）